Karl Bleibtreu

Grössenwahn - Pathalogischer Roman

Karl Bleibtreu

Grössenwahn - Pathalogischer Roman

ISBN/EAN: 9783742890566

Hergestellt in Europa, USA, Kanada, Australien, Japan

Cover: Foto ©Thomas Meinert / pixelio.de

Manufactured and distributed by brebook publishing software
(www.brebook.com)

Karl Bleibtreu

Grössenwahn - Pathalogischer Roman

Größenwahn.

Pathologischer Roman

von

Karl Bleibtreu.

Zweite Auflage.

Dritter Band.

Jena,

Hermann Costenoble.

Verlagsbuchhandlung.

Neuntes Buch.

I.

Den Goldfischteich bestreuten dicht die pfirsichfarbenen Blüthen der Kastanienbäume, welche ihr dunkelgrünes Haupt beschaulich in dem schmutzigen Wasser spiegelten, das mit Laich punktirt aussah, als habe sich ein Mücken=schwarm wie ein Schleier darauf geklebt. Der ganze Thier=garten troff noch von dem erquickenden Regen, gleichsam durchsaugt von fruchtbarer Feuchtigkeit. Und jetzt sickerte das Sonnenlicht überall durch, bis der Wald von eitel Luft getränkt und von glänzendem Goldstaubregen zu triefen schien. Die Dämmerung wandelte sacht heran und tönte dies goldgrüne Sommergewand der Natur zu stil=leren sanfteren Farben ab. Die zackigen Firste um den Ziethenplatz her hoben sich dunkel in den lichten Horizont, welchen fern nach Nordwesten ein schwüler brenzeliger Schein umwob. Ein Sternlein blinkte am Himmel, wie eine schläfrige Nachtkerze in lichter Mittsommernacht, die kein eigentliches Dunkel gestattet. Alles zerfloß in ein liebliches gedämpftes Halblicht. Nur die Feldherrnstatuen am Ziethenplatz postirten sich schwer und massig umher und sogen allen Schatten in ihre Bronze ein.

Leonhart und Krastinik schritten langsam, aus dem Thiergarten kommend, durch die Wilhelmstraße, dann am Café Kaiserhof vorüber ins Innere der Friedrichstadt.

„Die Juden können weder noch sollen sie assimilirt werden. Sie nützen so den Deutschen, weil sie Eigen= schaften haben, die uns abgehn. Und gerade durch den Kampf gegen sie sollen uns die eigentlich germanischen Eigenschaften zum Bewußtsein kommen. Das Judenthum ist eine uralte Weltmacht wie die römische Kirche und hat sein ‚non possumus'. Es wird nie untergehn. Selbst wenn es sich äußerlich ganz assimilirte (wobei die viel empfohlene Racenmischung übrigens nur den Deutschen schaden könnte, weil die jüdische Race bekanntlich die stärkere ist), so würde es dennoch einen Geheimbund weiter= bilden."

Krastinik, ein eifriger Antisemit, schüttelte zu diesen Worten Leonhart's ungläubig den Kopf. „Eine Macht wie die römische Kirche?"

„Ja gewiß! Uebrigens ist der Katholicismus seinem Wesen nach ein semitischer Cultus."

„Was! Wie?"

„Ja freilich! Meine Freunde, die Antisemiten, halten immer schöne Reden, wir müßten zum Wodan=Cultus zurückkehren, um echte Germanen zu werden, und mit dem semitischen Christenthum aufräumen. Das ist aber grundfalsch. Das eigentliche Christenthum ist durch und durch arisch. Christus selbst, dessen Abkunft ja übrigens mythisch bleiben wird, hat ja erwiesenermaßen nur an indische Lehren angeknüpft, vielleicht auch an baktrische, und diese nun auf den Talmud reinigend aufgeimpft. Und die Apostel sind doch andrerseits ganz hellenistisch, Neuplatoniker wie Johannes mit seinem: ‚Im Anfang war der Logos'. ‚Und der Logos ward Fleisch und wandelte unter uns'. — Das ist wieder ganz braminisch gedacht: So wandelten Bramah, Wischnu und der Messias Buddah leiblich auf Erden. Der Sieg des Christenthums über die Welt war ein arischer und speciell ein helle= nischer Sieg, gewiß kein jüdischer."

„Aber erlauben Sie," bemerkte Krastinik sehr weis= lich, „die zelotische pharisäische Strenge gegen alle Fleisches= sünden gegenüber der heidnischen Auffassung ist doch ganz alttestamentlich?"

„Das wohl. Nur vergessen Sie nicht, daß man das Eifern eines Paulus gegen alle unnatürlichen Laster doch vor allem historisch betrachten muß. Das Christenthum bildete eine revolutionäre Sekte, welche die Welt refor= miren wollte. Uebrigens ist's mit der Strenge nicht gar so schlimm, wenn man das spätere Geheuchele damit ver= gleicht — ganz abgesehen davon, daß die Urquelle Christus selbst ja die humane Toleranz so weit trieb, Maria Magda= lenen mit seinem Umgang zu begnadigen. Wenn aber Paulus z. B. meint, daß Heirathen immerhin eine Schä=

digung der reinen Hingebung ans Ideale sei, so kann man ihm das wohl weder verübeln noch bestreiten."

„Somit vertheidigen Sie also das Cölibat der rö= mischen Kirche?" folgerte Krastinik sinnend.

„Unbedingt. Der große Papst Gregor wußte, was er that. Gerade dadurch kräftigte er dies gewaltige Sy= stem dermaßen, daß es noch heut hundert Jahre nach der französischen Revolution und fast vierhundert nach der Reformation unerschüttert besteht. O die römische Kirche — Hut ab! Mit der wurde selbst Napoleon nicht fertig und wurde ausgenutzt, wo er auszunutzen dachte. Und überhaupt, Rom allein ist eine wahre Welt= macht und das einzig Positive in diesem allgemeinen Chaos und Krawall von staatlichem und nationalem Größenwahn."

Leonhart redete offenbar aus tiefster Ueberzeugung heraus. Der österreichische Katholik sah ihn verwundert an. „Das aus Ihrem Munde? Und sind doch Pro= testant?"

„Ich — ich bin gar nichts, höchstens Christ nach der unverfälschten Urlehre. Aber als geschichtlich denkender Mensch urtheile ich anders. Und auch sonst . . . wissen Sie wohl, wenn man dies haltlose moderne Treiben so gründlich satt hat . . . ich könnte als Mönch enden!"

Krastinik fuhr ordentlich zurück. Die Worte gruben sich unauslöschlich in sein Gedächtniß ein. Leonhart brach jedoch ab und lenkte das Gespräch auf den Herrschergeist Hegels, diesen philosophischen Tyrannen, der tausendarmig alle Gebiete an sich zog. Es klang, als fühle er in Jenem einen Wahlverwandten, wie denn Krastinik in Leonhart längst eine geistige Despotennatur erkannt hatte.

In der Alten Jacobsstraße trennten sie sich. Leonhart wollte noch nach der Dresdener Straße. „Ach, da sollen Sie ja ein Verhältniß haben?" fuhr es dem Grafen heraus.

„So? Wer hat Ihnen das gesagt?"

„Ach, ich weiß nicht, — Mehrere. Alle Welt mokirt sich darüber. Sie sollen schon seit langen Jahren in Ihrem Stammlokal, einer Mädchenkneipe, da eine Wirthin anschmachten, die auch sonst Verhältnisse hat. Ich sage Ihnen das ganz offen, damit Sie sich vorsehn gegen das dumme Gerede. Was geht's mich an! Adieu, lieber Freund."

„Und Sie wohin?"

„In den Verein ‚Drauf'. Sie kennen ihn ja."

Leonhart lachte herzlich. „Verein der ‚Größenwahn= sinnigen'; wer die meisten Pseudonyme hat, wird Welt= präsident — ja, den kenn ich. Na viel Vergnügen! Ich trau' mich nicht mehr hin, weil ich über die idealen Waffen= brüder Edelmann=Haubitz, die dem Jahrhundert den ‚Stem= pel' aufdrücken, einiges Vitriol ausgoß. Also adieu."

In der That hatten Ambrosius Sagusch und einige andere Sendboten des Himmels an Leonhart einen ver= steckten Drohbrief gesendet: was er mit seinen Anzüglich= keiten meine. Sie hofften nämlich, daß sie ihm corre= spondenzlich unvorsichtige Aeußerungen entlocken könnten, was — verbunden mit consequenter Undankbarkeit — zum

System des „Jüngsten Deutschland" gehörte. Da Leon=
hart's Combinationsvermögen jedoch die Absicht einer
Skandal=Reclame und irgend eine planvolle Tücke von
Seiten jener messianischen Weihepriester witterte, so ant=
wortete er mit boshafter Ironie: Er empfehle den ge=
schätzten Herrn sein Benehmen als Thema psychologischer
Studien, wie schwach und widerspruchsvoll die arme
Menschennatur. Derselbe, der sich für seine Freunde und
auch Feinde manchmal aufopfere, taste die persönliche
Integrität solcher Ehrenmänner an! Man möge seine
Animosität bemitleiden und sich den schönen Glauben be=
wahren.

Krastinik wanderte also in den „Drauf" und wurde
ehrfurchtsvoll empfangen.

Der ambrosianische Sagusch hielt grade einen be=
geisterten Vortrag über Ibsen. Was dieser Norweger
mit einer kritischen Würdigung der deutschen Gegenwarts=
litteratur eigentlich zu schaffen hatte, vermochte nur Der
zu würdigen, dem es nicht unbekannt blieb, wie leicht
dem deutschen Litteraten die hingebend selbstlose Aner=
kennung alles Fremden fällt, von welchem man ja frei=
lich keine Concurrenz zu fürchten hat. Diese jüngstdeutschen
Kritiker mit ihrem „idealen Streben" unterschieden sich
von denen der Tagespresse, gegen deren Corruption sie
donnerten, eigentlich gar wenig. Doch ein bedeutsamer
Zusatz mußte als Fortschritt gelten. Denn ob auch
erbärmlicher Neid und niedriges Cliquenwesen sie nicht
minder beherrschte als Grundmotiv all ihrer kritischen
Handlungen und Grundsätze, so trat doch außerdem

noch eine pedantisch-philologisch-formalistische Nörgelei
hinzu, zwar unfähig je durch die äußere Schale in den
Kern der Dinge zu bringen, aber dafür argusäugig für
jedes Stolpern des Federkiels und unfehlbar auf dem
Korpus Juris der Vischer'schen Aesthetik thronend.

Sodann verlas Dichterling Haubitz eine schauder-
hafte Verreißung über die „Modernen Realisten". Obschon er seine olympische Geringschätzung Schmoller's
überall betont und von Leonhart deswegen heftige Grobheiten eingeheimst hatte, besaß er die geniale Frechheit, hier Schmoller mit spärlichem Lob gegenüber Leonhart auszuspielen, den er einen Nachahmer Schmoller's
nannte. Ueberhaupt sei Leonhart („der junge Dichter",
wie er ihn krampfhaft ununterbrochen betitelte) nur ein
Eflektiker von trostloser Unreife, welcher jedem Einfluß
folge, den ihm ein Anderer zutrage. Eine gewisse dramatische Begabung wolle er ja nicht verkennen; doch sei
das Ganze immer verfehlt und reich an Dilettantischem.
Das Widersprechendste, das grade an der Mode sei, ahme
er nach, weil ihm offenbar mehr an augenblicklichem als
an nachhaltigem Erfolg gelegen sei.

Krastinik staunte, als rede man chaldäisch. Die unmögliche Frechheit des obscuren Dichterlings, der aus
solchen Winkeln seine vergifteten Pfeile schoß, verblüffte
ihn grabezu. Der handgreifliche Blödsinn dieser kecken
Behauptungen ließ doch wirklich bezweifeln, ob der Klugschwätzer jemals Leonharts Werke gelesen habe.

Als Folie las Haubitz dann einen Akt seines Dramas „Ein Morast" vor, worin trotz seines seschen Ge-

schimpfes auf Zola der Schmuß faustdick aufgetragen
war. Die Haupthelbin, Timandra Harteran (ihre Zofe
trug den in Berlin gewiß recht häufigen Namen: Medora)
ließ den Leser im ganzen Stück über ihre Erwerbsver=
hältnisse im Unklaren. Nicht minder der genialische Held des
morastigen Dramas, welcher immer von Austern und
Champagner redete, obschon er eine edle Verachtung wider
alle Brotarbeiten entwickelte. — So schwebte Rafael
über den seichten Gewässern der Modelitteratur und
seinem — Moraste herablassend als Jehova dahin, ein
Wohlgefallen vor Gott und den Menschen.

Die Versammlung wurde immer zahlreicher. Wer
zählt die Völker, zählt die Lumpen! Einer erzählte,
daß von seinem neuen Buch 365 Besprechungen erschie=
nen seien, für jeden Tag im Jahre eine — worauf sich
Sagusch erbot, fürs Schaltjahr noch eine extra zu liefern.
Ein Andrer meldete Jedermann, man habe bei ihm ein=
gebrochen. „Der Executor nämlich!" dachte Kraftinik,
dem schlimme Befürchtungen einer Collekte schwanten.
Ein Dritter, der wie eine betrunkene Eule aussah, hatte
dem Edelmann, welchen er auf dessen Redaction (Lokal=
theil der „Privilegirten Fortsschrittszeitung") heimgesucht,
als parthischen Pfeil ein philosophisches Lehrgedicht in
XII Cantos zurückgelassen. Einen Theil davon hatte er
stehenden Fußes zwei Expedientinnen, die er in der Re=
dactionsstube traf, meuchlings vorgelesen. Die armen
Schlachtopfer konnten nachher nicht genug über solche
Missethat klagen, was jedoch nicht die Versicherung hin=
derte: „Ja, Herr College, die Mädchen waren ganz

entzückt. Sie sehen, selbst auf ungebildete Gemüther wirkt Ihre Dichtung." Der Mann war tief gerührt und pries den Edelsinn dieses erlauchten Dichters, der mit Recht „Edelmann" heiße, im Gegensatz zu andern Redactionen. „Ach," rief der Fremdling, „die Kassirer brennen blos mit der Kasse durch, die Redacteure mit der Moral!"

„Und manchmal nicht blos mit der Moral!" bemerkte Krastinik trocken. „Nun, Herr Sagusch, Sie grüßten mich ja unvollkommen — wie geht's Ihnen?"

„Danke," erwiderte dieser Denker mürrisch, der die „blos" 20 Mark Pump, welche der gräfliche Anfänger bisher erst als Taxe zahlte, noch nicht verziehen hatte. „Man wird altersschwach vor Litteratur!"

„Pfui, pfui!" ermahnte aber Edelmann würdig. „Beherzigen wir Schleiermacher's schönes Wort: ‚Bewahren wir uns ewige Jugend!' Nicht wahr, Herr Graf, wir werden die Litteratur schon retten? Reichen Sie mir doch die Hand!"

„Verrathen wir also mitsammen das Vaterland!" lächelte dieser.

„Wie machen wir's aber?"

„O vor allem zusammenhalten als natürliche Verbündete wider den gemeinsamen Feind!" Edelmann mogelte mit seinem Kneifer unterm Tisch und eine unheimliche Erregung zitterte in seiner Stimme. „Wir, die Vertreter des Idealismus, haben vor allem den Erzverderber niederzumachen: diesen Leonhart." Allgemeine Zustimmung. Jaja, das sei ein schlauer Stratege. Er-

rege Wirrwar wie Staubwolfen und wühle die Wogen
auf, — um urplötzlich dahinter selbst als Offenbarung
emporzutauchen. Sei ein Diplomat der Grobheit.
Krastinik schwieg. Ihm schien das Alles, als ob
Flöhe einen Löwen stächen. Der Floh ist freilich mit
der Löwentatze kaum zu erreichen, aber er juckt eben so
lange, bis er sich vollgesogen hat, und dann kriecht er
aus der Mähne wieder wo anders hin. Denn des Flohes
Beruf ist zu jucken. Man zerdrücke ihn ja nicht: das
stinkt zu sehr. — Faulheit und Unfähigkeit ärgern sich
über Fleiß und Talent, weil letztere einen lebendigen
Vorwurf bilden, der überall den Neid steckbrieflich verfolgt.

Es wurde so spät, daß Krastinik sich empfahl, um
noch die letzte Pferdebahn zu erreichen.

Die beiden Waffenbrüder fielen unisono über die
günstige Gelegenheit her: „Ach, es ist schon so spät. Wie
werden Sie sich da den langen Weg nach Hause zurück=
finden! Gestatten Sie, daß wir Ihnen bei uns Gast=
freundschaft anbieten!“

„Hehe,“ setzte Rafael verlockend hinzu. „Bei uns
steht Ihnen alles zu Gebot — sogar Mienchen, eine
kleine Freundin von uns.“

Dies mystische Mienchen bildete eine geheime Trumpf=
karte der auf Tod und Leben verbrüderten Idealisten.
In ihrem Hause in Moabit befanden sich nämlich einige
Zimmer=Mietherinnen sehr eindeutiger Natur, unter ihnen
das berühmte Mienchen, jene ihnen auf Tod und Leben
verschwisterte Idealistin. Biß nun einer auf den Köder
an, wie dies früher dem halbverrückten Henry Francis

Annesley paſſirte, ſo mußte er unmäßig bluten. (Bei Annesley, welcher troß aller Maul=Schwärmerei nicht einer gewiſſen verſteckten Aalglätte entbehrte und nur bei ſeiner krankhaften Sinnengier gepackt werden konnte, hatte ſogar ein angebliches Heirathsverſprechen herhalten müſſen, welches die Waffenbrüder leider zu ihrem tiefſten Schmerz als Zeugen Mienchens auf ihren Eid nehmen wollten.) Gewöhnlich mußte der Hereingefallene Mien= chens „Schulden“ bezahlen. Die Waffenbrüder und die Waffenſchweſter ſammelten nämlich für einen darbenden Freund, einen idealen Märtyrer .. für ihn hatte Mien= chen ſich in Opfer geſtürzt, die edle Seele. Wer den Vorzug dieſes eidgenöſſiſchen Umgangs genoß, lernte auch bald den idealen Zweck kennen, der ſie bei ihrem Pump=Syſtem beſeelte. Einige wollten zwar behaupten, der Name des myſtiſchen Freundes ſei Spiegelberg und ſeine gewöhnliche Taxe 20 Mark — er ſpiele gleichſam die Rolle des ſogenannten Strohmanns bei dieſem Whiſt= Kleeblatt. Uebelwollende fügten hinzu, daß dieſer Kerl von einer Verdauungsfähigkeit ſein müſſe, neben welchen die Danaidenfäſſer als reine Spundlöcher erſcheinen.

Man erkennt hieraus, wie wenig die Welt ſich zu dem idealen Schwunge der verbrüderten Eidgenoſſen zu erheben vermochte. Sie tröſteten ſich jedoch mit dem herrlichen Verſe des haubißigen Rafael:

„Und iſt die Welt auch nur ein Lappen,
Der bald in Feßen morſch zerfällt,
Mein großes Herz iſt Gottes Wappen,
Es thront in Mir der Gott der Welt.“

— — Mit Mühe und Noth machte sich Krastinik von der übertriebenen Zärtlichkeit der Waffenbrüder los. Am andern Tag aber erhielt er einen Brief von Edel= mann:

„In einer furchtbaren Lage bitte ich Sie, lieber Herr Graf, mir umgehend per Rohrpost 200 Mark zu senden. Alle meine Bekannten, die eine solche Summe erübrigen können, sind momentan verreist und ich habe so viel von Ihrer Liebenswürdigkeit gehört, noch ehe ich Sie kannte. Wozu sollte ich mich jetzt an einen Fernerstehenden wenden!"

Was sollte Krastinik thun! Er hatte zwar wahr= lich keine 100 Mark als Geschenk (denn darauf lief es ja hinaus) übrig. Aber da er standesgemäß d. h. über seine wirklichen finanziellen Verhältnisse wohnte, gerieth er natürlich doppelt in den Verdacht gräflicher Wohlhabenheit. In einer Anwandlung falscher Scham packte er die Hälfte der erbetenen Summe ein und sandte sie an die Adresse Heinrichs des Vogelstellers.

In dieser Weise war es schon geraume Zeit herge= gangen. Sagusch erbat umgehend 500 Mark, wofür er denn auch 20 Mark per Postanweisung erhielt, was er mit schweigender Grandezza in die Tasche steckte und über solche Unwürdigkeit kein Wort des Dankes verlor.

Jeden Augenblick kamen reisende Schriftsteller, die entweder aus der Charité entlassen waren oder ihre Frau dort liegen hatten (diese Angaben wechselten ab), bei ihm angestiegen. Einer, der stark nach Schnaps roch

und 3 Mark empfing, erklärte noch in der Thür, er hätte
von einem Grafen etwas Anständigeres erwartet.

Ein Mensch in guten Verhältnissen sollte aus Welt=
klugheit immer vermeiden, mit Leuten von schlechten Ver=
hältnissen in ein näheres Verhältniß zu kommen. Denn
abgesehen vom „Pumpen", dem man sich unvermeidlich
aussetzt, lauert dort stets heimlicher Neid. Ideale Unter=
stützung wird für nichts geachtet, so sehr man auch vor=
her darum bettelt und mit dem Mund dafür dankt. Auch
jede indirekte materielle Unterstützung (Verschaffung von
Arbeiten und Arbeitgebern) wird sofort vergessen. Ewig
herrscht die fixe Idee, welche von einer Art Irrsinn
des Egoismus zeugt: der Unglückliche, dem man Ver=
mögen andichtet oder der es wirklich besitzt, sei verpflich=
tet, „Collegen" direkt aus seiner Tasche zu unterstützen.

Im Grunde befinden sich überhaupt nur Wenige in
der Lage, Anderen pekuniär unter die Arme zu greifen.
Diese aber werden meist durch Verpflichtungen aller Art
vorweg mit Beschlag belegt. Nur ganz junge und unab=
hängige Leute können mit gutem Gewissen solchen An=
forderungen genügen.

Wer aber die Früchte seines Fleißes, statt diese zur
Weiterförderung seiner eigenen Laufbahn zu verwenden,
dem Lüderlichen und Faulen in den Rachen wirft, scheint
ein Sünder gegen sich selbst. Jeder gutmüthige Mensch
sammelt eine zeitlang Erfahrungen dieser Art. Dann
tritt der Rückschlag ein und jeder Pump=Brief wird als
verschleierte Erpressung aufgefaßt.

Und im litterarischen Leben läuft die Sache auch
immer darauf hinaus. Eine „Anleihe" bedeutet Anerbie-
ten der Bestechung. Setzt sich doch das litterarische Leben
hinter den Coulissen nur aus Bestechung und Hände-
waschung zusammen. Daher endeten auch die Pump-
Circulare der Waffenbrüder Haubitz und Edelmann mit
dem steten Postscriptum: Sie würden sich übrigens revan-
chiren, indem sie in den ihnen nahestehenden Blättern
eine empfehlende Recension über den geehrten Herrn
Collegen brächten. Um jedoch ganz gerecht zu bleiben, muß
zugestanden werden, daß sie dies schöne Versprechen niemals hielten oder höchstens in Erwartung eines neuen
Darlehns. Hierin zeigte sich eben wieder ihre vornehme
Gesinnung, die unausrottbare. Tribut empfangen darf
der Messias, aber andere loben — nun und nimmermehr.
Das wäre doch eine gar zu schnöde Verletzung seiner
Integrität.

Es giebt kaum etwas Trostloseres, als das Loos
eines armen Aristokraten. Und nun gar, wenn man
an seine Armuth nicht glaubt. Fortwährend spielt er
eine falsche Rolle.

Auf der einen Seite verstärkt es das Ansehen und
dadurch den Erfolg eines Menschen, wenn man ihn für
vermögend hält. Auf der andern Seite setzt er sich der
Gefahr aus, von Jedermann angepumpt zu werden. Entspricht er diesem Vertrauens-Wechsel auf sein angebliches
Vermögen, so begeht er einen Leichtsinnstreich. Entspricht
er ihm nicht, kommt er in den Ruf eines gemeinen Geiz-
halses.

Jetzt wurde es Kraftinik innerlich klar, warum Leon=
hart jeden Versuch übergroßer Familiarität, wenn ihm
z. B. der Graf vertraulich über seine Verhältnisse Auf=
klärungen gab, mit kühler Reservirtheit ablehnte. Wenn
er sonst wohl einfach „Kraftinik" gesagt, wendete er dann
plötzlich die steife Redeformel „Herr Graf" an. Krafti=
nik begriff diesen wahren Stolz, welcher stets die äußeren
gesellschaftlichen Schranken berücksichtigte und den bekannten
Anwandlungen von Liberalismus=Verbrüderung, die grade
den hochmüthigsten Aristokraten oft belieben, nur ein
ablehnendes Lächeln entgegenbrachte.

II.

Die Wirthin des „Café Liebrian" (unechter Wein
und echte Mädchenbedienung) in der Dresdenerstraße,
Helene Meyer, erwachte erst spät am Nachmittag. Sie
hatte erst um 7 Uhr Morgens ihre Champagnergäste,
einen ungeschlachten Fabrikbesitzer mit Millionärs=Allüren
und einen freiherrlichen Rittmeister in Civil, gehörig
ausgerupft und nach einem Gratis=Morgencafé entlassen.
Nach so schwerer Arbeit verschlief sie denn auch den
ganzen Tag.

In ihrem Zimmer sah es immer aus, als ob Ge=
burtstag wäre. Auf einem Marmortisch zu Füßen des
Bettes stand ein Aquarium mit Goldfischen, fünf an der
Zahl. Auf einem anderen Tisch ein Schmuckkasten aus
Crystall mit allen möglichen Schmucksachen. Und oben

darauf ein fettes Marzipanschweinchen mit schnüffelnder Schnauze. Außerdem lagen da umher ein Carton, mit blauem Atlas gefüttert und mit Brokatstreifen bestickt, und ein Parfümeriekasten.

Schon lugte der nahende Abend scheu durch die Gardinen. Helene lag in jenem Dämmerzustand da, den das Halbwachen mit sich führt. Die Goldfische, überfüttert wie dies bei kinderlosen Familien der Fluch aller Hausthiere zu bleiben pflegt, hatten zufällig am Morgen keine Atzung erhalten. Man hatte sie über dem vielen Trubel vergessen. Jetzt regten sie sich, schossen unruhig hin und her. In der lautlosen Stille hörte man deutlich ihr heißhungriges Schmatzen, so deutlich, daß Helene aus wirrem Halbschlummer empor= zuckte. Als ob dies lüsterne Schmatzen, indem zugleich eine Bitte und eine Mahnung lag, einen Geistergruß aus anderen Welten bedeute. Auf seinem Todtenbette hatte ihr vor einem Jahr verstorbener Gatte noch Zeit ge= funden, sie zu erinnern: „Helen'ken, Du wirst mir doch meine Goldfische nicht verhungern lassen?"

Ein Schauder durchschüttelte sie, rieselte durch ihre vollblütigen Glieder. Sie riß die Augen weit auf, streckte sich gerade aus und starrte zur Decke empor. Ein Schatten tiefster Verzweiflung huschte über ihre Züge hin. Dann raffte sie sich zusammen, ergriff die vor ihrem Bette auf einem Fellteppich liegenden Pantoffeln und schleuderte sie kräftig gegen die Thür. Das war das Zeichen für eine ihrer Mamsells, ihr den Café ans Bett zu bringen.

Bald darauf saß sie in ihrem eleganten Frisirmantel

mit langen aufgelösten Haaren vor dem Spiegel, goß
Eau de Cologne in ihre Locken, ehe sie dieselben mit
dem Brenneisen zu kräuseln anfing, und parfümirte mit
Eau de Mille Fleurs ihr Morgenkleid. Dann kam ihr
der Gedanke, ein warmes Bad zu nehmen. Andere Gedanken, als die einer entsprechenden rationellen Körper-
pflege und Ernährung, kamen ihr ja überhaupt nie. Den
Rest ihrer Zeit verwandte sie auf die Toilette ihrer
schönen Seele, indem sie sämmtliche Romane einer um-
fangreichen Leihbibliothek verschlang.

Während sie noch in ihrem Badezimmer sich bewunderte und vorm Spiegel ihre Reize in allen möglichen Stellungen besichtigte, klopfte die eine Mamsell,
die sogenannte Kneifer-Mary (Rother'schen Angedenkens),
an die Thür und benachrichtigte sie: „Madame, Ihr
Freund ist da!"

In der That saß Leonhart gähnend in einem Winkel
und bepustete als ironischer Blasebalg die Bierheben mit
schnoddrigen Redensarten. Auf den Wahnsinn des
Kneipens „hinten" fiel er ohnehin als alter kundiger
Thebaner nirgends herein; hier aber genoß er uralte
Stammgastrechte und durfte sich mit einem bescheidenen
Glase Bier begnügen. Unter den Kellnerinnen, so oft
sie wechseln mochten, fand er stets alte Bekannte. Und
so vertrauten sie ihm auch heute allerlei Klatsch. „Wahrhaftig," dachte er, „früher stand die Kunst unter dem
Sternzeichen der Madonna, heut unter dem der litterarischen Kellnerin." Kneifer-Mary erzählte ihm eine
gräßliche Geschichte, wie sie als Backfisch ihrem Vormund

entlaufen sei, weil dieser sie habe nothzüchtigen wollen.
„Züchtigen — was? Die Noth hast Du zugesetzt. Man
verspricht sich so leicht!" gähnte er. Mit Hochgenuß
hatte er oft bemerkt, wie sonst recht gewitzte Leute sich
fast immer von den Rührgeschichten dieser Damen be=
tölpeln ließen. Er kannte das Sprüchwort: „Sie lügt
wie eine H . . ." Doch mit seltsamer Inconsequenz
glaubte er nichtsdestoweniger an die idealen Aspirationen
seiner Freundin Frau Meyer.

Diese Juno erschien. Ihr semitischer Astarte=Typus
wirkte stets blendend beim ersten Eindruck, zumal ihre
weiße Gesichtsfarbe durch kohlschwarzes glänzendes Haar
gehoben und ihre Ueppigkeit mit geschmeidiger Eleganz
gepaart erschien. Die holde Wittwe stürzte freudig auf
ihn zu und fiel ihm um den Hals.

„Ach da bist Du ja, mein Herzblatt! Seh ich heut
gut aus? Uns kann Keiner!"

„An die Wimpern klimpern!" ergänzte Kneifer=Mary
naseweis.

Sofort wurde der Engel zur Furie. „Sie haben
hier gar nichts mitzureden!" schrie Frau Meyer heftig.
„Hier rede nur Ich. Sie haben bloß zu schweigen, ver=
standen?"

„Ach, ich meinte man bloß!" Kneifer=Mary fing
sofort langsam zu weinen an, worüber Leonhart in
solche Rührung gerieth, daß er sich zu ihr setzte und sie
liebkoste.

Die klassischen Juno=Züge Helenen's verzerrten sich
bei diesem Anblick und sie ging wüthend in der Stube

auf und ab. Dann commandirte sie mit rauher Stimme: „Marsch fort, Sie! Bringen Sie eine Flasche Lafitte nach hinten für meinen Freund! Und zünden Sie die Gas= flammen an."

„Ich habe noch gar nichts dergleichen befohlen, meine Gnädige," brummte Leonhart verdrießlich.

Sie fiel jedoch gierig über ihn her: „Wie hübsch er heute ist! So wie ich, liebt Dich keine! Scheusal, wolltest Du mich eifersüchtig machen?"

Er sah sie lächelnd an.

Sie zwinkerte lüstern=verlegen mit den Augen. Das Böse in ihrem Sphinx=Gesicht war es, was auf ihn so bezaubernd wirkte. In den kleinen Schlänglein um ihren schöngeschwungenen Mund erkannte er kußgierig liebe Wahlverwandte.

„Zarewna!" lächelte er. Sie hatte eine gewisse Ähn= lichkeit mit Katharina II.

„O mein Orloff!"

Sie hielten sich umschlungen in zärtlichem tête-à-tête.

„Heut hab ich gebadet," sagte sie kokett, indem sie ihren Hals entblößte.

„Ha, wäre ich die Welle, die Deinen Leib umschließt!" deklamirte er in ungesunder Brunstaufwallung. „Wahr= haftig, ich würde zur Flamme werden!"

„Zur Flamme? Ei!" Ihr Auge funkelte. „Wenn ich nun aber selbst die Welle würde, die Dich umwogt! Ich würde Dich schon herunterziehen, was?" Und zur Bekräftigung drückte sie seinen Kopf fest an ihren Busen.

2*

Er aber phantasirte fort: „O Sphinx! Könnt' ich doch in Dich hinüberfließen, mich selbst zernichten in Deiner Lebensfülle —" („Lebensfülle ist jut!" sie knöpfte sich sämmtliche Knöpfe ihres Mieders auf) „in wunsch= losem Gestorbensein!"

„Wunschlosem? Oho! Das will ich nicht hoffen! Prost!" Er lachte leicht auf, indem er mit ihr anstieß. Aber unwillkürlich durchschauerte es ihn dabei, als ob ihm der Tod als lieber Gesell zur Seite säße und ihm grinsend ein blutiges Glas entgegenstrecke. Ihm wurde so nachtwandlerhaft zu Muthe, als habe er all sein Leben nur geträumt. Wie lange kannte er nun schon dies Weib! Als sie noch „glücklich" verheirathet war, hatte er schon mit ihr eine eigenthümliche „Freundschaft" ge= pflegt. Greisenhafte Narrethei!

Wie Betrunkene am Abgrund vorübertaumeln — wann wird er sie beide verschlingen?

„Das reine Gretchen in Auerbachs Keller!" murmelte er halb gedankenlos.

„Nanu!" Sie lehnte sich mißmuthig zurück. „Das ist manchmal Alles so — so falsch bei Dir! Man weiß nicht — ich ärgere mich über Dich."

„Daß ich noch nicht weiter bei Dir bin, wie?" fuhr es Leonhart heraus.

Sie sah ihn mit einem langen Blick an.

„Du sprichst ein großes Wort gelassen aus."

Sie spielte wieder ein wenig auf der weinerlichen Moll=Seite. „Ach, ich habe doch Alles verloren mit meinem Mann. Wer kümmert sich sonst um mich!" Sie

sah ihn kokett an. „Was, Du doch etwas? Nicht? ‚Daß
Du mich liebst, daß weiß ich,‘ summte sie neckisch.

„Auf Deine Liebe . . beiß' ich,“ ergänzte er und
biß sie leicht in die Backe, über welchen beißenden Scherz
sie in ungebärdige Extase gerieth, aber doch Geschäfts=
ruhe genug behielt, von wegen des eben mit dem Noten=
blatt eintretenden und bei dem allzu intimen Anblick des
Pärchens diskret entweichenden Klavierspielers, eilig zu
rufen: „Gieb Mozarten 50 Pfennig! — Hier, Herr
Musikdirektor!“

In ähnlicher Weise wurden die Mamsells, die ihr
Tribut=Glas holen kamen, fortmanövrirt. Von Kneifer=
Mary wußte Frau Wirthin übrigens ein famoses Aben=
teuer zu erzählen.

Sie wollte sich ausschütten vor Lachen. „Also, da
kam ein Weinhändler her, Namens Strauß, und wollte
Wein bei mir verkaufen. Da wurde die kleine Mary
wie verrückt, als der Mann mit mir eine Flasche Wein
trank: es war ein hübscher Kerl. Und als ich das nun
sah, sagte ich ihm, als er ging, um, wie er sagte, eine
Stunde spaziren zu gehen: „Nehmen Sie doch die Kleine
da mit!“ Das that er denn, weil ihm nichts andres
übrig blieb, denn die Person zog gleich ihre Mantille an.
Na und als sie zurückkam, da schwärmte sie nun. Und
ihm ist sie ein Ekel. Also, was thun wir? Sagen ihr,
er wäre hier gewesen, als sie fort war, und hätte ihr
ein goldenes Armband mit einem Hufeisen darauf gebracht.
Da war sie außer sich. Und was thun wir wieder?
Kaufen für 50 Pfennig im Passage=Bazar ein Simili=

Armband, finden zum Glück noch eins mit einem Huf=
eisen. Ich packe das nun in eins meiner Juwelirkästchen,
nehme einen Bogen Rosapapier und schreibe: ‚Meine süße
Maus!' Und so weiter — Du kannst Dir denken. Das
wird nun angeblich durch einen Dienstmann als Paket
gebracht. Na, meine Mary also wie rasend! ‚Ist's auch
echtes Gold?' sagt sie, weil das Simili natürlich keinen
Glanz hatte. ‚Ja, Mattgold!' Am andern Tage kam sie
freilich, ihre Wirthin hätte gemeint, es wäre vergoldetes
Silber. Ich aber ganz empört: ‚Nein, Fräulein, Sie
sehen doch, es kommt vom Juwelier. Da giebts nur
echtes Gold.' Und dann stellen wir einen Strauß von
allerlei Blümchen zusammen und schicken ihr das wieder
mit einem Rosabriefchen, unterschrieben: ‚Dein Sträuß=
chen'. Er habe es heut nicht aushalten können, ohne ihr
einen Beweis seiner Liebe zu geben; morgen komme er.
Na, die Extase kannst Du Dir denken. Den ganzen Tag
wandelte Sie herum mit verschämtem Gesicht, wie eine
Braut."

Die schöne Helena wieherte ordentlich vor Vergnügen
und fiel Leonhart krampfhaft um den Hals.

„Ach, Du bist doch der beste edelste Mensch! Wenn
ich mit Dir ein Stündchen plaudere, schwebe ich wie im
Himmel; bin so weggehoben über all' das dumme Leben.
Wie Du mir neulich erzählt hast, daß es so große Welten
über uns giebt und die Erde bloß so klein und wir wie
Ameisen — ich weiß gar nicht, wie mir dabei wurde!"

„Originelle Zarewna!"

„Dann bist Du mein Premierminister! Ach, Du bist

doch ein abscheulicher Mensch. Niemand würde es für möglich halten — kenne Dich schon so viele Jahre und weiß noch immer nicht, wer Du bist. Da sind wohl ein paar mal Leute hier gewesen, ekelhafte Gesellen, die von Dir quatschten und sich nach Dir erkundigten — daß Du „Friedrich" heißt, weiß ich schon —, aber im Namen-Sagen da waren sie Alle behutsam. Wie ist das nur möglich, daß die Leute dahinter kamen, daß Du hierher=gehst, aber ich Dich nie ausfinden konnte? Du mußt schrecklich weit von der Dresdener Straße wohnen. Und im Schaufenster hab ich auch nie Dein Bild gefunden . . . und ich weiß bestimmt, daß Du doch ein berühmter Mann sein mußt."

„Gott Gerechter!" machte er spöttisch, indem er ihre semitische Lebhaftigkeit nachäffte. „Wie soll ich sein be=rühmt! Ich bin einer der obscursten Sterblichen, heiße weder Veilchenthal noch Aaron noch Lubliner. Und was ich geschrieben habe, das ist bloß ein . . Coursbuch."

„Ach rede man nich! Bei andern Damen da wirst Du schon anders sein in der Gesellschaft. Dir stehn ja alle Wege offen."

Er zuckte die Achseln.

„Tröste Dich, mein Kind, unsere Damen haben schönere Idole als mich — mit rothem Kragen und Epauletts. Uebrigens," er nahm einen ärgerlichen Ton an, „laß diese Nachforscherei! Wenn ich mich Dir ent=decken will, werde ich es schon selber thun. Und daß ich's nicht thue, zeigt doch daß ich's nicht will."

„Ja, glatt wie 'n Aal!"

Sie gerieth plötzlich in ein mörderliche Rage, die sie sofort an ihren Mamsells auszulassen wußte.

„Häßlich sind sie alle wie die Sünde, und dabei stecken sie Bilder 'raus. Hier bei meinem Freund besaufen sie sich und dann, wenn Gäste kommen, dann lesen sie Bücher. Solche Mamsells sind mir noch nicht vorgekommen."

In diesem Augenblick aber kam die Mamsell Olga und meldete ihr was.

„Ach so! Entschuldige mich, mein Kind! Da sind Zwei, die sich für mich interessiren!"

„So und da läßt Du mich sitzen? — So lebe wohl, und wenn für immer!"

„Ach, Du kommst ja doch wieder! Und übrigens, wir haben an jedem Finger Einen!" Sie zählte viermal ihre fünf Finger ab.

„Was, so wenig?" — Sie lachte und entfernte sich, trällernd: „Anna, zu Dir ist mein liebster Gang."

Olga, die in England Geborene mit dem merkwürdigen großgeformten Fuchsgesicht, die so oft mit Leonhart Sechsundsechzig gespielt, sein sogenanntes „langsames Ideal," versicherte ihm jetzt, sie sei ihm eigentlich auch sehr gut. „Wir kennen uns ja schon so lange!"

Leonhart dachte innerlich, was die Welt wohl sagen möchte, wenn sie diese komischen Freundschaften des „großen Dichters" erführe.

„Edles Wesen!" sagte er gerührt. „Was macht denn Dein Verhältniß, dies gute Schaf? Glaubt er immer noch an Dich?"

„Ach, Sie haben ja nie geliebt. Wenn Sie wüßten wie das ist! Mein Schatz ahnt natürlich nicht, daß ich Andere eben nehmen muß, wie das Geschäft es fordert. ‚Ja Mäuschen,‘ sagte er, ‚ich weiß wohl, daß Dir welche mal einen Kuß nehmen. Aber Du selbst giebst doch Keinem einen?‘ ‚Nie, auf Wort!‘ sage ich dann. Wenn ich ihm die Wahrheit sagte, wär’s ja für immer aus. O, dies Geschäft ist einem zum Halse heraus!“

Grade wie die Salon-Kokette ihrer Mama wohl zu beichten pflegt: „Es ist doch jeden Abend ein anderer! Ach, wenn ich nur Einen hätte!“

Darin sind alle Weiber gleich, dachte Leonhart. — Er sah nach der Uhr und schauderte.

Es ist doch eigentlich ein wahrer Skandal. Hier sitzt man nun und sauft regelmäßig für zehn Mark Wein, den die Weiber austrinken! Zehnmal macht schon hundert Mark auf die Weise. Freilich, was ist billiger in diesem verwünschten Berlin! Ein Ekel ergriff ihn vor seinem hartnäckigen Versimpeln in dieser thörichten Anhänglich=keit an zeit= und geldverzehrende angebliche „Studien“= Manieren. Was ihn solche Lokale lehren konnten (tiefere Kenntniß des weiblichen Charakters in seiner entarteten Entfesselung), hatte er doch längst gelernt. Elende Schwäche der Gewohnheit. Aber an eben dieser Schwäche gehen tausende junger Existenzen in Berlin zu Grunde, Studen=ten, Maler, Musiker. — Selbst ein gewisser Ort war hier lebensgefährlich wegen seiner Unsauberkeit. Alles schwamm dort durcheinander, so daß selbst die Stiefeln durchnäßt wurden. Ein scheußliches Symbol für den sonstigen moralischen Schnupfen, den man sich holt.

„Nicht wahr, mein Kind, wir Beide gehen ganz allein nachher eine halbe Stunde spazieren, um uns abzukühlen?"

Er bejahte, wenn sie rasch mache.

Draußen ging das Gezanke mit den Mamsells wieder los und einige späte Nachtgäste, die erschienen waren, um Jux zu machen, wurden ersucht sich „etwas plötzlich" zu entfernen.

Er hatte es satt, so lange zu warten, während sie draußen geschäftlich herumschimpfte. Er trat daher hinaus mit Ueberzieher und Stock. Da er sie nicht sah, wollte er schon hinuntergehn, als sie von oben mit Muff, Hut und Mantille kam. Sie rief entrüstet: „Na, was ist das?"

„Ich warte," erwiderte er. „Aber bitte, sehr rasch!"

Sie maß ihn mißtrauisch und sagte unvermittelt: „Ach, Sie sind mir ein fauler Jakob! — Nur einen Moment, daß ich Kasse mache!"

Aber auch das dauerte endlos; ihn ergriff ein unsieglicher Widerwille.

„Ich muß wirklich gehn," sagte er plötzlich.

„Gut, dann machen Sie, daß Sie fortkommen," entfuhr es ihr.

Er verbeugte sich kalt. „Ich danke für die gnädige Entlassung," drehte sich auf den Hacken um und ging.

„Das war neulich von Dir ein gemeiner Zug! Mich da im Pelz stehn lassen!"

„I, so lange zu warten hatt' ich weder Zeit noch Lust."

„Da sieht man, wie Du mich liebst! Aber auch gar nicht!"

„Oho, ich liebe Dich fürchterlich!"

„Fürchterlich — das ist schon nichts, das ist Ironie. Du kommst mal alle acht Tage und denkst: Willst mal zu der Frau 'raufgehn und mit ihr eine Flasche Wein trinken. Das ist ganz gemüthlich. Aber Liebe! Liebe für mich allein!"

Er sah sie fest an und sagte ruhig:

„Warum liebst Du mich denn?"

Sie gerieth wieder in Extase und fiel ihm um den Hals: „Wie reizend das wieder herauskam! — Warum ich Dich liebe? Erstens, weil ich Dir ganze Nächte lang zuhören könnte, wenn Du erzählst — zweitens, weil Du so schöne Augen hast — und drittens, weil Du anständig bist."

„Na ja!" Er küßte sie. — „Ich muß Dir ja das Küssen beibringen. Das verstehst Du nicht."

„Aber ich laß mich gern küssen."

„Oho, das klingt verdächtig."

„Wie, hast Du schon je gesehn, daß ich mich küssen ließ?"

„Nein, ich hab's nicht gesehn, das ist eben das Schlimme," brummte er ironisch.

„O Du!" Sie preßte ihn innig an sich. „Riech mal!"

Damit drückte sie sein Haupt an ihren üppigen Busen, wie sie das mit wohlberechneter Absicht zu thun liebte. „Ach wie berauschend!" gähnte er, den Parfüm ein= saugend.

„Wenn wir erst verheirathet sind, berausche ich Dich noch anders."

Sie küßte ihn glühend ab.

„Na, nur zu! Ich bin bereit, Sphinx."

Er lächelte neckisch, weil er wußte, daß ihn das gut kleidete. Richtig quietschte sie auch: „O die Grübchen!" und stellte sich wie bezaubert, indem sie jedoch „auf den Schreck" Glas auf Glas hinunterstürzte und ihn eben= falls animirte. „Denn wie Du weißt, mein Schatz, Liebe ist Liebe und Geschäft ist Geschäft." So verschwanden die Flaschen natürlich eilig genug, da ja die wackern Mamsells regelmäßig ihr Theil erst einschenkten und weg= trugen — als Preis für das Alleinlassen des Pärchens. Sie wurde ihm heut so langweilig mit ihrem Erzählen von ihren schweren Träumen und schlaflosen Nächten, und von den vielen gemeinen Insinuationen, die man an sie richte (das „kräftige junge Weib, das etwas bedürfe"), und von den Geschenken und Nachstellungen ihrer An= beter, — daß er sich gähnend erhob und bald das Weite suchte, von ihr die Treppe halb hinab verfolgt. Als er nach acht Tagen wieder erschien, war sie nicht sicht= bar, sondern fröhnte im hintern Zimmer dem Cham= pagner mit irgend einem Verehrer. Als er nach wenigen Minuten ging, rauschte sie heraus, ihm nach, in einem schwarzen Atlaskleid mit hochgerötheten Wangen. Er kniff das eine Auge zu, zeigte auf die bewußten Wangen und sagte „O!"

„Julitz war heut göttlich!" rief sie mit affectirter Absichtlichkeit, indem sie den Kopf junonisch zurückwarf und ihn fest anblickte. Hoffte sie etwa, daß ihm das eifersüchtigen Aerger errege? Er verbeugte sich lächelnd, küßte ihre Hand und sprach väterlich: „Julitze nur weiter, Kind. Meinen Segen hast Du."

„Wir müssen doch auch 'was für die Unsterblich=keit thun!"

Es war spät und kein Gast mehr anwesend, als er nach etwa zehn Tagen kurz vor 11 Uhr wieder vorsprach. Sobald sie ihn erblickte, schoß sie mit einem kleinen Auf=schrei auf ihn zu. — —

„Neulich sah ich Dich auf der Straße mit einem Andern zusammengehn. Du bemerktest mich auch und hast mich nicht gegrüßt. Ich dachte, Du würdest hinter mir herkommen ... aber nichts. ‚Siehst Du,' sagte ich zu meiner Schwester, ‚das ist meine verschmähte Liebe'."

Er stellte das natürlich in Abrede. „Ach, rede man nich. Wohl hast Du mich gesehn. Neulich auch glaubte ich Dich vor einem Bilderladen zu sehn ... ich trat an den Herrn heran, der Dir ähnlich sah ... da sah ich erst, er war lange nicht so hübsch wie Du. Ach, das ist eben bei mir so eine Tollheit im Kopf: Ich sehe Dich überall, ich glaube Dich überall zu treffen und hinterher ist's ein Andrer."

Sie erzählte dann eine Geschichte von ihrem Edel=
muth, wie sie Unter den Linden einem überfahrenen alten
Arbeiter die Droschke zum Nachhausefahren bezahlt. „Ja,
die Reichen haben kein Herz, nur die Armen."

Sie hatte ihm anfangs — sie blieben vorn, da hinten
noch Weingäste saßen — gegenübergesessen, indem sie ihn
ernstforschend betrachtete und die Beine bequem über=
einanderschlug. Da er aber ihren Fuß dabei empor=
gehoben und geküßt hatte, sprang sie auf „dafür bekommst
Du einen ordentlichen" und gab ihm einen Kuß, daß
man es bis hinten hörte. „Ach was soll ich mich ge=
niren! Mögen sie alle reden was sie wollen!" Damit
setzte sie sich ihm auf den Schoß und ließ ihren Gefühlen
freien Lauf.

„Erzähl mir wieder 'was Interessantes! Du weißt
ja alles, alles!" Sie plauderten lang und breit und sie
hörte ihm stets mit gespanntester Aufmerksamkeit zu.

Als Olga einmal an den Tisch kam, nahm sie zu=
fällig Leonharts Handschuhe auf, die auf dem Tisch lagen.
Dabei blieb ihr Auge plötzlich wie gebannt hängen. Aerger=
lich steckte er sie in die Tasche, ohne sich etwas dabei zu
denken. — In ihrem Liebestaumel blieben beide bis zwei
Uhr zusammen und sie selber geleitete ihn hinaus. —
Als er nach Hause schritt, kam ihm ein plötzlicher Arg=
wohn. Unter der nächsten Laterne prüfte er seine Hand=
schuhe. Er wollte seinen Augen nicht trauen: da stand
groß und breit sein Name! Die Waschanstalt hatte ihn

beim Waschen hineingeschrieben und er hatte nichts davon bemerkt! — „Nun gut, wir wollen sehn," dachte er.

„Neulich hast Du gesagt," hob sie an, „wir gehörten alle zum Thierreich. Dann frage ich mich nur, wozu es dann so viele furchtbar kluge Köpfe giebt — wie z. B. Dein Köppken da, Du!"

„Siehst Du, das hast Du wieder gar nicht ver= standen, mein Kind. Nämlich, entwickelt aus dem Thier= reich als höhere Gattung werden wir doch ewig bleiben, selbst wenn wir alle thierischen Functionen, als da sind: Essen, Trinken, Schlaf und Beischlaf" (sie lachte auf und steckte den Finger in den Mund, indem sie ihn lüstern anschielte), „völlig abwerfen könnten . . ."

„Glaubst Du denn wirklich, daß das geschehen könnte?" unterbrach sie ihn hastig. „Ach, das wäre gar nicht schön. — Ja, was hat man denn sonst vom Leben?" Sie richtete sich straff auf und sah ihn funkelnden begehr= lichen Auges an.

„Oho, da haben wir wieder den ollen knustigen Welt= schmerz!" lachte er auf. „Na, den vertreibe ich Dir, wenn wir erst verheirathet sind."

„Wie er das sagt!" Sie fiel ihm um den Hals. „Ach, das wird ein Leben! Morgens stehn wir auf, trinken Kakau und" betonte sie mit Wichtigkeit „nichts dazu. Dann zweites Frühstück: Rührei mit Schnittlauch oder Sar= dellenbrötchen. Dann essen wir zu Mittag — ach, ein Spargelgemüse zum Beispiel —"

Er lachte unbändig. „Nein, diese Eßphantasie!"

„Nun ja," schmollte sie. „Ich muß Dir doch an=
geben, wie ich Dich pflegen will. Denn was soll denn
sonst," flüsterte sie ihm schelmisch ins Ohr, „aus der
Nacht werden? Am Nachmittag liest Du mir wunder=
volle Bücher vor. Und dann gehn wir gleich nach dem
Essen zu Bett ... schon um zehn." Dabei fiel sie ihm
an die Brust und drückte sich fest an ihn an.

„Ach!" seufzte er mit ironisch übertriebener Affekta=
tion. „Wär's schon so weit!"

„Ja, das möchtest Du wohl gleich! ... Aber auf
vier Wochen, nicht? O ich kenne Dich Bösewicht!"

„O nein," sagte er, indem er sie glühend umarmte.
„Ich liebe Dich wirklich."

„Wahr und wirklich?" fragte sie schwimmenden Auges.
„Sag' mal, wieviele hast Du geküßt seit vorigen Montag?"

Er sann nach. „Ich will mal genau nachdenken ...
keine."

„Keine? O!" Sie umschloß ihn mit beiden Armen
in einem Paroxysmus der Leidenschaft. „O so komm
doch, heirathe mich! Worum die Andern mich anbetteln,
darum flehe ich Dich an. Reise mit mir fort, aus der
ganzen Welt fort, an den Genfer See. Dort schaffst Du
Deine wunderbaren Werke und ich setze mich zu Deinen
Füßen und höre Dir zu ..."

„Meine wunderbaren Werke!" Es schmeichelte ihm
aber doch. „Ach, die giebt's gar nicht! Ich schreibe ein
Coursbuch."

„Du mit Deiner dummen Ironie! Ja wohl schreibst Du sie." Sie holte einen Augenblick tief Athem und ein tiefernster Ausdruck glitt über ihre Züge. „Ich habe alles verloren, alles, Mann, Geliebter und Freund. Alles was ich dachte, hab' ich mit meinem Mann getheilt. Und wenn man nun Niemanden mehr hat, dem man sich ver= trauen kann und so isolirt lebt wie ich ... Vater, Mutter, Schwester — das ist alles nichts, die verstehen mich alle nicht. Und Freundschaft — pah! Das ist alles nur Falsch= heit, Neid, nichts andres. Man darf Keinem trauen."

„Sehr richtig," sagte Leonhart ruhig, „die einzige wirkliche Freundschaft ist die zwischen Mann und Weib."

„Ja," rief sie, „Dir, Dir möcht ich mich ganz ver= trauen. O Deine treuen blauen Augen! So süß, so ... Wenn Du kommst, dann bin ich selig. Merkst Du nicht, wie meine Augen dann leuchten? Mit Dir plaudre ich ganz wie mit ... als wärst Du mein bester Freund. Und nicht wahr, Du wirst mich nie verrathen, Du wirst immer lieb zu mir sein?"

Das schöne Weib brach in Thränen aus und schmiegte sich an ihn, als wäre er ein Rettungsanker in allgemeinem Schiffbruch. Er beruhigte sie durch Liebkosungen und trocknete ihre Thränen mit seinen Küssen.

„Heut seh' ich schlecht aus, nicht?" fuhr sie plötzlich auf, und mit weiblicher Logik abspringend, erzählte sie dann, wie sie beim Photographen gewesen sei und dieser ihr empfohlen habe, eine Parthie ihres Halses zu zeigen. Sie knöpfte dabei ihr Kleid oben auf, schlug den Sammet= kragen hoch und zeigte, wie. „Mir war's ganz ungewohnt.

Denn mein seliger Mann erlaubte nie, daß ich decolletirt ging. — Wenn wir Beide nächsten Winter zum Masken= ball gehn, wie Du mir versprachst (nicht wahr, wir thun es doch?" Er nickte), „dann geh ich decolletirt. Denn dem Mann gehört Alles."

„Ich bin aber noch nicht Dein Mann."

„Das thut nichts. Du machst eine Ausnahme. Ach was heirathen! Man schafft sich einen guten Freund an. Ja, Du natürlich ... ei, sieh mal her!" Sie knöpfte blitzschnell ihre Taille auf und entblößte die schneeweißen wogenden Hügel. „Wie gefall ich Dir?"

... es war still, kein Gast im Lokal ... Vorn hörte man nur die Mamsells beim Dominospielen mit= einander zanken ... sie waren so ganz allein ...

Aus Leonhart's Tagebuch.

Ich verachte einen Mann, zumal einen jungen Mann, der sich nicht eines Weibes wegen wie ein Narr oder ein Geistesgestörter benehmen kann. — So Aehnliches bemerkt Thackeray wiederholt in seinen Romanen, er, der feinste Menschenkenner der neueren Zeit. Im „Pendennis" findet sich eine schöne Stelle, wo der stolze knorrige Warrington dem jungen Pendennis seine Bekanntschaft anträgt. Als der freudig Erstaunte ihn später fragt, wie er zu dieser Auszeichnung komme, erwidert der ältere lebensgereiste Mann: er habe von der Jugendtollheit des jungen Herrn vernommen, wie er eine Schauspielerin, eine abgefeimte Kokette, durchaus heirathen wollte und mit Mühe vor

diesem Wahnsinn bewahrt wurde. Das sei ihm das
Merkmal einer tüchtigen Natur gewesen. — Tiefste Seelen=
kenntniß liegt in dieser Bemerkung.

Es scheint ein leicht begreifliches Naturgesetz, daß
ideale und zugleich leidenschaftliche Naturen sich mit Vor=
liebe in rohe und gemein denkende Weiber verlieben. Der
Fond ihrer idealisirenden Liebeskraft ist so groß, daß
ebenbürtige und würdige Ideale nicht genügenden Stoff
für diesen Ueberfluß von Gefühl und Hingebung bieten
würden. Wie wäre sonst die wahnsinnige Leidenschaft
genialer und großer Männer für so geringfügige oder
verächtliche Liebesobjecte zu erklären!

Die erotische Begierde macht zwar manchmal Feige
zu Helden, Faulpelze zu Fleißigen, und so fort. Aber
viel häufiger tritt der Fall ein, daß sie, selbst wenn sie
nebenbei zu höchster Anspannung aller Fähigkeiten reizt,
den Charakter von Grund aus vergiftet und verschlechtert.
Sie macht Verschwiegene indiscret, Wahrheitsliebende ver=
logen, Nobeldenkende brutal und boshaft. Sie verwirrt
den Sinn für Pflicht und Recht, sie raubt jedes Gefühl
der Selbstachtung und Würde. „Aus Klugen macht Tho=
ren die mächtige Liebe" heißt es schon in der älteren Edda.

Nichts ist erbarmungswürdiger, als einen edeln und ritterlichen Mann, der sich durch eine Eva zum Fall verlocken ließ, hinterher aus dem Taumel zur Nüchtern= heit erwachen zu sehn. „Und er erkannte, daß er nackt war." Die Wuth gegen den früher begehrten oder be= sessenen Gegenstand gährt dann derartig, daß sich der Groll sogar in indiscreter Rohheit Luft macht. Man rächt seine eigne Verblendung und stachelnde Reue an dem früheren Idol, das doch im Grunde stets denselben Werth oder Unwerth besaß.

———

Nur in uns selbst liegt die Schönheit und das Be= gehrenswerthe der Begierde. Die Seele will aus sich selbst heraus und fiebert einer Afterschöpfung, einem schö= neren Etwas, entgegen, das in Wahrheit gar nirgends existirt als im Hirn des Liebenden. — Wo liegt Anfang und Ende einer starken Leidenschaft, wenn sie plötzlich über Nacht aus äußeren Anlässen erlöschen kann! Man begreift vollkommen, wie diese oder jene Leidenschaft ent= stehen, wachsen, sich ausrasen konnte. Man begreift sogar alle Thorheiten und Narrheiten, zu denen sie veranlaßte; man würde vielleicht in ähnlichem Falle ebenso handeln. Wie aber ist es möglich, daß eine allesverschlingende wahnsinnige Liebe plötzlich, in sich selbst verzehrt, er= löschen kann — auch ohne daß sie volle Befriedigung gefunden? Schwache Naturen allerdings mögen in einer Art temporären Irrsinns daran zu Grunde gehn. Starke

hingegen, und wenn sie bis zur äußersten Grenze gegangen, können plötzlich sich ein Ziel setzen, ohne sonder-
liche Willensanstrengung. Die Begierde erlischt einfach,
auch ohne Sättigung, auch ohne zwingende Umstände —
falls sie störend in den sonstigen Lebenszweck eingreift.
Auch dann, wenn der Minnekranke fest entschlossen war,
sein Ich dem Du zu opfern. „Alles hat seine Zeit,"
sagt der Prediger. Aber die Fluth und Ebbe des Gefühls hat, so natürlich sie scheint, doch etwas Räthsel-
haftes. Bah, kommt mir nicht mit pathetischen Phrasen
— es giebt keine Liebe, sei sie die reinste und selbstauf-
opferndste, die ein gewisses Stadium überdauert. Oder
sie ist bereits eine ernstliche Affection des Gehirns.

Ich habe einen lieben Freund. Ich warnte diesen
vor einer gewissen anrüchigen Dame. Er nahm sehr
ernstlich ihre Partei und schimpfte über die Klatschsucht
der Welt. Hinterher erfuhr ich aus unumstößlichen
logischen Thatsachen, daß er — er ist sehr verheirathet
— mit dieser gefälligen Dame ein flüchtiges sinn-
liches Verhältniß gehabt. Neulich setzte er sich hin
und unterhielt mich wiederum von der Tugend einer
anderen Dame, zu welcher die ganze Welt, weil er's ein
wenig öffentlich trieb, ihm nahe Beziehungen unterschob.
Er erzählte mir ganz unmögliche Tugendhaftigkeiten, wie
sie in Romanen der „Gartenlaube" vorkommen könnten, —
alles mit dem Bestreben, das gewisse Weib in meinen

Augen zu heben und dadurch die Existenz einer intimen platonischen Freundschaft mit derselben plausibel zu machen. Wie ein stummes Bild des Glaubens faltete ich andachtsvoll die Hände. Aber es imponirte mir doch. Das heißt gehandelt wie ein Kavalier.

III.

„Wissen Sie was, schreiben Sie uns einen Messerschneide-Artikel! Etwas gegen Boulanger, wissen Sie."

„Weswegen?"

„Was für eine Frage! Es liegt im Interesse des Blatts."

„Möglich. Aber ob in meinem Interesse?"

„Herr Doctor, ich bin erstaunt.."

„Und ich erst! Gott, seien wir doch keine Kinder! Die Hauptsache dabei (ich will ja den Artikel gern schreiben) ist die: Was — nützt — es mir?"

„Aber das hätte ich nie von Ihnen gedacht! So wenig Eifer! Natürlich werden wir Ihnen den Artikel sehr hoch berechnen."

„50 Pfennig pro Zeile?" höhnte Kratzenthal. „Nein, alter Freund. Da fällt mir ein: Warum schreiben Sie denn den Artikel nicht?"

„Ach!" Kössel kratzte sich hinter den Ohren. „Das ist eine sehr sehr prekäre wichtige Affaire. Das kann nur eine ganz gewiegte Feder — wie die Ihre, Herr Doctor Kratzenthal."

„Ach zu gütig!" schnaufte dieser durch die Nase.
„Sie wiegen meine gewiegte Feder in sanfte Illusionen.
Mit einem Wort," er sprang plötzlich auf, „Sie selbst
fürchten sich den Artikel zu verbrechen und wollen einen
stillen Compagnon dazu. Ich wittere Unrath. Holla, der
Bankier Hollmann!" Kratzenthal brach in ein wieherndes
Gelächter aus, schlug seinem Chef auf die Schulter und
grinste: „Spekulirt auf Baisse! — All right! 100 Mark
pro Zeile — 100 Zeilen Umfang — macht 10000 Mark
— dann schreibe ich ihn, den Messerschneide=Artikel."

Nämlich im Sinn all der früheren Messerschneidungen,
welche fast jedes Blatt wie eine Art monatlicher Excre=
mente von sich giebt.

———————

Solche Schauderaffaire erzählte Schmoller dem
staunenden Leonhart, als er mit diesem das Zeitungs=
zimmer des Café Bauer durchstöberte, ob sie nicht Beide
wieder irgendwo beschimpft worden seien. Er hatte an=
geblich diese Scene belauscht, als er die Redaction eines
großen Blattes heimsuchte. Dann erzählte er noch, wie
plötzlich ein schrecklicher Skandal dort losgebrochen sei,
da die Gattin des Chefredacteurs Kössel, eine frühere
Köchin, diesem grade wie gewöhnlich ihren allabendlichen
Gardinenpredigt=Besuch auf der Redaction abgestattet
habe. — Dieser professionelle Verfolger der Bosheit sog
sich freilich solche Geschichten oft rein aus den Fingern.
So galt es ihm diesmal, das bekannte Verhältniß von
Börse und Presse in ein Späßchen zu bringen. Allein,
es schien nicht so bös gemeint, wie es klang. Aus

Klatſch, Nichtigkeit und Jämmerlichkeit ſetzt ſich
ja das unſelige Leben des Berufsſchriftſtellers
zuſammen und als einzige Rache bleibt ihm die
böſe Zunge. Jedermanns Hand iſt wider ihn
drum iſt ſeine Hand wider Jedermann. Verzweiflung
lachte aus Schmoller's Verleumbungsmanie. Das Un=
berechenbare war hier nie das Unentſchuldbare. Grade
wie Leonhart fühlte er ſich dämoniſch zum Geifern ge=
trieben.

„Kratzenthal platzt noch vor Gift, wie die Ratte in
ihrem Loch. Köſſel ſagte mir mal, man müſſe die ewige
Wuth Kratzenthals nur bedauern, da ſie von Hämor=
rhoiden herrühre.“

„Das iſt keine Entſchuldigung. Aber ich kann mir
nicht helfen: obſchon er mein Todfeind, halte ich ihn für
einen Ehrenmann,“ verſetzte Leonhart ruhig.

„Ehrenmann — ach Du biſt doch immer der Alte!“
knurrte Schmoller. „Wie hat der Menſch ſich immer
ruppig gegen Dich benommen!“

„Das tangirt aber nicht ſeine ſonſtige Ehrenhaftig=
keit. Denn daß er meine Recenſionsexemplare andauernd
todtſchweigt und dem Antiquar verkloppt, dieſe Naivetät
theilt er ja mit allen Preßbengeln. Er iſt muthig und
unabhängig, erinnert mich immer an einen Dachshund
— biſſig und brav.“

„Ja, die Beine hat er ſich krumm gelaufen wie ein
Teckel — das ſtimmt. Übrigens ſind ſie alle toute
même chose! Jeder Redacteur ſchießt Probepfeile ein=
gebildeter Willkühr, ob nun von liberalem oder conſer=

vativem Göttersitz! Da ist mir doch die Schwefelsäure der
„Berliner Tagesstimme" noch lieber, als dieser salzlose
Ohnmachtgeifer!"

„Ist er eigentlich ein getaufter Jude?"

„Und ob! Drei Juden in eins! Darum belfert
er ja auch soviel gegen jüdische Gesinnung, um seine
Abkunft vom Mühlendamm zu verdecken."

„So 'was ist mir allerdings doppelt widerlich."
Leonhart runzelte die Stirn. „Ich kenne ungetaufte
Ehrenmänner. Für getaufte grüne Judenjungen, die
ihre Stammesgenossen begeifern, sollte man aber eine
Extraruthe parat halten. — Doch wie gesagt, ich glaube,
wir beurtheilen Kratzenthal ganz falsch. Grade weil er
ein ewiger Krakehler ist, halte ich ihn für einen ehrlichen
Kerl. Allerdings leidet er als neuer Lessing an hoch-
gradigem Größenwahn." Wer litte zwar nicht daran!
dachte er heimlich. — Darin freilich kamen Beide über-
ein, daß die conservative Presse der fortschrittlichen ganz
würdig sei, „daß sie alle Beide stinken." Unpartheilich-
keit? wie haißt?!

„Sieh da, Federigo, Du hier?" tönte eine Stimme
neben ihm.

„Ei, Holbach, und was treibst Du hier?"

„Komm doch an unsern Tisch — Kasimir Pakosch
ist hier!" Holbach lud mit seiner üblichen gewinnenden
Liebenswürdigkeit ein, so daß Schmoller und Leonhart
bald einem bleichen Herrn mit genialisch zerwühltem
Haarwuchs gegenübersaßen. Er trug einen schwarzen
Sammetrock und einen weißen Hut mit Schleier, sowie

Hosen von weißem Kaschmir. Außerdem lehnte er sich auf einen schwarzen Stock mit breitem Silberknopf, dem das Lasalle'sche Motto eingravirt: „J'attendrai mon temps." Er bedurfte dieser Stütze seines jungen Greisen= alters, da er hinkte. Ueber dies Hinken verbreitete er zwar, er sei bei Mars la Tour verwundet; Böswillige schrieben es jedoch ganz andern Ursachen zu.

Dies war der berühmte Kasimir Pakosch, der Re= generator der deutschen Zukunftsbühne. Leonhart kannte ihn bis ins Mark seiner Herzensschöne von dem Tage her, wo er sich ihm gemeldet, um die Hauptrolle seines Festspiels „Sedan" zu spielen, welches von einem „Dra= matischen Verein" aufgeführt wurde. Dieser unglaubliche Scherz des hinkenden Dichters fand seine Erklärung in dem Umstand, daß gleich darauf Pakosch's dämonische Weltschmerztragödie „Der Mulatte" in Berlin aufgeführt wurde und er durch diesen Coup die scharfe Kritikerfeder Leonharts lahm legen wollte.

„Ach, mein theurer Herr Leonor!" grüßte huldvoll der große Mann. „Und was macht Ihr Drama ‚Der Wärwolf', von dem Sie mir einst erzählten? Wird es denn endlich mal aufgeführt?" Diese boshafte Theil= nahme erbitterte den Andern dermaßen, daß er anzüglich erwiderte:

„Ach nein! Da sind überall solche Streber, die ihre Stücke von Hamburg bis Frankfurt und München zum Schrecken des Publikums anbringen, weil sie mit den Theaterregisseuren unter einer Decke spielen und den sogenannten ‚Künstlerinnen' Gedichte und Bouquets

widmen. Man weiß ja, wie so 'was gemacht wird. Ja,
und weil Sie sich nach meinem Drama so gütig erkun=
digen —: was macht Ihre Frau Gemahlin? Das muß
ja doch immer unsere erste Frage an Sie, verehrter
College, sein."

Pakosch erröthete leicht, weil er die Beleidigung
wohl empfand. Seine Frau, eine morphiumsüchtige Lady
Macbeth, welche er nebst einer Villa von dem früheren
geschiedenen Gatten (ein kleiner gemeiner Ehebruch lag
vor) zum Geschenk genommen hatte, besorgte nämlich all
seine litterarischen Geschäfte. War er bloß dünkelhaft bis
zum Exceß, so raste sie einfach vor Größenwahn, so daß
sie zeitweilig in einer Maison de santé sich beruhigen
mußte. Sogar der milde Holbach (der freilich für die
kleinsten Gebrechen seiner Nebenmenschen ein scharfes
Auge und hinterm Rücken eine gar böse Zunge hatte,
falls einer mal nicht seinen egoistischen Zwecken dienen
wollte) entrüstete sich, als ihm Frau Pakosch einst einen
herablassenden Brief schrieb: „Solche Oberflächlichkeiten
wie Sie, lieber Freund, über das letzte Buch meines
großen Gatten, darf man an meinen Mann überhaupt
nicht schreiben!" . .

Tiefgekränkt und rachedürstend schob Pakosch eine
Rose aus seinem Knopfloch und reichte sie Leonhart:
„Danke für die Nachfrage! Da, mein lieber Leonor,
riechen Sie! Da können Sie ja später sagen, daß Sie
mit Kasimir Pakosch an einer Rose gerochen haben!!"

„O ich Seeliger! Nennen Sie mich nicht immer
Leonor, mein Guter! Ich heiße Leonhart — ‚Leon,‘ der

Löwe und ‚hart‘ — leicht zu behalten." Leonhart emp=
pfahl sich, indem er eine Einladung zur Eröffnung eines
neuen stilvollen Bierrestaurants vorwies. „Was wolltest
Du mit dem Dolche, sprich?" rief Schmoller. „Da bin
ich ja auch eingeladen, wie sich's gebührt. Ich wollt'
es diesem Bierjungen auch gerathen haben! Ein Lokal
eröffnen ohne mich, den Spezialkenner Berlins, hoho! Nie
ohne dieses! Ich sage Dir, vor mir zittern Verleger und
Bierverleger." — —

In dem fürchterlich altdeutsch eingerichteten Restau=
rant trug sogar die Buffetdame ein altdeutsches Mieder
mit Puffen und alles roch nach süffiger Lebenslust, als
ob die Herbarien blauer Blümelein von all den Fahren=
den Sängern hier auf dem Altar des Vaterlandes nieder=
gelegt seien. Die beiden Dioskuren trafen einige jüdische
Theaterfabrikanten, deren schwammiges Gesicht an ihre
Rückseite der Medaille erinnerte. Man aß und trank sich
satt und schimpfte dabei als Kenner über den Größen=
wahn der modernen Bierpaläste. Dann hob Aaronsohn
an, über die schändlichen Wahlwühlereien der Conserva=
tiven zu jammern. „Jotte doch!" fuhr ihm aber Leon=
hart in die Parade. „Gewühlt wird auf beiden Seiten!
Wir sind doch keine Kinder!" — Bald darauf schwang
sich der große Witzbold Lerchenheim zu der Behauptung
empor, Wien sei die sittlichste Stadt im Vergleich zu
Berlin. Es errege im „Sperl" ordentlich Aufsehen,
wenn Einer dort Champagner bestelle und der wacht=
habende Commissär beauftrage die Weiber dann, ja auf=
zupassen: Das müsse ein Verbrecher sein. — Die eigentliche

Preſſe hatte ſich in einer Hinterſtube verſammelt. Zur Feier des Wahlſieges ließ man die ganze fortſchrittliche Preſſe bei der Einladung aus und nur die Crême der Conſervativen zu. Schmoller und Leonhart hieß man als Urgermanen beim Prüfen des „Stoffes" willkommen. „Meine Herren," hub der Ehrenpräſes an, „ich commandire einen Salamander. Wie uns dies Getränk bayriſchen Urſprungs ſo recht von Herzen ſchmeckt, ſollten wir gedenken an die Gemeinſchaft unſerer ſüd= und nord= deutſchen Stämme. Und wem verdanken wir alles das? Sr. Durchlaucht dem Fürſten Reichskanzler, dem Kenner des deutſchen Bieres, ſei dieſer Krug geweiht! Er lebe hoch!"

Ein donnerndes Vivat. Einer zog ſich bereits den Rock aus, um gemüthlicher bärenhäutern zu können: Tibitz, der antiſemitiſche Witzbold, einer der bravſten und darum beſtverleumdetſten Männer. Er erzählte ſoeben in ſeiner jovialen Art auf plattdeutſch die Mär von „Chriſtofer Clambumbus", dem Entdecker von Amerika. Bei ſolchem Salzwaſſer=Latein wird man halt durſtig. Nachdem man dann noch darüber debattirt, daß man ein Internationales Weltblatt gründen wolle, trennte man ſich mit einem ſchneidigen Abſchiedsſchoppen auf einen „friſchen fröhlichen Krieg". Der Ehrenpräſes, ein ehrwürdiger homo obscurus, Peter v. Schnapphahnitzkoy (in engerem Freundeskreis als zartſinniger lyriſcher Frauenlob, ſonſt als malitiöſe Schlangenzunge und Anonymus a. D. geſchätzt), mußte leider per Droſchke lallend nach Hauſe gebracht werden — wie ſich's für einen chriſtlichritterlichen Redacteur gebührt.

Schmoller und Leonhart wankten endlich noch in einen benachbarten ur=bajuvarischen Keller. Dort stärkten sie sich mit einem Teller Radi sowie etlichen „Knicke= beinen" und schwuren sich nochmals ewige Waffenbrüder= schaft mit schon klein werdenden Aeugelein und bierseliger Stimme. Im Laufe der Ereignisse betheuerte Schmoller den nächstliegenden Gästen der Schänke, daß vor seinem neuen Roman, in welchem er alle seine persönlichen Feinde durchhecheln wolle, bereits halb Berlin zittere.

„Ick habe noch nischt jemerkt," brummte der Wirth.

Darob ergrimmte Schmoller in seinem Leibe und schrie: „Was, Sie! Sie wollen mich wohl uhzen? Sie dummer Bierjunge, he? Ich bringe Sie a u ch in meinen Roman. Dann werden Sie das Zittern schon lernen."

Er kam aber an den Unrechten. Denn der würdige Bierpapst hatte selbst Mehreres über den Durst getrunken. „Was, Sie fauler Kopp wollen mir das Gruseln lehren?" brüllte er. „Zittern Se draußen! Wem's hier nicht ge= fallen thut, der kann schieben! Sie müssen 'raus, Sie! Des is hier nich! Also, meine Herrn, der Zimmermann hat ein Loch gelassen." Leonhart fürchtete für seinen Freund. Dieser, als Sohn eines Kölnischen Weinküfers mit rheinischer Großschneuzigkeit behaftet, verdiente zwar an sich nicht den Geruch bramarbasirender Feigheit, in dem er stand. Aber seine zerrütteten Nerven schraken leicht zurück.

„Herr, sehen Sie, wie ich bebe vor Erregung!"

grollte Schmoller, indem er seinen Cylinder aufsetzte.
„Schweigen Sie, sag ich Ihnen, oder ich haue."

„Was!!!" Der Wirth holte kräftig aus und
schwippschwapp saß eine Ohrfeige. „Bange machen gilt
nich. Da haben Sie, was Sie verdienen, und nun
schreiben Sie man darüber ein Kapitel in Ihren ollen
Roman."

Es entstand natürlich ein allgemeiner „Radau"
und die beiden großen Männer wurden langsam hinaus-
gedrängelt. Leonhart faßte den Wirth am Kragen und
rüttelte ihn gehörig. Schmoller aber knöpfte sich den
dicken Havelok zu, sah käsebleich aus und meinte sodann
mit einem süßlichen Lächeln: „Es traf ja nur den Hut!
— Wenn ich wollte — sehn Sie diese Arme! Ich war
Schmied! Komm, Leonhart, verachten wir die Bande!"
Beide schüttelten den Staub von ihren Füßen und wurden mit einem wohlgemeinten Schubs endgültig hinaus-
geworfen. Leonhart schritt sehr schweigsam fürbaß, während Schmoller eifrig weiter perorirte.

„Haha!" lachte er auf, „hast Du gesehn, Leon, wie
ich den Kerl an der Brust faßte und hin- und herrüttelte?
Ich sage Dir, er bebte wie Espenlaub! Nun, lieber
Freund, Du kennst mich ja! In mir steckt so ein Stück
Elementar-Naturmensch. Ich mußte an mich halten, ich
mußte! Dank' Dir auch, daß Du mich gehalten hast, —
sonst wäre ein Unglück passirt!!"

Leonhart konnte keine andere Antwort, als ein ver-
legenes Räuspern, finden. Die Phantasie seines edlen
Freundes ging wieder zügellos mit diesem durch.

„Es wird noch eine Marmortafel dort angebracht werden, wo wir Beide gesessen haben!" rief der große Autor in tiefer sittlicher Empörung. „Lebewohl, mein Freund, und verachte die Welt wie ich. Man muß Philosoph sein! Du ärgerst Dich noch zu viel."

Tiefgekränkt schritt er von dannen, wie er tiefgekränkt jeden Morgen erwachte.

Zehntes Buch.

I.

Der große Saal des Architektenhauses füllte sich bis auf den letzten Platz, um die angekündigte Vorlesung Friedrich Leonhardts „zum Besten des Unterstützungsfonds der Berliner Presse" zu genießen. Schon aus Neugierde, wegen des vorlockenden Titels. Sämmtliche litterarische und persönliche Feinde des Dichters (sie belegten schon allein die Hälfte der Plätze) erschienen vollzählig und marschirten gleichsam in Gala auf. Man bemerkte den Doktor Drechsel=Caballo, der heute seinen Spitznamen „Richard Löwenmähne" (nicht: Löwenherz) durch wüthendes Schütteln seiner olympischen Locken bethätigte, und die Nachstotterer der „Tagesstimme", wie sie eifrig Contra=Stimmung machten.

Leonhart trat auf. Er war sehr bleich und der Frack stand ihm schlecht. Er begann mit etwas belegter Stimme, die sich aber allmählich zu sonorem Dröhnen steigerte.

Größenwahn des Militarismus und der Schul= meisterei.

Nicht gegen den Offizierstand wende ich mich, sondern nur gegen die Ueberhebung desselben und vor allem gegen eine Anschauung, welche den Krieg als naturnothwendiges Ideal der sittlichen Weltordnung und den Kriegerstand daher gleichsam als eine geweihte Priesterschaft der Weltgeschichtsentwicklung feiert. Wenn z. B. Herr v. d. Goltz= Pascha in seiner bekannten Schrift den Offizier nur mit dem „Dichter und Künstler" vergleichen will, so übersteigt diese Selbstvergötterung eben das zulässige Maß

In letzter Zeit sind nun Brochüren erschienen, welche den „Kriegsgedanken und die Volkserziehung" behandeln. Wir verhehlen nicht, daß wir sie mit einer gewissen, steigenden Entrüstung gelesen haben. Der Größenwahn des Militarismus entpuppt sich hier wieder einmal mit erschreckender Offenheit.

Es ist ja an sich ganz löblich, wenn man seinen speziellen Beruf am höchsten stellt. Ludwig Feuerbach sagt in seiner „Philosophie des Christenthums" sogar irgendwo, daß diese Einseitigkeit ein nothwendiges Erforderniß des menschlichen Denkvermögens sei. Am höchsten stehen daher diejenigen Geistesrichtungen, welche die umfassendsten und wenigst einseitigen ihrem Wesen nach sein müssen: Poesie und Philosophie. Wenn sich denselben technische Künste, Musik, Malerei u. s. w. eben= bürtig zur Seite stellen möchten, so bleibt dieser harmlose Größenwahn ohne schädliche Folgen und gleichsam in der Familie, obgleich er die in Deutschland grassirende Ehrfurchtslosigkeit vor der Dichtung natür= lich verstärken hilft. Aehnlich steht es mit der Ueberhebung der exakten Naturwissenschaften. Jedoch dies sind alles nur theoretische Fragen, die wenig ins praktische Leben einschneiden. Anders aber liegt der Fall, wenn ein bestimmter Stand mit dünkelhaftem Kastengeist sich über alle andern erheben will, wie dies ein altes Vorrecht des Krieger= standes ist. So lange die Welt im Alterthum und Mittelalter wesent= lich auf dem Kriegszustande fußte, mochte dies angehen. Heut aber in der neuesten Zeit darf dies natürlich auf die Dauer nur dann möglich bleiben, wenn es gelingt, die Soldateska mit einem Schleier des Idealismus zu umweben und sie auch geistig als führendes Element hinzustellen. Dies ist denn auch der Zweck der vorliegenden Schrift.

Der Dichterknabe Chatterton hat das berüchtigte Wort gesprochen, daß er den Intellekt eines Mannes gering achte, der nicht zugleich von zwei entgegengesetzten Seiten her ein Thema behandeln könne. So wollen wir denn wahrlich nicht mit den einseitigen Sophismen ins Gericht gehen, mit denen man einer an sich möglichst unidealen Thatsache die idealsten Seiten abzugewinnen sucht.

Man beginnt dabei mit Ausfällen gegen die Schwärmereien der Friedensliga von einem „ewigen Frieden". Es ist stets das sicherste Mittel, das denkfaule Philisterthum für sich einzunehmen, wenn man die Gegner als unpraktische Idealisten hinstellt. Nun sind aber alle ideal schöpferischen Geister stets eminent positiv angelegt, wie denn z. B. zu einem großen Dichter der durchdringendste, schärfste Verstand und realistische Weltkenntniß gehören. Vermöge dieser überlegenen Verstandeskräfte sind solche wahren „Idealisten" daher befähigt, die komische Ideologie der Utilitarier, den Fanatismus der Materialisten, zu durchschauen. So sagt Goethe das treffende Wort über den großen Anti=Ideologen Napoleon: „Er, der ganz in der Idee lebte, konnte sie doch im Bewußtsein nicht erfassen; er leugnet alles Ideelle durchaus und spricht ihm jede Wirklichkeit ab, indessen er es eifrig zu verwirklichen trachtet." Und wenn auch dieser Satz nicht auf unsre Militairpropheten paßt, so werden wir doch daran erinnert, wenn sie umgekehrt die spaßhafte Absicht verrathen, dem Roh=Realistischen das Ideelle unterzuschieben.

Zuvörderst stellen all diese Gesinnungsgenossen die Theorie vom „ewigen Krieg" auf, die sich angeblich auf Darwins „Kampf ums Dasein" stützen soll. Nun ist es keine Frage, daß in den Urzeiten der sogenannte „Kampf ums Dasein" mit dem Kriegszustand identisch war. Gleichwohl wurde derselbe bereits in jenen barbarischen Epochen als ein schweres Uebel angesehen und die Söhne Kains spielen neben den friedlichen Nachkommen Seths durchaus keine gefeierte Rolle. Die gesammte Kulturentwicklung läuft aber einfach darauf hinaus, den Kampf ums Dasein zu mildern und vor allem

4*

aus dem Bereich der rohen Gewalt zu rücken. Die Geschichte der
Civilisation ist einfach die Geschichte der zunehmenden Waffenabschaff=
ung. Sogar im Kriege selbst ist die roheste Form des Kampfes, das
Handgemenge, wo persönliche Stärke entscheidet, fast auf den Aus=
sterbeetat gesetzt. Wie wenig man übrigens selbst in der Urzeit das
Waffenhandwerk als etwas allgemein Gültiges betrachtete, geht hervor
aus dem Bestehen der abgeschlossenen Kriegerkasten. Ein Ueberbleibsel
derselben scheint es, wenn bis ins vorige Jahrhundert der Mann aus
den besseren Ständen den Degen an der Seite trug. Seit hundert
Jahren ist auch dieser schwache symbolische Ueberrest verschwunden.

Wenn nun die Milderung des „Kampfes ums Dasein" Haupt=
ziel aller Kulturbestrebungen ist und wenn eine solche Milderung in
fortschreitender Progression in der That ersichtlich wird, so scheint die
Möglichkeit eines „ewigen Friedens" nicht absolut ausgeschlossen, da
die roheste Form des Daseinkampfes, der Krieg, auch am leichtesten
zu beseitigen ist. Ob aber „ewiger Krieg" oder „ewiger Frieden" der
Menschheit bevorsteht, ist ja nicht zu beweisen, da nur die Erfahrung
es lehren kann. Fürs erste sind beides hohles Phrasen. Die Wahr=
scheinlichkeit spricht aber gewiß eher für den „ewigen Frieden". Um
dessen Unmöglichkeit zu folgern, berufen sich die so hochidealen Kriegs=
fanatiker auf die Schlechtigkeit der Menschennatur. Sie vergessen dabei,
daß nicht nur die edeln, sondern ebenso die niederen Regungen gegen
den Krieg stimmen, da dem allmächtigen Egoismus und Eudämonismus
die Kriegsmühsal gewiß nicht als ein Wünschenswerthes erscheint. Der
Krieg ist nicht identisch mit dem „Kampf ums Dasein" und der
Krieg ist keine Nothwendigkeit der sittlichen Weltordnung, der „ewige
Krieg" ein Fabelpopanz und der Krieg in jedem Fall ein Uebel.
Letzteres geben die Militäridealisten mit verschämter Salbung natürlich
allerorten zu. Denn der Avancier=Wunsch des Leutnants scheint doch
wirklich kein ausschlaggebendes Moment für Bejahung der Kriegs=
nützlichkeit!

Aber die Kriegsenthusiasten schwingen sich nun sofort wieder
auf den Kothurn des Ideals, indem sie eine Art persischer Religion
proklamiren, den ewigen Kampf von Ormuz und Ahriman, — um
den Kampf an sich als aller Dinge Herrlichstes zu preisen. Wir be=

finden uns in der angenehmen Lage, dasselbe philosophische Lebens=
prinzip zu hegen und auch öfters schriftlich ausgeführt zu haben. Nun
möchten wir aber fragen, all die angeklebten Tiraden über Stählung
des Kampfmuthes, Verweichlichung u. s. w. lächelnd übergehend: was
das wohl mit dem Krieg zu thun habe? „Denn ich bin ein Mensch
gewesen und das heißt ein Kämpfer sein" — so war's gemeint,
als Zoroaster seine herrliche Kampflehre schuf. An den Krieg hat er
sicher nicht gedacht, denn das hieße Kampf von Ahriman gegen Ahri=
man, das hieße den Teufel vertreiben durch Beelzebub. Der wahre
ernste Kampf, der schwerste und muthvollste Kampf, von dem allein
die Entwicklung der Menschheit abhängt, ist der Kampf mit den
Dämonen der Welt und der eigenen Brust. Dagegen ist der Kampf
der Waffen ein erbärmlicher Tand, eine komödiantische Aufregung, des
wahren sittlichen Ernstes bar.

Es ist eigentlich albern, solche Selbstverständlichkeiten noch zu
erwähnen. Der Kampf ums Dasein selbst im bürgerlichen Leben er=
fordert hundertmal mehr Energie und sittlichen Mut, als der frivole
oder rein physische Schlachtenmuth. Auch die Bestie ist tapfer in diesem
Sinn; aber wenn sie mal nichts zu fressen hat, dann winselt sie.
Man müßte es nicht nur als sittliche, sondern erst recht als intellek=
tuelle Unreife beklagen, wenn die Abneigung gegen Krieg und Solda=
tenspielen, gegen welche Verfasser polemisirt, nicht bei einem modernen
Bürger vorhanden wäre. Möge sich der rothe Kragen an der Ver=
ehrung der Knaben und Weiber genügen lassen.

Wenn nun alle idealen Redensarten nichts gegen die schlichte
Logik der Vernunft verfangen und der Krieg, seines idealen Schimmers
entkleidet, als ein trauriges, wenn auch momentan nothwendiges Anti=
kultur=Uebel erscheint, so fällt natürlich eine übertrieben hohe Auf=
fassung des Soldatenstandes in Nichts zusammen. Es soll keinen
Augenblick bestritten werden, daß der Krieg die edelsten Gefühle der
Menschenseele ausbilden kann, natürlich ebenso die allerniedrigsten.
Traurig genug, daß gutmüthige und in gerechter Sache kämpfende
Soldaten sich in der Erregung den tollsten Exzessen hingeben können.
Das Alles aber gilt für den Krieg nur wie für jedes andere außerge=
wöhnliche Ereigniß, das mit Gefahr verbunden ist. Was aber —

fragen wir hier wieder — hat der Krieg mit der Ueberhebung des
Offizierstandes zu thun?! Denn nur darum handelt sich's bei dieser
Broschüre und vielen ähnlichen! Der Krieg selbst wird ja auch nur
gleichsam als piéce de résistance im Hintergrunde weihevoll ver=
werthet; der wahre Zweck ist bloß der, die übertriebenen Achtungs=
ansprüche des Offiziers in Friedenszeiten zu begründen.

Heut bei der allgemeinen Wehrpflicht ist ja selbst dieses wunder=
herrliche Institut der sittlichen Weltordnung, „Krieg" genannt, den
priesterlichen Händen einer speziellen Kriegerkaste entwunden — wenig=
stens was die Gefahr, diese so wundersam sittlichende Gefahr, anbe=
langt: dies höchste sittliche Gut teilt der Offizier brüderlich mit jedem
waffenfähigen Bürger, um für sich hernach bloß das minderwerthige
schnöd materielle Gut etwaiger Dotationen und Auszeichnungen zu
behalten.

Diese großartige Selbstverleugnung, diese freigebige Humanität
im Theilen der Sittlichkeitsmomente des Krieges, damit selbst der Ge=
ringste derselben theilhaftig werde, muß man um so höher schätzen,
als sich ja der Offizier auch ohne den „Kriegsgedanken" um die
„Volkserziehung" so unendliche Verdienste erwirbt. Wenigstens ist
laut unserm gelehrten Verfasser der Leutnant der wahre Erzieher
des deutschen Volkes, während unsere ganze sonstige Erziehung unge=
nügend und schädlich wirkt. Den letzteren Theil seiner Prämissen
mag ich durchaus nicht befehden. Der deutsche Schulmeister leidet
eben an dem gleichen Unfehlbarkeitsdünkel wie der „militärische Er=
zieher" und es scheint daher nur ergötzlich, wenn der Letztere durch
seine gewichtige Autorität die Feinde des bestehenden Erziehungssystems
verstärkt. Diese Frage interessirt uns ja aber hier nicht, sondern nur
die, welcher moralische Nutzen denn eigentlich durch die militärische
Erziehung, d. h. die allgemeine Wehrpflicht, bewirkt wird. Es ist
mindestens zweifelhaft, ob die dreijährige (in Frankreich noch längere)
Entziehung der besten physischen Kräfte aus dem eigentlichen produk=
tiven Kampf ums Dasein nationalökonomisch günstig zu nennen sei.
Es ist zweifelhaft, ob wirklich eine Kräftigung der physischen Gesund=
heit durch das „Dienen" erzeugt wird, die im Verhältniß zu dem
enormen Zeit= und Müheaufwand steht. Vermuthlich würden Arbeiten

in frischer Luft oder Reisen oder Sport in einem Viertel der Zeit hier wohlthätiger wirken, da die tausend ungesunden Nebendinge des Kasernenlebens, sowie die Ueberanstrengung und die fortwährende Unruhe oder gar Angst sehr störende Beigaben des Soldatenlebens scheinen. Turn-, Fecht- und Schießklubs dürfen Gewandtheit und Handhabung der Waffen vielleicht leichter lehren, als die Hudelung des Unteroffiziers es bewerkstelligen kann.

Doch halt, alle Unannehmlichkeiten des Soldatenleben sollen ja eben den Charakter stählen. Den Charakter! Kann man von Charakter überhaupt noch reden, wo die Grundlage jeder Charakterfestigung, nämlich freier Entschluß und eigene Initiative, von vornherein ausgeschlossen sind? Der „Dienst" soll die große Tugend des Gehorsams einpflanzen. Nun unterschätze ich diese Tugend nicht. Alle Vereinigungen, heißen sie nun Staat, Heer, Privatverein, können sich nur halten durch Gehorsam gegen das Höhere, den allgemeinen Zweck. Dieser Gehorsam aber ist das legitime Kind des freien Willens, der freien Erkenntniß, während der vom Militär geforderte Gehorsam der des Sklaven ist. Würde dieser Gehorsam wirklich als unauslöschliche Tugend durch die allgemeine Wehrpflicht eingeimpft, so könnte dies nur widerliche und traurige Folgen haben. Ein solcher Gehorsam fügt sich in keiner Hinsicht dem modernen Bürgerleben ein; er wird dort nicht verlangt und wäre nur vom Uebel. Nur im sogenannten „Staatsdienst" kann er von Nutzen sein und wirklich blühen ja Streberei und Knechtssinn dort täglich herrlicher auf. Diese hohe Tugendlehre der militärischen Erziehung mag daher einem Absolutisten erhaben, einem modernen Menschen aber muß sie als verächtliche Untugend erscheinen.

Ich leugne auch, daß diese zweifelhafte „Subordination" (die nur im Armeewesen Berechtigung hat) irgend Jemandem für sein späteres Civilverhältniß eingeprägt werde. Die Naturen sind eben verschieden. Der größte Militär (Napoleon) hat direkt gesagt: Nach seinen Erfahrungen sei der Satz „Wer herrschen will, der muß erst dienen lernen," barer Unsinn. Gerade die, welche nie und nirgends Unterordnung verstünden, würden sich um so besser auf's Gebieten verstehen.

Vergeblich wird man daher freien, selbstständigen und initiativen
Naturen (ich meine hier natürlich keine Herrschernaturen, sondern
überhaupt alle energischen Impulsiven) blinden Gehorsam predigen.
Wer den militärischen Gehorsam aus der Dienstpflicht ins Leben nach=
schleppt, war einfach so angelegt und bedurfte einer solchen Erziehung
gar nicht. Die Majorität der Menschheit besteht eben schon aus La=
kaienseelen, dienſteifrigen Naturen, Stimmvieh.

Vor geraumer Zeit machte der Fall viel Aufsehen, daß vier
Landwehrmänner bei einem Manöver sich geweigert hatten, in einem
Viehwagen transportirt zu werden, darob an den Kaiser ein Be=
schwerdetelegramm richteten und dafür zu vielen Jahren Zuchthaus
verurtheilt wurden. Die Höhe des Strafmaßes mag zu hart gewesen
sein; aber das Mordsgeschrei, das die liberalen Blätter darüber er=
hoben, war unberechtigt. Eine so beispiellose Dreistigkeit, wegen einer
solchen Lapalie die Vorgesetzten beim obersten Kriegsherrn per Tele=
gramm zu verklagen, verdiente exemplarische Züchtigung. Es liegt
hier sogar eine Unverschämtheit vom rein menschlichen Standpunkte
aus vor. Eine andere Frage ist es freilich, ob der betreffende Offizier,
falls er wirklich etwas Gesetzwidriges — z. B. körperliche Mißhand=
lung — begangen hätte, ebenfalls wegen Ungehorsams gegen das
Militärgesetz ähnlich hart bestraft worden wäre. Ich fürchte fast, hier
hätte die Antwort gelautet: Ja Bauer, das ist ganz was anders! —
Jedenfalls aber zeigt die bloße Möglichkeit eines solchen naiven Auf=
begehrens seitens vier beliebiger preußischer Landwehrleute, wie wenig
der Sinn sklavischer Unterwürfigkeit — als „Gehorsam" ein noth=
wendiges berechtigtes Militärgebot — im späteren Civilisten wurzeln
bleibt. So sind sie nun mal, die modernen Menschen! Vom Militär=
Standpunkte aus, der die Menschheit als eine Masse zu drillender
Rekruten betrachtet, ist das beklagenswerth, aber leider unabänderlich!

Die weiteren segensreichen Einflüsse des „Dienens" machen sich
bemerkbar in einer allgemeinen Zufahrigkeit und verstärkter Brutalität
in den unteren Schichten, wie denn seit dem Kriege die Verbrechen
gegen das Leben, das Messerstechen, die Roheit der Balgereien sich
rapide steigerten. Bei den höheren Ständen (Einjährig=Freiwilliger,
Reserveoffizier, d. h. ein Geschöpf mit den Pflichten ohne die Rechte

des Offiziers) bleibt eine vermehrte Vorliebe für alles Aeußerliche, Schein, Etikette und alles überreizte falsche Point d'honneur-Gefühl zurück. Das sind die logischen Folgen — weiter nichts. Durch diesen Geschmack am Aeußerlichen wird oft für lange Zeit der wahre Ernst zur Arbeit untergraben. Die aus der Dienstpflicht Zurückkehrenden, seien sie Gelehrte oder Bauer, müssen sich erst mit Anstrengungen wieder an ihren wahren Beruf gewöhnen, aus dem sie plötzlich herausgerissen sind. Natürlich sind unsere geschätzten Militärpädagogen harmlos genug, den Hauptwerth der Erziehung auf Berücksichtigung der individuellen ursprünglichen Eigenschaften zu legen. Kann man sich das Lachen verbeißen, wenn man, einige Sätze des deutschen Ausbildungs-Reglements citirend, ernstlich davon redet, daß die Militärerziehung auf dies wichtigste Moment Rücksicht nehme?! Das ist des Spaßes, und der — Selbsttäuschung genug!

Ja, sehr richtig heißt es in den Vorschriften der Militärerziehungsmethode: „Eine äußere, wesentlich nur durch Uebungen im Ganzen erzielte Zusammenfügung der Truppe wird bei unerwarteten Ereignissen nicht vorhalten und die Disziplin nur dann ein festes dauerndes Band für das Ganze abgeben, wenn sie auf dem Bewußtsein basirt, daß im Ernstfall der Erfolg von der Erhaltung des durch den Führer geleiteten Zusammenwirkens abhängt." Das sind goldene Worte und Erfahrung bestätigt sie.

Die preußische Armee von 1806 besaß ein treffliches Offizierkorps in den subalternen Chargen und eine wohlgedrillte Armee, die mit ihrer veralteten Lineartaktik so lange wacker schlug, bis die elende Oberleitung jeden Widerstand gegen den besser geführten Feind ünnütz machte. Hätte sie aber jene innere Einsicht, jenes feste dauernde Band des bewußten Zusammenwirkens besessen, so wäre von einer so beispiellosen Auflösung des gesammten Heergefüges keine Rede gewesen.

Im Befreiungskriege aber leistete nachher die preußische Armee Unerhörtes, trotzdem sie zum größten Theil aus Landwehren und das Offizierkorps der Linie wesentlich aus denselben Elementen bestand, die früher bei Jena so schlecht bestanden hatten. Die französischen Truppen mit ihren Veteranenoffizieren waren technisch überlegen. Aber diesmal war die preußische Oberleitung eine glänzende, und das innige moralische Zusammenwirken der Gemeinen und Offiziere ergab sich aus dem gleichmäßig alle durchlohenden Patriotismus. Es ist also immer der moralische Faktor, die Idee, die siegt — falls sie nur einigermaßen praktisch unterstützt wird. Wie aber soll in gewöhnlichen Zeitläuften durch Militärerziehung dies moralische Element erzielt werden, da weder Offiziere noch Unteroffiziere darauf ausgehen, sich die Liebe ihrer Untergebenen zu erringen?

Nach dieser Theorie würden ja die Chancen des nächsten deutsch=französischen Krieges ungünstig für uns stehen. Denn wie 1870 die technisch ebenbürtige, besser bewaffnete Streitmacht Frankreichs zer=trümmert wurde, weil man ein einmüthiges Zusammenwirken der Deutschen durch begeisterte Vaterlandsliebe erreichte — so scheinen die Franzosen diesmal diejenigen, welche ein einmüthiges bestimmtes Ziel haben, während in Deutschland kein Mensch einen ersehnbaren Wunsch und Zweck dabei im Auge hat. Aus diesem Grunde siegen ja oft schlecht bewaffnete ungeübte Haufen in Revolutionskriegen über die ältesten Truppen. Denn wer siegen will und das Leben für nichts achtet, der muß siegen. Diesen Geist kann aber wahrlich keine Er=ziehung und am wenigsten die militärische, wie sie bei uns getrieben wird, erzeugen!

Wir haben aber oben noch einen andern Punkt berührt, wir sprachen von der Oberleitung. Und da ergiebt sich denn für den Kundigen wiederum die Lächerlichkeit des Offiziersdünkels an sich. Denn nicht die Tüchtigkeit des Offizierskorps entscheidet im Kriege, son=dern lediglich die geistige Beschaffenheit des Oberkommandos. Mit schlechten Truppen und Offizieren siegt ein guter Feldherr über gute Truppen und Offiziere unter einem schlechten Feldherrn. Das ist beinahe selbstverständlich.

In Anerkennung dieser Thatsache gehen die heutigen Offiziere sogar so weit, daß sie schon die bloße Energie ohne Talent im Oberbefehl für genügend achten, mit schlechten Truppen Gewaltiges zu leisten. Sie verehren Gambetta, dessen Organisationstalent einfach auf rücksichtslos durchgreifende Brutalität sich beschränkt. Goltz und York erklären geradezu, Gambetta habe in seiner Art wenigstens die Hälfte eines großen Feldherrn repräsentirt — Gambetta, der prahlende

Charlatan, der schwatzhafte Advokat, dem notorisch selbst die Anfangs=
gründe militärischen Wissens fehlten, der nicht mal ein Dilettant, son=
dern ein einfacher Laie genannt werden muß! So leicht ist es nach
Ansicht von Fachmilitärs, ein genügend großer Heerführer eines
großen Volkes zu werden, falls man nur überhaupt über das Durch=
schnittsmaß der Intellekte hinwegragt! Wie viele Gambettas unter
Parlamentarien verborgen schlummern, die nur der Zufall nicht be=
günstigt — wer weiß es!

Wirklich meint ja auch Carlyle, daß im Grunde alles wahre
Genie eins und untheilbar sei, daß Shakespeare der größte Staats=
mann, Burns der größte Redner und Reformer u. s. w. geworden
wären. Und jedenfalls steht fest, daß die wenigen großen Feldherrn,
welche uns die Geschichte zeigt — Cäsar, Napoleon, Cromwell, Friedrich
der Große, — nicht durch Selbstbestimmung, sondern durch die Ge=
walt der Umstände Feldherrn wurden und in allen möglichen andern
Gebieten sich zugleich versuchten, wie denn nach Napoleons und Friedrichs
Vorgange auch unser Moltke stark litterarische Neigungen aufweist.
Alle großen Feldherrn, ohne jede Ausnahme, wurden große Feldherrn,
weil sie überhaupt große Männer waren, und jeder bildete sich selbst
ohne alle Schule durch eigene Denkthätigkeit und Initiative zum Feld=
herrn aus. Die „militärische Erziehung" hat also auf das wichtigste
Moment des militärischen Erfolges: die Feldherrnerzeugung,
nicht den geringsten Einfluß. Sie könnte hier höchstens schädlich
wirken, da ihr Grundprinzip, das Nivelliren, die Eigenart niederdrückt
und das Prinzip der geduldigen Unterordnung, des Abancements nach
Anciennität, das Aufkommen des Genies ohnehin hindert. Daher sind
Revolutionszeiten (siehe die französische Revolution, den amerikanischen
Befreiungskrieg und später den Secessionskrieg) die wahren Pflanzstätten
militärischer Begabung, während die berühmte „militärische Erziehung"
nur entweder Theoretiker oder Gamaschenhelden erzeugen kann.

Wir fragen also nochmals zum Schluß: hat der Größenwahn
des neudeutschen Militarismus das Recht, sich mit solcher Wichtig=
thuerei als Hauptfaktor der Volkserziehung aufzuspielen? Wir antworten
mit einem kräftigen: Nein.

Das Soldatenthum ist auf lange Zeit hin ein nothwendiges

Uebel und wir nehmen den Offizier mit stiller Resignation als ein unabänderliches Utensil der sittlichen Weltordnung mit in den Kauf. Doch dem Offizier zu den großen äußern Vorrechten seiner Stellung auch noch ein ideales Piedestal zu errichten — diese Zumuthung lehnen wir ruhig, aber entschieden ab.

Leonhart machte hier eine kurze Pause, trank ruhig ein Glas Wasser, indem er seinen Blick gleichmüthig über die offenbar mißgestimmte, sich räuspernde und unruhige Versammlung hingleiten ließ und fuhr fort:

Wer seine Nation verachtet und das Fremde vergöttert, wie der Deutsche es früher that, verdient, daß er gar kein Vaterland habe. Wer hingegen seine Nation plötzlich als Ausbund aller Tugenden feiert, wie das jetzt nach dem Muster der Franzosen und Engländer in Deutschland beliebt wird, mag für seine Thorheit selber büßen. Denn nicht Patriotismus ist der Grund solch chauvinistischen Selbstgefühls, sondern jene uranfängliche Philisterfaulheit, die sich in dem Unrath ihrer eignen Dummheit ganz behaglich fühlt. Es lebe die Bärenhaut! Alle Institutionen Deutschlands sind musterhaft. Wer dagegen schwatzt, ist ein Skandalmacher. Ruhe ist die erste Bürgerpflicht.

Ueber die zwei Cardinallaster, die zwei Hauptpuppen des speciell preußischen Größenwahns möchte ich hier ein wenig unehrerbietig freveln.

Es ist schon gut gesagt worden, angesichts der unglaublichen Phrase, die an Phantastik eines V. Hugo würdig: „Der Schulmeister hat die Schlachten von Königgrätz und Sedan gewonnen" —: „Larifari, der Unteroffizier hat sie gewonnen."

Ja wohl, das klingt wenigstens nach gesundem Menschenverstand. Und dennoch ist auch dies eine ganz vague Behauptung, die sich ins Unendliche fortsetzen ließe. Denn sicher war es weit mehr die gewandte und umsichtige Führung der Offiziere selbst, sodann die Leitung des Generalstabs, die allgemeine vortreffliche Ausrüstung

der Armee; endlich der Wille der Vorsehung, die das zu erstrebende
Ziel längst vorgesteckt hatte. „Den Zufall giebt die Vorsehung",
bemerkt Marquis Posa, „zum Zwecke" — muß halt der Mensch dabei sein. Und da helfen z. B. im Kriege Unteroffiziere und Offiziere
durchaus nichts, falls nicht die angeborene Tüchtigkeit und Energie
und Tapferkeit des Soldatenmenschen, des sogenannten „Kerls", da=
hinter sitzt. Jeder, der ein wenig mit militairischen Dingen vertraut ist, wird wissen, daß die ewig neu erhobene Behauptung jedes
Reservisten: er habe genau die Hälfte seiner drei Jahre rein für
Nichts vertröbeln müssen, ja das Alles in weniger als einem Jahr
lernen können, — stets belächelnswerth bleibt, da ja interne Kaser-
nenfragen und Commiß=Gewohnheiten gerade die drei Jahre vom
Mark und Schweiß des Bürgers bedingen. Mit weniger wird halt
die Drehung des regelrechten Zopfes nicht erreicht, der dem ganzen
modernen Heerwesen noch immer im Nacken baumelt. Kann man
mit einem Jahr Ausbildung einen Gemeinen erzielen, der vor dem
Feind seinen Mann steht? — O paß, dazu braucht's nur eines
Halbjahrs — wie bei den Einjährig-Freiwilligen, die ja ihr zweites
Gefreiter=Halbjahr auch eigentlich nicht brauchten. Im Grunde
taugen sogar auch die eben erst Eingezogenen dazu, wenn sie nur
von gutem Geist beseelt sind.

Aber, mein Verehrtester, was gilt das uns? Wir wollen
nicht gute Vaterlandsvertheidiger, wir wollen Soldaten mit
allem Gamaschen=Zubehör. Wir spielen halt gern Soldätles und
dazu brauchen wir drei Jahre.

Sehr gut. Wer kann einen so rührenden Geschmack anfechten!
Spielt ihr nur fort — aber wie? Die allgemeine Dienstpflicht ist
es, d. h. das Vaterland und Volk ist es, mit dem ihr zu spielen
wagt? „Patriotische Pflichterfüllung" nennt ihr es, wenn dem
Vaterlande der ungeheuerste Verlust in national-ökonomischer Hinsicht dadurch erwächst, daß man die besten Kräfte in der schönsten
Zeit für Parade=Exercitien vergeudet?

So kauft euch eine Söldner-Armee. Dies aber erinnert
an den hessischen Menschenverkauf. Denn nur mit dem, den man

gekauft hat, darf man wie mit einem Heloten wirthschaften — freilich thut's im bürgerlichen Leben kein anständiger Mensch.

Die fortwährend zunehmenden Unteroffizier-Prozesse, welche die monstruösesten Details enthüllen, die Selbstmord-Epidemie unter den Gemeinen, weil sie „die ewige Angst und grausame Behandlung nicht mehr ertragen könnten", haben denn doch in letzter Zeit nicht nur in gebildeten Kreisen und in der Presse einen Sturm der Entrüstung entfesselt, sondern sogar in Offizierkreisen haben sich die ernstesten Bedenken geäußert, ob dieser Eckpfeiler des Preußenthums, der Unteroffizier, noch länger als eine solche Bestie zu dulden sei. Man hat sogar aus den Garde-Dragonern zwei Wachtmeister, welche es bis 2000 Thaler pro Jahr an Bestechungen brachten (dort dienen nur die reichsten Freiwilligen), endlich ausgestoßen. Aber der breijährige Missethäter an Leib und Seele des armen Rekruten wird noch lange seinen Unfug treiben und, das leicht erlernbare Pensum eines halben Jahres endlos durch tausend Mätzchen hinbehnend, den ohnehin beschränkten Bauern das Lernen redlich erschweren. Bei dem intelligenten Freiwilligen wirkt er freilich nicht direkt verderblich, weil derselbe das Pensum ohnehin in ein paar Wochen übersieht. „Der Rest" seiner Dienstzeit „ist Schweigen" — und zwar in wörtlicher Beziehung, nämlich „Maulhalten" vor'm Vorgesetzten. Außerdem ganz nutzlose Strapazen erdulden, wohl auch vier Wochen im Lazareth liegen, und zahllose Brutalitäten hinnehmen. Das ist die Ueberfracht von elf Monaten, außer dem einen, der ihn im Kriegsfall als durchgebildeten Soldaten vor den Feind gebracht hätte.

Mit einem Worte, der wahre Nutzen der breijährigen Dienstpflicht besteht in der Ausbildung der Dulderfähigkeit des Menschen. Wer das überstanden, kann Alles überstehn. Der Soldat hat gelernt, wie schwer und sauer das menschliche Leben gemacht werden kann. Das ist schon ein großer Vorzug vom ethischen Standpunkt aus. Und unsere Moralisten des „kategorischen Imperativs" lobpreisen diesen erhabenen Zweck hinter'm warmen Ofen mit sinnigem Behagen.

Aber seltsam! Der heimkehrende Reservist, der drei kostbare

Jahre seines Lebens dem Erlernen dieser spartanischen Moral ge=
opfert hat, zeigt sich in der nächsten Zeit nach seiner Entlassung
nicht pflichteifriger, sondern weit arbeitsunluftiger wie früher: Er
hat für die Gewerbe des bürgerlichen Lebens, also für seinen Be=
ruf . und Unterhalt den Geschmack verloren. Sogar bei den
Einjährigen zeigt sich nach übereinstimmenden Aussagen nach
ihrem Zurücktritt ins Civil zuerst eine unüberwindliche Arbeitsscheu
und Hang zum Bummeln. Ganz auffallend aber ist die durchgängige
Verrohung der Sitten, Gewaltthätigkeit und Brutalität in Wort und
That, bei dem sonst ruhigen Charakter des Deutschen, welche nach
jedem Krieg . in der Masse, nach jedem Erfüllen der Dienstpflicht bei
den Reservisten hervortrit. Begreiflich! In welcher moralischen
Sphäre hat der Soldat sich so lange bewegt! Rechtes Arbeiten,
d. h. geistiges oder handwerkliches, hat er total verlernt. Dafür ist
er gewöhnt, auf lauter Aeußerliches zu achten, und empfindliches
Ehrgefühl als gar nicht vorhanden anzusehen, da die pöbelhafte Roh=
heit in Worten und Thaten seine tägliche Umgangs=Nahrung war.
Während der Krieg selbst die männlichsten und hehrsten Gefühle
und zugleich alles Bestialische der Menschennatur erweckt, impft der
Soldatendienst im Frieden der Seele nur die schändlichsten Em=
pfindungen und Gesinnungen ein: Knechtssinn, mit all seinen Ab=
zweigungen (allerdings eine würdige Vorbereitung für manche amtliche
Abstumpfung des Ehrgefühls), Gleichgültigkeit gegen das physische und
moralische Kränken des Nebenmenschen, allgemeine Brutalität der
Gesinnung. — Verzeihe man diese erneute Betonung des schon
früher Gesagten!

Der Vertreter dieser herrlichen Schule echtdeutscher Gesinnung
ist eben der Unteroffizier, dieser erlauchte Zuchtmeister und Er=
zieher von Gottes Gnaden — dieser rohe, freche, knechtische Charakter
der zugleich in unsere reine, preußische Luft den moskowitischen Wohl=
geruch einer staatlich tolerirten, groben Bestechlichkeit hineinträgt.
Wahrlich, ein staunenswerthes Denkmal unserer Triumphe!

Sollen sich diese von Jedermann privatim vertretenen, aber
aus guten Gründen öffentlich nur in flagranten Fällen von Rohheit
besprochenen Ansichten etwa gegen die allgemeine Dienstpflicht rich=

ten? Mit Nichten. Es wäre komisch, so lange Europa sich in
Waffen gegenübersteht, daran rütteln zu wollen. Die stets mit jeder
neuen Session neu auftretenden Forderungen der Liberalen zielen
einfach auf gänzliche Reducirung der Dienstzeit hin, bis dieselbe auf das gebührende Maß von Bürger-Aufopferung herabge-
schraubt werden wird — d. h. auf die Hälfte der bisherigen. Vor
allem aber wird und soll einmal Ernst gemacht werden gegen den
unerhörten Schandfleck der Armee, gegen das in ein unzerbrechliches
System gebrachte Unteroffizierthum. Denn nicht in den Miß-
handlungen, die solcher Auswurf sich gegen den Bürger erlaubt
und nachher, wenn als Schutzleute in den Polizeidienst übergegangen,
fortsetzt, liegt das eigentlich Gefährliche dieser Landplage. Nein,
sondern die Betrachtung, daß ein auf der untersten Stufe des Geistes und
der Moral stehendes Individuum die staatlich patentirte Berechtigung
haben soll, die bestialischen Neigungen seiner gemeinen Seele jahre-
lang an der Blüthe des Volkes üben zu können, mit einer Unver-
letzlichkeit, die sich bei der späteren Metamorphose in den „Schutz=
mann" durch die bei uns sprüchwörtlichen Dienst-Meineide fortsetzen darf, — diese Betrachtung selbst wirkt empörend und entsittlichend: Es ist eine feierliche Erklärung der Menschen-Nichtrechte, der
brutalen Gewalt. Alle Beispiele von Tyrannei wirken stets demo-
ralisirend auf die Schwachen und Gedankenlosen.

„Militarismus!" Hat man denn wohl bedacht, daß von einem
solchen überhaupt erst bei der allgemeinen Wehrpflicht die Rede sein
kann? Wer eine Armee von Miethlingen mit der Peitsche drillt
wie die Engländer, hat dazu das völlige Recht. Wer sich als Vieh
verkauft, mag so gehalten werden. Daß allerdings die Miethlings=
armee Napoleons III. ohne solch entehrende „Disciplin" eine unvergleichlich bessere wurde, ist auch ein Factum. Aber von einem
entehrenden Militairzwang kann doch überhaupt erst geredet werden,
wo Freiwillige, die höchstgebildeten Elemente des Landes, sich der=
selben entehrenden Behandlung unterziehen müssen.

Aber lassen wir diesen braven Handlanger der Autoritätssclaverei,
den Unteroffizier mit seinen Ohrfeigen und Bestechungen, den Poli=
zisten mit seinen Ohrfeigen und amtlich patentirten Meineiden! Unsre

ganze Aufmerksamkeit wollen wir jetzt einem viel gefährlicheren
Feinde gesunder Entwickelung, einem viel berühmteren Eckpfeiler des
Deutschthums zuwenden. Dieser Charakter ist ein wesentlich verschiedener. Denn obwohl die eigenthümlichen socialen Verhältnisse
es mit sich brachten, daß in diesem hochgeachteten Stande sich das
niedrige Streberthum mit besonderer Ueppigkeit entfalten konnte, so
wird man im Allgemeinen den deutschen Schullehrer wohl für
einen höchst pflichttreuen, und mit Geist und Wissen wohlversehenen
Mann ansehen dürfen, der in mancher Hinsicht eine Zierde der Nation repräsentirt. Nicht er ist es, dessen verderblichen Einfluß wir
hier signaliren möchten, sondern sein System. Wir verschmähen es,
in boshaft satirischer Weise zu zergliedern, wie dies ohnehin ver-
derbliche System durch pädagogische Unfähigkeit nur zu oft verschlimmert wird. Wir verzichten ebenso auf Illustrirung des berühmten Schubart'schen Verses: „Als Dionys von Syrakus aufhören
muß Tyrann zu sein, da ward er ein Schulmeisterlein."

Wir lassen alle und jede Rancune gegen die oft unlautern
Elemente dieses Standes bei Seite, welchem sich bei uns die Meisten
nur darum widmen, weil er zuerst zu Brod verhilft. Denn während Juristen erst mit dreißig Jahren Besoldung erzielen können,
ist dies als Schullehrer zu Beginn der zwanziger Jahre möglich.
Wir wollen nicht näher auf die Thatsache eingehen, daß dieser Beruf
wie kein andrer dummdreiste Arroganz ausbildet. Noch wollen wir
das bekannte Faktum erörtern, daß bei uns die gräulichsten Streber,
sei es als reactionäre Speichellecker, sei es als fortschrittliche Spekulanten, sich aus diesen Kreisen recrutiren. — Uns selbst ist der Beruf des Pädagogen der höchste und heiligste, aber darum auch
verantwortlichste. Und gerade darum sei es erlaubt, ein wenig
über die berühmte deutsche Erziehung zu plaudern.

Erziehung kann, soll und muß zwei Ziele erreichen: Ausbildung des Geistes durch wohlverbautes Wissen und moralische
Ausrüstung für den Kampf des Lebens. Sehen wir zu, wie die
berühmte deutsche Schule diesen Aufgaben gerecht wird.

Was macht im Leben den gebildeten Mann, der zu höheren
Gesichtspunkten Stellung zu nehmen weiß? Kenntniß der Geschichte

und Litteratur. Ebenso nothwendig, wenn auch nicht so bündig
verlangt, sind geographische und Sprachkenntnisse, wovon Englisch
und Französisch fast unerläßlich. Die Kenntniß der eignen
Sprache, ein erträglich guter Stil, wird als selbstverständlich angenommen.

Wohlan, welche dieser landläufigen Vorstellungen von Bildung
erfüllt ein deutscher Student? Keine.

Seine Kenntnisse in ethnographischer Völkerkunde sind miserabel.
Begreiflich. Wer hat ihm je die für die moderne Weltbildung un-
erläßliche Kenntniß der nationalen Eigenarten und Unterschiede
beizubringen gewußt? Dies banausische und profane Wissen zu erlernen, überläßt die Schule halt dem Leben, das denn allmählich,
durch Reisen, durch Lectüre, (oft aber auch gar nicht) den wüsten
Unrath tradioneller Vorurtheile aus dem Schädel entfernt. Die
Ströme in Hinterindien hat er freilich auswendig gelernt. Ja,
ich schwärme heute noch für Bramaputra und Irawaddie — von
der Ethnographie, von der Flora und Zoologie jener Tropenländer
habe ich freilich auf der Schule nie das Geringste erfahren. Wenn
ich nur die Nebenflüsse des Ganges kenne! Um kurz zu sein, der
Unterricht in der Erdkunde nach jeder nützlichen Richtung hin ist
gleich Null. Wenn der Schüler nur nach dem Leitfaden hübsch
auswendig lernt und der Lehrer auf dem Katheder schlafen kann —
das bleibt immer die Hauptsache.

Die geschichtlichen Kenntnisse? Ein gräßliches Spinnennetz
von Jahreszahlen und aneinandergereihten unerklärten Begebenheiten
umklammert den armen jugendlichen Kopf und saugt ihm für immer
und ewig jedes Interesse an der Geschichte fort. Jene wenigen
schätzbaren Geister nehme ich aus, die wie Faust's Famulus mit
unendlichem Behagen im Pergamentstaub der historischen Spezial-
forschung wühlen und oft mit krasser Unwissenheit im Ueberblick der
allgemeinen Weltgeschichte eine wundervolle Werthschätzung ihrer
eigenen Maulwurfsweisheit in „Quellenforschung" vereinen. Für
diese Lumpensammler der Historie mag allerdings gerade der
biedere stramme Daten-Unterricht besonders bahnweisend gewesen
sein. Aber aus solch bevorzugten Geistern, welchen etwa eine Mono-

graphie über einen hohlen Zahn des Königs Ramſes gelingt, beſteht
doch nur ein Millionſtel der Unterrichteten. Entſchädigt uns die
erquickende Anregung ſolch künftiger „Quellenforſcher" für die er-
tötende Qual, mit dem das geiſtloſe öde Repetiren den jugendlichen
Geiſt niederdrückt und ihm für immer unüberwindliche Abneigung
gegen alles Hiſtoriſche einflößt? Ja, nicht einmal in jenem rohen
Ballaſt von Auswendiglerne-Penſum ſind Sinn und Ordnung zu
erkennen. Zwar lernt der Deutſche verhältnißmäßig mehr von der
Geſchichte andrer moderner Völker, als dieſe von der unſern, obwohl mir auch dies Maß ein recht geringes erſcheint und der deutſche
Durchſchnittsgebildete doch wenig Grund hat, ſich über die Ignoranz
der Engländer und Franzoſen in dieſer Hinſicht aufzuhalten. Aber
während ſeine eigne Geſchichte natürlich ganz wüſt und ordnungs-
los, ihm ſpärlich und bruchſtückweiſe vorgelaut wird, ſo daß er wohl-
weislich von dieſem böſen Jahrhuudert nichts zu hören bekommt, —
werden ihm die Cantönliſehden der Griechen und Römer in einer
Breite und mit einer Selbſtgefälligkeit vorgetragen, als hinge das
Wohl der ganzen Bildung davon ab, wie Cäſar's Legaten, Tribunen,
Centurionen und Primipile geheißen. Ebenſo fordern dieſelben Erzieher, welche die deutſchen Geſetze und politiſchen Conſtitutionen
ängſtlich zu behandeln vermeiden, unbedingteſte Kenntniß der Geſetze
des ehrwürdigen Servius Tullius — um ſo ehrwürdiger, da er nie
gelebt hat — und die Geſetzveränderungen je nach Stand der Parteien
werden mit allen Klauſeln unauslöſchlich dem Gedächtniß eingeprägt.
Bravo! Deutſcher Student, kennſt Du die Declaration of
human rights? Kennſt Du die Verfaſſung des Engliſchen Parla-
ments? Nein. Kennſt Du die Déclaration des droits de l'homme?
ſowie die Decrete des National-Convents? Nein. Kennſt Du endlich die politiſchen Geſetze, um welche Deutſchland ſeit Napoleon
rang? Nur in nothdürftigen Phraſen. — Aber man frage Dich von
der lex Acilia de repetundis bis zur lex Voconia das ganze
alphabetiſche Verzeichniß der leges durch — da biſt Du zu Hauſe.
Und das auch nur, falls Du ein ſtrebſamer und erfolgreicher
Lernender geweſen — was ich immer zur Vorausſetzung nehme,
obſchon noch nie ein origineller ſelbſtthätiger Geiſt der deutſchen

5*

Gymnasialbildung das Geringste verdankt hat, ja verdanken konnte. Denn selbst die Kenntniß der Antike flösse den Wenigen, die derselben bedürfen, auf dem Wege des Selbststudiums in kürzerer Zeit viel gründlicher zu. Wer wäre je auf der Schule in den wahren Geist der antiken Dichter und Geschichtsschreiber eingedrungen, da die Repetition der „unregelmäßigen Verba" daran hindert! Die lateinische und griechische Grammatik, nicht die Litteratur, derentwillen angeblich die todten Sprachen gepflegt werden, trägt der deutsche Gymnasiast nach Hause. Und dieser Formelkram, der den Geist ertötet, setzt sich auf der Universität fort. Die Studenten, die nicht einzig irgend einem Brodstudium fröhnen, sollen mit ihrer allgemeinen Unwissenheit von geschichtlichen Vorlesungen profitiren, welche irgend einen kleinen specialistischen Winkel=Abschnitt der Historie behandeln, den man in Wahrheit nur durch überschauende Kenntniß der allgemeinen historischen Verhältnisse begreifen könnte. Wo man aber gar einen „Lehrstuhl der Aesthetik" amtlich besoldet, da wird der angehende Bierphilister durch widerliche Shakespeareomanie und Goethepfafferei um den letzten Gran gesunden Urtheils und natürlicher Empfindung gebracht. Ein künftiges Jahrhundert wird darüber richten, ob die einseitige deutsche Gelehrsamkeit die Nation nicht vielfach in Entfaltung ihrer Kräfte gehemmt habe. Das Buch der Bücher, die Weltgeschichte, lehrt, daß aller vernunftwidrige Unsinn eines Tages seine Grenze findet.

Ich verlasse hier den Größenwahn des deutschen Schulmeisters, der als würdiger Bruder des Unteroffiziers und geistiger Knote jede freie Geistesentfaltung zu nivellirender Uniformität herabdrillen möchte. Jetzt wende ich mich zum Schluß einigen allgemeinen Beobachtungen über den deutschen Nationalcharakter zu.

Wir verstehen diesen am besten, sobald wir den französischen und englischen zum Vergleich heranziehn.

Der Franzose ist ein Sanguiniker. Mit leicht beweglicher, jedoch rein in die sinnliche Wahrnehmung gebannter Phantasie verbindet er im Ganzen eine erstaunliche Kälte des Herzens. Er ist grausam, unbarmherzig im Verfolgen egoistischer Pläne und Leidenschaften, zu welchen besonders seine phänomenale Sinnlichkeit zu rechnen ist, brutal im Besitze der Macht und wesentlich nur aus Eitelkeit zur sogenannten französischen Courtoisie und Ritterlichkeit geneigt. Nichtsdestoweniger berauscht ihn seine oberflächliche schillernde Phantasie sehr oft bis zur größten Noblesse und Empfindsamkeit, sobald man an seine Würde als Glied der großen Nation appellirt. Somit ist Eitelkeit und wieder Eitelkeit die Triebfeder seiner guten wie seiner schlechten Handlungen und Eigenschaften. Sein Idealismus ist stets aus diesem einen Beweggrund herzuleiten, persönlicher oder nationaler Eitelkeit. Darum wird er mit Begeisterung Jeden betrachten, der den äußern Glanz Frankreichs fördert, um so mehr er im Ganzen von erstaunlicher Unselbständigkeit ist und sich am liebsten von einem zusammenfassenden energischen Willen leiten läßt. Er ist mit Begeisterung servil, ebenso wie er mit Begeisterung die Freiheit anbetet — Beides, um seiner Phantasie ein Idol zu bieten, heiße es nun gloire oder liberté. Seine aufopfernde Hingebung für dies momentane Idol schlägt natürlich in das Gegentheil um, sobald diese Hingebung dem Heißhunger seiner phantastischen Eitelkeit nicht mehr genug entsprechende Sättigung gewährt. Aber der künstlich zur National=Eitelkeit großgezogenen Eitelkeit seines Naturells und seinem Leithammelsuchenden Instinkt verdankt er seine erlauchteste Tugend, den unbestreitbaren stets bewiesenen Patriotismus, der Alle vereint. Auf Gemeinsamkeit ist der Franzose überhaupt hingewiesen und veranlagt, in eminentem Sinn ein ζῶον πολιτικόν. Ihm ist „die Gesellschaft" Alles, weswegen er eine tödtliche Furcht vor dem Lächerlichen empfindet. Diese in seinem Charakter liegende Unselbständigkeit bei aller Selbstüberschätzung, diese Selbstverknechtung unter die eiteln Dogmen äußerer Gesellschaftszustände erklärt denn das Problem, daß der Franzose — aus Eitelkeit, phantasievoller Nervenerregtheit und angeborner fränkischer Wildheit mit denkbar höchstem physischen Muth begabt — im Uebrigen als ein moralischer Feigling erscheint. Folge von dem allen, daß die französische Nation mit Recht eine große genannt werden kann, der Franzose selbst aber im Ganzen ein kleiner und kleinlicher Charakter ist und bleibt.

Genau das Umgekehrte gilt vom Engländer, wo der Einzelne

im Ganzen achtungswerth erscheint, die Nation aber als Totalität
einen peinlichen Eindruck hervorruft. Der Engländer entwickelt in
seiner Art dieselbe Eitelkeit, wie der Franzose — nur in anderer
Form, die zwar weniger kindisch, aber desto widerwärtiger wirkt.
Der Britte ist Choleriker mit melancholischem Anhauch. Die
lebensfrohe Eitelkeit, das kindliche Behagen an allem Gleißenden,
„Kinderklappern" wie Napoleon das treffend bezeichnete, fehlt daher
dem Inselbewohner. Seine Selbstvergötterung richtet sich vielmehr
nach innen, statt nach außen. Statt von der Welt Weihrauch zu
fordern, baut er sich selber Altäre als sein eigner Hohepriester.
Eine ungeheure Werthschätzung seines kleinen erbärmlichen Ichs
dehnt sich dann concentrisch auf alles ihm Anhängende, also auch
auf seine Nation aus. Daher der starke Familiensinn, der Clan-
Geist auf den britischen Inseln. Die Begriffe dieser Insulaner von
der Bedeutung ihres Landes und also auch ihrer selbst sind freilich
weit verletzender als die der Franzosen. Frankreich möchte die
„Herrin der Welt" heißen, an der „Spitze der Civilisation marschiren". Das will England gar nicht. Civilisation? Giebt's
außer England überhaupt nicht. Die Welt? Die Welt ist England. Alles nicht England Zugehörige ist werthlos und gleichgültig, geradezu ein Lapsus der Schöpfung. Der Franzose schwatzt
von „des barbares", der Engländer aber denkt es, ohne daß er
es der Mühe werth fände, es auszusprechen.

Alle Continentalen, den eitlen Franzosen inbegriffen, sind
Barbaren, unmündige Kinder, bemitleidenswerthe Schwächlinge. Es
erhellt daraus der gradezu organisirte Egoismus dieser Nation, welche
sogar die selbsttäuschende Phrase des Franzosen bei seinen brutalen
Gelüsten gleichgültig verschmäht und die nackte eisige Selbstsucht der
Nützlichkeitstheorie offen als Richtschnur ihrer Handlungen angiebt.
In Folge dessen wird der englische Staat d. h. die den Staat re-
präsentirende Adels-Oligarchie stets ein directer Feind der Menschheit bleiben, weil dort die persönlichen Eigenschaften des Engländers
als Mensch nicht sichtbar werden, sondern nur der destillirte Genius
dieses Volkes: schrankenloser Egoismus und Hochmuth.

Emerson nennt Jeden dieser Insulaner eine Insel für sich.

Schon hieraus erhellt, daß er in striktem Gegensatz zum Franzosen die Tyrannei der äußerlichen Gesellschaftsformation an sich verachtet und diese nur in dem Grade respektirt, als sie seinem Egoismus entgegenkommt. Sein kaltes Nützlichkeitsprinzip läßt daher mit stillschweigendem Achselzucken die verrottetsten Mißbräuche der Gesellschaft bestehn, indem seine durch und durch pessimistische Weltanschauung diese Mißbräuche und inhumanen Thorheiten für nothwendig hält, um die materielle Wohlfahrt, die ihm über Alles geht, aufrecht zu erhalten. Hiermit correspondirt oder vielmehr hieraus resultirt auch die häßlichste seiner Charaktereigenheiten, die alle Schichten des englischen Lebens durchdringende Heuchelei. Es ist dies eine eigenthümliche Verlogenheit der Gesinnung, welche stillschweigend alle Vorurtheile und Legenden der Dummheit in dem Maße sanktionirt, daß jede mündliche und private, geschweige denn gar schriftliche und öffentliche Aeußerung gegen dieselben als ein Beweis mangelnden Anstandes und frecher Pöbelhaftigkeit betrachtet wird.

Im Besitz der schärfsten Verstandesfähigkeit, ist der Britte oder vielmehr macht sich mit instinktiver Absichtlichkeit unfähig, über die selbstgesteckten Schranken seiner Vorurtheile hinauszubringen. Der Franzose fürchtet nur die Lächerlichkeit, der Engländer nur den Skandal. „A scandal" ist ihm aber in erster Linie alles Extravagante und Exentrische — was Napoleon als „Ideologie" bezeichnet hätte. Ein Britte sagt sehr richtig: „Sich gegen die Bornirtheit auflehnen heißt bei uns to loose caste, „die Kaste verlieren". Und der Kastengeist ist das herrschende Princip Englands, da derselbe auf dem sich selbst abschließenden Insulaner-Egoismus und dem Triebe zum brutalen Hochmuth in dieser Race beruht. Bornirte Bigotterie in jeder Beziehung ist der Stützpfeiler dieses Systems, das um so schwerer zu erschüttern ist, als der Britte genau in demselben Maße treu, zähfesthaltend und schwerfällig, als der Franzose brüderlich, flüchtig und gewandt. Durch dieses Grundgebrechen wird jedoch der Charakter des Engländers vergiftet. Denn der Heuchler dient nicht nur dem Geist der Lüge, sondern selbstgerechter Pharisäismus wird lieblos und inhuman auf den Zöllner herabblicken.

Ursprünglich von aufrichtiger Liebe für die Wahrheit beseelt, läßt er dieselbe ungehört verhallen, sobald seine pharisäische Selbstanbetung durch sie verletzt wird.

Neben dem jugendlichen Größenwahn des Franzosen und dem verhärteten greisenhaften Dünkel des Engländers leidet nun der Deutsche vielfach an hündischer Demuth und Fremdthümelei. Dazu hat er wenig Grund.

Man prahlt so häufig mit dem, was man nicht ist und nicht hat, nicht mit dem, was man ist und hat. Möge der Deutsche doch endlich aufhören, seine fragwürdige Tugend herauszustreichen und sich lieber — statt grade hier bewundernd nach dem Ausland zu schielen — seiner superioren Begabung bewußt werden, die ihm in Künsten, Wissenschaften und Gewerken, in Krieg und Frieden stets eine überwältigende Fülle von Talenten verschaffte wie keine andere Nation sie aufzuweisen hat!

So wird man ihm die zwei großen Güter für den Kampf ums Dasein, Klugheit und Fleiß, in hervorragendem Maße nachrühmen müssen. Daß diese Arbeitskraft, Ausdauer und Ueberlegung nichtsdestoweniger die, aus lauter solchen Einzelkräften bestehende, große deutsche Nation erst durch bittere Not und eisernen Zwang zu einer klugen und standhaften Politik bewegen konnten, während doch diese Eigenschaften sie zu einem politischen Volk in erster Linie stempeln, — das hat der Deutsche einzig seinem mangelhaften Charakter zuzuschreiben. Neid, Mißgunst, Unfähigkeit zur Begeisterung, Gleichgültigkeit gegen ideale Interessen (alle deutschen Dichter und Denker von Wolfram von Eschenbach bis auf Richard Wagner wissen davon ein Lied zu singen), Pedanterie und Philistrosität, Knechtssinn, verbunden mit mißvergnügtem Fortschrittsgezänk — das sind kleine und kleinliche Laster, für die man gern die phraseologische Verlogenheit und Leichtfertigkeit der Franzosen und die Brutalität der Briten eintauschen möchte. Es mangelt dem Deutschen vor allem das wahre männliche Selbstvertrauen und dies mußte erst wieder durch das stramme Preußenthum geweckt werden. „Wenn Sie übrigens bedenken, daß Sie Preußen sind, so habe ich nichts mehr hinzuzufügen" — diese großen Worte des großen Friedrich vor der Schlacht bei Leuthen bilden einen Wendepunkt der deutschen Geschichte.

Leonhart verbeugte sich und verschwand. Die Versammlung der Zuhörer summte und brummte beim Aufbruch durcheinander. Ein Offizier schnarrte laut: „Eine solche Frechheit!“ und ein alter Herr, der wie ein Gymnasialprofessor aussah, schnob majestätisch: „Muß wegen schlechten Betragens an den Ofen gestellt werden.“

Der allgemeinen Volksstimme aber, welche bekanntlich Gottes Stimme ist, lieh Dr. Drechsler-Cannibalis monumentalen Ausdruck, indem er laut mit ausgestreckter Rechten brüllte: „Ein solcher Größenwahn ist reif fürs Irrenhaus!“

II.

Krastinik und Leonhart gingen in Friedenau spazieren. Sie hatten mitsammen einen Ausflug gemacht, um einen dort wohnenden Antisemiten zu besuchen, da sich Krastinik lebhaft für diese Bewegung interessirte. Freilich hinderte ihn das nicht, mit den jüdischen Redactionen persönlich auf bestem Fuße zu verkehren. Von einem Grafen läßt man sich ja viel gefallen.

Darauf spielte Leonhart an, indem er ironisch äußerte: „Ach Gott, der Antisemitismus des Adels! Da ärgert sich Baron v. Habeiuchts, daß Ißigs Madera und Maitresse feiner als die seinen, und gnä' Fröl'n Adelheid v. Schwindelheim kriegt die Gelbsucht, weil Kalle Mosessohn kann fahren mit Gummirädern.“

„Das sagen Sie, Verehrtester, und gelten doch für einen fanatischen Antisemiten?"

„Wieso ich zu dieser Ehre kam, blieb mir schleierhaft. Mag ich gelten, wofür man will! Man lasse die Leute schwatzen! Ich habe Ihnen schon oft gesagt, daß ich in dem gang und gäben Sinne kein Antisemit bin, sondern nur so, wie alle lebenden Deutschen es sind und ein guter Bruchtheil der anständigen Juden dazu. Ich bewundere den dämonischen Selbstsucht=Instinkt dieser Race und schätze sie als zersetzendes Element für die teutonische schlafmützige Michelei. Nur darf die semitische Unduldsamkeit nicht jedes freie Wort verpönen. Ich hasse nicht die Juden, sondern den jüdischen Geist. Und der steckt in manchem getauften Antisemiten erst recht. Ich habe den Muth meiner Meinung und sage ins Gesicht, was die Philosemiten hinter'm Rücken ihrer jüdischen Brotherrn stänkern. Aber nicht mal die jüdische Presse, die vielverschrieene, taugt weniger als die christliche. Stets gerecht, erkenne ich gewisse großartige Eigenschaften des Judenthums im Gegensatz zu deutscher Kleinlichkeit willig an. Der semitische Größenwahn gründet sich auf wirkliches Kraftgefühl und ihr Nützlichkeitsprinzip verbindet sich sogar mit warmblütigem Gemüth. Eigentlich liebe ich die Juden, diese willensstarke napoleonische Race, ebenso wie ihre Weiber oft den ältesten Blutadel der Welt im Gesichtsschnitt aufweisen."

„Sie sonderbarer Schwärmer! Und haben's doch so ganz mit den Söhnen Israels verdorben!"

„Mit wem hätte ich das nicht?!"

„Sehr wahr. Wie werden die Schulmeister auf Sie schimpfen nach Ihrer neulichen Rede!"

„Pah!" lachte der Umstürzler verächtlich. „Kerls, die ihr Waschbecken für den Ocean ansehn und den alten Homer, dem bei ihrem Anblick übel geworden wäre, als ihr Eigenthum betrachten! O diese Kleinigkeitskrämer! Wo ist ein Mann, ein Ganzer, unter all diesen Halb= menschen!"

In diesem Augenblick kam eine merkwürdige Erschei= nung die Friedenauer Chaussee herab, wie als Antwort auf diese Frage. Ein ungeheurer Hund sprang bellend vorüber und dann folgte ein Herr (seine Kutsche rollte in einiger Entfernung nach) in einfachem schwarzem An= zug mit einem großen Schlapphut, so wie der alte Wo= dan ihn getragen haben soll. Und ein durchdringendes forschendes Wodansauge flammte unter buschigen Brauen auf, als die Beiden ehrerbietig grüßten und er höflich dankte. In diesen Zügen, welche Europa kennt, lag eine tiefe unergründliche Trauer.

Die Hünengestalt schritt wuchtig vorüber. Die Bei= den sahen ihm lange schweigend nach, dann setzten sie ihren Weg fort.

„Schwer genug," hob Leonhart nach einer Pause, wo Jeder seinen Gedanken nachhing, an, „ja, fast un= möglich, schon heute über einen Bismarck abschließend zu urtheilen! In ununterbrochener Entwickelungskette wälzt sich die Geschichte fort. Diese Kette führt von den Wicking= fahrten der Nordseesachsen zur Hansa, von den Wenden=

kämpfen zum deutschen Orden in Preußen, von den Hohenstaufen zu den Hohenzollern."

„Sehr gut," fiel Krastinik ein. „Das ließe sich noch
weiter ausführen. Der Nibelungendichter, Wolfram und
Walter befähigten wohl Goethe, Schiller und Hutten zu
sprechen."

„Zweifellos. Es ist der Geist Luthers, der in Lessing
weiterwirkt."

„Und vielleicht das Genie Friedrichs des Großen,
dessen Abglanz auf Bismarck ruht? Aber nein, dieser Vergleich würde hinken. Vielmehr scheint mir gerade Luther"
— er zögerte.

„Ganz recht," bekräftigte Leonhart. „Dieser derbe
sächsische Bauer gemahnt am meisten an Bismarck, falls
wir nach einer Parallele suchen." Nach einer Pause
fuhr er fort: „Bezeichnet Bismarck einen Uebergang oder
einen Höhepunkt, ein Bleibendes im kreisenden Werden
der Dinge? Wir wissen es nicht. Eins aber wissen wir:
daß auf ihn die Definition paßt, die Carlyle, der Prediger der Heroen-Verehrung, einem ‚Helden‘ giebt: ‚Es
ist jederzeit die Eigenart des Helden, auf die Realitäten
zurückzukommen, sich auf die Dinge, statt auf den Schein
der Dinge zu stützen.‘ Auch hat die Prophetenstimme des
modernen England sich dahin erklärt: Bismarck sei eine
Art Cromwell, soweit dies in unsrer armseligen Zeit
möglich. Wirklich ähnelt der grimme Feind des deutschen
Plapperments dem parlamentauflösenden Lord-Protektor
durch eherne Thatkraft und Zähigkeit sowie eine gewisse
Rücksichtslosigkeit im Zugreifen."

„Hm, ja." Der Graf nickte nachdenklich. „Selbst
das Verhältniß Bismarcks zu Moltke mag Vergleichs=
Jäger an dasjenige Cromwells zu Blake erinnern. Allein
von der mystischen Gefühlstiefe und düstern schmerzvollen
Gluth des Puritaners kann man doch nur mangelhafte
Spuren in dem praktischen preußischen Weltmann ent=
decken."

„Na überhaupt! Das wollen wir denn doch dahin=
gestellt sein lassen, ob man Bismarck zu den Genies vom
ersten Range wie Napoleon und Cromwell rechnen dürfe.
Von jener Universalität der Begabung, wie sie solche
Feldherrnherrscher bekunden, kann hier ja nicht die Rede
sein. Freilich, die originale Fortentwickelungsfähigkeit
einer schöpferischen Einbildungskraft, welche mir das eigent=
liche Wesen des Genies auszumachen scheint, besitzt ja der
Einiger Deutschlands auch."

„Wieso?"

„Nun, seine patriotische Idee, von der er dämonisch
beherrscht blieb, reifte unabläßig in ihm fort. Er trug
sie mit sich, er modelte sie stetig um und paßte sie rast=
los allen sich bietenden Verhältnissen an."

„Schon recht. Aber der ekelhafte Götzendienst seiner
knechtischen Schmeichler muß doch jeden unabhängigen
Mann zum Widerspruch reizen," erwiderte Krastinik.

„Hm, er bleibt nun eben doch der größte Meister=
virtuose der diplomatischen Technik. Wenn man seine
Leitung unsrer auswärtigen Geschäfte sorgsam prüft, so
wird man zum Verständniß dieser eigenthümlichen Genia=
lität gelangen."

„Und über ihn als Charakter ..."

„Ach, darüber reden wir doch lieber nicht. Eine optimistische Anschauung zu theilen oder anzufechten, kann keinem Verständigen belieben, da den Zeitgenossen ein genügendes Material zu Gebote sieht. Es gehört der Tiefblick eines Dichter-Psychologen dazu," Leonhart betonte diese Worte mit verstecktem Selbstbewußtsein, „um die Widersprüche im Charakter dämonischer Individualitäten zu lösen und zu verknüpfen."

„Das soll wohl heißen: Die Feinde des Bismarck'schen Charakters wie die Verehrer desselben haben alle beide recht und alle beide Unrecht?"

„Just so, exactly," Leonhart liebte es, solche englische Brocken einzustreuen — „sobald man einseitig bei Fehlern oder Vorzügen des Privatmenschen verweilt. Na, und dann gehört es ja zu den unleugbaren Schwächen dieses großen Mannes, jede Antastung seiner unfehlbaren Makellosigkeit als eine Art Gotteslästerung, auch ‚Bismarck-beleidigung' genannt, aufzufassen: Das ist eben sein Größenwahn. Da behält ein gescheidter Mann seine Ansicht am liebsten für sich, heut wo das Denuncianten-thum förmlich herangezüchtet wird. Denn wer die Macht hat, hat immer Recht. Uebrigens, wem steht heut ein maßgebendes oder gar abschließendes Urtheil zu! Seichte und selbstische Parteimeinung deckt sich nimmer mit dem unbestechlichen Wahrspruch, den dereinst überlegene Wissende vor dem Richterstuhl der Geschichte fällen werden."

„Jaja, ein Urtheil über Männer der That ist überhaupt schwer," bemerkte der Graf sehr richtig. „Die

Gedankenfaulheit urtheilt ja da immer nur nach dem Erfolg. Das mechanische Getriebe der Welthändel unterscheidet sich doch gar sehr von den ewigen Thaten der Kunst und Wissenschaft. Wie kann eine feststehende Werthung möglich sein, wo so Vieles vom Zufall und den ‚untoward events‘ abhängt! Und ist nicht Bismarck Opportunist durch und durch?"

„Das ist kein Vorwurf, sondern ein Lob für den Staatsmann, der nur von den Schiebungen der Möglichkeiten bestimmt wird und dessen Größe gerade in dem klaren Blick für das augenblicklich Nothwendige besteht. Und hat etwa der gewaltige Mann je darüber den einen Zweck vergessen, den er mit eherner Konsequenz durch sein ganzes thatenreiches Leben verfolgte?"

„Na, ein selbstloser Idealist kann er doch wenigstens nicht genannt werden. Stets hat er verstanden, sein eigenes Wohl mit der Wohlfahrt des Vaterlandes zu vereinen. Und dabei klagt er noch über die sprichwörtliche Undankbarkeit der deutschen Nation!"

„Ja," sagte Leonhart lächelnd, „man denkt unwillkürlich an das boshafte Pamphlet Swifts über den schweren Undank, mit welchem Marlborough sich belastet erklärte — in der runden Summe von 54,000 Pfund Sterling! Im Gegentheil, ‚es ehrt die Nation in der Gegenwart und stärkt die Hoffnung auf ihre Zukunft‘, wie es in dem herrlichen Briefe des Kaisers vom 1. April 1885 heißt, wenn sie das Große anerkennt. Denn wahrlich, dieser Bismarck ist nach Luther und Friedrich unser verdientester Mann."

„Nun ja, er besitzt ein Willenszentrum von außer= ordentlicher Stärke, wie schon seine Bullboggennase be= weist," meinte der Oesterreicher achselzuckend. „Aber das Geheimniß seiner Erfolge liegt doch in der Bornirtheit und Verlotterung der herkömmlichen Diplomatie, mit wel= cher er zu ringen hatte. An seiner Stelle mit seiner Macht könnten Viele das Gleiche leisten. Pah, mein Bester, die betreffenden politischen Schiebungen bestimmen meist die Politik halb willenlos und als Leiter von 46 Millionen kann man schon gebietend auftreten. Hat doch sogar Ex= cellenz Windthorst in offenem Reichstag ähnliches ver= lauten lassen!"

Leonhart schüttelte den Kopf und sann einen Augen= blick nach. Dann fragte er: „Langweilt es Sie, wenn ich Ihnen meine Auffassung der Bismarckschen Politik vortrage?"

„Im Gegentheil. Ich bitte darum."

Jener räusperte sich und begann, indem die Gedanken ihm stromweise zuflossen:

„So geniale Züge wir in der Politik Richelieus, Cromwells und Napoleons bewundern, möchte ich doch beinahe die Behauptung wagen, daß ein solcher Meister= virtuose der diplomatischen Technik in den auswärtigen Angelegenheiten kaum jemals erstanden sei, daß Bismarck als diplomatischer Spezialist ungefähr die Stellung unter seinen Kollegen einnehme, wie sein Lieblingsdichter Shake= speare in der Litteratur.

„Bei der Abwägung und Werthung staatsmännischer Verdienste muß man in erster Linie die Umstände selbst

in Berechnung ziehen. Es war z. B. ein gut Stück Ar=
beit, wenn Gustav Adolf und Orenstjerna das kleine arme
Schweden zu einer Großmacht erhoben. Aber die euro=
päische Konstellation lag diesem Beginnen auch überaus
günstig und zuletzt nahm dies ungesunde Hinaufschrauben
eines Kleinstaats zu unmöglicher Stellung ein Ende mit
Schrecken. Napoleon und Cromwell vollführten gewiß
Staunenwerthes, doch ersterer wurde durch die Elementar=
kraft der Revolution so hoch gehoben, letzterer blieb vor
direkter Einmischung des Auslands durch Englands Insel=
thum geschützt. Bismarck aber fand Preußen in tiefster
Erniedrigung und führte es aus denkbar ungünstigsten
Verhältnissen, im Kampf mit dem Innern wie mit dem
Auslande, zu der ihm gebührenden Welthegemonie empor.

„Daß die Sehnsucht nach der Einheit in ganz Deutsch=
land verbreitet war, daß Myriaden braver Deutscher vor
Bismarck darnach gestrebt hatten, daß ihm, sobald man
erst sein wahres Ziel erkannte, diese ganze große Nation
einmüthig entgegenjubelte, thut seinem besondern Verdienste
keinen Abbruch. Daß er schon auf dem Frankfurter Bundes=
tag seinen Schwur des Hannibal im Herzen trug, wird
wohl heut kaum einer mehr bezweifeln. Freilich nur in
unbestimmten Umrissen. Daß er wie jeder geniale Mensch
mit seinen Zielen wuchs, an seinen Erfolgen sich fort=
entwickelte, steht außer Frage. Erst nach 1870 wurde er
ganz Deutscher, bis dahin vertrat er lediglich das Inter=
esse Preußens. Ehre ihm dafür! „Charity begins at
home!" sagt das englische Sprichwort.

„Erst wenn ein geschichtlicher Individualmensch da=
durch erklärt werden soll, merkt man so recht das Miß=
liche des Vergleichens. Da hat man in der Konfliktszeit
Bismarck den preußischen Strafford genannt, weil sein
zäher Royalismus an jenen starrköpfigen Minister Karls I.
zu gemahnen schien. Und doch erinnert Bismarcks Wesen
und Gebahren gerade umgekehrt an die hochmüthigen,
nervenkranken, jähzornigen, portweinliebenden Pitts, mit
welchen er auch den bis zum Fanatismus gesteigerten
Nationalstolz theilt. ‚Wenn ich denn von einem Teufel
besessen bin, so sei es ein teutonischer Teufel!' diese
Worte des einstigen Gesandten in Petersburg soll die
Geschichte auf das Grabmal des Reichskanzlers schreiben,
wie auf das des jüngeren Pitt den Liebesseufzer des
Sterbenden: ‚My country, how do I love my country!" —

„Bis 1864 mußte die Politik Bismarcks dahin stre=
ben, Preußen möglichst isolirt zu halten, um bei dem
augenblicklichen Uebergewicht Oesterreichs im deutschen
Bunde nicht ins Schlepptau genommen zu werden und
ein zweites Olmütz zu erleiden. Die Neutralität 1859,
die freundschaftliche Annäherung an Rußland 1863 und
die trotzige Gleichgültigkeit gegen die Forderungen der
Westmächte waren wichtige Etappen auf dem langen Wege,
den er vor sich sah und mit immer gleicher Umsicht und
Festigkeit verfolgte.

„Als sein diplomatisches Meisterstück aber hat er stets
das Jahr 1864 bezeichnet, wo es ihm gelang, den Rivalen
Oesterreich selbst als Hebel zu benutzen, indem er zugleich
durch das Danaergeschenk Holsteins bereits den nöthigen

Zankapfel für den lange sorgsam vorbereiteten Bruch mit
Oesterreich diesem hinwarf. W:⧫ da ab, Oesterreich über
das nahende Ungewitter so lange wie möglich täuschend,
galt es freundliche Fühlung mit Napoleon zu gewinnen
und unter dem Schutz dieser Deckung mit Napoleons
Klientelstaat Italien sich gegen den gemeinsamen Feind
Oesterreich zu verbinden. Daß Bismarck 1866—68 ein
sogenanntes falsches Spiel mit Napoleon trieb, darf kaum
bestritten werden. Die Enthüllungen Benedettis über die
zweideutige List, mit welcher Bismarck ihm die geheimen
Wünsche Frankreichs ablockte und selbst in Form eines
Vertrags zu Papier bringen ließ — mit der festen Ab=
sicht, eben diesen Vertrag später gegen Frankreich auszu=
spielen, wie es 1870 wirklich geschah — sind nie positiv
widerlegt worden. Lag doch ein besonderer Kniff der
Bismarckschen Politik stets darin, den Feind ins Unrecht
zu.setzen und genau zu dem Schritte zu verleiten, der im
richtigen Augenblick den gewünschten Krieg herbeiführen
mußte. Diese Taktik wurde denn auch 1870 meisterlich
angewandt.

„Alles ist erlaubt im Krieg und in der Politik —
gegen diesen Grundsatz läßt sich schlechterdings nichts ein=
wenden. Es gewährt einen besonderen Genuß, in der
Luxemburger Frage 1867 das Schachspiel des im Du=
piren stets dupirten Ränkeschmieds Louis Napoleon mit
dem kaltblütig sicheren ‚Mann von Eisen‘ zu beobachten,
der stets vorsichtig, nie übereilt und im gegebenen Fall
unerschütterlich entschlossen, weder Bitten noch Drohungen
zugänglich erschien.

„Nachdem man sich 1870 durch Rußland gegen Oesterreich gedeckt, wurde bald genug klar, daß die Errichtung des deutschen Reiches und die Demüthigung Frankreichs von Rußland als eine Störung des europäischen Gleichgewichts empfunden wurden. Es blieb daher nur ein Ausweg und ihn ergriff Bismarck mit untrüglichem Scharfblick im geeigneten Moment: Aussöhnung mit Oesterreich und Bündniß der zwei deutschen Kaisermächte als Bollwerk Mitteleuropas gegen Osten und Westen. Außerdem galt es, durch die Kolonialbeziehungen Frankreich und England wechselseitig gegen einander auszuspielen. Die absolut richtige Haltung Deutschlands in der Bulgarischen Frage, welche Oesterreichs wahre Interessenpolitik klarlegte und dessen nothwendige Entschlossenheit, in gewissen Fällen selbst auf eigene Faust seine Stellung zu bewahren, erwies, scheint von Schwachköpfen ebenso wenig begriffen, wie früher die tiefdurchdachte Führung des Meisters in anderen Fragen."

Leonhart schwieg einen Augenblick, dann lachte er leise vor sich hin und fuhr fort:

„Es hat einen tragikomischen Beigeschmack zu beobachten, wie auch diesem Manne der That keine der üblichen Scherze erspart blieben, die man an jedem genialen Menschen verübt, bis Erfolg und Macht ihn gefeit haben. Das berühmte ‚Was, der will mehr sein als ich? Der hat ja mit mir am Biertisch gesessen!' begleitete auch Bismarcks Auftreten und man wunderte sich nicht wenig über diesen Glückspilz, der Karriere zu machen anfing.

ohne regelrechte Staatsexamina absolvirt zu haben. Von
übersprudelndem aufrichtigem Wahrheitsdrange beherrscht,
konnte er öfters den jovialen Herzensergießungen seiner
Zunge nicht Halt gebieten und vertraute seine großen
Pläne Leuten an, die ihn gar nicht zu verstehen fähig
waren. ‚Il est fou‘ urtheilte Napoleon über den Mann
von Varzin und der intriguante Phantast Disraeli nannte
Bismarcks vertrauliche Eröffnungen ‚the moon-shine of a
German baron!‘ Endlich fanden von jeher größenwahn=
sinnige Impotenzen, daß dieser erfolgreiche Streber weit
überschätzt werde und daß eigentlich sie die wahren Mes=
siasse seien — so Graf Goltz, so später Graf Harry
Arnim. Ein Glück für die deutsche Nation, daß der
eiserne Kanzler keine weichherzigen Humanitätsflausen zu
üben pflegt, sondern all dies Völkchen mit rücksichtsloser
Härte unter seine Sporen tritt.

„Und so steht er nun schon jetzt vor dem Auge der
Mitwelt wie eine bronzene Statue da in seinen Sieben=
meilenstiefeln, den wuchtigen Flamberg dem Boden ein=
gerammt und das Wodanauge unter buschigen Brauen
hervorblitzend aus dem behelmten Haupte. Wenn er sich
zur letzten Ruhe streckt — ‚Il est mort!‘ wird man in
Europa aufstöhnen, wie bei der Todesnachricht von St.
Helena —, so darf er sich selbst gestehen, daß ein he=
roisches Leben hinter ihm liege. Man mag an ihm
mäkeln, so viel man will — er war unser letzter großer
Mann, die mächtigste Erscheinung Deutschlands in diesem
Jahrhundert, welcher sich kein Ebenbürtiger in der übrigen

Welt vergleichen darf. Der würdevolle großherzige Gentle=
man, der als erster deutscher Kaiser und echter Mehrer
des Reichs so glorreich seinem Volke vorleuchtete, und sein
treuer Hagen werden ewig in deutschen Landen fortleben
als Ideale heroischer Männlichkeit. Und ein neuer Ni=
belungendichter wird dereinst von Otto dem Großen singen
und sagen, wie von dem alten Marschall der Burgonden:

,Da ritt der grimme Hagen den andern all zuvor,
Er hielt den Nibelungen wohl den Muth empor'."

Am anderen Tage erhielt Krastinik in Leonharts
Handschrift das folgende Gedicht:

An den Reichskanzler.

Nie mengte ich mich jener Feigen Zahl,
Der Sklavenherde, die der Tag regiert,
Die, als Erfolg mit Lorber Dich geziert,
Dich angestaunt als ihren Götzen Baal!

Nicht Deine Macht gilt mir Unfehlbarkeit.
Nicht Du allein erschufest, was geschehn.
Auch Du warst nur erfaßt vom Sturmeswehn
Der allbeherrschend vorbestimmten Zeit.

Und doch, wie stehst Du hehr und riesenhaft,
Gewaltiger, vor diesem Zwerggeschlecht!
Ein Heiliges glüht unverlöschbar echt
Dir ewig durch den Rauch der Leidenschaft.

Es ist das Letzte, was dem Manne blieb,
Seit Säul' um Säule jeder Tempel fiel:
Der Vaterlandesgröße stolzes Ziel,
Zum eignen Volk der liebevolle Trieb.

Nicht Liebe war ja Deines Lebens Amt.
Dich hob zu Sternen ein erhabner Groll,
Da Dir das Löwenherz im Busen schwoll
Ob aller deutschen Schande insgesammt.

Nicht mitzulieben wie Antigone,
Nein, mitzuhassen, Grimmer, warst Du da.
Doch aus dem Hasse keimte Liebe ja,
Für uns geblutet hat Dein zorniges Weh.

Dein Volk, Dein Vaterland hast Du geliebt,
Des alten Reiches Schemen aufgenährt
Mit warmem Blut, wie's einst Ulyß gewährt
Dem Schattenheer, das durch den Hades stiebt.

Erz nietete den thönernen Koloß.
Noch jüngst — wie Freudenfeuer kreisend rann
Ein flammend Hochgefühl von Mann zu Mann,
Da Deiner Rede Flammenstrom sich schloß.

In Dir nur lebt der wahre Ahnenstolz
Des deutschen Namens, dessen Machtgebot
Einst sonnenhell die weite Welt durchloht!
Geschnitten Du aus Nibelungenholz!

Den deutschen Hundesinn tritt in den Koth!
Lehr Du den Stolz, ein deutscher Mann zu sein!
Wo solche Eichen wachsen, muß gedeih'n
Der deutsche Stolz in aller Wetternoth.

Wo deutsche Zunge spricht, da bleibe stumm
Der Wälsche und der östliche Barbar!
Des Römers Erbe der Germane war —
      Civis Romanus sum!

III.

Schon öfters war Leonhart von Schmoller aufge=
fordert worden, mit ihm socialistische Kreise zu besuchen,
damit er mal einen wirklichen Einblick in die soziale Frage
gewinne. Schmoller, der bei allem berechnete, wollte erst=
lich mit Leonhart's Freundschaft dort paradiren und
zweitens wagte er sich lieber zu Zweit in die Löwenhöhle.
Die Gestalt Catilinas und seiner Mitverschworenen
tauchte unwillkürlich vor Leonharts Geiste auf. Wie sie
sich alle zusammenfanden, die Unglücklichen und die Ver=
brecher, die Bedrückten und die Verkommenen, die Rach=
gierigen und Genußgierigen, um sich gegen die satte Ge=
meinheit der Glücklichen zu verbinden!

So entstand ihm in raschem rohem Entwurf real=
istischer Urkraft das folgende düstere Fragment, indem er
dem herostratisch zerstörenden Größenwahn die wahre
schicksalmäßige Größe gegenüberstellte und zugleich den
Größenwahn der Weiber=Emanzipation in der Gestalt
der vornehmen Catilinarierinnen geißelte, die ihr Kapital
in die Verschwörung steckten, um es mit Zins und Zinses=
zins aus dem Staatsbankrott wieder herauszuschlagen.

Soirée bei Crassus. — — Vorn links Lentulus und Cethegus beim Würfeln. Vorn rechts Antonius junior, Crassus junior, Faustus Sulla junior und Metellus plaudernd.

Metellus. Ich begreife nicht, warum ich diesem Zeitalter die Ehre anthat, darin geboren zu werden. Stände nicht unsere liebe Verschwörung hinter der Thür, so müßte diese Welt an ihrer eigenen Fäulniß verrecken.

Cethegus (würfelt). Diese abligen Packesel! Damit ver- schwört sich's gut! Ein Hochverrath gegen die gesunde Vernunft!

Lentulus. Ja, ihr „neuen Leute"! Ein Metell! Will was heißen! Zwar kein Cornelier, wie ich — ! Bin bekanntlich ein Nach- komme des großen Scipio.

Cethegus. Ja, Du bist ein — Nachkomme. Ich stamme bekanntlich von einem Schuster ab. (würfeln.)

Crassus junior. Ich erlaube Dir endlich zu schweigen, Freund Metellus! Mit Eurer Verschwörung! Bei Euch hapert's am Blinkenden — das ist doch wahrhaft gesetzwidrig! Geld — das ist Alles!

Lentulus (dreht sich nach dem Sprecher um). Ganz recht. Geld — das ist alles! (er verfällt in eine Straßenpredigt) „Wir aber, wir unglückseliges und unschuldiges Volk, wir hungern — ach, wir haben kein Geld! — Jene, jene glücklichen und schuldigen Menschen, sie prassen: sie haben Geld! Wir aber, wir haben derbe Fäuste und unser Magen knurrt uns wach. Jene faulen auf ihren gepreßten Säcken. Auf denn, Volk, und folgere, was Dir beliebt!"

Cethegus. O über die ungelämmte Logik!

Antonius (ironisch). Zwar, mein lieber Crassus, für die Millionen Deines Erzeugers dürftest Du kaum in bangender Unge-wißheit schweben: Die lassen sie heilig und unangetastet!

Sulla. O der alte Crassus! Schlauer Bursche der! „Catilina — anständiges Unternehmen — gut im Gange — läßt sich machen."

Crassus junior. Wir vom Hause Crassus brauchen's nicht: Sind Geschäftsmänner — größte in der Welt! Kleine Geschäfte ver-pönt! Alles riesig, großartig, millionarisch!

Sulla. So z. B.: „Königthum nebst Ruhm — Crassus der Erste — ungeheure Anlage — Weltzinsen — mächtiges Ge-schäft — Rechtschaffenheit wird verbürgt.´ He, das wär' so was?

Antonius. Uebrigens, mein lieber Sulla, was Deinen hoch-seligen Vater betrifft — und dann macht er hier republikanische Männchen!

Sulla. Erstaunlich schön! Was gehn denn Dich die Väter andrer Leute an? Dein ehrwürdiger Vater, ein so inniger Verehrer Catilinas — (sprechen bei Seite weiter).

Cethegus. Mein Haus gegen Deins! (würfelt). Da liegt der Bettel! Heilige Tonne des Diognes! — Ich sag' Dir, Mensch, ich bin eine lebendige Pfandanleihe. Der nächste Termin bricht mir's Genick! Pah! der große Rechnungstag kommt früher, ja früher. Unterm Galgen ist Alles gleich.

Antonius (nach dem Hintergrund blickend). Die Fulvia ist prachtvoll.

Sulla (gähnt). Ja, sie ist sehr theuer! (Pompeia und Terentia kommen aus dem Hintergrund). Da haben wir Ciceros männliche Hälfte d. h. seine Frau! Und da Caesars Wittwe bei lebendigem Leibe. — Alle Mann ans Ruder! Los! — Des beredten Redners beredte Frau —! (Complimentirung.)

Terentia. Ich danke Eurem Gruß, Quiriten! Was meine bescheidene Beredsamkeit anbelangt —

Pompeia (boshaft). Ja, ja, meine Theure! Man weiß von den oratorischen Ergüssen, welche Du Deinem Gatten —. Die Nach-barschaft —

Terentia (hochempört). Was wollen die Nachtmützen? Soll ich nicht die sittliche Würde meines Geschlechtes schirmen, nicht ein rauhes Mahnwort männlicher Thrannei in die Ohren donnern? Wie Cornelia die edle Römerin zu sagen pflegte — (schwatzen weiter.)

(Caesar und Fulvia kommen lachend nach vorn.)

Caesar (grüßend). Antonius, Deine Toga ist reizend! Crassus, Deine ist abscheulich.

Fulvia. Nun, Cajus, die neueste Mode —?

Caesar. Die, o schöne Frau, Dein Auge gebietet —

Fulvia. Schmeichler! — Rothe Tunica, weißer Gürtel, freie Locken, Rosen im Haar —

Caesar. Die Moden wechseln. Eine Mode allein besteht ewig und unbestritten: Deine Schönheit und Dein Lächeln!

(Sempronia, Crassus maior und Lucull kommen.)

Crassus. Nu, meine Freunde, die Mahlzeit, was? Schmal, schmal! Aber hochansehnlich genug. Das ist so unser kleines gemüthliches Convivium. Hat gekostet lumpige 300,000 Drachmen. Nu, kann's ja leisten! Die Austern, hä? Eigene Waare, Specialhandel, feinste Qualität, 30 Sesterzien das Stück. Mache überhaupt in Austern und Fischen. Korinth, Brundisium, Ostia —

Lucull (mit ernster Würde). Nach den Ergebnissen meiner Forschungen sowie nach dem treffenden Urtheil des Metellus Pius kann ich diese Austern nur für verfehlt erklären. Beim Zeus, ich scherze nicht: Zu ernst die Sache! Ich muß diese Prinzipien der Zubereitung — das harte Wort sei gesprochen — verdammen. Wie, wenn jenem duftenden Kleinod an Amphitrites Gewand jener prickelnde Reiz, jenes unerklärliche Etwas mangelt —

Crassus (verzweifelt). Lucull muß die Prinzipien meines Koches verdammen!

Lucull. Deß ungeachtet waren die Schnepfen gut — der Priapus nicht unwohlschmeckend — der Ziemer mit Geschmack und Bildung behandelt.

Crassus. Ich athme auf. Ja, Bildung — das ist mein Panier! Und Geld, viel Geld! Armuth ist ein Verbrechen.

Sempronia. Ten Satz könnte man umkehren.

Fulvia (giftig). Sempronia kann doch ihre Freunde von der Gasse nicht schmähen hören!

Sempronia. Fulvia hingegen liebt die vollen Taschen. Je nun, das ist — Erwerbssache!

Crassus. Silentium! Ironie stört die Verdauung. — Da kommen die sieben Weisen. (Cato und Cicero treten auf). Ah, ehrwürdiger Cato — nehmen wieder stoische Philosophie ein? Flau, flau! Klares Wasser, aber — Wasser!

Cato. Wie mein erhabener Ahnherr Portius Cato zu sagen pflegte — was ist das? (er faßt Caesars Mantel).

Caesar. Götter! Mein Mantel ist zartfühlend.

Cato. Dies gestutzte, gezackte, verbrämte, geschniegelte Ding — dieses begabest Du mit dem Prädicat: „Mantel"?! O grobe Wolle, als der Römer statt nach den Wohlgerüchen des feilen Ostens nur nach dem Schweiß seiner Arbeit roch!

Cethegus (auf Cicero losgehend). Ha, unser Retter des Vaterlandes! Da hat er nun bellamirt im stillen Kämmerlein — ja, sie sind fertig, die extemporirten Invectiven, die plötzlichen Begeisterungen, die im Augenblick gebornen Orakel — das Vaterland ruft: er ist wohlpräparirt! Und nun Alles umsonst!

Cicero. Und warum, o geistreicher Jüngling?

Cethegus (kalt). Das will ich Dir sagen. Die Götter überschütten Dich mit Güte: Sie bewahren Dich vor Gefahren, die erst kommen sollen. Denn, mein lieber Cicero, Consul wirst Du nicht.

Cicero. Wir werden sehen.

Cethegus. Und wir werden handeln. Wirst Du nicht Consul, — gut für Dich und uns! Wirst Du's, — auch gut für uns! Aber schlimm für Dich. Warum? Weil man Dich am ersten Tage Deines Amtsantritts in Deinem Bette finden wird, die Kehle durchschnitten von einem Ohr zum andern! (dreht ihm den Rücken.)

Crassus (traulich zu Cethegus). Deine Verdauung gedeiht doch? — Na und die politische Verdauung? Die Verschwörung — hat die auch einen guten Magen?

Cethegus. Verschwörung? Ich muß sehr bitten —

Crassus. Verbindung, natürlich, Patrioten-Verbindung! Nun, Consulwahl ist 'ne harte Nuß, wenn Dolche sie aufknacken. Verdaut ihr viel Stimmen, he? (zieht ihn in den Hintergrund.)

Cato (zu Lucull). Ich sage, Cicero ist der Mann.

Lucull. Ein Unmann! Dieser eunuchische Wortekrämer —

Cato. Aus Worten werden Thaten. Ich dächte, Du überließest das mir. Verfügst Du über meine Belesenheit in den Seelen der Menschen? Der theoretisch geschärfte Blick des ergrauten Menschenkenners prüft Herz und Nieren.

Lucull. Nun, was die Ergrautheit anbelangt, junger Mann —

Cato. Nicht Jahre, sondern Thaten machen alt! Ich spreche stets figürlich.

Lucull (zieht einen Spiegel hervor). Wie? Dann muß ich ja schrecklich viel graue Haare haben!?

Cato (verächtlich). Von Thaten des Gedankens rede ich.

Clodius Pulcher (nähert sich).

Caesar. Was? Ist dies nicht Clodius „der Schöne"?

Lucull. Der Klopffechter! Der Bandenhäuptling!

Cato. Der Wüstling! Der schändliche Verführer!

Cicero. Und außerdem mein Feind! Dies darf nicht geduldet werden. — Crassus, ich finde denn doch, rein herausgesagt, den Ton Deiner Kreise etwas zu gemischt!

Crassus. Ohne Mischung kein feines Gericht — frag' nur die Autorität! (deutet auf Lucull.)

Cato. O Zeiten, o Sitten! Anrüchige Individuen —

Crassus. Wir sind alle anrüchig! (stellt vor) Hoffnungsvoller Knabe werther Geschäftsfreund. Arbeitet in Gladiatoren, auch ein schätzenswerther Artikel, alter Kunde.

Clodius (grüßend). Fulvia, mein Leben! — Kastor und Pollux! Lieblich wie bezahlte Schulden, unnahbar wie der Staatsschatz!

Fulvia. Deine Gleichnisse sind wahrhaft zeitgemäß. (leise) Sind meine Befehle vollzogen?

Clodius (ebenso). Mit alter Treue!

Fulvia. (laut). Deine Schmeicheleien sind fade.

Clodius (bemerkt Sempronia, die sich langsam genäht hat). Ah, mein Leben! Kastor und Pollux! Lieblich, wie bezahlte Schulden, unnahbar, wie —

Sempronia (ruhig). — der Staatsschatz! (leise) Sind meine Befehle vollzogen?

Clodius (ebenso). Mit alter Treue! —

Sempronia. Heut um Mitternacht! Ich muß Dich sprechen. (laut) Man kennt Deine lockern Grundsätze — —

Clodins. Verbleibe mit Hochachtung! — Ich stehe wahrhaft über den Verhältnissen. Der Meistbietende soll mich haben. (**Pompeia** und **Terentia** kommen nach vorn) Amor steh' mir bei! Ich bin unsterblich verliebt. Ich bin fähig, ja, ich bin fähig, unbezahlt für die Freiheit in den Tod zu gehen für einen Blick ihrer Augen! — Holde Pompeia — ach! (schneidet ihr die Cour.)

Antonius (im Hintergrund zu Cäsar). Sieh doch! Clodius der Schöne! Deine Frau —

Caesar — weiß seine Verdienste zu schätzen.

Sulla. Ist's denn wahr, daß er bei Dir Hausfreund —

Antonius. Nicht? Clodius der Schöne —! Man sagt —

Caesar. Nichts? Das thut man gewöhnlich.

Sulla (wichtig zu Antonius). Wieviel wett'st Du auf den nächsten Scheidungsproceß?

Crassus. Da kommt der Nachtisch! (Gladiatoren treten auf) Eigene Waare. Spezialhandel. Meine Fechterschule in Capua, „schwunghaftes Massengeschäft, nur Solides wird geliefert.“

Cicero. Wieviel werden da wohl so „verbraucht“?

Crassus. Hundert bis tausend pro Jahr. Jeden Wahltag geht ein Halbhundert drauf. Empfehle Dir, Cicero. Augenblicklich großer Geschäftsstand: „Raufer flau, Skandalmacher gesucht, Krawallbanden dringend begehrt, Lebensbeendiger große Nachfrage“. (klatscht) Hallo! Und daß ihr Euch das Fell von den Knochen haut! Streut Rosen, Mädchen, duftet, Wohlgerüche, und, Gemetzel, hebe an! (Alle drängen sich im Hintergrund um die Fechtenden. Crassus und Cäsar kommen rasch nach vorn.)

Crassus. Wie ich Dir sagte. Antonius maior will mich sprechen.

Cäsar. Mich auch. Sprechen wir ihn!

Anton der Aeltere (rasch eintretend). Verehrter und ge= schätzter Crassus! (verlegen) Ah, Caesar?

Cäsar lacht). Ja, ja, Jeden einzeln unter vier Augen, nicht? Ei, wir sind ein Herz und ein Seele Sprechen wir also unter sechs Augen!

Crassus. Freund Antonius, Du machst gern ein Geschäft, ich mache auch gern ein Geschäft, Caesar auch; folglich —

Cäsar. Machen wir ein Geschäft!

Crassus. Betrachten wir Euer Capital. Sicher angelegt, he? Consulat fest in der Tasche?

Cäsar. Römisch: Ihr wollt den Staat ruiniren und wir sollen Euch helfen?

Antonius. Welche Idee! Den Staat? Das heißt —

Cäsar. Sagen wir, den Adel. Als Vertreter des Volks habe ich nichts dawider — ich hasse ihn.

Antonius. Und hast 100 Ahnen?

Cäsar. Ich glaube, Du hast 101! Das ist alles Nebensache Was — nützt — es — uns?

Crassus. Ihr bildet da eine Gesellschaft und wir legen unser Capital hinein. Aber Garantie, guter Mann!

Casar. Mein theurer Freund, ich bin ein Opfer schnöder Verhältnisse, die heilige Sache der Freiheit hat mir das Herz ge= brochen: Wisse, meine Schulden sind unerschöpfliche Danaidenfässer.

Crassus. Erlaube mal, mein Sohn, mein Capital geht vor — Ich verlange ein Weltmonopol! (geläufig) Für Eisenwaaren, Kleiderstoffe, Thonproducte, Straßengründung, Straßenbewässerung, Feldberieselung, Tempelbauten — (gehn in den Hintergrund).

Catilina (allein und vermummt, tritt auf und blickt an eine Säule gelehnt in den Festsaal).

Wie hell hier oben! — Goldne Ampeln wiegen
Duftspendend sich und leuchtend am Getäfel,
Den klaren Marmor der geschmückten Halle

Mit einem Strahlenteppich überstreuend.
Gold, Silber, Erz, Purpur und Elfenbein,
Sie lösen sich in einem Meer des Glanzes.
Und unten dunkel alles! — Seht dorthin,
Der einsam matten Fackeln Glimmen seht,
Roth flackernd durch die sternenlose Nacht!
Hört ihr das Hämmern? Seht der Esse Gluth!
Dort brütet der Titanen Stamm, gestürzt
Zur Tiefe durch die himmlischen Despoten,
Und schmiedet seine Waffen wider sie,
Aufschauend unter düstrer Brauen Grimm
Zum blitzestolzen sonnigen Olymp.
Olymp!
Vornehmer Laffen, wohlgesitteter
Schurken und Narren, wortellaubender
Volkspeiniger Thrannenthrone ihr,
Zwergengeschlecht der angemaßten Götter —
Wie diese Ampel ich herniederreiße
Und in den Grund umstoße ihre Flamme,
Am Estrich sie zerschmetternd — also wird
Der noch gefesselten Titanen Faust
Herniederkommen über eure Giebel.
Auch ich bin ja ein Gott, ja, ein gefallener!
Ein Promethide, der den Feuerstrahl,
In niedere Hütten trug. Ich kostete
Von dem Ambrosia eurer feinen Tücke.
In eurer Himmel gleißnerischem Licht
Bin ich geboren! Bin verstoßen draus,
Viel mehr hab' selber mich daraus verbannt,
Durch die berechnende Vernünftiglcit,
Die götterhohe Selbstgerechtigkeit,
Die Makellosigkeit von euresgleichen!
Schaut mir ins Antlitz! Wie des Meeres Fluth
Durch immer neuer Wogen Schwall den Strand
Nicht wegspült, sondern härtet seine Fläche —

Ward hart mein Herz durch Haß, Verrath und Trug,
Die es bestürmten, und durch Selbstverachtung.
Wie der Simum, der durch die Wüste fährt,
Unwiderstehlich jede Flur versengt,
Nur kahle Oede duldend, — also brennt
Ein einziger Gedanke mir im Hirn
Verdorrend jed' Gefühl, das außer ihm:
Der Rache, der Vergeltung Qualgedanke!
Hört ihr den wirren Sang vom Tiber dort?
Der Freiheit geller Sang ist's! Der Titanen
Dumpfes Gebrüll, das aus dem Aetna tönt
Und der Entladung Flammenschreckniß kündet.
Ketten, zerreißt! Lastende Berge, berstet!
Des Göttersaales stolze Decke bricht,
Begrabend mit sich allen Sonnenflitter. —
Schlaft wohl, ihr Götter! Doch man wird euch wecken.

Atrium im Hause Cäsars. Cäsar geht sinnend auf und ab. Pom=
peia liest eine Briefrolle.

Cäsar (für sich). Pompeius, Crassus, Catilina — Felsblöcke
gegen den Strom meiner Laufbahn. Die Zeit bröckelt an ihnen.
Suchen wir sie wider einander zu rollen, auf daß sie sich selbst zer=
schmettern. Crassus — gefügiger Lehm, Thon für meine Gebilde.
Pompeius — dürr und zäh wie verkalkter Sand. Nur ein eiserner
Spaten kann ihn lockern. (laut) Pompeia!

Pompeia. Mein Gemahl?

Cäsar. Was schreibt Dein Vater?

Pompeia. Er rüstet zur Heimkehr.

Cäsar (für sich). An der Spitze der siegreichen Legionen aus
dem ersiegten Asien weg — Rom wird sein. Schnappt dieser Stroh=
mann mir die Welt vor der Nase weg? (laut) Höre, theure Pom=
peia, Dein hochverehrter Erzeuger wird hoffentlich durch keinerlei über=
triebene Gerüchte aus Deiner Feder über die Lage der Hauptstadt be=
unruhigt? Du wirst ihn von der Ruhe und Eintracht aller Parteien

unterrichten. Die catilinarische Verbindung ist ganz unerheblich, troß ihres etwas freien Benehmens. Du hast mich verstanden?

Pompeia. Wie Du befiehlst, mein Gemahl.

Cäsar (für sich). Catilina, der Dritte im Triumvirat der Kräfte — ein Granit, ein starrer Granit. Soll ich ihn stüßen? (laut) Pompeia!

Pompeia. Mein Gemahl?

Cäsar. Tullia ist Deine Freundin, Cicero ist ihr Mann, sie hat eine geschwäßige Zunge. Du hast mich verstanden.

Pompeia. Wie Du befiehlst.

Cäsar (für sich). Wo sind meine Adler, meine Schwerter? Wo catilinarische Dolche in meinem Sold? Führer der Demokratie — ein schönes Wort! Mein gemäßigter Pöbel ist nur eine Null ohne Ziffer. Voll!

Diener (meldet). Die erlauchte Fulvia!

Fulvia (tritt ein). Ich grüße Dich, Cäsar.

Pompeia. Ich entferne mich, mein Gemahl. Der Tochter des Pompejus ziemt es nicht — — jeßt hast wohl Du mich ver= standen. (sie rauscht an Fulvia ohne Gruß vorüber.)

Fulvia (gelassen). Die arme Frau steht noch nicht auf der Höhe des Zeitalters.

Cäsar. Sie ist ein überwundener Standpunkt.

Fulvia. Haha, wenigstens scheinst Du sie überwunden zu haben. Nun, mein Cajus, die neueste Mode — doch was sag ich da! Politik ist ja jeßt das Stichwort. Eine schußlose Frau wie ich weiß heute nicht aus noch ein, wie ein irrendes Lamm in der Wüste. (naiv) Wie denkst denn Du eigentlich über diesen Catilina?

Cäsar. O ein ungewöhnlicher Mann!

Fulvia. Nicht wahr? Ganz meine Meinung. Ich schwärme beinah für ihn.

Cäsar (kalt). Ich nicht.

Fulvia. Ach', ich dachte doch? Ich finde manche seiner Pläne —

Cäsar. Nicht zu billigen, ganz recht.

Fulvia. Ei? Ja, ich werde ihm doch wohl meine Stimme geben.

Cäsar (lacht). Deine Stimme?

Fulvia. Spötter! Ich meine natürlich die Stimme meiner Freunde.

Cäsar. Paß auf, wenn der Sergier siegt, bekommen die Weiber das allgemeine Stimmrecht.

Fulvia. Ich sag's ja! Catilina ist unser Mann und ich werde nun grade meine Freunde für ihn stimmen.

Cäsar. Aber nicht Deinen besten Freund. (küßt sie auf den Arm) Ach, wie traurig! So stehn wir uns feindlich gegenüber, zum ersten Mal.

Fulvia. Flattergeist! Ich bin ja noch nicht entschieden. (lauernd) Darum wollte ich mir eben Raths erholen.

Cäsar (kalt). Bei Deinem Freunde Cicero?

Fulvia (verwirrt). Wie, Cicero mein Freund? Welch ein Gedanke! Ich — ich nehme ab und zu bei ihm Stunden in der Rhetorik. Das ist jetzt Mode. Wenn man sich zur Aspasia bilden will — — Nein, Deinen Rath möchte ich erbitten als Deine beste Freundin.

Cäsar (kalt). Den behalte ich stets nur für meinen besten Freund: mich selbst.

Diener (meldet). Der hochwohlgeborene Portius Cato und der ehrenwerthe Tullius Cicero wünschen den erlauchten Julius Cäsar zu begrüßen.

Fulvia (hastig). Wieder die leidige Politik — ich irrendes Lamm — viel Vergnügen, Cäsar! Besuch mich bald! (rasch ab.)

Cäsar (für sich). Die gute Frau fängt an, mir verdächtig zu werden. Sie wollte mich ausholen — cui bono? (Cicero und Cato treten auf) Welche Ehre!

Portius (räuspert sich). Hm!

Cicero (räuspert nach) Hm!

Cäsar (ebenso). Hm! — Ist das Vaterland mal wieder in Gefahr?

Cicero. Es ist so. — Die Stunde der Entscheidung naht. Voll, sammle dich zu deinen Gezelten! Eine Rotte ohne Moral, die das Verderben des Staates auf ihr blutig Banner schrieb —

7*

Cäsar. Und so weiter. Du willst Consul werden — recht sachgemäß. Der Sergier auch — ebenso sachgemäß. Du willst ihm schaden, er Dir — höchst sachgemäß Verderben des Staates! Je nun, Du weißt mehr als ich!

Cicero. Jener Molch, gedunsen von Blut —

Cäsar. Hochwerther Mann, ich bin eine schlichte nüchterne Natur und vermag nicht dem Fluge Deiner Rhetorik zu folgen.

Cato. Wie, Julier? Schweig, Cicero — man wagt es — ich sage, schweig! — Menschen ohne Gott und Gebot, wie Catilina —

Cäsar. Dieser harmlose Taugenichts!

Cicero. Harmlos! O ihr Götter!

Cato. Ich sehe, Julier, wo das hinaus will. Einen gewiegten Praktiker wie mich übertölpeln wir nicht, junger Mann — man ist ein enger Geist. Man suche sich am Postament erhabener Ahnen emporzuranken.

Cicero. Jetzo banne geläutertes Mannesthum der Jugend Frevel in gebührende Schranken! In der Moral nur — da steckt die Kraft. Du lächelst? Ah, Du vermagst mich nicht zu begreifen

Cato. Der Umsturz der gesellschaftlichen Ordnung —

Cäsar. Unordnung vielleicht. Ein Kampf gegen motten= zerfressene Vorurtheile. ·

Cicero (bitter). Ach ja, die Vorurtheile der Zucht und Sitte hemmen den freien Geist. Was rede ich noch! Die Wahl steht vor der Thür. Siegt Catilina — dann, Rom, gute Nacht! Er soll nicht siegen, ich bin da! Heut gilt es, Freund und Feind zu kennen. Wer nicht für uns ist, ist wider uns. Im Namen der Moral, be= kenne Farbe!

Cato. Man wähle gesinnungstüchtig den erprobten Mann der Regierung! Marcus Portius Cato gab dem Cicero seine Stimme — Römer, gehet hin und thuet desgleichen!

Cäsar (lauernd). Die Wahl ist euch ja doch so gut wie ge= sichert?

Cato. Wehe! Die Verderbniß der Zeit trägt ihre Frucht. Dolch und Gold schrecken und blenden den Sinn der guten Bürger. Geist der Vorzeit, verhülle dein Haupt!

Cäsar. Hochzuverehrende Mitbürger, was hilft dem großen Cicero meine eine arme Stimme!

Cicero (wüthend). Cäsar, das ist ebenso lächerlich wie abscheulich. Du kennst Deine Talente so gut wie wir selbst. Du willst nicht helfen. (**Antonius Maior** tritt durch eine Seitenthür hastig ein und bleibt betroffen auf der Schwelle stehn. Ihm folgen **Sulla minor** und **Clodius Pulcher.** Betretene Pause). Aha, unser würdiger College in Zukunft, unser würdiges Staatsoberhaupt! Cäsar, es ist genug. Wir überliefern Dich einer würdigeren Genossenschaft. O Moral, Moral!

Cato. Wehe! O Rom, wie tief bist du gesunken! (Beide ab.)

Cäsar (gelassen). Willkommen, ihr Lieben! Ah, Sulla, welch östlicher Besatz an Deinem Mantel! Deine Locken sind gut gebrannt und die Schminke — laß sehn! Vortrefflich. (ruft) Heda, Marius! (Ein Freigelassener kommt.) Bring Cäcuber=Wein!

Clodius. Marius, wie?

Cäsar. Sieh da, Clodius Pulcher, welche Freude! (für sich) Was will Der bei mir? (laut) Ja wohl, ich besitze auch einen Sulla. Ich nenne meine Freigelassenen immer nach solchen Urahnen. Ich liebe es, mich am Postament erhabener Vorzeit emporzuranken. (Diener bringt Wein.)

Clodius. Du? Nun, unsre Vorfahren — Dein Wohl, Sprößling des Sulla! — waren groß, aber langweilig. Waren sozusagen nicht von „gutem Ton".

Cäsar (ernsthaft). Wie wahr! Hat sich was mit ihrer brüllenden Riesenhaftigkeit! Ihr Tigergrimm und Löwenzorn — drollig! Diese Metzeleien aus Rache und Ueberzeugung! Wie anders wir Neueren — nicht, kühner Clodius? Wir morden mit kaltem Blut, wir würgen ohne Leidenschaft — darin sind wir unerreichbar.

Clodius. Das ist's, Du verstehst mich ganz. Marius vor Rom, Sonnenuntergang, gewitterschwangere Augenbrauen, kochende Lavagluth der Heldenseele — bah! Wir haben kaltes Erz, wir Gladiatoren, für solche Löwenhitze. Wir Männer der Zukunft — da ist alles kahl, kühl, kalt.

Cäsar (an seine Glatze fahrend). Besonders kahl, geliebter Clodius.

Sulla. Auf Ehre, ganz meine Ansicht. Nur wir stehn auf der Höhe des Jahrhunderts.

Cäsar. Stehn wir! — Sprechen wir also von Geschäften!

Antonius Maior. Nun, ich darf ja sagen, es macht sich. Stimmen wie Heu! Majorität unberechenbar! Ja, das „Wie" ist schon sicher, aber das „Was"!

Cäsar. Was heißt „Was"?

Antonius Maior. Consulat ist ein schön Ding. Wir sind nicht dazu aufgestanden, um ein paar Schulden zu bezahlen. Es giebt noch andre Rechnungen zu begleichen.

Cäsar (gedehnt). Ach, das heißt „Was"? — Lieben Freunde, ich habe zu thun. Ich fahre aus.

Clodius (eifrig). So? Jetzt gleich?

Cäsar (befremdet). Ja wohl. -- Dringende Geschäfte.

Sulla. Ich auch. Mein Schneider wartet.

Clodius. Ich schlendre durch die Straßen. Schöne Augen — trala!

Sulla. Ich begleite Dich.

Clodius. Danke. Ich jage stets allein. — Dein Diener, Ju-lier! (ab.)

Antonius Maior. Das „Was"!

Cäsar. Das „Was"! (Antonius und Sulla ab.)

Cäsar (allein). Bringt man beide durch, Catilina und diesen Lumpen, so ist die Aristokratie verloren. Mein Schwiegervater, der Säbelmann, soll nur anrücken mit orientalischen Gelüsten — ehe er den Fuß auf italischen Boden setzt, sind wir hier fertig. Laß sehn! Ist dieser Catilina ein geistreicher Schwärmer, — gut. Wagt er's aber mein Doppelgänger zu sein, so eine verpfuschte Copie der Natur nach meinem Bilde, so heißt es: Er oder ich. Einer muß fort. — Er will mich heut sprechen, natürlich geheim. Ja, Vorsicht thut noth. Darum meldete ich schon gestern meiner Dienerschaft an, daß ich um diese Stunde ausfahren wüide. — Wohlan, Dictator Catilina, wir werden ja sehn. (Er geht ins Innere des Hauses.)

Clodius (tritt nach einer Weile haſtig ein und nähert ſich vor=
ſichtig). Alles leer. Der Marder im Taubenſchlag! Ich verſteckte
mich hinter die nächſten Säulen und ließ die Andern an mir vorbei.
Der Augenblick iſt günſtig. Cäſar fährt aus, wie ſeine Diener mir
ſchon geſtern verriethen. — Macht dieſes dürre Ehegeſpons mir Schwie=
rigkeiten, ſo werf ich ihn zum eignen Haus hinaus. Ich bin der Clo=
bius, der alles wagt. — Wer kommt? (Er verbirgt ſich hinter Haus=
geräth. Terentia kommt aus dem Innern des Hauſes, von Pom=
peia begleitet.)

Terentia. Ja, meine Theure, Fortſchritt, Fortſchritt über alles,
über alles in der Welt! Ich marſchirte ſtets mit dem Zeitgeiſt. All=
gemeines Wahlrecht, vorzüglich Redefreiheit — das iſt die Zukunft der
weiblichen Jugend. — Bale! Begleite mich nicht weiter. Mein Wa=
gen wartet, in ihm Papirius als Lenker der Roſſe.

Pompeia. Dein Liebhaber? So öffentlich? Dein Mann —

Terentia. Mein Mann!! Deine Erziehung ſcheint doch ſehr
vernachläſſigt. Von Zweien bin ich geſchieden, einen brachte ich unter
die Erde im Kampf gegen ſeine tyranniſche Anmaßung, und ſollte
Kikero fürchten?

Pompeia. Laß Dich mit Catilina trauen — der fürchtet ihn
auch nicht.

Terentia. Pfui, wie Du redeſt! Dieſer Elende, der den Ple=
bejern und Sclaven den Zeitgeiſt predigt — nichts habe ich mit ihm
gemein. Fortſchritt auf meine Koſten — dafür bedank' ich mich.
Mein Mann ſoll ſich nur unterſtehn, bei der Wahl durchzufallen! Na
warte! (ab.)

Pompeia. Sie ſind alle ſo fortgeſchritten. Warum ſchreite
ich nicht auch fort? (träumeriſch) Dieſer Clodius ſtellt mir faſt un=
ziemlich nach. Doch wie hübſch er iſt!

Clodius (aus ſeinem Verſteck hervorſtürzend, kniet vor ihr).
Herrin!

Pompeia (erſchrocken). Minerva ſchütze! Steh auf! Was
willſt Du? Mein Gatte —

Clodius. Was ſchiert mich eine Welt in Waffen! In die=

fem Staube laß mich ewig ruhn, den Dein schneeiger Fuß geweiht!
Sieh, meine Seele drängt sich ins entflammte Auge, das Deines sucht!
Pompeia. Laß mich!
Clodius. O Deine Stimme! Brauste rings die Welt in
Flammen auf — ich höre sie allein. Nicht wie ein Modeherr in wohl=
geschützter Laube von Liebe schwatzt in wohlgesetzten Phrasen — nein,
unterm Laubendach sausender Speere, wie's einem Sohn des Mars
gebührt, zujubeln möcht' ich Dir: Ich liebe Dich!
Pompeia. Schone mich und fliehe! Mein Gatte —
Clodius. Der ist fern und Niemand hört mich hier als Venus
meine Gönnerin. Und mag die Erde selbst erbebend öffnen ihren Schlund
— von dieser Stelle weiche ich nicht!
Cäsar (während der letzten Worte eingetreten). Erlaube mir
zu zweifeln! (Clodius springt auf.) In Dein Gemach, Tochter des
Pompeius. Unschuldig bist Du? Möglich. Doch an des Cäsar Gattin
darf auch nicht der leise Schatten eines Zweifels haften. (Pompeia ab.)
Nun zu uns, mein alter Freund!
Clodius (trotzig). Straf' mich Mars, Herr! Scheinst ja sehr
vertraulich.
Cäsar (kühl). Ich liebe die Herablassung. — Reden wir von
Geschäften! Lieber Mann, Du bist in meiner Hand. Ich werde die
Sache dem Senat anheimstellen. Mit erschütternder Beredsamkeit —
Du hast ja wohl viele Freunde im Senat?
Clodius (verbissen). Keinen.
Cäsar. Schade! Der Censor hat also dann die Gewogenheit,
Dich Deiner senatorischen Pflichten zu entheben. Sodann markige Rede
Cato's über Zeiten und Sitten — dann schimpfliche Ausstoßung —
dann groß Geschrei in der Gesellschaft, höflicher Hinauswurf — die
Stadt zeigt mit Fingern auf Dich. Ja, es ist 'was Schönes um den
gesellschaftlichen Ruf, besonders für Die, so davon leben.
Clodius. Ich bin in Deiner Hand.
Cäsar. So denke Dir mal, ich setzte Dir den Dolch an die Kehle.
Clodius (mit Humor). Ich denke mir.
Cäsar. Beantworte demnach meine bescheidenen Fragen ge=

wissenhaft wie unter der Schärfe des Schwertes. — Deine politischen
Ansichten interessiren mich. Was bist Du eigentlich?

Clobius. Catilinarier, Vorfechter der Menschheit!

Cäsar (rasch). Das ist nicht wahr.

Clobius. Auch die Regierung —

Cäsar. Das ist nicht wahr.

Clobius. Je nun, ich fechte auf eigene Faust.

Cäsar. Das heißt, Du verkaufst Dich dem Meistbietenden. Das
bin aber ich.

Clobius. Du?

Cäsar. Ich. Ich ruinire Dich, wenn Du mir widerstrebst.
Was willst Du mehr?

Clobius (lacht). 's ist aber auch wahr! — Was forderst Du?

Cäsar. Vor allem verfüge ich über Deine Banden für die be=
vorstehende Wahl. Du magst einen leichten Druck auf die freien Wäh=
ler verüben, wirst ihnen mit Knüppel und Messer den rechten Weg
weisen. (Ein Diener tritt auf und spricht leise mit Cäsar.)

Clobius. Den rechten? Welchen? (Diener ab.)

Cäsar. Schlau bemerkt. Da meldet sich eben der Wegweiser.
(zeigt auf ein Nebengemach). Dort hinein. Ich werde Dich rufen.
(Clobius ab. Pause. Dann tritt Catilina ein, vermummt. Beide
grüßen stumm. Catilina schweigt stolz.)

Cäsar. Man sagt, Du hast Dich an Gift gewöhnt. Darum
schlägt der Haß aller Götter auch so gut bei Dir an. Du bist sehr stolz.

Catilina. Ich bin Catilina — was sollt. ich anders sein?

Cäsar (trocken). Ein Hochverräther.

Catilina. Das weiß ja der Koth auf der Gasse. Bah, so
reden wir doch! Du giebst mir Deine Stimme zu meiner Wahl?

Cäsar. Nein.

Catilina. Nein? Damit wären wir im Reinen. Aber das
Wichtigste hast Du vergessen: Dich selbst. Meine Späher nisten in
allen Ritzen des Erdballs: Pompeius ist bald wieder da. Ich weiß
es so gut wie Du.

Cäsar (kalt). In der That?

Catilina. Die That wird schon kommen, wenn er kommt mit

ſeinen Legionen. Er iſt Dir gram, Dein theurer Schwiegervater. Man weiß, daß Deine Gattin viel über Dich klagt. Eine Ehe iſt leicht gelöſt.

Cäſar. Wirklich? (für ſich) Ich komm' ihm zuvor, verſtoße Pompeia wegen der Clodius-Sache. (laut) Was ſoll das alles?

Catilina. Nun, ich dächte, einem ſo geiſtvollen Haupt wie Dir fällt die Folgerung nicht ſchwer. Er kommt an und Du machſt Dich aus dem Staube. Denn Deine Rolle iſt ausgeſpielt. Dein meiſterliches Schaukeln zwiſchen den Partheien hilft da nichts mehr.

Cäſar. Meinſt Du, edler Sergier?

Catilina. Ja, ich meine, edler Julier. Ich meine auch: Wer bezahlt Deine Schulden? Um im Ton des alten Craſſus zu reden: „Geſchäft iſt Geſchäft. Wann, theurer Buſenfreund?"

Cäſar (leichthin). Wann! Wenn ich meine Provinz habe.

Catilina. Deine Provinz? Geduld, junger Hahn! Wer ver-ſchafft ſie Dir? Pompeius? Gewiß nicht. Aber der Conſul Catilina tilgt Deine Schulden (Pauſe.)

Cäſar. Beſtechung? — Der Conſul Catilina? Ich ſehe Monarchieen in Deinem Blick. Hebt auf den Schild ihn, den Re-bellenkönig!

Catilina. Ha! — Doch um in Vater Cato's Ton zu reden: „Cäſar, Du biſt des Todes ſchuldig: Haſt von Königen geredet!" Pah, ich bins. Für leere Titel bin ich viel zu groß.

Cäſar (für ſich). O Wahn der Größe! (laut) Wenn nicht etwa mit dem Sturz vom Tarpejiſchen Felſen, wie willſt Du enden?

Catilina. Vielleicht, wenn der Tag der Freiheit flammend aufgeht über zerbrochenen Ketten und Lictorbeilen, wenn der Panzer der Adelsnarrheit und das erſchlichene Goldkleid der Plutokratie zum Kehricht der Vergangenheit verſcharrt, aus dem nur noch hiſtoriſche Lumpenſammler ihre Säcke füllen, — dann gieß ich Gift in meinen beſten Falerner und mit dem letzten Schluck ruf ich zum letzten Mal: Freiheit! — Vielleicht! vielleicht auch nicht! — Du giebſt mir Deine werthe Stimme?

Cäſar. Vielleicht! vielleicht auch nicht.

Catilina (heftig). Es iſt der Worte genug. Ja oder nein?

Cäſar (feſt). Lucius Sergius Catilina, Du biſt ein großer

Mann. Dein Leib ist von Granit und Deine Seele glatt wie die Schlange. Lucius Sergius Catilina, Du bist ein elender Selbstling. Jeder Legionär, der seine verblichene Rüstung putzt, ist ein Gott neben Dir im Wahn Deiner Größe.

Catilina. Du bist — — zu Hause.

Cäsar. Ruhig und höre mich an! Du glaubst die Menschen zu kennen, mich auch? Hoher Menschenkenner, und das ist das Ganze? Wolltest den Cäsar kennen und weißt nicht einmal, daß er ein Römer ist?

Catilina. Was soll das?

Cäsar. Ich spreche römisch. Auch meine Toga hat den historischen Zipfel: Krieg oder Frieden! Ich diktire ihn — Du nimmst ihn an. Wo nicht — gut. Aber ich, Julius Cäsar, schwöre bei den Töchtern der Nacht und bei Fortuna, meiner Göttin, sei's geschworen: Mag Säbelheld Pompeius die Welt in einem einzigen Brand in Asche stürzen, wegschreitend über alle Pläne, die mir theuer — ich hindr' ihn nicht. Und risse er sich einen ewigen Ruhm selbst von den Sternen, während müßig ich hier lungere, und kreuzte er mir völlig meiner Bestimmung Laufbahn — mag er's thun! Doch wie der Leu, den man im Rücken faßt, sich auf den Hauptfeind stürzt, der vorn ihm droht, — so stürz ich mich auf Dich, nicht eher rastend, bis Du niedersinkst.

Catilina. Und was heischest Du so drohend?

Cäsar. Wage keinen Schritt, der den inneren Bestand des Römerstaats gefährdet! Wohl kenn' ich Deine Verbrüderung mit Etruskern und Samniten. Man faselt von Autonomie der Provinzen, von einer Auflösung in selbstständige Communen, von einem Republiken=Bündel. Hochverrath an der Majestät der Res Publica, der Civitas Romana! Die Demokratie mag siegen, aber nimmer die Anarchie. Eher sterb ich auf den Ruinen des Capitols, ich, Caius Julius Cäsar!

Catilina (für sich). Was werd ich verlieren? Raum. Und gewinnen? Zeit. (laut) Deine Bedingungen?

Cäsar. Du setzest mich stets in Kenntniß von allen Beschlüssen Deines Bundes. Du verbürgst mir schriftlich Deinen Einfluß für

das nächste künftige Consulat, das mir gehört. Und nur ein Cati=
linarier darf diesmal siegen, Du oder Marc Anton. — Nicht?
Wohlan, am Wahltag sehen wir uns wieder.

Catilina. Es sei. Ich verbürge Dir's. (ironisch) Wie
lange gilt der Vertrag?

Cäsar (trocken). Bis die Umstände Dir erlauben ihn zu brechen.

Catilina. O mein Cäsar, Du kennst meine schwache Seite.
Wenn ich bedenke, daß dieser theure Pompeius und die Cäsareaner
seines Schwiegersohns sich binnen weniger Monde gegenseitig die Hälse
brechen, dann träufeln mir Thränen einer gewissen Rührung hernieder.
Lebwohl! Deine Bekanntschaft war mir angenehm.

Cäsar. Lebwohl! Besuche mich bald wieder! (Catilina ab.)
Er irrt sich in mir. Siegt er, wird er vollenden? Er wird nicht.
Nicht Zwei ja schufen die Unsterblichen zum selben Werk. Drum,
Catilina, falle!

Boudoir der Fulvia. — Fulvia am Fenster, hinausspähend. Clo=
dius steht hinter ihr.

Fulvia. Eine Schwüle vor'm Gewitter! Alles still. Nur
vom Marsfeld her dröhnt das Gewoge der Massen heran, die am
Damm der Gesetze rütteln. Die Kugeln, die in die Wahl=Urne rollen,
sind heut die ehernen Würfel des Schicksals. Horch, vom Ida donnert
der siegspendende Zeus! Ach, das sind ja Märchen. (Dreht sich
brüsque um). Was bedeutet das, mein Schöner? Du willst nicht?

Clodius. Auf Ehre, nein.

Fulvia. Warum nicht? Bist Du schlecht bezahlt?

Clodius. Ich verachte schnöde Gewinnsucht. Meine Ehre —

Fulvia. Was hast Du mit der Ehre zu schaffen! Hilf dem
Catilina!

Clodius. Mein sittliches Gefühl verbietet's (für sich) und
Cäsar.

Fulvia. Ei still! Du, der Todfeind Cicero's —

Clodius. Nein, nein, Catilina ist das Verderben. Eine
Götterstimme sprach zu mir (für sich) und Cäsar. (laut) Doch auch

Cicero — ich verschmähe seine Silberlinge. Nie vermöchte er mich zu kaufen!

Fulvia. Weil er kein Geld hat! Ich glaube Dir, edler Patriot. — Bist Dir also selbst eine Partei?

Clodius. So ist's. Ich bin mir selbst eine Partei, allein (für sich) mit Cäsar. (sieht hinaus) Wird eine heiße Arbeit, viel Blut. Auf hundert Mann Todte und Verwundete muß ich rechnen.

Fulvia. Auf der Verlust=Rechnung für Schmerzensgelder wohl das Doppelte!

Clodius. Tief schmerzet mich Dein Mißtraun. Ich liefre nur solide Waare. (ruft hinaus) He, Sulla!

Sulla (draußen) He, Pulcher! Erwünscht! Bin im Augen=blick oben!

Fulvia. Man erstürmt schon die Häuser, wie es scheint. (Sulla tritt auf) Wie, Cornelius Sulla? Ich empfange nie am Morgen.

Sulla. Nie hätte ich gewagt, Allerschönste — aber dieser Tag bricht alle Schranken. Man ist außer sich. Die Gracchen steigen aus ihren Gräbern, die Welt geht unter und ich bin Wahlbeamter! — Du, Clodius, was ich sagen wollte, der Julier hat uns, dem Jungen Rom, uns von der guten Gesellschaft, eingeschärft, gegen den Sergier zu stimmen. Natürlich, wir stimmen alle mit Cäsar. Ich wette ja immer auf Cäsar's Pferde.

Fulvia. O gesinnungstüchtige Wähler! O Curtiusse, begeistert stürzend in den Schlund — der Geldsäckel!

Clodius. An die Arbeit! Ich werde für das Vaterland aus allen möglichen Wunden bluten — und's ihm gehörig auf die Rech=nung kerben. Haha! (Clodius und Sulla ab.)

Fulvia (schaut hinaus). Was seh ich? Catilina selbst — wie, er betritt mein Haus! Er kommt hierher? Ich verstehe. Er miß=traut mir und will mich nahe im Auge behalten.

Catilina (mit Sempronia und Cethegus tritt auf, in weißer Toga, aber behelmt). Verzeih uns, liebe Fulvia, wenn wir die traute Bundesschwester stören. Die Lage Deines Pallastes, so nah an den Comitieen, zwingt uns, unser Zelt hier aufzuschlagen. Es trägt ein rothes Banner, dies Zelt, was ja nach alter Römersitte eine bevorstehende Schlacht verkündet.

Fulvia. Um so mehr Ehre für Deine treue Clientin, großer Feldherr.

Catilina. Cethegus, Du bearbeitest also die zehn ersten Conturien der dritten Klasse. (Sprechen leise weiter).

Sempronia. Fulvia, hör mich an!

Fulvia. Was befiehlst Du, o meine Busenfeindin?

Sempronia. Wir hassen uns und haben uns stets gehaßt. Deine kalte Gefallsucht, dies Maskenspiel mit Deiner eignen Seele — ich verachte solche Mummerei. Ich bin ganz Flamme, ganz Leidenschaft.

Fulvia. Wozu diese zarte Mittheilung?

Sempronia. Du wirst es hören. In dem bittern Haß des gemeinsamen Grimms ist mein kleiner Haß nur ein Tropfen. Mein kleines Herz — es schlägt in Catilina's großem Herzen. Drum sei abgethan Liebe und Haß vergangener Tage. Catilina's Feind und wär's mein Bruder — zwischen ihm und mir sei die einzige Brücke das Schwert. Catilina's Freund und wär's meines Vaters Mörder — ihm biet ich die Rechte zu Schutz und Trutz. Du hast Dich uns heimlich zugesellt in letzter Zeit, bist von Cicero abgefallen und bemühst Dich in unsrem Sinne — gut. Aber eins wisse: Ich folge Deinem Schlangenpfad. Hoffe nicht mit gleißender Windung uns zu berücken. Umzüngelst Du uns mit giftigem Verrath, so mag ich untergehn, aber Du mit mir!

Fulvia. Mach Dich nicht lächerlich! (Metell tritt auf.) Ein neuer Mars mit dem Heldenschweiß!

Metellus. Schöne Domina, gewähre mir Gastrecht. Bin hierher befohlen. (salutirt vor Catilina) Melde mich zu Diensten Na, da sind wir ja alle beisammen, wir von der Verschwörung.

Cethegus. Wie steht's draußen, Meteller?

Metell. Können schlafen gehn. Jetzt wählt sich's ganz von selber. Wer will auch uns 'was anhaben?

Catilina (schwer). Das Fatum.

Metell. Was, dies überwundene Ding will sich unterstehen, mit uns von der Verschwörung zu spaßen? Nichts da!

Catilina. Hm, die Welt ist ein Klumpen Zufall und der Menschen Pläne eine hohle Wahrscheinlichkeitsberechnung. (nimmt seinen Helm ab) Aus diesem Reich des Kriegs, lüstern nach triefendem Blute, Trankopfer spende ich Dir bald, Fortuna! Umstülpend diese Opferschale, weihend die ersten rothen Tropfen — sei mir fürder günstig! Aus diesem blutigen Kelch will ich mein Glück auf einen Zug in dieser Stunde leeren. Du unsichtbare Macht, die mich gesetzt über der Menschen Scheitel! Du weißt es ja, daß Du mich ausgerüstet und gesandt, um zu vollenden. Aller Zukunft Sterne sie spiegeln sich in meiner dunkeln Seele. Ja, ich bins, keiner sonst. Ich bin allein, ich bin der Herr der Welt.

Alle. Heil dem Erretter!

Fulvia (für sich). Hofnarren ihr! Rast dieser Mensch und steckt euch alle an mit seinem Rasen? Wie der göttliche Sauhirt Eumäos in Mitten seiner Herde, schiebt er dies Gesindel im Kosen hin und her wie ihm beliebt. (laut) Doch halt, was fehlt dem großen Mann?

Sempronia (die Andern abwehrend). Ruhe! Kümmert euch nicht darum! Es geht so schnell vorüber wie es kommt. Er leidet an solchen Anfällen.

Catilina (epileptisch erregt, Schaum vor dem Munde, halblaut vor sich hin). Allein? Ich bin nicht allein, bin nicht einsam. Nahen dort nicht die Schatten der Todten? Haha, sie sitzen auf meinem Lager und bohren langsam langsam den Dolch zurück in mein Herz, den Dolch, der das ihre traf. Hei, sie schleifen mich hin an den Rädern der Gedanken und peitschen mit der Geißel der Reue. Fieber des Gewissens, heran! Mir ist so kalt. Einst war ich Stahl, jetzt bin ich Eis. Ich bin abgestorben, verschneit ist jede Blume. Herauf, ihr alten Schatten! Doch ihr wollt nicht kommen, ich bin so vernünftig. — Wie, sollen sie lebend den Titanen schmieden an den Fels ihrer Rache, soll der Geier nach meiner Leber hacken? In den Abgrund stürz ich hinab und Du, o Nacht, empfange den sinkenden Sohn! (Hörner hinter der Scene.) Schafft mir die todten Augen weg!

Sempronia. Ha, das Zeichen zur letzten Abstimmung! Auf, Sergier, erwache!

Catilina. Ich bin erwacht. — Hinfürder keine Götter neben mir! Wie ein Königstiger will ich jagen durch die ächzende Welt und Generationen erdrücken mit meiner Taße. Hätt' doch das All der lernäischen Hydra ewig neu aufkeimendes Haupt, daß ohne Ende ich führen könnte den Todesstreich! Ich will euch!

Sempronia. Die Sonne umfließt sein Haupt mit einem Strahlenreif. Schon seh ich das Diadem um seine Schläfe geschlungen.

Cethegus. Hör' die Tuben! Sie laden Dich zum Siege, Imperator.

Catilina (setzt den Helm auf). Die Weltgeschichte steckt in diesen Hörnern. Die Arena ist bereit, das Theater voll, die Wetten gebucht. Ich — wette auf mich selber — eine Welt!

IV.

„Jaja, so ganz Unrecht hast Du darin nicht. Es giebt Leute, die wähnen, daß sie den Weihekuß des Realismus erhielten, weil sie ein paar ‚Verhältnisse‘ und Ehebrüche auf dem Gewissen haben. Nächstens wird man die Befähigung zum Realismus nicht nach der Beschaffenheit der Hirnsubstanz, sondern nach der Befähigung der Genitalien beurtheilen, — womit freilich auch vielen ‚Idealisten‘ gedient wäre.“

So ging Leonhart auf die heftigen Ausfälle ein, mit welchen Schmoller die „sogenannten Realisten“ bedachte, da es natürlich nach seiner Schätzung überhaupt nur einen Realisten gab: nämlich ihn selber.

„Diese Me—nschen!“ polterte er mit tiefer sittlicher Entrüstung. „Bei denen der ganze Realismus im Ausmalen erotischer Situationen besteht! Als ob darin der Realismus steckte! Es ist zum Todtlachen. Noch nicht ins Leben hineingespuckt haben sie alle und glauben wunders was Großes zu vollbringen, wenn sie ihre kleinen Schäferstündchen lecker beschreiben! Wenn man nicht in Fabriken aufgewachsen ist, darf man überhaupt keine socialen Romane schreiben.“

„Sociale — hm, in diesem Sinne, ja! Dann hätte aber auch Zola bis auf ‚Germinal‘ nichts geleistet. Nein, nein, es regt sich doch allerorts ein sehr gesundes Streben. All diese neuen Unternehmungen und Bestrebungen, systematisch Stück für Stück das moderne Leben, speziell dasjenige Berlins, zu zergliedern auf der Grundlage einer wahren Anschauung der Dinge, sind an sich schon

achtungswürdige heilsame Zeichen der Zeit. Mag auch
das Dichterische in solchen Versuchen noch einer beträcht=
lichen Steigerung bedürfen, mag auch der Realismus noch
etwas romantisch und zufallmäßig gefärbt sein, — nur
entschlossen weiter auf dieser Bahn! Dem Muthigen hilft
das Glück. Es muß durchaus mit der Süßholz=Litteratur
aufgeräumt werden und der Schmerz des wirklichen Le=
bens die Kunst beherrschen. Solche Kunst allein kann
sittlich wirken, da nur sie den Menschen lehren kann, sich
über die Wirklichkeit entsagend oder beherrschend zu er=
heben. Die akademische Lügenkunst wirkt entsittlichend,
indem sie ein entstelltes, optimistisch gefärbtes Bild des
Lebens bietet, durch dessen Betrachtung der Ekel an der
brutalen Wirklichkeit höchstens gesteigert werden muß.
Nicht die Dinge ‚verschönern‘, sondern sie verstehen ist
gesund. Schön ist allein die Wahrheit. Wahr aber ist
nicht nur das relativ Häßliche, sondern auch das relativ
Schöne. Der Realismus unsrer heutigen colorirten Pho=
tographieen in der Malerei ist weit entfernt von dem
gesunden elementaren Realismus der Renaissance=Meister.
Und Zola ist noch lange kein Shakespeare. Heutzutage
herrscht eine so trostlose Begriffsverwirrung, daß man
kaum mehr weiß, was unter ‚Idealismus‘ und ‚Realismus‘
eigentlich zu verstehen sei. Wenn Einer geleckte Sonette
drechselt oder hochtönenden Jamben=Bumbum ausspeit,
heißt er ein idealer Dichter. Und wenn ein genialer
Neuschöpfer in seine ‚idealen‘ Conceptionen sachgemäße
Cynismen verwebt, heißt er ein schmutziger Zolaist."

„Hahaha, so nennen sie uns Beide ja auch!" lachte,

Schmoller auf, indem er innerlich dachte: Na, auf Dich paßt's ja auch. „Und die Idealisten — hoho, die muß man mal bei Lichte besehen."

„Ganz richtig. ,Idealist' sein bedeutet heut: auf die Vorurtheile und den Tagesgeschmack spekuliren. Christus hieße womöglich: ,Ein polternder Realist'."

Beide schritten der Dresdener Straße zu. Man wollte dort mehrere socialdemokratische Führer in einer Kneipe treffen, mit denen Schmoller einige Bekanntschaft pflog. Aus weiser Vorsicht kokettirte er nebenbei auch so lange mit den Christlich = Socialen, bis er deren Treiben kaustisch durch die Zähne zog. Denn Abwechselung muß sein. Er mokirte sich zugleich über Beide.

Als man jedoch an dem Rendezvous = Ort anlangte, ergab sich, daß die Herren hinterlassen hatten, sie würden ins „Café Liedrian" steigen.

„Hoho, famos! Da werden nämlich die Agitations= gelder vom Klempner=Strike mit den Dirnen durchgebracht!" raunte Schmoller seinem Freunde ins Ohr, hochbegeistert von dieser Entdeckung einer neuerfundenen Schlechtigkeit. „Also vorwärts, das wird ja famos! Du bist ja da bekannt, he, was, wie?" Sein Auge blinzelte boshaft.

Leonhart zauderte einen Augenblick. Eine fatale Situation. Doch sich sperren, schien hier das Unge= schickteste. Sie marschirten also dorthin.

Schmoller befand sich in seiner süffigsten Schimpf= und Verläumdungsstimmung. Er verbreitete gleichsam eine unreine Athmosphäre um sich her, indem er über Jeden irgend eine dunkle Geschichte zu erzählen wußte.

8*

Seine theoretische Menschenverachtung verschanzte sich
dagegen, edle Gefühle und Gedanken zu begreifen, wes=
wegen er stets nach unlauteren Motiven forschte.

„Hihi," kicherte er, „der Eine von den Kerls, der
Redacteur Hermann Garibald Hoppel, — na der richtige
Faßke! Trägt den Spitznamen „der Garibaldianer", weil
sein Alter ihn aus Begeisterungs=Schmuß für den Italiano
‚Garibald‘ getauft hat. Trieb sich in Süd=Amerika
herum, weil er als Hauslehrer faule Chosen mit der
Tochter vom Hause trieb. Bildete sich als Goldgräber
in Chile zum Bret Harte'schen Strolch=Goldherz aus —
punktum, streu Sand drauf! Immer zugeknöpft und
finster. Hat ganz entschieden einen Mord da drüben auf
dem Gewissen. Spielt den Vornehmen, dabei ein Schmutzian
bis über die Ohren. Der Andere — o, auch köstlich! Ein
riesiger Antisemit und heirathet drum immer Jüdinnen.
Jetzt hat er schon die Dritte, aber die brannte ihm durch
und macht unter dem Tittel ‚Schriftstellerin‘ durch ganz
Deutschland litterarische Besuchsreisen bei allen schönen
und vermögenden Federschwingern. Verstandez=vous? Paß
mal auf, zu Dir kommt sie auch noch .

Leonhart lachte. „Du hast wieder Deinen guten
Tag. Die Menschen sind weder so gut noch so schlecht,
wie man denkt oder wie man sie schildert. Das ist, glaube
ich, ein altes Axiom — mir aber drängt es sich auf wie
etwas Neues. Denn jeder Vernünftige wird doch zu
gleicher Erkenntniß gelangen."

„Ach, habe Dir man nicht! Alles oberfaul, alles.
Ueberhaupt schon die Jüdinnen! Wenn ich denke,

als ich bei dem scheußlichen Millionenschinder Ruperti
(wie die Bande sich immer auf's Italienische raustauft!)
Sekretär war! Die dicke Madam geilte sich immer an
mir ab und das Töchterlein Laura — na, die Kröte!
Ruft mich mal heimlich ins Badezimmer, als sie halb am
Ausziehen ist, natürlich in aller Unschuld — na, ich will
nichts gesagt haben!" Schmoller strahlte nicht wenig von
dem stillen Bewußtsein, er sei doch ein verdammt schöner
Kerl. „O über diese ganze versumpfte Gute Gesellschaft!
Da begreift man Dostojewski's ollen ‚Raskolnikow‘, der
einfach hingeht, um solch 'ne alte Geldlaus tobtzuschlagen."

„Hm," meinte Leonhart. „Aus Faulheit und Größenwahn. Dem Raskolnikow spukt ja fortwährend Napoleon
im Gehirn — das hat Dostojewski fein berechnet."

„Na ja, so wie Napoleon Dir im Gehirn spukt,
Raskolnikowchen," grölte Schmoller.

„Mir? Danke!" brummte Jener. „Ich dürfte denn
doch wohl mehr die Rolle des Rasumichin spielen, bei
Deiner eignen hohen Beanlagung zur Raskolnikow-Rolle."

„Was meinst Du damit?" fragte Schmoller mit
einem stechenden Blick. „Uebrigens, das verstehst Du gar
nicht. Ueber Raskolnikow kann nur Der mitreden —
ja, mein Sohn, das ist die Noth, die Noth, die Du nicht
kennst."

„Hm, mein Theurer, ich erlaube mir zu bemerken,
daß der Artillerielieutnant a. D. Bonaparte wohl mehr
gehungert hat, als unser imaginärer Freund Raskolnikow,
der überall herumlumpt, — was Bonaparte gewiß verschmähte. Und doch ging er keineswegs hin, um eine alte

Frau zu raubmorden, sondern er erwartete standhaft seine
Stunde und eroberte die Welt. Wenn Du nicht verstehst,
wie groß dieser Unterschied, so hast Du Dostojewski's tiefe
Psychologie gar nicht verstanden."

„Pschah! Wie gesagt, was weißt Du von der Noth
der untern Schichten!"

„Und was weißt Du von einer philosophischen Lebens=
auffassung! Das Allerbeste ist: zu lachen, sintemal so viel
Lächerliches jede Minute wächst. Lache nur viel und vor
allem leide nicht an Hyper=Gerechtigkeit, welche dem Pha=
risäismus sich manchmal nähert. Gott sei mir Sünder
gnädig! Man muß mit Hamlet sagen: Ich bin selbst
leidlich tugendhaft, dennoch stehn mir mehr böse Wünsche
zu Gebot, als ich Macht habe sie auszuführen. Wenn
sie nicht herauskommen, wer weiß, ob das mein Verdienst
ist oder das der Umstände!"

„Paperlapapp! Du red'st wie der Blinde von der
Farbe. Ueber das wahre Elend hilft all so'n Gethue
nicht weg. Gestern genoß ich den Vorzug, einen Kohlen=
schipper zu sprechen, der zehn Jahre mit gebrochenen Bei=
nen in einem dustern Keller lag. Tableau! Ach und dann
all die andern Schandthaten! Daher auch die Lüderlichkeit
bei den armen Leuten. Alle Konfirmandinnen von vier=
zehn Jahren sind schon keine Jungfern mehr. Da hilft
nur noch praktisches Christenthum. — Ja wohl, meine Toch=
ter, hier hast Du einen Groschen!" Er warf einer bet=
telnden Streichholzverkäuferin einen Nickel hinein und
stieg erhobenen Hauptes, im Bewußtsein eines solchen

praktischen Christenthums, die Stiegen zum „Café Liebrian“ hinan.

Die Ueberraschung Frau Helenens beim Erscheinen Leonharts spottet aller Beschreibung.

„So? Mit den Kerls gehst Du um?“ raunte sie ihm ins Ohr und girrte dazu zärtlich: „Federigo!“

Da er peinlich berührt zusammenzuckte, girrte sie weiter: „Ach simulire man nich! Ich weiß ja, wer Du bist. Und jetzt würde sich ja doch Einer von den Kerls da verplappern. Na, der Schreck, als ich Deinen Namen in Deinen Handschuhen las und mich nachher orientirte, wer Du bist. Also der berüchtigte Schreihals bist Du! Nein, was man nicht erlebt! Und nun giebst Du Dich gar mit solchen Leuten ab! Der da, den Du da mitge= bracht hast, der mit dem Havelock — o dem hab' ich schon mehrmals Feierabend geboten, weil er sich so un= anständig aufführte. Bei mir herrscht ein anständiger Ton. Ach und Deine andern Champagner=Freunde da hinten! Das scheinen mir auch die Richtigen. Soll mich wundern, ob Die solche Zeche machen können!“ So schwatzte sie fort, fiel ihm aber um den Hals, als er sie ärgerlich abschütteln wollte: „Ach, ich liebe Dich ja doch, alter Freund! Dadrum keine Feindschaft nich!“

Die großen Freiheitsapostel flegelten sich hinten in der Weinstube auf dem Kanapee umher und mehrere Champagnerflaschen kollerten bereits geleert auf dem Bo= den. Leonhart dachte unwillkürlich an eine gemüthliche Orgie der alten Schreckensmänner des Wohlfahrtsaus= schusses. Er wurde mit Halloh empfangen und bald

plätscherten alle wie der Fisch im Wasser in Zotenreißerei
umher. Der antisemitische Jüdinnen=Verehrer besah die
Bilder an der Wand, welche Nuditäten durchsichtigster
Gattung darstellten. „Ist die nackigt!" rief er mit Extase.
„Das Wasser läuft Einem im Munde zusammen!"
„Greis, schäme Dir!" kicherte Schmoller. Der Greis
schlug sich jedoch kernig auf die Heldenbrust und be=
theuerte, indem er die holde Olga umarmte: „Bin ich ein
Mann? He, kann ich noch?"

Olga gab alles zu, obschon sein Wein=Odem sie so
widerlich betäubte, daß ihr der Fächer, mit welchem sie
stets als grande dame zu parabiren pflegte, aus der
Hand fiel.

„Ach, Sie wissen ein Weib so zu nehmen!"

„Na und ob! Wir sind doch auch noch so gut wie
so'n oller laffiger Lieutnant mit 'nem Bürstenladen in der
Tasche, wä?"

Hier hielt der finstre Redacteur, der laut Schmoller
in Amerika einen Mord auf dem Gewissen hatte, die Ge=
legenheit für gekommen, um den „verehrten revolutionären
Dichter Leonhart" wegen seines Vortrags über den Größen=
wahn des Militarismus zu preisen.

„Ja, da haben Sie mal wieder einen Schuß ins
Schwarze gethan, den Nagel just auf den Kopf getroffen.
Hier sitzt der Kern alles Uebels. Der nationalökonomische
Ruin des Staates wird durch das Wuchern dieses un=
produktiven Standes unvermeidlich. Soll das arme über=
bürdete Volk etwa den Kastendünkel des rothen Kragens
mit seinem blutigen Schweiße färben?"

„Hm, da haben Sie mich nun freilich doch nicht ganz
verstanden," wehrte Leonhart ab. „Gegen den Offizier=
stand, der heut das Ritterthum darstellt, habe ich gar nichts.
Im Gegentheil. Die Offiziere müssen sich durch Kasten=
geist entschädigen. Denn abgesehen von schlechter Bezahlung
(wofür freilich die Pension eintritt), wie entsetzlich steht es
mit dem Avancement! Mit 42 Jahren Hauptmann — also
etwa das, was in einem großen Handlungshause einer der
Kommis I. Klasse bedeutet! Man muß hier unbedingt das
Talent haben, alt zu werden. Gott sei Dank, sind 90 Pro=
cent der Offiziere ganz mittelmäßig und wählen den Beruf
nur aus sozusagen physischen Gründen, weil sie für einen
höheren Beruf keine Intelligenz haben. Allein, die höher
Veranlagten, — was müssen die leiden! Denn in allen
unteren Graden hilft ihnen ihre militairische Begabung
größeren Stils ja nichts. Sie müssen günstigstenfalls
60 Jahr alt werden, um in eine Stellung zu kommen,
wo sie ihr Führertalent entfalten können."

Dieser belehrende Einwurf mißbehagte den Andern
offenbar. Ebenso, als einiger Unsinn über den nächsten
Krieg und Boulanger's Rolle vorgebracht wurde und Leon=
hart ruhig urtheilte: „Boulanger scheint der Dumouriez
der neufranzösischen Republik. Solcher Leute Augenmaß
sieht in einer Revolution keine Empörung, sondern eine
Verschwörung. Ein geborener Revolutionär ist nie ein
wahrer Republikaner. Während er mit dem einen Auge
der Monarchie droht, blinzelt er liebäugelnd mit dem an=
dern Auge nach ihr hin. Mit der Keckheit eines Präto=
rianerobersten gedachte Dumouriez die Orleans gegen den

Convent auszuspielen. Wer weiß, ob nicht Aehnliches
Boulanger vorschwebt! Da ihm der Einfluß im ‚Senate‘
mangelt, so gedenkt er wie Cäsar das Heer zu seinem
Werkzeuge zu machen. Die Legionäre Cäsars aber waren
eben — Cäsarianer, privilegirte Räuber; die Soldaten
des Dumouriez aber waren Bürgersoldaten, denen blinder
Soldatengehorsam fremd, und jener Lysander der großen
Revolution wurde alsbald von der Bühne verjagt. Der
Convent nannte ihn den ‚großen Verräther.‘ Ob Bou=
langer ein ähnliches Loos zu fürchten hat? Nun, er hat
kein Jemappes in seiner Vergangenheit; dafür hat er den
Ruhmestag am Lyoner Bahnhof und die Flucht vor dem
Gesindel seiner Anbeter auf einer Lokomotive. Der Radau=
General, der ‚St. Arnaud der Tingeltangel‘! Ein klassisches
Sinnbild für den Reklame= und Strebergeist unsrer Epoche!
Lachen muß ich nur, wenn die Zeitungen durch ihr Schim=
pfen solch‘ gefährliche Elemente unschädlich zu machen den=
ken. Heutzutage bläht man durch jede Art von Oeffent=
lichkeit die Leute auf. Man beschuldige und ‚vernichte‘ die
Leute kräftig mit Druckerschwärze — das ist der Weg, um
ihren Namen aller Welt geläufig zu machen. Man muß
sehr talentlos oder energielos sein, um auf solcher Schimpf=
Basis nicht ein Piedestal für sich zu erbauen.“

„Sehr richtig!“ rief der finstre Volksredacteur mit
dem Christuskopf. „Uns hat das Socialistengesetz und der
Belagerungszustand groß gemacht. Das Schimpfen und
Verfolgen zeigt doch immer Furcht.“

Aus dieser Anknüpfung entspann sich alsbald natur=
gemäß eine socialpolitische Debatte, während die Mam=

sells sämmtliche Flaschen unterdessen ausbecherten, über
den Associationsstaat. Da hatte Jeder sein Steckenpferd.
Der jüdinnenfreundliche Antisemit bestand vor allem auf
freier Liebe und Aufhebung des Erbrechts. Schmoller
bezeugte eine besondere Wuth gegen das Privatkapital
und der düstere Redacteur plaidirte für das Genossen-
schaftswesen als Monopol. Leonhart ließ den Wort-
schwall eine Weile über sich ergehen, dann aber hielt es
ihn nicht länger und sprach: „Meine Herrn! Die socialistische Doctrin entstammt dem Schädel überspannter
Ideologen, welche sich im Mantel des naturwissenschaftlichen Materialismus drapiren, um die wahren Materialisten, die rohen Pöbelmenschen, über ihr Wesen zu täuschen.
Der Socialismus ist in sich die baare blanke Unmöglichkeit. Denn erstens müßten, um ihn durchzuführen, die
Bedingungen der Naturgesetze umgestoßen und eine ge-
waltsame Herabschraubung und Nivellirung aller Einzel-
kräfte auf ein Durchschnittsmaß ermöglicht werden. Sie
werden mir nun versichern, das socialdemokratische Drill-
zuchthaus werde der naturgemäßen Aristokratie des Geistes
gebührend Rechnung tragen und dieselbe als Beamtenthum
der großen Staatsfabrik, als patentirte Erfinder und Inge-
nieure verwenden. Allein, wie lange würde es dauern
und die souveraine Arbeitermasse, willenlos thierischen
Instinkten folgend, würde diese geistige Control-Aristo-
kratie mit demselben Haß empfinden, wie die frühere
Geld- und Geburtstagsaristokratie. Ja, die Möglichkeit
ist für den Psychologen nicht ausgeschlossen, anbetracht
der vollständig sinnlichen und äußerlichen Auffassung der

Durchschnittsmasse, daß die Geistesaristokratie nicht ein=
mal den Respekt bei dem gemeinen Mann erzwingen
würde, den er jetzt mürrisch dem Geld und Titel ent=
gegenbringt. — Andrerseits aber würde höchst wahr=
scheinlich diese Beamtenaristokratie selbst ihr Loos bald
unzulänglich finden und ein höheres Uebergewicht, ihrem
Werth gemäß, dem Handarbeiter gegenüber beanspruchen,
als der socialdemokratische Staat ihnen nothwendig zuge=
stehen kann. — Wie will sich nun dieser Staat vor all
den Unzufriedenen schützen? Ah, an Gewalt wird es ja
nicht fehlen, vor scharfen Mitteln werden die großen
Robespierres des Socialismus nicht zurückschrecken —
man wird die Staatsgewalt schon aufrecht erhalten, nicht
wahr? Nämlich womit? Natürlich mit bewaffneter
Hand, mit einer kräftigen Jakobiner=Leibgarde der socialisti=
schen Heiligen. Sieh da, und darum habt ihr dem
Militarismus den Garaus gemacht? O ihr Thoren!
Was für ein Unterschied zwischen den alten und neuen
Garden?

„Meiner festen Ueberzeugung nach macht die Mehr=
zahl der socialistischen Utopisten, in Folge mangelhaft
construirter Einbildungskraft, sich den Zustand der Men=
schen ihres Zukunftsstaates in keiner Weise klar. Wir
wollen meinethalben annehmen, daß man die Blumen
aus der Natur ausjäten, daß man alle feineren Indivi=
dualitäten in der Wurzel vernichten, daß man die
Künste und abstrakten Wissenschaften abschaffen, d. h. den
Trieb und Wunsch nach idealen Thätigkeiten aus der
Menschenseele entfernen könne. Diese Unmöglichkeit ein=

mal angenommen, müssen wir umgekehrt erwarten, daß
die große Masse, welche heut vom niedrigsten thierischen
Egoismus gelenkt wird, sich idealisire — zwar nicht ästhe=
tisch, aber moralisch. Bei der Vernichtung des persön=
lichen Arbeitsgewinns durch die Aufhebung des Privat=
eigenthums müssen eine ideale Arbeitslust und Pflichttreue
die rein der Sache wegen wirken, sowie eine fortwährende
Selbstverleugnung zu Gunsten des lieben Nächsten ange=
nommen werden. Aehnlich verhält es sich bei der soge=
nannten freien Liebe oder Frauengemeinschaft, welche
außerdem nur für Maurergesellen und Dirnen überhaupt
etwas Verlockendes haben mag. Auf der einen Seite
sträubt sich jedes ideale Gefühl dagegen und auf der
andern Seite verlangt die Durchführung der Theorie die
idealste Selbstverleugnung des Einzelnen, der in seinen
edelsten wie in seinen brutalsten Instinkten zugleich ver=
letzt wird.

„Aendert die menschliche Natur von Grund aus,
modelt uns alle um, macht uns zu mechanischen Freß=
und Zeugungsmaschinen, zu Thieren oder umgekehrt zu
brüderlichen Engeln — ohne diese Prämisse ist der Zu=
kunftsstaat ein Unding.

„Auch dies Letzte endlich angenommen, würde man
bei wirklich regelrechter und möglichst vollkommener Aus=
bildung dieses Staates allergünstigstenfalls nur urtheilen
dürfen: Viele alte Uebel sind abgeschafft, viele neue
hinzugekommen; viele neue Vorzüge hat dies System,
viele alte hat es eingebüßt. Die Rechnung zwischen dem
alten System, das die Menschheit nun 10 000 Jahre

weiterschleppt, und dem neuen deckt sich. Nun, meine
Herrn, da bleibe ich lieber bei meiner alten Maschine,
die zwar voller Fehler und Schwächen, aber durch un=
abläſſige Traditionen von Kind zu Kind geheiligt und
wohleingeölt wurde. Wozu ſoll ich mir die Scheererei
mit einer neuen ungeölten Maschine machen! Verlorene
Liebesmüh!"

Mit zunehmender Verwunderung, die sich zur Ent=
rüſtung steigerte, hatte das edle Kleeblatt diese offene
Erklärung hingenommen.

„Nu aber raus!" machte der philoſemitiſche Antiſe=
mit seinem Grolle Luft.

„Wen haben wir denn da? Einen communen Erz=
reactionär? Das ist der freisinnige, der revolutionäre
Poete? Wir sind erstaunt, Herr Schmoller, wie Sie es
wagen durften, dieſen Herrn bei uns einzuführen."

„Das ist ein Mißbrauch des Vertrauens!" trumpfte
der Garibaldianer mit dem Christuskopfe auf. „Herr
Schmoller, verschonen Sie uns künftig mit Ihren Freun=
den! Und Sie, Herr, muß ich bitten, unſere Gesellschaft
zu meiden. Wir als Vertreter des Volkes können solchen
Verrath an den ewigen Prinzipien der Freiheit in unſrer
Nähe nicht dulden." Er stand, die Rechte in der Brust=
taſche, die Linke am Champagnerkelch, majeſtätiſch da,
so daß der Busen Olga's und Kneiſer=Mary's sich von
einem ſtillen jungfräulichen Athemzug des Verlangens
hob und Frau Meyer murmelte: „Ein schöner Mann!"

Leonhart erwiderte kein Wort, zahlte und ging mit
ſtummem Gruß. Erst auf der Straße kam ihm Schmoller

nach), der oben noch parlamentirt und seinen vollen Bei=
fall zu der sittlichen Entrüstung der zwo Volksvertreter
beigesteuert hatte.

„Wir gehn wohl noch mal hier in die Kneipe
nebenan?" sagte er halblaut. Leonhart nickte. — Das
Lokal war zufällig ganz leer und sie nahmen in einem
dunkeln Winkel Platz. Hier explodirte Schmoller. „Du
hast mich blamirt," rief er ein über das andere Mal
„Aller Blicke im Lokal waren auf mich gerichtet."

„Auf Dich? daß ich nicht wüßte!" In seinem ner=
vösen Verfolgungswahn waren freilich solche Selbstvor=
spiegelungen bei dem großen Sittenschilderer nichts Sel=
tenes. Auch ließ Schmoller sich keineswegs durch Leon=
hart's Ruhe beschwichtigen, sondern schlug einen eigen=
thümlich provocirenden Ton an, der sich allmählich bis
zur Grobheit steigerte.

„Und Du scheinst noch gar nicht mal eingestehen zu
wollen, daß Du den gesellschaftlichen Anstand taktlos ver=
letztest?"

„Mein Bester, jetzt höre auf! Ich freue mich, daß
mir die Geduld riß und ich dem dummen Größenwahn
der alleinseligmachenden Socialdemokratie ein kräftig
Wörtlein zu schlucken gab."

„Ach, was Du wohl davon verstehst!" Schmoller
machte eine wegwerfende Handbewegung. „Du bist ja in
solchen Dingen naiv wie ein Kind. Die Noth, die Noth!
Du hast immer volle Taschen gehabt, an besetzten Tafeln
geschwelgt" —

„Weißt Du das so genau?" fragte Leonhart achsel=
zuckend.

„Ja wohl," fuhr Jener unbeirrt fort, ohne den
Zwischenruf zu beachten. „Daher steht Dir auch über
meine Geldgeschichten gar kein Urtheil zu."

„Ich wüßte nicht, daß ich mir ein solches je ange=
maßt hätte," fiel Leonhart ein. Doch aus dies überhörte
der große Unsittenschilderer und perorirte weiter:

„Mir gereicht das alles nur zur höchsten Ehre.
Man hat mich bei Dir schlecht gemacht. Ich weiß wohl
wer."

„Aber erlaube mal, ich habe kein Wort . ."

„Ja wohl. Ich will offen und ehrlich bekennen,
offen und ehrlich", diese beiden Adjective liebte Schmol=
ler mit jener Inbrunst, mit der man etwas Unerreich=
bares erstrebt, das man nie besitzen wird, „daß ich Ver=
schiedene, darunter auch Dich, um nicht unbedeutende
Darlehen anging und daß Du Dich mehrfach für mich
bemüht hast. Wenn Du es wünschest, will ich offen und
ehrlich —"

„Hör' mal, jetzt ist's genug! Habe ich je mit einer
Silbe —"

„Ja wohl. Es giebt Leute, die da einfach wähnen,
daß ich bei Dir allzu tief in der Kreide stecke. In der
Vorrede meines nächsten Romans werde ich daher, um
cursirenden Gerüchten entgegenzutreten —"

„Bist Du wahnsinnig?"

„Ja wohl. Dieses Wort zeugt wieder von einer so
maßlosen Ueberhebung Sr. Majestät Friedrichs I. des

Großen, daß ich nicht ohne ein Lächeln daran denken kann. Nur Du wirst Dich dabei blamiren, wenn ich offen und ehrlich —"

„Offen und ehrlich!! Diese Worte in Deinem Munde!" Leonhart brach in ein bitteres Gelächter aus· „Ich ersuche Dich, mich mit den müßigen Hallucinationen Deines Verfolgungswahns zu verschonen. Kein Mensch außer Dir selbst in Deinem schlechten Gewissen, das seinen krassen Undank beschönigen möchte, träumt so etwas. Ich bedaure, Dir heut Lebewohl sagen zu müssen. Schlaf Dich aus! Und bedenke das nächste Mal, wo Du eine Rempelei vom Zaune brichst, daß Du mir nur größte Hochachtung schuldest. Verstanden?"

„Größte Hochachtung, warum nicht gar knechtische Unterthänigkeit!" schrie Schmoller, indem er sich in die Haare fuhr und gezwungen auflachte. „Begreifst Du denn nicht, wie urkomisch ein solches Wort in Deinem Munde klingt? Von übertriebener Eitelkeit geplagt, forderst Du ewig meinen Dank heraus. Ich habe nie Dank dafür beansprucht, wie oft ich hinter Deinem Rücken Dein Genie und Deine Uneigennützigkeit gegen mich gepriesen habe."

„Hör auf! Ich bin leider nur zu wohl in anderem Sinne unterrichtet. Nochmals, für heut verzichte ich auf weitere Konversation." Leonhart hatte längst erkannt, daß Schmoller plötzlich, einer Laune seines eingewurzel=ten Selbstsucht=Instinkts folgend, einen Bruch mit ihm suchte. Er pflegte diese geistreiche Taktik, sobald er sich durch die Erinnerung empfangener Dienste belästigt fühlte.

„So? Aha! Nun, nimm mir um Gotteswillen
nichts übel. Es ist nur eine Kompensation für Deine
Beleidigungen."

„Meine —? Nochmals, bist Du wahnsinnig?"

„Siehst Du, wieder eine so schwere Injurie! Doch
ich dulde viel von Dir. Wenn ich Dich durch meine
Offenheit verliere, so ist das noch nicht zum Selbstmor=
den! O ich weiß wohl, daß Du schlecht von mir denkst.
Aber Du hast keinerlei Recht dazu. Ich bin ein Ehren=
mann vom Scheitel bis zur Sohle."

„Wenn Du's selbst sagst!"

„Deine Ironie trifft mich nicht. O Du, der Du die
Noth des Lebens nicht kennst, wie ich, der sein kärgliches
Brot sauer erwirbt, dessen ganzes Leben Arbeit und Ent=
behrung war!"

„Von Deinem vielen Arbeiten merkt man nichts.
Und was Dein kärgliches Brot betrifft, so behauptest
Du ja selbst, daß Du die höchsten Honorare in Deutsch=
land beziehst."

Schmoller jedoch überhörte das und bekam, in sein
Seidel starrend, einen Rühranfall. „Hast Du eine alte
Großmutter wie ich zu ernähren? Hast Du —"

„Bitte nur eins: Verschone mich damit! Ewig
hört man von Dir Wunderdinge von Deiner Familien=
Aufopferung und so weiter. Nun, ich bin nicht in der
Lage, das prüfen zu können. Aber da ich Dich nie
mit meinen Privatverhältnissen langweile, so sehe ich
nicht ein, wozu ich Deine selbsträuchernden Edelmuths=
Wechsel, die Du auf Dich selber ziehst und jedem Ahnungs=

losen als General-Entschuldigung gegen alle etwaigen Vorwürfe präsentirst, länger als baare Münze accep= tiren sollte. — Kommen wir zum Schluß und offen heraus: Ich weiß, aus tausend kleinen Einzelheiten, die mir nie entgangen sind, daß Du im Grunde Deiner Seele einen tiefen Haß gegen mich nährst. Und wenn Du meinst, ich dächte schlecht von Deinem Charakter, trotz meiner heroldenden Bewunderung Deines Talents, so kann ich mich nur negativ dahin äußern: Wenn ich doch je etwas Gutes von Dir gesehen hätte!"

Schmoller schlug auf den Tisch und knirschte mit unheimlich glühenden Augen: „Jetzt bleibst Du. Du sollst mir mal ausführlich begründen und deutlich aus= sprechen, was Du über mich denkst."

„Ach, wozu solche unliebsamen Scenen bis aufs Aeußerste treiben! Adieu."

„Nein, ich lasse Dich nicht fort, ehe Du mir Rede stehst. Du weichst mir nicht aus. Für feige habe ich Dich nie gehalten."

„Feige?! Nun gut!" Leonhart lehnte sich ruhig in seinen Stuhl zurück: „So muß ich wohl oder übel daran? Here goes! Also dies erzähle ich mir selbst, an der Hand meiner Erfahrungen über Herrn Karl Schmoller.

„Der große Mann, für dessen unverkennbare Be= gabung ich bereits lebhaftes Interesse besaß, tauchte zuerst vor meinem Horizont in der Redaction des Doktor Ar= thur Kirmány auf. Er brachte dort eine Recension über Doktor Johannes Adler, den bekannten Redacteur und Dich= ter, unter, da er diesem viel verdankte. Er versprach Kir=

9*

mány, einem Gegner Adlers, goldene Berge, wenn er die Re=
cension aufnähme. Dieser, ein stets gefälliger Mann, that es.

„Ich bemerke hier gleich parenthetisch, daß Schmoller,
als den Doktor Kirmány später ein unverschuldetes Unglück
traf, unter denen war, die am lautesten über den Armen
herzogen. Ich erinnere mich noch mit Vergnügen des
Abends, wo eine Gesellschaft notorischer Lumpen in tugend=
samer Entrüstung den Gefallenen beschimpfte und ich takt=
los genug war, mit ruhiger Miene zu antworten: „Lump
— so! Na, wir sind doch alle Lumpen!"

„Die nähere Bekanntschaft Schmollers sollte nicht auf
sich warten lassen. Diese Ehre kostete ich sofort, als ich
Redacteur eines kleinen Blättchens wurde, das einigen
Rumor machte. Ich saß am zweiten Tage mit dem Chef
und Herausgeber bei der Arbeit, als dieser mit seinem
bekannten brummeligen Ton aufstöhnte: „Da kommt
Schmoller! Dacht ich's doch!" Und in der That dieser
große Mann erschien, lebhafter Neugierde voll, gleich dem
Geier, welcher Aas wittert. Mit seiner schnüffelnden Fuchs=
nase und seinem listigen Catilina=Blick durchforschte er
sogleich unser etwas ärmlich ausschauendes Lokal und er=
kundigte sich nach unsern „Mitteln". Dann hub er etwa
also an: „So na ja! drei Abonnenten habt ihr?" Mein
Chef, der ihn genau zu kennen schien, bläkte seine Zähne
und sagte gar nichts. „Was, schon 5000? Alle Achtung!
Jaja, der Mießnik da! Hat gleich eine Novelle drin!
2000 Mark bekommen, wie ich höre. Ach, reden Sie doch
nich! — Also, Mießnik, Sie sind zu den Conservativen
übergegangen? Wer hätte das gedacht! Neulich war ich

mit ein Paar Judenbengeln zusammen, haben Die geschimpft! Was, der Mießnik? Nachdem er von uns die hohen Ho= norare geschluckt hat?!" Ich sperrte Nase und Mund vor Staunen auf, da ich die Erfindungsgabe Schmollers ja noch nicht kannte. „Nein, was der Mießnik übrigens meinem Bruder ähnlich sieht! Wahrhaftig, Haare, Stirn und die treuen Augen — alles dasselbe!" Ich war gerührt. Wir wollten arbeiten, aber Schmoller ist bekanntlich ein Kleb= pflaster: Er bleibt so lange sitzen, bis er irgend eine un= vorsichtige Aeußerung erschnappt hat, womit er dann hausiren geht.

„Mein Chef brummelte' fortwährend oder schwieg sich aus. Nachdem Schmoller mich dann gebeten, doch irgendwo mit ihm in einer Kneipe zu plaudern, schleppte er mich widerstandslos fort. Nun begann sein Spiel. Er erzählte mir von meinem Chef und dessen Gattin allerlei horrible Dinge unter dem Siegel peinlicher Verschwiegenheit. Doch lobte er die kluge Frau, indem er unter Anderem folgende köstliche Anekdote von Stapel ließ. Er hatte sie mal ge= fragt, warum sie ihn nicht mit dem ihr befreundeten be= rühmten Dichter Kasimir Pakosch zusammen einlade. „Ach," hatte sie geantwortet, „der würde Sie nach seiner Art über uns ausforschen und dann würden Sie irgend was Schlech= tes sagen und er würde uns dies bei Gelegenheit mit from= mer Gebärde wiederklatschen — na und dann wären wir alle auseinander!" Ich wunderte mich im Stillen.

„Schmoller wich nicht von uns. Er widmete unserm Blatte eine rührende Aufmerksamkeit. Dabei kam er dann bald auf sein berühmtes Steckenpferd: Seine unvergleich=

lichen Honorare! 10,000 Mark für sein neues Buch — das
ging ihm nur so vom Munde. Dann berichtete er auch
mit liebevoller Detaillirung, daß seine Braut 50,000 Mark
besitze und erkundigte sich, wo er 30,000 Mark unterbringen
könne.

„Her damit! Bei uns!" schrie mein Chef, dem das
Wasser im Mund zusammenlief: Der Köder war selbst
für seine Schmoller-Kenntnisse zuviel.

„Darauf hatte Schmoller nur gewartet. Er ließ
vernehmen, daß sich das hören lasse, und versprach bereit=
willig all seine Güter im Monde.

„Nun hatte er Anker gefaßt. Mir gegenüber stocherte
er, wie ein so bedeutender Schriftsteller wie ich sich über=
haupt zum „Redacteur" degradiren könne. Ihm könne
man Berge bieten! Und mein Chef schimpfe über mich
— o! Das sei überhaupt ein Kerl — na!

„Zu Jenem äußerte er dann: Wie er solch einen Kerl
wie mich überhaupt dulden könne! Und der schimpfe über
ihn — o!

„In Folge dessen erlebte er denn das Gaudium, daß
mein Chef und ich bei einem seiner gewöhnlichen liebens=
würdigen Besuche uns gegenseitig in die Haare geriethen.
Da verabschiedete er sich schleunig, worauf wir Andern
uns natürlich versöhnten, sintemal die Aussprache ergab,
daß Schmoller uns aneinandergehetzt. Doch schien ihm
bald meine Freundschaft irgendwie werthvoller zu sein,
als die der andern — kurz, er attachirte sich gewaltig
an mich.

„Ich muß nun, um Schmollers Eigenart zu würdigen,

Folgendes bemerken: Seine Grobheit bleibt Schmoller's gefährlichste Waffe. Denn eine angeborne Thorheit der menschlichen Natur liegt in dem Wahn: wer grob auf= trete, sei darum auch ohne Falsch. „Lächeln, lächeln, immer lächeln und doch ein Schurke sein!" heißt es im Hamlet. Und dennoch hat der größte Herzens= kündiger seinen Richard III. je nach Bedarf grob und zänkisch ins Gesicht, oder aber bieder schmeichelnd dar= gestellt. „Sie thun mir unrecht und ich will's nicht dulden," schimpft der polternde Biedermann. Und so —"

Er unterbrach sich. Jener erhob die Hand wie zum Schlage. Dann packte er plötzlich Leonhart leicht an der Brust zwischen den Rockknöpfen, der ihn jedoch im gleichen Augenblick unsanft abschüttelte. Schmoller beherrschte sich mühsam und warf ruhig hin: „Fahre so fort! Ich fange an, Dich zu achten." Doch wiegte er wehmüthig das Haupt und flüsterte mit umflorter Stimme: „Kleiner Kerl!"

Aus Leonharts Auge brach ein scharfer greller Strahl, wie von inneren Blitzen entzündet. Er bohrte sich dem lauernden Brillen=Blick des Andern entgegen, der wie das scheue Spähen ertappter Neugier verlegen auswich, als könne er sich schwer dem Banne einer neu= entdeckten Ueberlegenheit entziehn. Dann schlug er jedoch eine häßliche Lache auf:

„Eine wahrhaft Shakespearische Menschenkenntniß! Ich habe eine traurige Mittheilung zu machen, unter dem bekannten Siegel tiefster Verschwiegenheit — Du brichst es doch hoffentlich?" Schmoller's Lippen umspielte jenes süßlich wollüstige Lächeln, welches der Hochgenuß über fremde Sünden stets seiner Nächstenliebe zu entpressen pflegte. „Leonhart ist verrückt geworden. Er war ja neulich geständig, daß er sich für einen angehenden Weltdichter halte. O Gott, wie jroß ist dein Thiergarten!"

Die röthliche Löwenmähne des Beleidigten, ebenso wie vorhin Schmoller's spitzer Katerschnurrbart, sträubte sich ordentlich vor Wuth.

„Nimmt Dich überhaupt noch Jemand Ernst? Du scheinst Dich immer noch nicht bessern zu wollen, Du richtiges kleines Kind. Wenn ich so wenig vom Leben wüßte wie Du —!"

Leonhart stieß ein unartikulirtes Fluch-Grunzen aus. Er weinte beinahe vor Zorn. Als Correspondent eines großen rheinischen Blattes hatte er Jahre lang in Paris und London gebummelt und sollte den schnöden Vorwurf der Unschuld über sich ergehen lassen? Schmoller ließ ihn jedoch nicht zu Worte kommen: „Nu aber bitte weiter im Text!

„Du hast's gewollt, George Dandin!" In seiner maßlosen Empörung sprudelte jetzt der geknickte Transcendental-Realiste über alle Schranken weg. Seine absolute Gerechtigkeitsliebe ging unter in dem Sturzbad seiner nervösen Erregung. „Wohlan! — Alles, was in meinen schwachen Kräften stand, bot ich auf, um ihm zu nützen, wo ich konnte. Dies belohnte er stets mit dreister Stichelei hinter dem Rücken, trotzdem seine Briefe von Versicherungen seiner Verehrung strotzten. Hier in die Details zu gehn, wäre peinlich über alle Maßen. Hervorheben aber möchte ich die kühne Frechheit, die fast ans Irrenhaus streift, mit welcher Herr Schmoller andere anklagt, wenn er dieselben schändlich mißhandelt hat, und noch den moralisch Entrüsteten spielt.

„Aus meinen Erfahrungen würde ich daher folgende Charakteristik des großen socialen Romanziers zu liefern haben.

„Er war wie ein Weib. Je mehr man ihn „poussirte", desto patziger und innerlich gleichgültiger wurde er. Setzte er seinen Cylinder ab und stülpte einen Kalabreser auf, so veränderte sich gleichsam seine ganze äußere Erscheinung. Er sah dann viel bedeutender und zugleich gefährlicher aus. Zaghafte Naturen mochten ihm dann wohl ungern allein im Walde begegnen. Man traute ihm zu, daß er seinem besten Freund plötzlich einen Dolch in die Rippen bohren könne mit dem Ausruf: „Die Börse oder's Leben!"

„Es harmonirte damit, daß er immer großspurig darauf hinwies, wie Leute, die von christlicher Liebe schwatzten, nichts thäten, zumal für einen Mann wie Ihn, und in Wahrheit in der Welt nur der rohe manchesterliche Grundsatz herrsche: „Stirb Du, damit ich lebe!" Nun, er mußte es ja wissen, da dies sicherlich sein heimliches Prinzip sein mochte.

„In seiner schwarzen Seele spiegelten sich alle Menschen pechrabenschwarz. Denn die Welt ist nur ein Spiegel: Was hereinschaut, schaut heraus. In Folge dessen

brachte er das Kunststück fertig, sich in einer Welt von
Schurken, die er sich ausmalte, als verfolgter Biedermann
zu fühlen. Diese Schwäche und Beschränktheit des Men=
schen beschränkte auch seine Begabung. Wo er wild, trotzig,
grimmig und vor allem, wo er boshaft die Feder
schwang, war er groß. Dann brach eine elementare Ur=
gewalt in seinen Schöpfungen hervor. Wo er hingegen
pausbäckigen Humor pflegen wollte, wirkte er unbedeu=
tend; wo er gar in gerührter Menschenfreundlichkeit
schwelgte, wirkte er theils läppisch theils für den tieferen
Beobachter widerlich durch verlogene Sentimentalität.

„Diese mittelmäßigen Mißgeburten hielt er dann na=
türlich für seine besten Erzeugnisse, und die unreife Presse,
welche seine wirklich bedeutenden Bücher weder las noch
verstand, ermuthigte ihn noch in diesem Irrwahn. Man
munterte ihn auf, sich zum Idealismus emporzuranken
und die Bahnen des greulichen Zola zu fliehen.

„Ein Virtuose der Undankbarkeit, hatte er alle Men=
schen, die es gut mit ihm gemeint, in einer Weise vor
den Kopf gestoßen, die man nicht verzeiht, weil sie nicht
plumper Rohheit, sondern einer allgemeinen Charakter=
gemeinheit entspringt. Wohlthat wurde ihm zur Beleidi=
gung. Er fühlte geradezu das Bedürfniß, sich an Leuten,
die ihm wohlgethan, zu rächen — dafür zu rächen, daß
ihn denselben gegenüber die Empfindung einer Verpflich=
tung drückte, die er doch nicht einlösen wollte. Hatte ihm
ein Verleger ein übermäßig hohes Honorar bezahlt, so
erklärte er steif und fest, der Mann habe ihn betrogen,
und carrikirte ihn in seinem nächsten Roman. Hatte ein

College aus uneigennützigen Gründen ihn gefördert, so munkelte er, dahinter stecke eine listige tiefverborgene Schur= kerei. Lobte ihn Jemand sehr stark, so klammerte er sich an irgend ein Wörtchen, das ihm mißfiel, und drohte mit öffentlicher Beschimpfung oder gerichtlicher Beleidigungs= klage. Und dies Alles passirte nicht einmal, sondern hundertmal in verschiedensten Variationen. Er war ge= radezu sprichwörtlich geworden, so daß sich Jeder hütete, mit ihm zu verkehren, mit ihm zu verhandeln und über ihn zu schreiben.

„Das Alles aber wäre zu ertragen gewesen, wenigstens für aufrichtige Bewunderer seiner phänomenalen Beob= achtungsgabe, wenn nicht obendrein mit der perfidesten Verlogenheit verbunden. Er brachte es fertig, Leuten seinen ewigen Dank schriftlich zu versichern und wo= möglich am selben Tage in öffentlicher Kneipe die= selben niederträchtig zu verleumden. Daher cursirten denn über ihn Briefe früherer Freunde, wo von fauliger Corruption und gemeiner Bauernfängerei die Rede war. Er log wie gedruckt, erfand Gerüchte, die ihm be= liebten, und wußte von Jedermann irgend ein schauerliches Geheimniß. Seine nervöse Brutalität siegte manchmal über seine Falschheit und dann brach er plötzlich unver= muthet Krakehle vom Zaun — sobald der Betreffende ihm aber energisch entgegentrat, wich er feige zurück. Ebenso suchte er, sobald ihn die Umstände irgendwie dazu zwangen, sich wieder an die Leute anzudrängen, mit denen er gerempelt hatte. Er that dies aber auf eine höchst seltsame Manier, indem er versteckte oder offene Dro=

hungen einfließen ließ, welche in solchem Fall mühelos
als Erpressung gedeutet werden konnten.

„Wenn man aber alledem gegenüber sein fabelhaftes
Moralgefühl und seinen Brustton der Ueberzeugung
erwog, so fiel einem die bekannte Scene aus dem Drama
„L'Etrangère" von Dumas ein, wo der Yankee plötzlich
ruhig dem Herzog bemerkt: „Nach allem, was Sie mir
da vertrauensvoll mittheilen, muß ich schließen, daß Sie
ein Schurke sind. Und das wunderbarste dabei bleibt, daß
Ihnen das noch Niemand gesagt zu haben scheint!!"

Leonhart hatte in gleichmäßig eisigruhigem Ton diese
kaltblütigen Degenstiche verabreicht, während die Züge
des Delinquenten, der die Prozedur über sich ergehen
lassen mußte, sich mehr und mehr verzerrten. Seine
Hände zitterten, seine Gesichtsfarbe spielte ins Aschgraue
— — jetzt sprang er plötzlich mit einem unartikulirten
Wuthschrei auf und griff mit der gespreizten Hand krampf=
haft in die Luft. War es Zufall, war es bewußte
Absicht, — seine Finger umkrallten den Griff des Brot=
messers, das im Brotkorbe auf dem Tische lag. Wie von
dämonischem Instinkt elektrisch durchzuckt, hob er es hoch,
die funkelnde Spitze richtete sich schwirrend gegen Leon=
hart, noch ein Moment — —

„Setz Dich!" sagte der Bedrohte mit lauter Stimme
in strengem befehlendem Ton. Er blieb sitzen, aber sein
Gesicht nahm einen furchtbaren Ausdruck an. Sein blau=
graues Auge sprühte geradezu Feuer, seine Stirnfalte
über der Nasenwurzel trat wie mit dem Messer geschnitten
scharf hervor. Wenn zwei Welten in dieser Physiognomie

lagen: ein weicher Gemüthsmensch und ein kaltberechnender Mann der That, so verschwand jetzt gänzlich der Zug wohlwollender beobachtender Kraft und ein ungebändigter, zerstörungswilder Despotengrimm straffte seine Züge.

Langsam stockend, zitterte Schmollers Arm in der Luft; seine Finger lösten sich, als ob der unheilverkündende Blick des Gegners ihnen die Spannkraft aus den Sehnen sauge — klirrend fiel das Messer zu Boden. Wie mecha= nisch machte er einige Schritte vor= und rückwärts mit schlürfendem Tritt, dann sank er auf seinen Stuhl mit einem dumpfen Knurren.

So schleicht der Tiger, der zum jungen Löwen in den Käfig gesperrt, mit unheimlichem Fauchen und knur= rendem Heulen um diesen her, als wolle er ihn von hinten anfallen, und verkriecht sich, erstickt von ohnmächtiger Wuth, in die Ecke, sobald der gutmüthige Löwenblick sich auf ihn richtet. Der Zuschauer begreift es kaum, worin die siegesssichere Ueberlegenheit des kaum flüggen Löwen= bengels besteht, denn der schreckliche Tiger scheint ihm an Stärke weit überlegen. Und doch reißt der Löwe bei der Fütterung die ersten Stücke an sich und scheucht das hung= rige Ungeheuer in unfreiwillige Geduld zurück. Ist's ein Naturinstinkt, der den König der Thiere freiwillig an= erkennt, so wie der Löwe selbst vor dem festen Blick eines Menschen, der keine Furcht verräth, sich ehrerbietig seitwärts trollt?

Eine tiefe Pause trat ein. Ein Kellner, der sich neugierig gezeigt hatte, zog sich befriedigt zurück.

„So muß es kommen,“ flüsterte Leonhart nachdenklich.

„Siehst Du, wie Deine Lippen zucken! Vom Größenwahn zum Verfolgungswahn und von da zum Verbrechen — das ist eine logische Stufenleiter."

„Ich — wollte — nicht —" murmelte Schmoller.

„Schweig! Du wolltest es," schnitt ihm Leonhart barsch das Wort im Munde ab. „Ich finde das auch ganz begreiflich, nachdem ich Dir die Wahrheit einmal so gründlich gesagt. Wer weiß, ob Du mir nicht noch mit Knüppel oder Pistole auflauerst, um Deinen wüthenden Haß an mir zu kühlen, weil ich Dir die Biedermanns=larve herunterriß!"

Schmoller schnappte ein paar Mal nach Luft, als ersticke ihn rasende Wuth. Dann lachte er heiser und gezwungen auf: „Pah, das Alles ist ja doch nur fauler Mumpitz! Du bist ein unreifer Narr und hast noch nicht ins Leben hineingespuckt."

„Ei! Da wir doch einmal bei der letzten Aussprache sind, — davon hast Du ja freilich keine Ahnung, daß Du mir eigentlich stets eine komische Figur gewesen bist mit Deinem drolligen Größenwahn prahlender Weltkennt=niß. Was weißt Du denn überhaupt vom Leben, was hast Du von der Welt gesehn? Nichts. Das kleine Fleck=chen Berliner Lebens in unteren und mittleren Schichten! Das spricht ja gerade für Deine große Begabung, daß Du so glänzend schilderst trotz Deiner geringen Lebens=erfahrung!"

Schmoller fuchtelte wie außer sich mit den Händen in der Luft. „Ich keine Lebenserfahrung!" Seine Stimme schnappte fast ins Weinerliche über. „Und das sagt mir

ein Mensch, welchen der treffliche Wurmb noch neulich
ohne Namensnennung als „kindsköpfigen Wicht" brand=
markte!"

Leonhart lachte herzlich und trank sein Seidel leer,
indem er sich erhob und den Hut aufsetzte. „Früher
schrieb mir Wurmb, es werde noch eine Zeit kommen,
wo ich an seine aufrichtige Freundschaft glauben würde!
O ich kenne den heuchelnden Tückebold! Früher nannte
Dich der Bombastus Furiosus eine talentlose Bestie und
beklagte mein Eintreten für Dich — jetzt aber hast Du
wahrscheinlich irgend einen Schusterle=Streich verübt
und auf einmal schmeichelt Dich Wurmb an, bloß um
mich herabzusetzen. Denn all diese ehrsamen Menschen
haben ja lediglich persönliche Motive. — Aha, Du
lächelst. Ja, sie loben oder tadeln je nach dem es
ihnen paßt. Sie sind weit entfernt von jener wahren
Freude an der Kunst die die Gerechtigkeit, auch gegen
den Feind, zur innersten Nothwendigkeit macht. Diese
armen Tröpfe blähen sich auf in dem Größenwahn:
Talente ein= und absetzen zu können. Sie verspüren
das Walten des Weltgeistes nicht, der eine immanente
Gerechtigkeit zum unabänderlichen Gesetz erhebt. Es ist
unmöglich das wirklich Gute dauernd zu schädigen und
das Schlechte zur Herrschaft zu bringen. Es fehlt ihnen
der Glaube an den ewigen Sieg der Wahrheit, sie
glauben nur an sich selbst und vertrauen ihrer After=
weisheit.

Mit Collegen verkehre ich nur auf zehn Schritt

Distance. Willst Du mir aber mit dieser Thatsache zu=
sammenreimen, daß Du und Deinesgleichen über mich
schwatzen, als hättet ihr sozusagen an einer Nabel=
schnur mit mir gelutscht? Wie darfst Du Dich erfrechen,
über meine Welt= und Lebenserfahrung zu urtheilen,
als wäre ich ein kleines Kind? Hast Du denn auch
nur eine entfernte Ahnung von den Erlebnissen meiner
Vergangenheit? Wärest Du nicht selbst ein unreifer
Schreihals — ja, zucke nur! —, den sein Größenwahn
verblendet, so müßtest Du logisch folgern, daß ein
Mensch, der halb Europa kennt und überall in tausend
höhere Lebenskreise schaute, von denen Du nicht mal
eine Vorstellung hast, wohl eine Fülle von Selbsterlebt=
heit aufspeicherte, wie wenige Andre.

Aber es ist die alte Geschichte. Wer wirklich viel
erlebt hat, der schweigt, weil die Masse der Erinner=
ungen ihn erdrückt und er gar nicht wünscht, über seine
vielen Erfahrungen sich auszuschwatzen. Am meisten mit
ihrer Lebensweisheit prahlen jene, die sich im äußer=
lichen praktischen Leben herumtreiben, weil sie als
Geschäftsmann mit allen Sorten von Handels= und
Schwindelsbeflissenen zusammenkamen oder, wie in ple=
bejischen Kaufmanns= und Judenkreisen üblich, den Cham=
pagner=Weltmann spielen; oder weil sie die Arbeiter=
verhältnisse und alle Spelunken kennen. Dadurch, daß
man an der Börse spielt oder an einer Dampfwalze
dreht, wird man noch kein vereidigter Lebenskenner! Frißt
solche alberne Anschauung weiter um sich, so wird man

nächstens die Lokalreporter als realistische Meistersinger preisen! Auch ein Größenwahn, diese angebliche Welterfahrung in beschränktem Zirkel! — — Doch genug. Die Beleidigung, welche ich Dir ins Gesicht schleuderte, ziehe ich hiermit in aller Form zurück, indem ich meine subjektiv einseitige Darstellung widerrufe. **Denn wer kennt die Motive und Verhältnisse des Andern genau!"**

„Schreck, laß nach! Der ist nicht von schlechten Eltern." Schmoller trommelte mit den feisten Fingern auf dem Tisch. „Sonst hätt' ich Dich auch wegen Ehrverletzung gerichtlich belangt!" Er pfiff die Melodie:

„Du bist verrückt, mein Kind."

. . . Auf dem Heimwege traf Leonhart, der halb Berlin kannte, ein originelles Pärchen. Der große Verleger und Börsenspekulant, Hauptmann der Landwehr Dr. Sternbaum, kam soeben von einer offiziellen Feierlichkeit, von oben bis unten mit Orden bedeckt. Mit sich schleifte er seinen Adjutanten, den famosen Lokalreporter Reichsfreiherrn von Dattrich, welcher das opulente Festessen als gastronomischer Kenner beschreiben sollte. Er erhielt dafür stets von dem betreffenden Traiteur mehrere Kisten Kaviar und Trüffelpasteten ins Haus geschickt, wie denn seine stilvolle Zimmereinrichtung mit Gobelins, Smyrnaer Teppichen und geschnitzten Möbeln ihm auf ähnliche Weise von der dankbaren Mitwelt gestiftet wurde.

„Da ist ja mein alter Freund Leonhart!" brüllte Dattrich. „Comment vous-portez-vous?"

„Mäßig, es macht sich."

„Lächerbar! Alle Tage wird dieser Mensch berühmter. Wieder ein Dutzend Bücher ausgespieen? An jedem Finger ein Federhalter festgebunden! Sehen bleich aus, junger Mann. Wohl zu viel geschwiemelt. Jaja, in Ihrem Alter legt man den Hauptwerth auf gut Lieben, in dem meinen auf gut Essen und nachher hier im Alter meines verehrten Prinzipals bloß noch auf gut Verdauen."

„Ach bleiben Sie bei sich, Herr Baron!" schnarrte der Landwehrhauptmann. Er hatte heut wieder mal zum 101. Mal seinen Trinkspruch auf „Unsern allergnädigsten Kaiser, König und Herrn" gestiftet und strahlte noch vom Gefühl seiner Wichtigkeit. „Wäre auch gut, wenn Sie sich selbst lieber den Fleiß Herrn Leonharts zum Muster nähmen. Gestern wieder gar nicht auf der Redaction gewesen, wie zu meinem Mißfallen vernahm." Die beiden Herren hatten sich offenbar schon gezankt und Dattrich torkelte hin und her, angetrunken. So beugte er sich denn in diesem indiscreten Zustande zum Ohr seines Prinzipals nieder und flüsterte feierlich drei Worte bedeutungsschwer: „Ruhig, Alter! Zuchthaus!!" — Das frechbrutale Gesicht des Börsenspekulanten und Verlegers verzerrte sich zu einem verlegenen Grinsen und er schielte Leonhart an, ob Der vielleicht gehört habe. Dann lenkte er ein. „So so, liebster Baron, Sie waren leidend. Jaja, schonen Sie sich!"

„Zu Befehl, Herr Hauptmann! Adieu, Dichterfürst!" — Die wandelnden Thermometersäulen (beide hatten allzuviel Quecksilber im Leibe) schwankten dahin.

Elftes Buch.

I.

Leonhart starrte auf die Zeitung. Ja, dort stand es wirklich:

„Am nächsten Sonnabend wird nun endgültig im ‚Deutschen Theater‘ in Scene gehn ‚Die Meeresbraut‘, Drama in fünf Akten von Xaver Graf Kraftinik. — Die Ausstattung wird alle Welt überraschen. Die Pracht der venetianischen Kostüme und Dekorationen übertrifft noch die Leistungen der Meininger in Byrons ‚Marino Falieri‘. Herr Friedmann spielt die prachtvolle Rolle des Admirals Moncenigo, Frl. Geßner die der Katharina Kornaro. Herr Kainz wird den König von Cypern, Herr Sommersdorf die ergreifende Gestalt des jungen jüdischen Rabbiners Ben Israel verkörpern. — Eingeweihte behaupten, daß eine neue Epoche des Dramas mit diesem Abend anbrechen werde. Der große realistische Stil des Geschichtsdramas, den der junge Goethe und der junge Schiller suchten, ist hier gefunden, wie unsre

10*

Gewährsleute versichern. Auch sollen sich Scenen von grabezu überwältigender Schönheit in diesem Erstlings= werk eines großen Dramatikers finden. — Nun, das läßt sich ja an, als ob unserem Berliner Shakespeare Herrn v. Albers, der mehr und mehr für das naive Volks= theater der Vorstädte zu arbeiten scheint, ein gefährlicher Rivale erstanden wäre, der im Voraus gesiegt hat. Der gräfliche Dichter, welcher schon durch seine herrlichen Gedichte so sehr in Mode kam, dürfte demnach einem großen Triumphe entgegengehn."

Leonhart warf das Zeitungsblatt auf den Boden und sich der Länge nach aufs Sopha. Ein krampfhaftes Lachen schüttelte sein Zwerchfell. Er lachte sich einmal gründlich aus über die Posse des Lebens.

So war es denn also wirklich gelungen. Nun galt es das Weitere abzuwarten.

Vor einigen Monaten hatte Leonhart einen Brief aus Venedig, der alten Residenzstadt malerischen Farben= sinns, erhalten. Kein Geringerer als jener große Ver= schollene, der lyrische Tenorist Francis Henry Annesley, beehrte ihn von dort mit einem längeren Handschreiben. Den Anlaß dieser überraschenden Kundgebung bot die seit Kurzem erschienene Anthologie realistischer Lyrik, welche auf Annesleys Kosten von Erich von Lämmerschreyer herausgegeben wurde und zu welcher Leonhart ebenfalls Beiträge beisteuerte. Zwar hatte Francis Henry weiblich den Krämpfen neidischer Großmannssucht gegen den un= angenehmen Niederdrücker Luft gemacht und über Leon= hart eine Reihe anonymer Recensionen geschmiert, des

Inhalts, daß dieser eigentlich kein Dichter, sondern ein „Denker" sei — ein Titel, gegen den die Dichterlinge unsrer Zeit bei ihrer schrecklichen Gedankenarmuth eine besondere Animosität nähren. Allein, da ihm Leonharts Einfluß doch unumgänglich für Förderung seiner Interessen nöthig schien, erklärte er plötzlich diesen „Volldichter" für „eine zum Höchsten berufene Natur". In diesem Sinne schmetterte er ihm auch jenen überschwänglichen Brief aus Venedig, worin er vor allem bat, sein neuestes Werk: „Cypressen", symphonischer Cyklus für Kammermusik von Gregor Waschuppsky (Opus 22)" in allen zur Verfügung stehenden Blättern anzupreisen. Sodann sprang er auf die Anthologie seines Freundes Lämmerschreyer über und bat die Beiträge des p. p. Haubitz und Edelmann zu vermöbeln, da diese undankbaren Zigeuner ihm angeblich schon 5000 Mark Pumpgebühren gekostet hätten. Nach diesem reizvollen Thema kam er auf Venedig zu sprechen, da er in dem Palazzo, wo Richard Wagner gestorben, wohne und den Geist des todten Meisters in sich ein- athme. Er versuchte dann in unbeholfener Weise Venedig zu schildern, blieb aber bei den Blumenmädchen von San Marko hängen und erprobte einige Genialitätsallüren, indem er das liebliche „bona sera" gefälliger Freundinnen und sich daranschließende nächtliche Gondelfahrten schil= derte. Der Stil und die Handschrift verwirrten sich zusehends, unvermittelte Cynismen sprengten sich ein und der ätherische Jünger der heiligen Cäcilia verbreitete sich über gewisse Stühle in Italien. Diese seien von Marmor, aber so niedrig, daß Niemand sich darauf setzen könne.

Daher die Unreinlichkeit. Dies sei die wahre Völker=
Psychologie, vom Standpunkt des Verdauungsthrones
aus — —

Hier brach der Brief plötzlich ab, der dem Psychiater
vielleicht ein interessantes Dokument geboten hätte, und
es folgten einige Zeilen von fremder Hand. Die Tante
Annesley's hatte nämlich die Nachschrift darunter gesetzt:
Sie sende den nicht ganz vollendeten Brief, für den bereits
das beschriebene Couvert dagelegen habe, da sie aus dem
Inhalt ersehe, es handle sich um wichtige künstlerische
Dinge. Sie bäte den unvollkommenen Zustand des
Schreibens zu entschuldigen, da ihr unglücklicher Neffe,
urplötzlich wiederum von einem Nervenleiden befallen, in
einer Kaltwasserheilanstalt Linderung suche u. s. w. — —

Leonhart zuckte mitleidig die Achseln. Zugleich aber
fühlte er, wie diese verworrenen Andeutungen über Venedig
ihm das Bild der Lagunenstadt mächtig vor Augen
bannten, so daß es seine Phantasie nicht wieder losließ.
Am andern Tag verschaffte er sich Daru's Geschichte von
Venedig aus der kgl. Bibliothek und vertiefte sich darin.
Immer mehr wuchs und reifte in ihm der Gedanke, ein
paar bronzene Charakterköpfe aus der venetianischen
Staatsgeschichte herauszuschneiden.

Bald darauf war er von Xaver Krastinik bei einer
merkwürdigen Beschäftigung überrascht worden. Dieser,
geräuschlos eingetreten, fand seinen Freund über allerlei
Karten und Mappen gebeugt, einen Zirkel und Nadeln
mit farbigen Knöpfen in der Hand, ringsumher selbst=
gezeichnete Pläne und Tabellen mit allerlei Berechnungen.

„Zum Teufel! Was machen Sie denn da?" rief der Ex-Militair erstaunt, nachdem er einen scharfen Blick auf all diese Gegenstände geworfen.

„Ich — ich —" Leonhart suchte verlegen die Sachen zusammenzupacken, Jener hinderte ihn aber daran. Mit sachkundigem Blick griff er einen Hauptplan auf:

„Wollen Sie mir einmal erlauben? Was seh ich da! Das sind ja seltsame strategische Studien. Wie sie wissen, war ich früher ein sogenannter „gelehrter" Militair. Die Sache interessirt mich und ich verstehe 'was davon."

Leonhart verbeugte sich stumm und ging langsam auf und ab, die Hände auf dem Rücken gekreuzt, in tiefem Nachdenken.

Krastinik schwieg ebenfalls lange Zeit, indem er die Pläne verglich, die Tabellen zu Rathe zog und mehrere sauber geschriebene Papiere durchlas, die schematisch geordnet und „Dispositionen" überschrieben waren. Plötzlich drehte er sich um und fragte:

„Sie waren auf keiner Kriegsschule?"

„Nein."

„Sie treiben diese heimlichen Studien auf eigene Hand? Wer brachte Sie darauf?"

„Meiner Treu, Niemand. Es rumorte in mir seit frühster Jugend."

„Nun, dann ist das wieder eins jener Wunder des Genies, die unerklärlich bleiben. — Warum ergriffen Sie nicht die militairische Carriere?"

„Warum verließen Sie dieselbe so früh?"

Krastinik biß sich auf die Lippen und starrte finster

vor sich hin: „Wohl wahr. Sie taugen auch gar nicht
zum Offizier, in keiner Weise. Würden bald wegen In=
subordination entlassen oder schössen sich eine Kugel vor
den Kopf. Selbst wenn die Möglichkeit vorhanden wäre,
daß Sie Ihre Begabung je ausnutzen könnten, wozu
doch ein Oberbefehl gehört, müßten Sie darüber alt und
grau werden. Sie, ein so ungeduldiger Feuerkopf! Ja,
unmöglich. Traurig! Sie haben Ihren Beruf verfehlt,
hätten in den Generalstab gemußt."

Leonhart schüttelte den Kopf. „Ich zweifle. Auch
das würde mir nichts nützen. Ich gehöre zu Denen, die
nur an erster Stelle commandiren können oder gar nicht.
In irgend einer Ausnahmezeit wäre ich vielleicht 'was
geworden, wie der Ackerbürger Cromwell und der ver=
hungernde Bonaparte. Aber an so etwas darf man nicht
denken. ‚Der Mann seines Schicksals sein' — jaja, wenn
das Glück so nachhilft! Der Corse hatte gut reden! Mein
Schicksal ist zu schweigen und zu dulden."

„Aber darin liegt etwas Unerträgliches, eine Infamie
des Schicksals!" Krastinik gerieth in ordentliche Aufregung.
„Ich wiederhole, ich verstehe genug davon, um zu erklären:
Sie sind ein geborenes strategisches Genie. Und wenn
Sie das nicht wären, hätten Sie ja wohl nicht von
Jugend an sich heimlich mit Dingen beschäftigt, die Sie
ja gar nichts angehn und Ihnen keinerlei Nutzen
bringen."

„Wohl möglich. Aller psychologischen Logik nach,
müssen Sie wohl recht haben. Allein, was ändert das!
Hier ist der Lessing'sche Unsinn von dem „Rafael ohne

Arm" einmal anwendbar. Rafael ohne Arme ist eben
gar kein Rafael; aber Rafael, der zu Grunde geht, weil
ihm Niemand Bilder bestellt, da steckt der Knoten! O
diese Tragödie, die furchtbarste des Menschenlebens, der
Kampf des Genius mit der Welt! Dem Erfinder ver=
sagt man das Geld, um es an Uniformknöpfe zu ver=
geuden, oder steckt den Erfinder der Dampfmaschine ins
Irrenhaus als Ideologen, wie Napoleon dies fertig brachte.
Kolumbus erbettelt sich kaum ein paar wacklige Nußschalen
für eine weltumgestaltende Großthat. Natürlich! Der
Geniale, dessen Intuition kraft göttlicher Eingebung mit
eins die innere Wahrheit der Dinge erschaut, wird von
der blöden Unfähigkeit der Weltautoritäten nach seiner
amtlich patentirten Beglaubigung gefragt. Ja, die kann
er nicht vorzeigen! Cromwell, das geborene Staats= und
Feldherrngenie, kann sich nur als schlechter Landbauer
ausweisen, Kolumbus hat gar kein naturwissenschaftliches
Doctordiplom hinter sich, Shakespeare vermochte nicht
einmal Gymnasialstudien obzuliegen. Was nun? Was
fängt die Welt mit einem solchen Größenwahnsinnigen an?
— Jajaja, Größe und Größenwahn, wer soll die recht
unterscheiden! Der Alchymist, der den Stein der Weisen
fand, spöttelte gewiß über die Narrheit des Kopernikus.
Und wenn ein Conquistador in erhabener Liebessehnsucht
nach einer jungfräulichen neuen Welt sich sehnt, so lacht
gewiß die kindsköpfige Liebessehnsucht eines Ritters nach
einem schönen Weibe über solche Phantasterei. — Das alles,
lieber Graf, ist alt wie die Welt, alt wie die Welt. Wa=
rum sollte ich glücklicher sein, als meine Altvordern?"

„Nein und abermals nein!" Kraſtinik hob heftig
beide Arme empor und ſchüttelte ſie. - „Das kann nicht
ſo geduldet werden. Sie Genie-Ungeheuer Sie! Wer
das ruhig mit anſieht, wie Sie hier bleicher und bleicher,
ſtiller und ſtiller hinſiechen auf Ihrer einſamen Klauſe
— ich habe Sie faſt niemals lächeln geſehn —, Der
macht ſich derſelben Todſünde ſchuldig, wie das Geſindel,
das Sie begeifert. Die oberflächliche Mittelmäßigkeit ſich
auf dem Markte blähend — der hohle Gemeinplatz-Bum-
bum eines Phraſendreſchers wie dieſer Alvers als Hohe-
prieſterthum des hehren Idealismus weiheſtänkernd —
und Sie, der Berufene, immer noch ins Hintertreffen
gedrängt, weil Sie kein geſchniegelter Süßholzraſpeler
und Ihre Werke zu hoch ſind für den dummen Leſe-
pöbel — — es krampft Einem das Herz zuſammen! Das
iſt die Sünde, welche nimmer vergeben wird, die wider
den heiligen Geiſt."

„Und grade dieſe begeht doch die Welt am häufig-
ſten," ergänzte Leonhart ruhig. „Lieber Graf Kraſtinik,
Sie ſind der erſte anſtändige Menſch, den ich im Leben
getroffen habe. Sie ſind der Einzige, der die jämmerliche Eitelkeit dem Höheren gegenüber, ſolange dieſer nicht
durch äußeren „Erfolg" gefeit iſt, und den kleinlichen
Neid in ſich bezwang. Seien Sie ſtolzer darauf, als wenn
Sie eine Batterie erſtürmt hätten! Aber laſſen Sie
mich ruhig verbluten, mir iſt nicht zu helfen, weder ſo
noch ſo. — Sehn Sie hier dieſe Briefe über mein Drama
‚Die Männer von Appenzell'. O unſere Theaterdirek-
toren, dieſe Rotte von Verbrechern am heiligen Geiſt!"

Da hatte der Eine nach persönlicher Rücksprache
mit dem Autor denn doch entdeckt, daß dem Stücke der
geeignete dekorative Hintergrund fehle. Ein andrer
beklagte den schnöden Realismus, ein andrer den abge=
standenen Idealismus des Werkes. Einer konnte es aus
Rücksicht auf sein Hoftheater, ein Andrer aus dito Rück=
sicht auf sein liberales Publikum nicht aufführen. Und
doch war das Drama weder conservativ noch liberal,
weder idealistisch noch realistisch, sondern einfach erhaben,
schlicht und groß. Es behandelte den heldenhaften Frei=
heitskampf der Appenzeller gegen Oesterreich und die
ganze Ritterschaft des Rheingaues und Tyrols unter dem
Florian Geyer dieses Bauernkrieges, dem wackern Gra=
fen Werdenberg, der seinen Titel ablegte und brüderlich
den Bauernrock anzog. Mit herzerwärmender Frische
und Kraft war die naive Begeisterung des Alpenvölkchens
geschildert, das nach Niederwerfung aller vornehmen
Feinde zu Haus von seinen Bergen ins Deutsche Reich
einfällt, um die Welt zu befreien — die Welt, von deren
Größe sich solche Herzenseinfalt recht nebelhafte Begriffe
macht. Mit ergreifender Wehmuth entwickelte der Dich=
ter dann, wie diese naive Sehnsucht nach Menschenver=
brüderung sie immer weiter vom Pfad der Weltklugheit
und auch des Rechts verlockte, bis die Männer von
Appenzell, welche die ganze Menschheit verbrüdern wollten
sich um schnöde Beute zankten und ihrem Bruder Wer=
denberg mit Undank lohnten, so daß endlich doch die
selbstsüchtige Bauernnatur zum Vorschein kam.

Ueber diese Dichtung, die wie von Alpenzinnen

aus menschliches Recht und Unrecht mit milder Ruhe überschaute, hatte der Dramaturg eines Hoftheaters sich weisheittriefend verbreitet: „Sollten hier am Ende sociali= stische Umtriebe in dichterischer Gewandung vorliegen? Man erkennt gar wohl, wohin der Herr Verfasser zielt," und so ging der Gallimathias drei Seiten lang fort.

Aber als nun Krastinik tobte und wetterte bei Lec= türe dieser Briefe, da trat Leonhart nahe an ihn heran und fragte ihn: „Nun wohl, wollen Sie mir wirklich vorwärts helfen? Sie können es. Ich hätte da wohl eine Bitte .."

„Ist schon erfüllt. Befehlen Sie über mich! Wir wollen doch mal sehen, ob man diesen Schweinepriestern nicht irgendwie auf den Pelz klopfen kann."

„Nun wohl, so hören Sie." — — — — — —

II.

Bei dem gefürchteten Rhadamanthys, dem „vor= nehmen" Kritikus des „Bunten Allerlei", war eine illustre Gesellschaft versammelt und genoß zu einer Punschbowle die Orakel des Gastgebers. „Man be= merkte" zuvörderst Ihn selbst, den Lord = Protektor und Pfadfinder großer Geister, Doktor Gotthold Ephraim Wurmb, mit seinem mieselsüchtigen Pfaffengesicht. Ferner den feinsinnigen Eklektiker Luckner (nicht zu verwechseln mit dem Interieur=Maler gleichen Namens, den Rother kannte), eine kleine behende Persönlichkeit mit listig funkelnden Philologenäuglein voll einer gewissen bos=

haften Pfiffigkeit. Er trug immer einen glattgebürsteten
Cylinder und gelbe Handschuhe, und spendete den Dienstmädchen Handdrücke wie ein Gentleman. „Man bemerkte"
neben ihm den ebenfalls feinsinnigen Eklektiker Adolf
Gutmann, auch der „Scheene Adolf" genannt, da er sein
holdes Bildniß mit Vorliebe vor seine Buchfabrikate zu
setzen pflegte. Ob sein großer Kopf auf seiner kurzen
dicken Figur grade so schön wirkte, mußte man edeln
Frauen zu beurtheilen überlassen. Jedenfalls konnte
man seinem schwarzen wallenden Barte eine ansehnliche
Länge nicht absprechen, um welche ihn zwar nicht Barbarossa, wohl aber Erzvater Abraham beneidet haben
möchte. Mit diesem stand er ohnehin auf gutem Fuße,
denn er lebte wie in Abrahams Schoß. Moses und
die Propheten waren ihm hold, obschon er viel über sein
Elend zu klagen hatte. Denn sein Vater und sein
Schwiegervater lebten alle Beide noch und erst nach deren
Tode wurde er dreifacher Millionär. Bis dahin aber
mußte sich der arme Teufel mit seiner halben und der
andern halben Million seiner Gattin begnügen. Aus
berechtigtem Groll über solch dürftige Lage schrieb er
gar weltschmerzreiche Poemata und wünschte sich oft den
Tod, angeekelt von der Niedrigkeit der Welt. Wenn er
von 50 Zeitungen besprochen wurde, jammerte er, daß
die 51te fehle, und stellte die kühne Behauptung auf, er
habe ja nur Feinde und keinen Freund auf der Welt.
Böse Menschen versicherten, wenn er über seinen Noth-
zustand klagte und nur für hohe Honorare schreiben
konnte, daß ihm auch wirklich die Litteratur jährlich ein

kleines Vermögen koste. Doch war dies Verleumdung,
da er als früherer Börsianer (er machte erst seit seinem
35ten Jahre in bedruckten Papierchen) viel zu viel
filzige Geschäftsklugheit besaß. Seine besondere Speziali=
tät bestand in Cigarrenbehältern und Aschbechern,
auf deren Grund rothgedruckt stand: „Gutmann, Peſſi=
mistische Novellen", eine funkelnagelneue Art von Reclame,
um deren Patentrecht ihn Barnum behufs Importirung
nach Amerika ersucht haben soll. Daß er natürlich seinen
Abscheu vor aller Reklame und vorlautem Vordrängen
bei jeder Gelegenheit kundgab, wußte Jeder zu würdigen.
Uebrigens war er ein sogenannter guter Kerl und flößte
den Eindruck einer gewissen Bonhommie ein. Freilich
durfte man nicht tiefer auf den Grund gehen; dann kam
ein gehöriger Berechner heraus. Auch fehlte es ihm
nicht an bedeutendem Giftvorrath, den er ohne Namens=
nennung (da er natürlich nie den gemeint hatte, der sich
getroffen fühlte) mit vieler Gewandheit zu verspritzen
wußte. Wenn er sich übrigens über die Welt beklagte,
so hatte er in gewissem Sinne nicht Unrecht. Denn
theils in Folge des üblichen Neides auf seine günstigen
äußeren Verhältnisse, theils aus Erbitterung Jener, die
ihn erst später in seiner Eigenart kennen lernten, ver=
schwor man sich allerorts, ihn für einen stümpernden
Dilettanten auszuschreien. Gab doch seine komische Eitel=
keit erwünschten Anlaß, sich über ihn lustig zu machen!
Lobte ihn eine Zeitung, so mußte dies durchaus auf
irgendwelche Bestechung hinauslaufen! Der immer gerechte
Leonhart hatte jedoch dies niemals zugegeben, sondern

stets Esprit, Wissen, Form= und Stilbegabung, ja sogar
wirklichen Gedankengehalt (etwa wie bei den zwei süd=
deutschen Vettern=Didaktikern, den Grafen Oskar und
Fridolin Scheckwitz) an ihm gerühmt. Doch warf er
Gutmann selbst die offenherzigsten Grobheiten an den
Kopf und führte ihm zu Gemüthe, daß ihm alle und
jede Ursprünglichkeit fehle. Die Andern tranken sein
Bier, rauchten seine echten Havanas und erklärten ihn
einstimmig für die eingebildetste Null des Jahrhunderts.
So geht's in der Welt. Wenn der arme Adolf Arthur
Alfred (er verfügte über drei Vornamen zur beliebigen
Auswahl) Gutmann sich für einen verkannten großen
Dichter hielt, so verdiente das nur ein Lächeln. Wenn
er sich aber für ebensogut und sogar für besser
hielt, als viele großspurige Rhodomonteure, die auf ihn
herabsahen, so vertrat er zweifellos die objective Wahr=
heit. Auch verliehen eine gewisse vertrauensselige Kind=
lichkeit und naive Schläue diesem Bandjuden in littera=
rischen Geschäftchen etwas Gewinnendes.

Außerdem waren noch die zwei neuesten Größen
Holbach und Krastinik, und der philosophische Speichel=
lecker Oberst von Dondershausen anwesend. Derselbe
strotzte ordentlich von Biedermannshuberei, die ihm das
glattrasirte Kinn wie Salbungsöl heruntertroff. Seine
Fischaugen glotzten erbaulich wohlwollend in die un=
philosophische Welt hinein. Da er nachher im Hohen=
zollernclub ein kornblumiges Festbardit vortragen mußte,
war er im Frack erschienen und hatte sein ungewöhnlich
reichhaltiges Ordenskettchen angelegt, das ihn als einen

erprobten Streber mit dienſteifriger Handkuß=Vergangen= heit auswies. Er thronte hier hochtrabend mit als Kunſtrichter, da der erlauchte Gotthold Ephraim ſoeben die berüchtigte Anthologie realiſtiſcher Lyrik unter ſeine kritiſche Sonde nahm. Dieſelbe lag, hochelegant in Kaliko gebunden, auf dem Tiſch und ihr Herausgeber, der fett= geſunde Jüngling Erich von Lämmerſchreyer, ſaß mit andächtigem Geſicht davor, wie ein Bußfertiger auf dem Armenſünderbänkchen. Mit der üblichen Gewandtheit, welche die weiheprieſterlichen Kraftbengel des Jüngſten Deutſchland bei Verfolgung ihrer Privatzwecke entwickeln, hatte ſich der Neophyt eilig aus Leonhart's Bannkreis entfernt, nachdem er deſſen Einfluß ausgenützt. Mit be= ſcheidener Zerknirſchung machte er alsbald dem Hohe= prieſter des akademiſchen Idealismus, Gotthold dem Würdevollen, einen Ehrenbeſuch und empfahl die Antho= logie, welche er ſoeben herausgegeben, deſſen unmaß= geblichem Wohlwollen. Aus dem Munde eines ſo hoch= zuverehrenden Mannes würde ihn auch der ſtrengſte Tadel erquicken.

Er kannte halt Ephraim's ſchwache Seite. Dem= gemäß pries derſelbe Lämmerſchreyern ſofort als einen jungen Mann von reinen Sitten und lauterer Geſinnung, der ſich von dem Größenwahn der Andern frei halte. Auch lud er ihn zu der kritiſchen Sitzung ein, die er über die tragikomiſche Lyriker=Revolution abhielt. Zu allen Urtheilen ſagte Erich der ſtilvolle Schwerenöther demüthig Ja und Amen.

Die wunderſame Anthologie lautete:

Vorrede.

Auf dem Kreis der hier versammelten Dichter beruht die Zukunft der Menschheit. Erhabener Geist, du hast uns viel gegeben! Wir sind die Erkorenen und rufen dem kommenden Jahrhundert. Man höre und staune. Mit unserer Lyrik befreien wir die altersschwache Welt! Wir sind die Reformation der Litteratur, welche schon unser lieber Genosse Leonhart prophezeite. Noch hat sich aus unsrer Mitte kein Führergenie erhoben, wie Goethe aus der älteren Sturm- und Drangperiode, obwohl wir bereits einen Lenz in Mokamaute und einen Klinger in Haubitz besitzen. College Hartung mit seinen orientalischen Allüren, die sich an Freiligrath geschult zeigen, fühlt sich dem Maler Müller verwandt und in dem strengen Ernst des Didaktikers Edelmann ahnen wir den Herder unsrer Epoche. Wer vermöchte Klopstock'schen Würdeschwung in unserm Freunde Max Henkelkrug zu verkennen! Schiller'sches Pathos athmet in Vielen, auch in unserm gefeierten Dramendichter Herrn v. Albers. Kurz, man dürfte sagen, daß die Rollen vertheilt sind und die thaufrische Blütheperiode einer neuen Klassicität nun losgehn kann. Wie gesagt, nur der Goethe fehlt noch, aber sollte nicht Anno Buchsbaum die Keime eines solchen in sich tragen? Und wenn uns auch Goethe und Schiller versagt blieben, so wird doch hoffentlich unser großer einziger Lessing neu erstehen in unserm Ambrosius Sagusch. Vivat sequens!

Aus Henkelkrug.

Der Weltbefreier.

Der Satan führte mich im Traum
In der Versuchung Bergeswüste
Und zeigte mir den Weltenraum
Sammt allen Schätzen jeder Küste.
Ich lachte in erhabenem Hohn:
„Armseliger, was willst Du schenken?
Zaunkönignestlein — Kaiserthron!
Der Adler soll die Schwinge senken?"

Heil Dir, Du Bogner, Du Lyraschläger,
Du Herr der Dichtung, Du Sonne des Lichts!
Der Weltgesetze bestimmender Träger,
Du Leuchte der Erde durch Nacht und Nichts!
Dein Sohn, der Dichter, er fleht nur Eines:
Stets weile statt welkendem Lorberkranz
Wie Abglanz überirdischen Scheines
Auf seiner Stirne Dein Sonnenglanz!

Du, von meinem Geiste trunken,
Du, genährt von meinem Blut,
Laß mich, in Dein Ich versunken,
Brennen in der Opferglut.
Sei Dein Herz, das flammenschöne,
Meiner Leiden Liebeslohn.
Königin der Berge, kröne
Mich auf Deinem Wolkenthron!

Hei, Pegasus, ins wilde Turnei!
Grimm sei Dein schneidiger Sporn!
Die Schranken der Sitte sprenge entzwei!
Hell schmettre der Freiheit Horn!
Die Geißel des Spottes in linker Hand
Und das Flammenschwert in der Rechten,
Den Popanz Wahn zu Boden gerannt!
Hinaus zum lustigen Fechten!

Fortreißt der Pegasus mich unaufhaltsam.
Auf, Flammen, mögt ihr prasselnd mich umwogen!
Der Ruhe Halfter sprengt mein Geist gewaltsam.
Nun, Myrmidonen, fürchtet meinen Bogen!
Die Sonnenrosse mögen mich zerschmettern.
Sei nur des Brütens Bann von mir genommen!
Der Aar saugt Lebenslust in wilden Wettern.
Verzweiflung und Martyrium, willkommen!

Ein heller scharfer Ton
Durchs Herz der Menschheit bebt,
Wie vor Posaunendrohn
Einst Jericho gebebt.

Ein Schauder wunderbar
Den Glücklichen ergreift,
Wie wenn ein lichter Aar
Ihm seine Locken streift.

Ein wilder Harfenklang
Um Schmerzverdammte schwirrt,
Wie Saite, die zersprang
Zerrissen niederklirrt.

Ein Schrei, vor dem uns graut,
Im Herzen nimmer schweigt,
Wie klagend eine Braut
Sich auf die Walstatt neigt.

Ein Drängen unbekannt
In freien Seelen stürmt,
Wie wenn Gigantenhand
Den Berg zum Himmel thürmt.

Dies Drängen und dies Sehnen
Verläßt die Menschheit nie
In Lächeln nnd in Thränen
Und heißt — die Poesie.

———

Seid ihr hin, ihr schönen Tage
Ohne Plage, ohne Klage,
Wo noch frisch mein Blut,
Wo ich glaubte, niederringen
Könne alles und erzwingen
Stolzer Jugendmuth?

Mann und Greis in früher Jugend,
Ohne Laster, ohne Tugend,
Seltsam war mein Loos:
Bald in kühlen Scheingefühlen,
Bald in der sirokkoschwülen
Leidenschaft Getos.

Jeder Stern ist jetzt verblichen.
Auf der Welt gemeinen Schlichen
Suchte ich Ersatz.
Hab zur Heide mich erniedert.
Doch ich fühle angewidert:
Hier ist nicht dein Platz.

Liebe mag sich mir nun nahen.
Ach, ich kann sie nicht umfahen,
Denn mein Herz ist todt.
Glück und Ruhm sie mögen kommen.
Ach, mir kann es nichts mehr frommen.
Komm Du, grause Noth!

Wir nur passen noch zusammen!
Schüre mir die letzten Flammen
Für ein Lied empor!
Daß mein Zorn Dir, Sclavenherde,
Einmal zugedonnert werde,
Den ich lang Dir schwor!

Doch der Schmerz, der mich gezüchtigt,
Auch mich läutert und mich tüchtigt.
Jede Thränenfluth,
Die mir brannte unvergossen,
In mein stolzes Herz verschlossen,
Stähle mir den Muth!

———————

Sommer ist dahingegangen
Und mein Blut schleicht matter nun.
Gelb und fahl die Blätter hangen
Und des Waldes Sänger ruhn.

Doch des Herbstes Abendsonne
Röther malt den Ahornhain
Und am Rhein in stiller Wonne
Frisch gekeltert perlt der Wein.

Ruhig ſitz' ich beim Pokale,
Ruhig harre ich der Zeit,
Wo die ſatten Rebenthale
Und der Ahornwald verſchneit.

Nach der Jugend Frühlingswärme
Folgt des Alters greiſer Froſt —
Winter, glaubſt, daß ich mich härme?
Stol Dir, Stol im Herbſtesmoſt!

───────

Ob Dir der Jungfrau Scherz
Wie Roſenduft gefalle,
Der verſchwiegene Mannesſchmerz
Gleicht gediegenem Metalle.

───────

Wenn die Sonnenſtrahlen funkelnd
An den Bergesſpitzen haften,
Selbſt den Schluchten, grauſig dunkelnd,
Reiz verleihn ſie, zauberhaften.

Wenn ein Regenſchleier ſchaurig
Dir verbirgt der Sonne Glänzen,
Dann erſcheint Dir trüb und traurig
Selbſt der Matten frohes Lenzen.

───────

Krieg allem Feigen, Schlechten, Morſchen, Alten!
Ich fühle auf der Stirn den Weihekuß.
Mit Arimanes' ewigen Gewalten
Des heiligen Feuers Prieſter ringen muß.

Kampf iſt die Loſung. Mit der Wahrheit Nadel
Durchſtech ich geiſtig Blinden ihren Staar.
Was ficht mich an der Menge Lob und Tadel?
Was ficht mich an Verkennung und Gefahr?

───────

Harold Theopol Mokamante.
Aus allertiefstem Wonneweh. *)

Die dumpfe Dämmrung lastet
Auf meinem Adlergeist,
Seit mein unsterbliches Sehnen
Als sterbliche Liebe kreist.

Es kreist wohl über die Erde
Zur blauen Ewigkeit, —
Der Liebe Strahlenbrücke
Führt über den Schlund der Zeit.

Und floh auch Deine Liebe,
Die meine kann nicht entfliehn.
Und fliehst Du aus dem Leben,
Mir kannst Du Dich nicht entziehn.

Dein Tod zieht nach mein Leben,
Dein Schatten mich dann umschwebt,
Bis mit Deiner süßen Leiche
Für ewig er mich begräbt.

— — — —

Ich will für immer verzichten
Auf jede Unsterblichkeit —
Denn ohne Deine Liebe
Wär sie unsterbliches Leid.

Und kann die Seele lieben
Wie hier im Aetherraum, —
Sie könnte nicht ertragen,
Was hier zu träumen kaum.

*) Ein Theil der Beiträge wurde auf dem Wege zur Druckerei entwendet.
Anmerkung des Herausgebers.

Denn hier auf Erden ist Liebe,
Die nimmer vergeht, ein Traum —
Für die Wirklichkeit des Glückes
Hat keine Seele Raum.

O süß=unsterbliche Wonne,
Für ewig zu enden nun,
Doch ewig Wange an Wange
Im selben Grab zu ruhn!

Nur keine Thränen, keine eitlen Klagen!
Ich werde nie Dich wiederschaun im Leben.
Doch Dich verlierend werde ich Dir sagen:
Ich hatte meine Liebe Dir gegeben.

Alles ist froh und alles ist hold
Vom Grasgrün bis zum Sonnengold.
Die Erde lächelt in Mairegenduft
Und Iris schwingt sich in schweigender Luft.
Und das liebliche Mägdlein bückt sich munter,
Blumen zu sammeln in kunterbunter
Farbiger Reihe zu reizendem Strauß
Und füttert die Sänger im Vogelhaus.

Sehnend streck' ich die freien Glieder,
Jauchze Glückauf in die schimmernde Luft.
Ströme unendlich beseligend nieder,
Neuer Welten balsamischer Duft!

Ein Veilchen, fand ich Dich im stillen Haine,
Sorglos ob je, ein Auge auf Dich fällt.
Doch eine Rose heut im Sonnenscheine
Blühst duftig Du, ein Wunder aller Welt.

Ich lieg im Schooß Dir neugeboren: Als Sohn und Buhlen
Haft Du, Madonna, mich erkoren, mich mütterlich zu schulen.
Den Bund von Frühling und Sommer mag später ein Sprosse krönen,
Auch ich an Deinen Brüsten lag: Zähl auch den Gatten zu Deinen Söhnen.

—

Sprichst Du zu einer Frau: „Sie sind sehr tugendhaft,
Sehr geistreich und sehr weise, vollkommen ganz und gar,
Doch leider — daß doch Gott nichts ganz Vollkommnes schafft! —
Sie sind nicht schön" — sie denkt: „Der Dummkopf, der Barbar!"

Sprichst Du zu einer Frau: „Sie scheinen lasterhaft,
Albern, gemein und dumm, doch dies gesteh ich dreist:
Sie sind sehr schön, Sie reizen des Mannes Leidenschaft" —
Sie denkt: „Der Mensch ist roh, doch hat er wirklich Geist."

Leer sei Deine niedre Stirn,
Jammerst Du, Du dicke Gute?
Ei was thut's, Grisettendirn?
Fülle steckt in Deinem Blute.
Weiter will ich nichts vom Weib:
Volles Herz in vollem Busen,
Treue und gesunder Leib.
Alte Jungfern sind die Musen.

Faul sind wir von Natur in allen Stücken,
In einem Punkt nur fleißig immerdar:
Uns selbst zu quälen will uns immer glücken,
Denn hier sind wir erfinderisch fürwahr.

Es ist ein Tantalusgefühl,
    Zur Sinnlichkeit sich selbst zu treiben,
Doch im Genuß noch nüchtern-kühl
    Und ohne Wonnerausch zu bleiben!

Nicht zähmen die verworfne Gier
  Und deutlichst ihre Folgen kennen
Als wolle man nicht löschen schier,
  Aus Faulheit lieber so verbrennen!

———

Wenn ich in das Lotterbette eile,
  Ist es nur, mich zu verstecken
Vor der Fledermaus der Langeweile,
  Die mich hetzt in allen Ecken.
Ach, es ist nicht mehr der Reiz der Sinne,
Denn ich weiß, was ich dabei gewinne:
Einen Katzenjammer besten Falles,
Einen schnöden Kitzel — das ist Alles.
Wird mein Wille mich denn nie erretten
Von den langgetragenen schweren Ketten?
  Ja, ich thue einen großen Schwur:
  Will mit einem Ruck sie zerreißen,
    Tilgen jedes Sündenbrandmals Spur
Und den innern Moloch von mir schmeißen.
Liebe war es oft, die mich verführte
Und mit Leidenschaft das Herz mir rührte —
Kalt und ruhig blick' ich nun umher,
Keine Liebe kann mich locken mehr.

———

Es leuchtet in meines Innern Haft
  Die Central=Seele der Welten.
Doch auch die Flamme der Leidenschaft,
  Sie lodert daneben — was hilft das Schelten?

———

Vom Herbstwind eine Frühlingsblum' geknickt
  Sahst Du noch nicht?
Dein Auge leicht dies Phänomen erblickt:
  Mein Angesicht.

———

Elender, sieh Dein Bild in diesem Spiegel!
Die Lippe blaß, die Stirne düster!
Ehrloser Lüste und des Grames Siegel
In jeder Falte ausgeprägt.
Ach! Meiner Sünden Leiden trägt
Dies Antlitz, wüster, immer wüster.

———

Ich dämmte in mir meiner Liebe Fluth
Und barg voll Muth die innerliche Gluth
Und widerstand den Augen, die mich riefen:
„Was zauderst Du? O laß den Blick, den kalten!
Soll ich vor Dir denn noch die Hände falten?"
Die Zweifel, Zorn und Kummer, die schon schliefen,
Weckt' ich aufs neu, um mich ihr fern zu halten.
Denn so nur in dem selbstgeschaffnen Leid
Konnt' ich das Werk vollenden, das ich plante:
Die Zukunftsschöpfung meine Seele ahnte,
In der mein Gram ward zur Unsterblichkeit.

———

O könnt ich nur einmal die Liebesqual,
Bekennen, mich stürzen zu Deinen Füßen,
Und auf sie drücken das Henkermal
Wuthbrennender Küsse, die Lust zu büßen!

Um Deine Kniee mit heimlicher Gier
Meine Arme brünstig flehend verschränken,
Deine zitternde Hüfte umspannend, zu mir
Deinen wallenden Busen niedersenken.

Und immer weiter tasten jetzt
Auf taumelnder Inbrunst Stufenleiter,
Bis meine lüsterne Lippe zuletzt
Vom Nacken kostet weiter und weiter.

Bis die zarte Wange an meiner lehnt!
O könnt ich das Eis Deiner Keuschheit schmelzen!
Ha, wie der Verschmähung Rache sich sehnt,
Dich schwelgend durch Höllensümpfe zu wälzen!

Paulus Hartung.

Grabesseufzer an Serafina.

Die Perle birgt sich in der tiefen Muschel,
    Brich sie heraus, so stirbt das Muschelthier:
Zur Liebesperle formt sich die Empfindung.
    Doch ach! das Herz es bricht darüber Dir.

O sage nicht, daß dahin Deine Zeit
    Und daß Deine Schönheit zu früh verblüht
Und daß Deine Jugendfreudigkeit
    In der Schwermuth Asche für immer verglüht.
Einst streifte Dein Falkenauge umher,
    Deiner Schönheit Beute suchte es sich.
Nun senkt Dein Blick sich liebeschwer,
    Wie der Taube, die nie vom Neste wich.
Und ist Dein Schritt nicht mehr so leicht?
    Doch kehrte ich aus der Fremde zurück,
Entgegen eiltest Du mir vielleicht
    So schnell, wie früher im Jugendglück.
Und wäre auch Deine Schönheit verblüht,
    Sie blühte weiter im Herzen mir.
Denn ewig bewahrt ein liebend Gemüth
    Die Rose der Erinnerung hier.

Ich möchte stehn, wo wie ein flinker Aar,
Deß Fittich leuchtet in der Sonne klar,
Wie weiße Federn sträubend seine Wellen,
  Herniederstößt vom Berg der Wasserfall,
Bis am Granit die Fänge ihm zerschellen.
Wie Banner Wasserfäulen wehn, die hellen,
Durchwirkt mit Gold, Rubinen und Smaragd,
  Und schmetternd rollt es, wie Drommetenschall,
Wie Pauken wirbelt es in dumpfem Takt,
  Und höher, dichter thürmt sich Wogenschwall,
Als lärme eine Heerschaar von Rebellen
In diesem Höllenschlunde, von Dämonen,
Die mächtig rütteln an den Felsenthronen,
Bis sie sich selbst erobert Sonnenkronen.
Hier möcht' ich stehn an des Verderbens Quellen,
Wo aus dem Abgrund dumpfe Schreie gellen.

Trüb war mein Blick von unvergossenen Thränen,
  Mein Auge noch Dein Auge mied.
Daß Du verbergen wolltest, konnt ich's erwähnen,
  Wenn sanft Du niederschlugst das Lid,
    In Deinem Auge nur den Widerschein
    Verstohlenen Mitleids, das mir galt allein?

Ein Augenblick hat mir Dein Herz erschlossen,
  Zum Tag des Glücks bin ich erwacht.
Auf welke Herzensblumen hat ergossen
  Des Friedens Thau sich über Nacht.
    Als Deine Lippe zitternd mich berührt,
    Ward jedes Leidens Schatten mir entführt.

Und neue Sonne lag in Deinem Blicke.
  Von mir Du fortgezaubert hast
Mit süßer Ueberredung die Geschicke,

Die lange mich verwandelt fast
In eine Mißgestalt, ein Zwitterlein,
Ein falsches Wesen, dessen Kälte Schein.

Doch jetzt fällt ab von mir die feige Hülle
Und ich bekenne laut und frei
All' meiner Liebe Uebermaß und Fülle,
Werf' ab des Stolzes Sclaverei,
Der mich vermummt ins fade Geckenkleid.
Frei will ich nun bekennen Lust und Leid.

Ich bin ein Künstler. Und das wahre Siegel
„Von Gottes Gnaden" ist Dein Mund.
Dein Aug' ist meiner eignen Seele Spiegel,
Ich schaue deutlich bis zum Grund
In der Gefühle Strom, den Quell der Triebe.
Mein Auge schärft der Sonnenstrahl der Liebe.

Daß ich ein Künstler, fühl ich erst durch Minne:
Jetzt springt die Fluth des Himmelsquells,
Den noch verbarg der grobe Staub der Sinne
Und des Verstandes kalter Fels.
Der Muse Gruß ist der Geliebten Lippe,
Und wahre Liebe wird zur Aganippe.

————

Gedanken bleichten Deiner Wange Glanz,
An ihrer weißen Rose zehrt der Gram.
Doch würde Freude oder holde Scham
Umwinden sie mit rötherm Rosenkranz,
Fürcht' ich, daß dieser rauhere Schimmer ganz
Die wahre Anmuth Deinem Antlitz nahm.
Zu früh der Sturm der Leidenschaften kam,
Wollüstig wirbelnd Dich im Lebenstanz.

Der Reue Dorn an Deinen Flüthen nagt,
Der Unschuld Frische ist Dir nicht geblieben,
Nur Liebesthau Dein welkes Herz erfrischt.
Zu brechen ach! Dich meine Hand nicht wagt,
Ich scheue jenen Dorn troß allem Lieben,
Denn Deiner Farben Schmelz scheint mir verwischt.

Wie Moses, der geschaut das heilige Feuer,
Nicht sagen konnte, was er dort entdeckte,
So auch mein Geist für immerdar bedeckte
Meine Gedanken mit der Liebe Schleier.
Eh mögen meine Haare mir erbleichen,
Eh ich bekenne, was ich oft gelitten.
Wohl hast mein Herz Du mittendurch geschnitten,
Doch keine Thräne siehst Du niederschleichen.
Kein Blut so locken dreischneidige Klingen
Aus Wunden, innerlich verblutend, schweren,
Noch Todesblässe sie den Wangen bringen.
Auch Du vermißt in meinem Auge Zähren,
Wenn Deiner Worte Dolche mich durchdringen,
Mein bleiches Antlitz aber sollst Du ehren.

—— · ——

Zwei Sterne waren's und ein Glanz von Rosen,
Weißröthlich als ob Schnee darüber flockte,
Das war's, was in der Liebe Schlinge lockte
Mich schon Erstickenden und Odemlosen.
Ich brenne, brenne. Ströme nicht noch Meere
Verlöschen meine Gluth, doch brenn' ich gerne.
Entzündend mich an ihrem Augensterne,
Aufs neue stets ich weiter mich verzehre.

Ja, wie ein Phönix in die Flamme springe
Ich selber, die an meinem Marke praffen!
O wie viel süßer wäre doch die Schlinge,
Wenn ihre Arme wollten mich umfaffen,
Und glichen fie dem heißen Feuerringe!
Wohl bin ich frei, doch bin ich glückverlaffen.

Todtenlied auf die Geliebte des Kalifen.

Wehe, wehe über diese Todte,
Die der Sturm gepflückt in ihrem Lenze,
Eh der Gluthstrom ihrer Bruft verlohte —
Sie die Herrin in dem Land der Tänze!
Sie die Herrin in dem Land der Sänge,
Sie die Herrin in dem Land der Rofen —
Laßt drum ihrer Heimathlieder Klänge
Ihre fliehende Seele noch umkofen!

Auf die schwarze Gruft laßt niederflattern
Weiße Rofe, die zu Schiras sprießet!
Denn als Pflicht geziemt es den Beftattern,
Daß ihr schönes Leben schön fich schließet.

Nun hat fie das erfte Leid betroffen,
Daß auch diefes wandelt fich in Gnade:
Früh fteht Allah's Sternenfaal ihr offen
Und zum Tubabaum ziehn ihr Pfade,
Während wir die Häupter niederfenken,
Sündenreif, der kargen Erndte harrend,
Und erft fpät zum Grabe wankend lenken,
Faft willkommen uns entgegenstarrend.

Sie ist glücklich! Darum auf, Gebieter,
  Welchen mehr, als uns, sie hat verlassen!
Warum willst Du, ihres Leichnams Hüter,
  Deiner Jugend Mark in Gram verprassen?
Dreier Tage Lauf ist Dir verstrichen,
  Speis und Trank versagend Deinem Munde —
Bleich wie sie, die Dir und uns verblichen,
  Stierst Du starr und schweigend in die Runde.

Wartest, ruhend neben ihrer Leiche,
  Kalt wie sie durch Dein erbittert Härmen,
Ob Dein warmer Odem wohl sich schleiche
  In die Adern ihr, das Blut zu wärmen.

Doch genug! Erhebe Dich, Kalife!
  Wenn der Liebe Freuden auch geschlossen,
Ist Dir's nicht, als wenn Trommete riefe
  Oder Schnauben von beherzten Rossen?
Und Dein Reich, Kalif, es ruft Dich strenge,
  Daß den Scepter fremde Hand nicht fasse!
Ferne hör' ich tausendstimmige Menge,
  Feindestritte hör' ich nahn, erblasse!
Nein, erröthe in gerechtem Zorne!
  Laß die Todten und das Leben wähle,
Daß an unstillbarer Sehnsucht Dorne
  Nicht verblute Deine starke Seele!

Also hätte ja auch Sie gesprochen,
  Wenn der Feinde Schaaren Dich umdrohten!
An dem Feinde sei ihr Tod gerochen:
  So gedenk', o so gedenk' der Todten!

Rafael Haubih.

Aus dem Morast der Sansara.

Jüngst im Traum durch Kaschmirs Hain
Schritt ich hin auf weichem Rasen,
Wo Jungfrauen, selbst ein Kranz,
Rosen sich zum Kranze lasen.
Und ich wollte lechzend schon
Meine Auges Gluth versenken
In den Blick der schönsten Frau,
Sinn und Seele, all mein Denken.
Wollte an mein fiebernd Herz
Ihren weißen Busen pressen
Und in wilder Liebeslust
Zeit und Ewigkeit vergessen.
Ich erwachte. Nacht um mich.
Einsam war ich und verlassen.
Todte Nacht, nur einzeln schlich
Noch ein Schwärmer durch die Gassen.

———

Wie unschuldsrein sind Deiner Lippen Rosen,
     Wie jugendfrisch und rosig Deine Wangen,
Wie weiblich sanft Dein schmeichlerisches Kosen!
     Doch tief im Herzen wohnen giftige Schlangen.
Längst ward es ein Morast, in dem versunken
     Ein jedes reinre Fühlen, schmutz-getödtet.
Dort wohnt das Irrlicht nur und finstre Unken.
     War diese weiße Stirn je schamgeröthet?

War früher je Dein Herz ein Friedensweiher,
     In dem sich spiegelte der Stern der Reinheit?
Die Taube Weiblichkeit, hat sie der Reiher
     Der Noth verscheucht vom Sumpfe der Gemeinheit?
Ach, überm giftgen Abgrund fliegt die Taube

Verzweifelt hin und wieder in der Herde
Der Fledermäuse, flügel=lahm ihr Glaube
Und fern die Hoffnung auf die Heimatherde.

Sie winkt am Sumpfessaum, ein grüner Anger —
Umsonst! Nachtfalter schwirren dicht und dichter,
Die Taube stürzt sich, flatternd bang und banger,
Betäubt hinab, ihr eigener Vernichter.
Doch bist Du eine Taube, süße Schlange?
Warst Du es je? Du plätschertest mit Wonne
Im heimathlichen Kothe wohl schon lange —
Du mit dem reinen Antlitz der Madonne!

Denn keinen Flecken ließ das Schmutz=Geträufel
Auf Deinen holden Zügen. Zu der Katzen
Geschlecht gehörst Du, Engel halb, halb Teufel.
Wie möchten Deine Tatzen mich zerkratzen!
Doch sehnsuchtsvoll singst Du Sirenen=stimmig,
Als sehne sich Dein Herz nach reinerm Fühlen.
Folgt' ich Dir aber, würdest Du mir grimmig
Das Herz zerreißen, um damit zu spielen.

Gleich wie mit zartem Pfötchen sich ein Kätzchen
Ein Mäuslein fängt als Spielzeug — wie possirlich!
So würdest Du mich Stück für Stück, mein Schätzchen,
Zerfleischen — doch wie zierlich und manierlich!
Du echtes Weib! Das Weib schon eine Sphinx ist,
Liebe im Auge, Wollust in den Adern.
Und wer im Bann des Liebeszauberrings ist,
Soll mit der Fee, die ihn behext, nicht hadern.

Sie übt nur ihr Metier, wer will drob schmälen?
Und das, mein Kindchen, euch am meisten kitzelt,
Selbst wenn ihr wiederliebt, die Lieb' zu quälen.
Das Mündchen seinen eignen Kuß bewitzelt.

12*

Denn wenn auch wahre Leidenschaft euch schmeichelt
Und ihr sie sucht und anfacht, so verlogen
Ist die Kokette, daß sie Kälte heuchelt,
    Bis es zu spät ist und der Traum verflogen.

Mein flammend Herz das ist ein Tabernakel,
    Zu Weihrauch dort verbrennen Deine Mängel:
Aus dieser Gluth, abschmelzend allen Makel,
    Ein Phönix, neuverjüngt, rein wie ein Engel,
Wirst Du entsteigen, die Du aus dem Schlamme,
    Wie Venus aus dem Meere stieg, entstiegen
Mit keuscher Anmuth. Meiner Liebe Flamme
    Soll zu dem Scheine noch die Wahrheit fügen.

Denn wer versteht unschuldig noch zu scheinen,
    Wer äußerlich den schönen Schein bewahrte,
Wird innerlich, daß es nur Schein, beweinen.
    Und, wenn sich wahre Liebe offenbarte,
Weit klarer ihre Lieblichkeit erkennen.
    Dem Christus folgt zuerst die Magdalene,
Denn Er vergiebt. Wo seine Küsse brennen,
    Da trocknet die nutzlose Reuethräne.

Reue? Warum? Blieb lauter nur die Seele
    Und kann sie nur zur Liebe sich erheben,
So schwinden alle äußern Sündenfehle.
    Wer viel geliebet, dem wird viel vergeben.
Frohsinn wird dann verschönen Deine Züge,
    Aus Thränen sprießen blumenreine Triebe.
Verbanne von den Lippen jede Lüge
    Und glaube was Du ahnst: Daß ich Dich liebe!

Die unverdiente Schmach erdulden müssen
  Und selbst verdiente ist wohl bittre Pein.
Und bitter, an des Grames schwarzen Flüssen
  Umirrend, fern dem Quell des Trostes sein.
Vom Heim und seinen Lieben fortgerissen,
  Das Meer durchmessen einsam und allein,
Zu suchen Sicherheit am fremden Porte,
Nie zu betreten mehr vielleicht der Heimath Pforte.

Es ist wohl bitter, wenn ein König Dich,
  Ein Volk, dem Du Dein bestes Blut geschenkt,
Mit einem Tritt fortschleudert. Sicherlich
  Des Undanks Wort und That Dich bitter kränkt.
Und Haß, der in des Freundes Herz sich schlich,
  Durch grundlose Verleumdung nur gelenkt,
Ist bitter, bitter höhnende Verachtung,
Und einem stolzen Sinn noch bittrer: Nichtbeachtung.

Gekränkte Ehre bitter einem Ritter,
  Und in des Kriegers Brust das kalte Erz,
Der mit sich fallen sieht sein Land und bitter
  Um ein zertretnes Vaterland der Schmerz.
Und bitter, wie ein luftversperrend Gitter
  Den Kranken und Gefangnen, quält das Herz
Der falsche Stolz, der, wenn's nach Liebe ringt,
Aus eitlem Eigensinn und Trotz sich selbst bezwingt.

Verkannt zu werden bitter und noch mehr;
  Verstanden nicht zu werden. Bitter Tod
Im Kern des Lebens. Bitter einem Seh'r
  Vorauszusehen seines Volkes Noth.
Bitter, stirbt eine Sendung stolz und hehr
  Mituns, zu sterben. Bitter ist das Brot
Der Armuth, bittrer noch ist Sündengeld.
Verschmähte Liebe scheint das Bitterste der Welt.

Und dennoch Dinge giebt's, die bittrer sind
    Für Seelen stark und fest, wenn auch nicht rein,
Und edel, wenn auch kalt. Wie Schauer rinnt,
    Dies bitterste Gefühl durch Mark und Bein.
Lieben und nicht geliebt zu werden find'
    Ich eine Wonne neben solcher Pein.
Was ist vom Bittern übrig denn geblieben?
Es ist: Geliebt zu werden und nicht wieder lieben

———————

Wenn tausendfach ich umdräut von Weh,
Wenn rastlos steigt der Leidenssee
Und zur Krisis drängt das Lebensfieber,
So ist mir wahrlich dies noch lieber,
Als wenn ein einzeln nagender Kummer
Vergiftet den zufriedenen Schlummer.

———————

Wie ich Dich liebe kann ich nimmer sagen,
    Nie habe mein Geheimniß ich gebrochen:
Ich will es ohne Klagen weiter tragen,
    Der Gram bleibt ungeheilt und ungesprochen.
Denn Scham muß ein Bekenntniß mir verwehren:
Ich würde vor mir selber mich entehren.

Ich halte nächtlich Dich im Traum umfangen,
    Ich kühle meine Gluth an Deinen Lippen
Und schmieg' an meine Deine blassen Wangen,
    Am Nectar höchster Wonne darf ich nippen.
Doch Morgens ließ der Traum mir nichts als Thränen
Und ungestilltes unzähmbares Sehnen.

———————

O knisterndes flammenbröthliches Haar,
    O schwüle Farbe der Wangen!
Dein Rehaug' blickt so klug und klar,
    Als kenne es kein Verlangen.

Der Geist so herrlich entfaltet und
    Die Rede so weise-gemessen!
Wir schließen wahrhaftigen Seelenbund,
    Der Leib wird fast vergessen.

Das äugelt so keusch, das girrt so sanft,
    Doch unter den Wimpern es lodert,
Und die Scham wird plötzlich zu Boden gestampft
    Und fleischliche Opfer gefodert.

Hingebende Wuth, die einander trutzt!
    O rasende Sehnsucht der Sinne!
Bald hast Du Simson abgenutzt,
    O Astaroth der Minne!

Begierde ist ein Fieber-Rausch: Mein Fieber
    Austobte im Delirium
    Und kalt durchfröstelt es mich drum.
Ach, rationelle Heizung wär mir lieber!
Der innere Verbrennungsprozeß
Wird delirium tremens durch Exceß.
Man sagt, dem Säufer schlage zur Kehle
    Heraus die Flamme vom Alkohole, —
O schlüge die Flamme aus meiner Seele —
    Erkaltende Asche, verglimmende Kohle
Könnt' ich nur all meinen Spiritus
Phosphorisch leuchten lassen zum Schluß

In einer Geistesflamme! Statt dessen
Die Flammen nach Innen weiterfressen,
Den wahren Zündstoff so verzehrend,
Des Schaffens Ausbruch ihm verwehrend.

Mitternacht ist lange schon vorüber.
Einsam irr ich durch die regennassen
Von dem Morgenwind durchheulten Gassen.
Röthliche Laternen brennen trüber.

Fort die Kaufmannsstraße lang-langweilig!
Rings im Ehebett schnarcht der Philister.
Plötzlich Schnee und Hagel, tückisches Geknister.
Und den Tod im Herzen, weiter eil ich.

Schaudernd hin am kalten schwarzen Flusse!
Springe! Welt und Gott hat Dich verlassen.
Warum blöde nur das Dasein hassen?
Wirf es ab mit einem raschen Gusse!

—————

Wer im Strom des Genusses zu baden gewillt,
Darf nimmer zaudern und zagen,
Wo die Naphtaquelle der Wollust quillt,
Hineinzutauchen wagen.

Ausbranden muß sich die Leidenschaft,
Bis der letzte Schaum zerronnen.
Vergeudet ist nur die geopferte Kraft,
Wenn nicht durchgekostet die Wonnen.

Den Wermuth schüttelst vom Mund Du Dir,
Den Kelch zur Hefe genossen!
Doch grämelt die halb gesättigte Gier
Ueber Freuden, die halb zerflossen.

Und willſt Du Dich ſpröde entziehen der Luſt,
Wird heimliche Brunſt Dich verzehren.
Einlullt die Wolluſt die müde Bruſt,
Wird Dir Behagen beſcheeren.

Und wenn Dir das Laſter Gewohnheit wird,
So wolle es nicht mehr bezwingen!
Folg der Gewohnheit nur unbeirrt,
Die Tugend kann nie mehr gelingen!

— ⸗ —

Wie ein dunkler Lavaſtrom auf roſige Fluren
Sich rollend herabwälzt,
So rollt auf Deinem ambroſiſchen Nacken
Die Meduſenlocke, die ſchwarzgeringelte.
Unter den weißen Wolken Deiner glatten Schläfen
Glüht Deiner Wangen Morgenroth.
Und Dein Mund — o Dein Mund!
Als der Giganten Einer beim Himmelsſturm
Am Schleier Junos zerrte und riß,
Da traf ihn der Blitz des Zeus.
Er ſank — da preßte er wild
Ein einzig Mal auf die Lippen der Himmelsfürſtin
Den blutbeſudelten Mund
Und ſank und ſtarb im Kuß.
So, Mächtige, wie flammengenährte, blutende Titanenlippe,
Wölbt ſich Dein ſchwellender Mund —
Doch unermeßlicher Stolz zugleich
Lodert darin, wie er gethront
Auf Juno's höhniſcher Lippe.
Ich aber bin Dein Zeus
Und blitze Dich nieder
Und durchblitze Dich
Mit meiner Götterliebe Allmacht.
Tagelang, nächtelang, ohne Unterlaß

Küßte ich Deinen Mund,
Bis die wirbelnden Sinne
In corybantischem Reigen
Taumelten um den marmornen Altar
Deines ambrosischen Leibes.
Eine tiefblaue See, dehnt sich im Purpurlicht
Mein sattes Herz.
Drunten wogt's und häuft Gestein auf Gestein;
Perlen schimmern im Grund,
Bange Hast bewegt die athmende Tiefe.
Da erhebt sich aus den Wellen
Eine weiße Stadt,
Hundertzackig ragen die Thürme,
Auf den goldenen Dächern goldene Banner,
Durch die blanken Gassen
Klingt der Tritonen Muschelhorn.
Es öffnen sich
Die smaragdnen Thore der Burg
Und auf dem rosenumwundenen Korallensitz
Zieht die Schaumgeborene über die Flut.
Evoë! Entzünde die Lust ihre Fackeln,
Daß sie uns brennen bis ins innerste Hirn,
Schäume Genuß in sprudelndem Becher,
Daß die Blasen wollustschillernd zerstäuben.
Evoë! Evoë!

Heinrich Edelmann.

Pfingsten eines Gottsuchers.

Rastlos wandernd ohne Grauen,
Würde es auch spät und später,
Wirst Du blauen klaren Aether
Durch des Urwalds Dickicht schauen.

Ist gleich des Glücks Symbole
　Das Alpenglühn versunken,
　Strahlt noch ein letzter Funken
Auf höchster Alp, des Ruhmes Aureole.

———

Das ist am Lebenshorizont
　Der Abendstern, der später gern
　Umwandelt sich zum Morgenstern,
　Der durch des Todes Schatten bricht,
　Bis sich an neuem Lebenslicht
Die auferstandne Seele sonnt.

———

Dem Edlen ist das Leben hold:
　Der Ruhe Balsam und der Weisheit Gold
　　Vertraulich spendet jede Nacht.
Die Glorie der Kunst, das Meteor der Träume
　Durchzuckt der Seele Sternenräume
　　In ungeahnter Wunderpracht.
Die auserkornen Geister aber hören
Egerias Geheiß in unhörbaren Chören,
Sich unsichtbare Geister zu beschwören.

———

Im Walde über Stock und Stein
Irrt König Artus, hinterdrein
　Irret die Tafelrunde.
„Merlin, Merlin!" so hallt ihr Schrei'n
　Aus weheklagendem Munde.

Merlin, der mystische Seher, hört
Kein einzig Wort, er starrt bethört
　Nur in die Augen seiner Trauten,
Die ihm den Weisheitsstolz bethört,
　An dem Jahrhunderte bauten.

An der Weißdornhecke sitzt er nun,
Sein Bart ist Moos, seine Füße ruhn,
   Von Sommerfäden umschlungen.
Er ist verzaubert und merkt es nicht,
Starrt in der Nixe Angesicht,
   Von ihrem Reiz bezwungen.

Die Seele verkauft sich der Liebeslust
Und dem üppigen Außenleben,
Doch der Liebesschmerz in des Denkers Brust
   Wird neue Flügel ihr geben,
Abschüttelnd den eiteln Maienbluft,
   Bis der Sehnsucht Schwingen sich heben.

Die getrennten Glieder sind dann vereint,
   Der Völker Tafelrunde.
Und Artus' Schwert mit dem letzten Feind
   Sank zu der Vergangenheit Schlunde.

Zum Feenschloß Avillion,
Zu den Inseln der Seligen, pilgern schon
   Alle Templeisen im Bunde.
Und dort, von Sinnlichkeit erlöst,
Merlin das Saisbild entblößt,
   Des Grals geheimnißvolle Kunde.

Gerhart Heidenauer.
Messiasleiden eines Promethiden.

Zu Schmerz und Sünde wird der Mensch geboren,
Sein innerst Wesen nur ist Schmerz und Sünde.
Laokoon, durch alle Deine Poren
Gift spritzen dieser Schlangen Eiterschlünde.
Der Dichter aber wurde auserkoren,
Daß der Dämonen Walten er verkünde.

Er trägt der ganzen Menschheit Sündenschmerz.
Ein Heiland, der gekreuzigt, ist sein Herz.

Nur einen wahrhaft Glücklichen ersinne,
Dem weder äußre Noth noch innre Qual
Das Sein vergällen, dem nicht Ruhm noch Minne
Den Sinn verrücken, der ins Erdenthal
Herniederlächelt von der Weisheit Zinne,
Den auch der Andern Sündenschmerz zumal
Zu Mitleid nicht erregt und edlem Zorn:
In ihm selbst quölle noch des Leidens Born.

Zwischen zwei Polen schwebt das Menschenloos:
Ein wirklich Weh und eingebildet Leiden.
Nicht nur der Schiffer im Orkangetos
Bebt auf der See, die Riffe zu vermeiden.
Falsch ist's, daß in des Hafens sicherm Schoos
Die Sicheren sich an fremder Mühsal weiden,
Sie beben auch in ahnungsvollem Graus,
Die Phantasie malt größere Schrecken aus.

Die Eifersucht ist aller Schmerzen Quelle,
Ob um ein Weib sie Dir das Sein vergälle,
Ob Dich im Ruhmkrieg kränke ein Rival.
Ruhm, Macht, Genuß, Gold, Liebe, Alles schal.
Verwirf sie alle, Tod heißt jede Wahl.
Mann, Weib und Thier verfallen allzumal
Dem Weltprinzip und dies Gesetz heißt Qual.
Wen sie verschont, der schafft sie sich zur Stelle,
Denn ohne Qual sinkt in das Nichts das Sein.
Das All und Nichts sind schmerzenlos allein.
Doch Wiege ähneln sich und Totenschrein,
Zum Leben selber führt des Leidens Schwelle.

Und weil ein höheres Sein der Genius,
Noch höhere Qualen er erdulden muß.
Wenn der Gedanke, fern von Tageshelle,
Selbstmord verübt in seiner dunklen Zelle.

———————

Wohl lehrte die Erfahrung schon von je,
Daß was Euch Schuld bedünkt, nur eitel Weh.
Doch ist's noch mehr: Ein unbewußtes Ahnen
Führt Sündenlose auf der Sünde Bahnen.
Und Weise, über Nichtiges erhaben,
Versuchen sich an Nichtigem zu laben
Und Epimetheus müht sich um Pandoras Gaben.

Denn schwach und zärtlich ist der Künstlergeist,
Leicht das Gewebe seines Innern reißt.
Drum möge er, zum Kampfe sich zu stählen,
Das Irdische dem Himmlischen vermählen.
Die Sehnsuchtthränen nach dem Ideale
Verschlucke Du und opfre mit dem Baale!
Taugt stets Dir Alpenluft? Sei Mensch im Erdenthale!

Du denkst des Sterns, der einst die Wüste Dir erhellt.
Doch Der verhüllte sich in Wolkennacht.
Und einsam nun Dein Herz im Dunkel wacht.
Der Reue Schakalschrei Dich ruhelos umgellt.

In einer Wüste stehst Du ohne Quell und Thau.
Es grinsen rings auf frührer Lebensbahn
Gerippe manch verschollner Karawan'.
Dein wunder, müder Fuß tritt Kiesel hart und rauh.

Weh dem, der opfern will die flüchtige Gegenwart
Der Zukunft, schwanger stets mit neuem Plan!
Doch unheilbaren Siechthums Unterthan
Ist, wer mit trübem Blick stets nach Vergangnem starrt!

Anno Buchsbaum.
Schnitzel aus dem Schuldbuche der Zeit.

Still, Krähen! Denn der Löwe brüllt. Die Tatzen
Zeigt er Euch, Minnesänger-Miesekatzen.
Von meiner Feder hofft nicht Degenstöße,
Nur Tatzenhiebe ziemen Eurer Blöße.

's ist Mai. Ein wunderschöner Monat, gelt?
Ja, alle Gaben, die herniedergießt
Aus vollem Horn der Frühling auf die Welt,
Mein frommer Sinn andächtig mitgenießt.
Mit Eimern regnet es vom Himmelszelt
Und alles Unkraut wunderherrlich sprießt.
Ach! Ueber's Wachsthum bin ich schon hinaus,
Obwohl ich hutlos wandle aus dem Haus.

Damit der Frühlingsregen salbe mir
Das Köpfchen und mir neues Wachsthum sende.
Denn aufwärts, wie man wähnet, streben wir,
Wenn uns das Haar durchnäßt die Himmelsspende.
O Streberthum! Was war die Frucht der Gier?
Der radikalste Schnupfen nur am Ende!
Doch freilich (o Mirakel!) wächst mein Bart!
Ja, weil seit Tagen er rasirt nicht ward.

So zeigt sich falsch doch jeder Ammenglaube:
　　Zu jedem Ding natürlich ist der Grund!
(Gelt, weise?!) Wie im malerischen Staube
　　Das Meer der Gärten fluthet grün und bunt!
Und wie die Wolke fliegt gleich einer Taube
　　Entlang die Himmelkuppel blau und rund!
Auch Fröschehallelujah hin und wieder
Und wie berauschend duftet frischer Flieder!

Mit neuem Flieder stets geheimnißvoll
　　(Ich ahne irgend einen Magnetismus)
Ein neu Gefühl der Brust erblühen soll.
　　Wodurch? 's ist jedenfalls ein Ding auf ismus.
Schon fühlt' ich 'was, mein Bein vor Rührung schwoll,
　　Da merkte ich, es war Herr Rheumatismus.
Und das Gefühl saß nicht im Herzen, nein,
Der Frühling regte sich in meinem Bein.

Dies Klima überhaupt! Frau Sonne heut
　　Glotzt frech vom Himmel, daß wir derbe flehen,
Sie möge haben die Gewogenheit,
　　Uns etwas weniger im Licht zu stehen
Und einmal glänzen durch Abwesenheit!
　　Was dann? Nun will sie gar für immer gehen!
So übelnehmerisch? Heißt das ertragen
Die deutsche Grobheit? (Gradheit, wollt ich sagen.)

Nur Euch, Ihr oft besungnen Maiennächte,
　　Euch will ich nicht bekritteln. Ihr, Ihr seid
Voll mystischer naturgewalt'ger Mächte.
　　Ja, greint der Kater sein unnennbar Leid,
Das ist das Urmotiv, das wahre, echte.
　　Schauer-Romantik! Himmel, wie er schreit!
Das ist die Sehnsucht nach der blauen Blume,
Nach „Unbewußtem" und nach Dichterruhme!

Jüngst schrie's vor meinem Lager. Gräßlich war
	Das Mordgezeter. Haar, sträub' dich empor!
Erwürgt man nächtlich eine Kinderschaar
	Ruchlos und grauenhaft vor meinem Thor?
Ein Kindermord von Bethlehem wohl gar?
	Ha, schaubernd ich entschlossen Rache schwor:
Ich griff den Knecht des Stiefels — heiliger Vater
Fortschlich als Missethäter scheu ein Kater!

Ich schleuderte das Holz ihm schwungvoll nach,
	Dann setzt' ich mich, in tiefer Rührung weinend.
Der Tag herein mit trüben Schauern brach,
	Der Nachtwind heulte. Kurz, sich graus vereinend,
All die Symptome da — mir wurde schwach —
	Für eine Poe'sche Vision anscheinend.
Nur daß ich einen Katerdämon habe.
Ist das nicht schauerlicher, als ein „Rabe"?

(Besonders wenn es uns im Schädel brummte!)
	Krächz' Du nur „Nevermore", berühmter Rabe!
Doch wenn ein greiser Kater also summte,
	Wär's eine noch sublimre Herzenslabe!
Ten frug' ich Fragen, denen er verstummte,
	Graus, metaphysisch: „Werden aus dem Grabe
Auch Kater auferstehn?" Mir wurde schaurig,
An meinen todten Kater dacht' ich traurig.

Der Selige — Friede seinem Angedenken! —
	Die weiland Gottesgeißel aller Braten
Und Mäuse — warum durfte ich nicht senken
	Ihn in die Gruft der Ehre als Soldaten?
Und ihm als letzte Ehrenfahne schwenken
	Ueber dem frühen Grabmal seiner Thaten
Ein Häschen ('s war sein Leibschmaus) an den Ohren?
Doch so zu sterben — wär' er nie geboren!

Wie starb er denn? Ein Social-Autokrat,
  Fühllos, blutdürstig, und ein grimmer Hasser
Des Eigenthums, ein Held vom Zukunftsstaat,
  Ein Anarchist vom reinsten (faulsten) Wasser,
(Er war mein Nachbar) dachte früh und spat:
  „Soll dieser gottverdammte Bourgeoisprasser
Vor meinen Augen mästen seinen Kater
Und ich soff heute bloß zehn Cognacs? Brat' er!"

Gewöhnlich nämlich zwölf er 'runtergoß.
  Doch die Fabrikherrn, niedrige Tyrannen,
Bekanntlich zahlen Die für Arbeit bloß.
  Und schickt sich Arbeit wohl für freie Mannen?
Der feile Mammon fällt nicht in den Schooß,
  Selbst Kater müssen ihre Thatkraft spannen,
Für Mäusefang nur füttert man die Armen.
Doch kannten Demokraten je Erbarmen?

Er neidete mein Vieh, so lag der Fall.
  Und dieses zu raubmördern er beschloß.
Er that's! Und mit dem Ausruf „Hilf, Lasalle!"
  Führte er meuchlings eines Nachts den Stoß.
Das Opfer sank wie dort der Sonnenball
  In edler Glorie, sein Herzblut floß.
So werden wir einst Martyrtod erleiden,
Wir „Gründer", und der Kater Loos beneiden.

Denn, wie St. Marxi heilige Schrift es lehrt
  Ward so mein Eigenthum mir fromm entwandt!
Das ist ein Pfaffe, wer sich drob beschwert!
  Ich — in den höhern Zweck mich seufzend fand.
Denn hatt' ich nicht mein „Kapital vermehrt?"
  Ein Raub am Volk! Einst wird das ganze Land
„Getheilt" in gleichem Stil. Und nicht allein
Den Kater „theilt" man mir, auch Haus, Hof, Schrein.

Der Grund der Eigenthumsverletzung war
  Der fette Wanst des Seligen. Wie ein Hase
Mocht' er wohl schmecken, speckig ganz und gar.
  Das stach dem Theilungssüchtigen in die Nase.
Er „theilte" ihn für sich mit Haut und Haar.
  Doch rieth dem Biedern eine kluge Base,
Noch zu verschweigen, wie geschickt er theile!
Er murmelte zwar heldenhaft: „Na, Keile!"

Doch rasch bedeuteten ihm fromme Seelen:
  So schlecht sei diese Zeit, daß die Bethätigung
Des Freiheitsdrangs — z. B. Raub und Stehlen —
  Noch ganz entbehre staatlicher Bestätigung.
Man werde es der Polizei erzählen.
  So machte er's denn heimlich ab aus Nöthigung.
Auch keine Zeugen gegen ihn auftreib' ich,
Drum seinen Namen klüglich auch nicht schreib' ich.

Ich aber weiß es, daß der Ritter selig
  Des Katzenordens sich begrub zu früh
In des Plebejers Magen. Ist's nicht schmählich?
  O sei er unverdaulich! Drück' er wie
Ein Mühlstein den Verschlinger, unausstehlich!
  Daß selbst solch ein Husaren-Schnurrbart nie
Den Pöbel schreckt! Denn wahrlich, ganz soldatisch
War der Verstorbne und aristokratisch!

Was mir der Todte war, — ihr Nachtigallen,
  Die oftmals er mit süßem Mau gestört,
Ihr wißt es ja! Nehmt Alles nur in Allem,
  Er war — ein Kater! Aber horch, was hört
Mein Ohr vom Ufer melancholisch schallen?
  Quack, Quack! Mein tiefstes Innre sich empört,
Wie hier das Lehrgedicht der Meistersänger
Ersäuft das Minnelied der Mäusefänger!

O Ihr geblähten Frösche, Ihr Pedanten!
O wie erinnert Ihr mich doch — an wen?
Weiß nicht! An was? Je nun, an Folianten!
„Hoho! Hört, hört!" So quackt es jetzt. Es drehn
Auch Spatzen sich auf meinen Fensterkanten.
Ich sehe hier ein Sinnbild vor mir stehn:
Denn Kater, Frösche, Spatzen, Störche, kennt
Man als des Deutschen Reiches Plapperment.

O Eitelkeit, Vanitas Vanitatum!
  Ich kenne einen Gecken, welcher sich
Im Sommer Winterüberzieher that um,
  Weil er darin mehr einem Manne glich!
Der Schweiß ihm stromweis floß aus jeder Naht drum,
  Doch duldete er still und wackerlich.
Er wurde lieber schwach und elend innen,
Um außen stärkern Eindruck zu gewinnen.

Ich kenne Gecken, welche blutarm sind
  Und sich deß schämen. Was wird flugs erdichtet?
Sie schreien's in die Ohren jedem Kind,
  Sie seien so erbärmlich zugerichtet,
Weil sie gelebt so lustig wie der Wind.
  (D. h. höchst liederlich, wird nun berichtet
Im Flüsterton.) Das heißt: Ein Wüstling mag
Er lieber sein, als krank!! O welche Schmach!

Andre Bleichsüchtige und Nervenschwache
  Erklären sich für dandyhaft blasirt!
Der Dritte widmet sich dem Weltschmerz-Fache,
  Als ob, weil er sich „angekränkelt" spürt,

Auch „des Gedankens-Blässe" seine Sache!
Doch daß er Hartmann stets im Munde führt
Und nie ein Wörtchen von ihm las, ist schlimm!
Castraten prahlen mit Kombabus-Whim.

Andre versichern, die besonders bläßlich:
Wir leiden, hört, an unglücklicher Liebe!
Man glaubt's, da sie so überraschend häßlich,
Weiht ihnen des Erbarmens edle Triebe.
Was fragt die Logik nun ganz unerläßlich?
Als ob nicht drauf nur eine Antwort bliebe:
Der feige Mensch hat Furcht vorm wahren Sein,
Lügt lieber sich hinein in falschen Schein.

So wandelt der Culturmensch durch die Welt
Auf hohen Hacken, gründlich auswattirt,
Wenn auf das härtste Pflaster brennend fällt
Die Mittagsgluth. So tanzt er eng geschnürt
Der Schwindsucht zu. Der scheint mir fast ein Held,
Wer einmal sich natürlich ausstaffirt.
O Bauern, neidisch sehe ich Euch zu,
Hembärmelig mit dünnem locerm Schuh.

Ich kenne Jungfraun, die im Alltagsleben
Grad bis ans Herz uns gehen ober's Kinn,
Doch in Gesellschaft über uns erheben
Um Kopfeslänge sich. Was ist der Sinn?
Zu tief die Graziengewänder schweben
Zwar über ihre zarten Füßchen hin,
Doch wett' ich, daß sechs Zoll die Hacken groß —
So wächst man freilich über Nacht glorios!

Von allen Gattungen der Reue
   Ist eine mir zumeist verhaßt,
Sie grade quält mich stets aufs neue
   Und läßt mir keine Ruh und Rast.
Die Reue ist's um Fades, Nichtiges,
   Um die Vergeudung schöner Zeit,
Der Gram, anstatt um Ernstes, Wichtiges,
   Um lächerlichste Kleinigkeit.
Daß meine weiße Weste heute
   Zerknittert ward von ungefähr,
Das macht mich der Verzweiflung Beute —
   Und wenn es gar ein Schmutzfleck wär'!
Gestern zerbiß ich die Cigarre
   Und sog unachtsam Nicotin.
Vorgestern wurde eine Schmarre
   Mir als Verschönerung verliehn.
Vor Wochen stieß ich mir die Nase
   Am Sims zufällig blau und roth.
Damals verschluckte ich im Glase
   Gar eine Fliege — welche Noth!
Zu schwer soupirt' ich neulich Abend
   Und hab' den Schlummer drum versäumt.
Und wenn auch Träume manchmal labend,
   Neulich hab' ich zu stark geträumt.
Vor Monden habe ich verloren
   Ein Zwanzigmarkstück — das ist stark!
Und gestern — wär' ich nie geboren! —
   Gab ich als Trinkgeld eine Mark.
Dann hab' ich neulich aus Versehen
   Mir auch ein Barthaar ausgezupft:
Welch nie zu sühnendes Vergehen!
   Ein Stück der Mannheit ausgerupft!
Und neulich aß ich saure Gurken,
   Dann Stachelbeeren und dann Bier!
Ich schimpfe selbst mich einen Schurken —

Das heißt ja schlingen wie ein Thier!
Neulich trug ich zu hohe Hacken,
  Doch dann, als mich Clotilde sah,
Reicht' ich ihr kaum bis an den Nacken,
  Denn hackenlose hatt' ich da!
Das Halstuch knüpft' ich zwölf Minuten
  Mir heut, ein Danaidenloch!
Denn der Effekt, wie zu vermuthen,
  Blieb immer ja derselbe noch!
Frisirte eine Stunde tüchtig
  Und war so weit, als wie vorher,
Als hätt' ich nur gebürstet flüchtig.
  Heut drückt mich der Cylinder schwer.
Und morgen, wo ich ihn gebrauchte,
  Setz' ich statt dessen auf den Filz.
War's kalt, in Eisfluth ich mich tauchte —
  Heiß, kroch ich unter wie ein Pilz.
War's kalt, ging ich in Sommerjacke —
  Heiß, trug ich Winterüberzieh'r!
Rasirt' ich, blutete die Backe —
  Es ist um tollzuwerden schier!
O dieses teuflische Erinnern
  Zernörgelt mir die Lebenslust!
Wann, Leichtsinn, nahst Du meinem Innern?
  Wann wird mir endlich „unbewußt?“

Ich las eine erste Correctur,
Da fand ich einen Fehler nur.
Doch als ich die zweite und dritte las,
Da sah ich, daß ich noch drei vergaß.
Und als ich den Reindruck vor mir sah,
In Ohnmacht fiel ich nun beinah:
Sechs grobe Fehler standen da!

Das ist der Mensch! So lang es nützt,
Ihn weder Fleiß noch Vorsicht schützt.
Schönglatt ist Alles beim ersten Blick,
Doch zeigt ihm der nächste Augenblick
Die Flecken, wenn es halb zu spät,
Die größten aber er übergeht!
Erst wenn sie unwiderruflich geschehn,
Wir alle Sünden und Mängel sehn.
Und auf den Aerger folgt die Reu',
Fruchtlos stets, doch immer neu.

Der Mensch ist ein geborner Thor
Und stets die Weisheit er verschwor.
Wenn Jemand sich gar weise glaubt,
Weil weder Ruhm- noch Geldgier raubt
Ihm seinen Appetit und Schlaf
Und seinen ehernen Busen traf
Nicht falscher Minne giftiger Pfeil
Und wenn er sonst gesund und heil
Und ihm kein Kummer ward zu Theil —
So ärgert er sich mit Fug und Recht,
Daß einmal aufgepaßt er schlecht
Und lückenhaft seine Correctur!
Denn Gram und Aerger ist uns Natur.
Los wird ihn der Blasirte nur.
Dem fehlt zwar Aerger, doch auch Vergnügen —
Ist das der Weisheit Selbstgenügen?

Inconsequenz ist menschlich. Hört den Einen:
Das Leben ist, damit wir es beweinen.
So tief in Sünde ist der Mensch verstrickt,
Daß Heil und Hoffnung nirgends er erblickt.

„Wohlan! So möchtest Du recht baldigst sterben?"
Er ruft entsetzt: „Um Gotteswillen, nein!
   Ich möchte gerne siebzig Jahr erwerben
Und sollten sie auch eitel Sorge sein."
   „Welch Widerspruch!" so ruft man ungedulbig.
Dann murmelt er Etwas von der Mission,
Die wir auf Erden ja erfüllen schon,
   Von zehn Geboten, kurz, bleibt Antwort schuldig.
Ein Andrer meint, daß allerliebst die Erde,
Daß reizvoll selbst Gefährde und Beschwerde
   Und daß die liebe Sünde uns gegeben,
Damit das Dasein recht entzückend werde.
   „So möchtest Du denn also ewig leben?"
„Um Gotteswillen, nein! Welch ein Gedanke!
Eh ich am Stab des Greisenalters wanke,
Eh weiß ich nicht, was ich mir selber thue!
Je kürzer, desto besser! Ruhe, Ruhe!"
Nun, alles Dies ist nur ein Widerspruch.
Entweder ist das Leben nur ein Fluch,
Die Welt ein Jammerthal, und drum beweint
Den Säugling, wünscht „lang Leben" eurem Feind.
Oder Ihr meint, dies sei die beste Welt
Und für Genüsse ein ergiebiges Feld,
Und haßt als einziges Uebel drum den Tod
Und laßt Euch schmecken Euer täglich Brod,
Und dann mit allen Kräften dahin strebt,
Daß möglichst lange Ihr genießt und lebt.
Entweder Ihr seid Thoren — so seid's ganz!
Euch dünke jeder Flitter echter Glanz!
Scharrt Gold zusammen, grübelt voll Erbauung
Ob der Methode richtiger Verdauung,
Hascht nur nach äußrem Schein und hohlen Ehren,
Laßt Pflichten Euch das Leben nicht beschweren,
Gedanke und Gefühl sei Euer Spott,
Eßt Hummersauce und verehret Gott!

Oder Ihr kamt zur bitteren Erkenntniß,
Daß alle Ideale hohl und schaal
Und daß der Tod des Lebens beste Wahl —
Dann scheut auch nicht das offene Bekenntniß!
　　Ja „Weltschmerz", heiliges und großes Wort,
Gemißbraucht nur von der Titanen Affen!
Wenn Dich entweiht der Mund blasirter Laffen,
　　So wendet schweigend sich der Dulder fort.
Von ihrem Ichschmerz winseln nur die Thoren.

　　Denn der hat nie den wahren Schmerz empfunden,
Wer je darüber hat ein Wort verloren:
　　Der Stolz des Coriolan verhüllt die Wunden.
Der wahre Weltschmerz schweigt. Was soll er sagen?
Nur wiederholen wiederholte Klagen?
Nur fühlen soll er mit bewußter Klarheit
Die eine große fürchterliche Wahrheit:
　　Daß Glück ein Traum und Unglück einzig wahr
Und daß Zufriedenheit nur Täuschung ist,
Das schmerzenlos allein der Egoist
　　Und glücklich kaum der thierische Barbar.
Und spricht ein Mensch zu mir mit dreistem Munde:
„Sieh, ich bin glücklich," dank' ich für die Kunde,
　　Doch drehe ihm den Rücken, weil ich sehe,
Er ist ein Narr, wo nicht ein Schuft, und immer
　　Prosaisch-nüchtern von der Stirn zur Zehe.
Gedankenmangel oder, was noch schlimmer,
　　Empfindungsmangel spricht er aus. Das Wehe
Scheint mir vielleicht im Ausdruck falsch und schief,
Doch immer liegt darin ein Adelsbrief.
Nur Der erhebt sich über das Gemeine,
Wer nicht mehr lächelt mit dem falschen Scheine.
Und das ist auch der Grund, warum kein Dichter
Aufsteht als dieser Zeiten strenger Richter:
Es fehlt die wahre wirkliche Empfindung,
Der faden Weltgelüste Ueberwindung.

Und da nun wieder Jeder weiß, daß Claque
Und Clique heut nur machen in Reclame
Und daß nur aus der stinkendsten Kloake
„Erfolg" sich heut erhebt, die holde Dame,
    Wie Venus aus dem Meer, — so sagt man richtig:
Gott, diese Dinge sind im Grunde nichtig!

———————

Still, todtenstill vor mir der Pfad,
    Doch hinter mir das Lärmen
Vom Feste einer großen Stadt,
    Wo Lust und Leichtsinn schwärmen.

Ich schritt fürbaß und wußt' es kaum,
    Hatt' Bitteres erfahren:
Nicht sanft thut's, einen Jugendtraum
    Als falsch und faul gewahren.

Da war's, da war's zum ersten Mal,
    Als sollt' ich zusammenknicken,
Als wolle geheimer Ahnung Qual
    Mein dumpfes Hirn ersticken.

Ein Knabe war ich Abends noch,
    Doch als ich mein Lager suchte,
Ein Mann, den zu des Kampfes Joch
    Zu früh das Schicksal verfluchte.

Ach, von den Wunden jener Nacht
    Kann ich nimmer gesunden,
Wo ich im tiefsten Herzensschacht
    Das Lebenselend gefunden.

Eine Sonnenwende war jener Mond:
Mein Geist wird nimmer vergessen
Den Ort, wo jung und ungewohnt
Ich die Hölle des Weh's durchmessen.

Mein fürderes Leben, was ist es wohl?
Unter dem Fels des Lebens
Ein Athemholen schwer und hohl,
So ewig als vergebens!

Oft schleudr' ich ihn ab, bald rollt er zurück.
O Sisyphus, wie dich erretten?
Den Felsen selber schleudre in Stück',
Zersprenge des Lebens Ketten!

Und ist zu hart der Fels, entzwei
Muß er ja gehen am Ende:
An die Mauer der Dummheit und Tyrannei
Rollen ihn meine Hände!

———

Der Moskowiter stürzt, wenn halbbereist
Die Newa, in den Winterstrom, nachdem
In heißem Dampf er badete bequem.
Doch heilsam ist es nicht für jeden Geist,
Aus heißem und wildgährendem Gefühl
Zu stürzen in der Praxis Eis und in der Thatkraft Fluthgewühl.

———

Fort mit weichlichem Bedauern,
    Wie Du Dies und Das vergessen,
    Warum Dies geschehn statt Dessen!
Was Dir konnte nie gelingen,
    Wird vielleicht die Zukunft bringen:
Hoffen sollst Du und nicht trauern!

———

Ich sprach zur Thorheit: „Fliehe mich!"
Sie dankte schön und nimmer wich.
Die Weisheit bat ich: „Komm' doch her!"
Doch sie zu fangen war zu schwer.
„Und da ich Dich nicht fangen kann,
So komme, Thorheit, denn! Wohlan!"
Und sieh, die Treue kam sofort,
Ließ sich nicht bitten erst, aufs Wort.
Denn Thorheit steckt in Herz und Sinnen,
Wie könnte man ihr da entrinnen?
Die Weisheit steckt nur im Gehirne,
Und wer kann ewig die Gestirne
Beäugeln? Denken macht Beschwerde.
Der Körper will zurück zur Erde.
Und steht man erst auf irb'schem Boden,
Da ist's unmöglich auszuroden
Das Unkraut Laster und Verbrechen,
Selbst mit dem allerschärfsten Rechen.
Und ob ich auch an jedem Tag
Dich um Verzeihung bitten mag,
O Weisheit, daß ich Deinen Lehren
Noch immer muß Gehör verwehren —
Verzweifelnd hab' ich aufgegeben
Den Vorsatz, daß ich je im Leben
Würd' vierundzwanzig Stunden finden,
Ganz rein von Thorheit oder Sünden.
Denn Eins von Beiden mußt Du wählen,
Um langsam Dich zu Tod zu quälen.

Der Grund des Elends aber ist:
Gewohnheit, wie Ihr Alle wißt,
Ist unsre Amme. Ob wir heftig
Anklagen uns und rasch geschäftig
Vorhalten unserm Geist die Gründe,
Warum ja reizlos jede Sünde —

Hilft nichts! Wer je sich gab Consenz
Zur Sünde, fühlt die Consequenz:
Gewohnheit wird sie.   Es verschwören
Sich Leib und Seele und empören
Sich gegen jedes Reformiren —
Wie Du begonnen, mußt Du's weiter führen.

Köstlich ist die Tugendentrüstung
Und pharisäische Selbstbrüstung,
Mit der wir auf Andrer Sünden schauen
Voll tiefem Ekel und staunendem Grauen,
Weil wir ihr Laster nicht können verstehen
Und nicht den geringsten Reiz drin sehen,
Vielmehr nur den Ekel davor begreifen.
Wie kann doch A. so weit ausschweifen,
Mit Demimonde sich abzugeben,
Während doch manche Ladies eben
So gerne sich verführen lassen!
„Wie?" spricht B. „Ich sollt' mich befassen
Mit solchem Gräul?   Ich halte Hetären,
(Nun, als ob Andre Heilige wären!)
Doch Ehefrauen verführen, entsetzlich!
Auch find' ich's gar nicht sehr ergötzlich."
Denn Jeder zurück vor der Sünde schreckt,
Welche ihm nämlich selbst nicht schmeckt.
Es giebt in Sünde nicht Maß und Grad,
Es giebt nur einen bestimmten Pfad.
Und wer „natürlich" gesündigt hat,
Wird vom Genusse genau so satt,
Wie von der „unnatürlichsten" Sünde.
Alle die pharisäischen Gründe,
Warum eins besser, das andre schlimmer,
Gelten vor'm Auge der Wahrheit nimmer.

Ans Meer der Freiheit drangen wir verschmachtend,
  Mit glühnden Adern stürzten wir hinein,
Der Vorsicht ernste Mahnung nicht beachtend.
  Wir tranken bittres Salz, als wär' es Wein,
Erkrankten und ertranken. Tyrannei
Jedoch gefoltert wird vom Einerlei
Des ewigen Durstes, des unstillbaren,
Des nur vermehrten, wenn erfüllbaren,
Nach Opferblut. Am Quell der reinsten Fluth
Verschmachtet sie, lechzt und erstickt an Blut.

Eis oder Wasser heißt der Unterschied,
Den zwischen Bösem man und Gutem sieht.

Ich singe die Sonne am Himmelszelt
Und den Wurm, den sie bescheint,
Und was nur blinkt, stinkt, greint und weint —
  Die ganze Welt.

Die Lerche steigt übers Korn hinan
Als Obe. Die Schnittermagd,
Sehnsucht=geplagt, an der Sense nagt —
  Das ist ein Roman.

Der Greis, der über Jugendthorheit klagt,
Heimlich der eignen schwachen Weisheit flucht . . .
Zeigt mir die Venus, die der Welt entsagt,
Und den Apoll, der nur die Sonne sucht!

„Ruhm ist Luft". Doch wer kann leben
Ohne Luft?
Dumpf erstickt das reinste Streben
In lebendiger Gruft.

———————

Bedenk' ichs recht, so scheint mir in Tibet
  Die beste Herrschaft. Dalai-Lamawesen,
Was ist's am End', wenn Ihr's bei Licht beseht?
  Die Herrschaft des Genies. Dort wird erlesen
Ein Kind, vom Hauch des Ewigen umweht,
  Und was es spricht, macht man zu Glaubens-Thesen.
Nicht Schönheit, Reichthum, Macht und Rang erliest man:
Den Weisesten zum Erdengott erliest man.

Ja, der Kulturmensch kreuzigt das Genie,
  Wofern er's nicht zum Aschenbrödel macht.
Am Himalaya beugt man ihm das Knie,
  Nimmt seine Worte als Gesetz in Acht.
Denn Gottesoffenbarung fühlen sie
  In seiner Art: Der Allgeist sichtbar wacht
Auf seiner Stirn, der in der Schöpfung waltet,
Doch sichtbar schon als Genius hier schaltet.

Warum nicht Größenwahnsinn? Jeder Wicht
  An gleicher Krankheit leidet und er ist
Grad so auf seiner Kleinheit Werth erpicht.
  Nur daß man ihm zu zürnen stets vergißt,
Weil er nur lächerlich. Die Rotte flicht
  Die Dornenkrone immer ihrem Christ,
Spricht er: „Ich bin Messias", weil ihr Neid
Zu Haß wird aus verletzter Eitelkeit.

Ich soll mich angestammten Narren bücken
Und nicht dem Dalai-Lama? Nimmermehr!
Ich will den Fuß ihm küssen mit Entzücken.
(Ja, wenn es noch des Papsts Pantoffel wär',
Das würde manchen Pilger hoch beglücken!
Kein Unterschied! Unfehlbar ist auch der!)
Nach Tibet will ich wandern: Jesuiten
Und stehende Heere sind dort nicht gelitten.

Nur Eins mißfällt mir an den dortigen Sitten,
Ein Ding, man nennt's gelehrt: Polyandrie.
Dort weilt in eines Männerharems Mitten
Die zücht'ge Hausfrau. Denn heirathet sie,
So nahn dem Altar auch mit raschen Schritten
Des Bräutigams Brüder alle. Einer nie
Die Hochzeit mit ihr feiern darf, o nein,
Sein ganz Geschlecht nennt seine Dame sein.

Nun bin ich festiglich zwar überzeugt,
Daß jede Dame, die davon vernimmt,
Erklärt, daß dies von Sittenrohheit zeugt
Und „Pfui!" „Abscheulich!" „Shoking!" ruft ergrimmt.
Doch Manche heimlich seufzend auch vielleicht
Für solchen Männer-Communismus stimmt.
Nur ist die eine Vorschrift unerläßlich,
Daß von den Bräutigams nicht Einer häßlich.

———————

Ein Storch fiel mit gebrochnen Schwingen,
Die Menschen den Verwaisten fingen,
Er folgte ihnen treu und zahm.
Doch als die Zeit des Fluges kam,
Zersehnte er sich voller Gram.
Denn ach! der Aufflug wollt' ihm nicht gelingen.

Da senkten seine eignen Brüder
Erbarmend sich zur Erde nieder
Und trugen in vereintem Chor
Auf ihrem Fittich ihn empor.
Was er an eigner Kraft verlor,
Ersetzte ihm die Kraft der Andern wieder.

Ja Scham Euch, Menschen! Wer gefallen,
Gemieden wird er nur von Allen,
Tritt man ihn nicht mit Füßen gar.
Und doch trägt Liebe nur fürwahr
Zum Himmel. Ihr seid liebe=bar.
Beschämen Störche Euch — wie erst die Nachtigallen!

Wer die Lieblosigkeit der Menschen
In ihrer vollen Blöße schaut,
Kann schaudernd nur sein Haupt verbergen
Und weinen laut,
Und in sein eignes Innre blicken —
Ihm graut!

Mir war es im erotischen Schema
Stets ein verlockend possirliches Thema:
Den Newton, der in die Grube ging,
Ohne zu lösen das Minne=Problema,
Soll — so beschließt der Familienring —
Eine frische Miß geleiten
Zu den Ehe=Seligkeiten.
Reizende Novellette! Einakter!
Studie für Haase und andere Charakter=

Spieler! Newton, der immer stramm
Cosinus x, Parallelogramm,
Diagonalen und Regeldetri
Auftischt mit Mienen der Galantrie,
Und von alle den Theattaquen
Keine Silbe versteht, den Nacken
   Nimmer beugt zum irdischen Schmutz!
Laßt dies Doppel-Problem uns packen:
   Fühlt der entkörperte Denker im Schutz
Seiner Wissenschaft kein Gelüsten?
Oder wird sich in ihrem Putz
Das Frauenzimmer noch immer brüsten
Und sich nicht instinctive schämen? —
Doch will ich den Autor-Eifer zähmen,
Die Sache bleibt besser ungeschrieben.
Was die Frauen und Kinder lieben,
Das behandle als feiner Kenner!
Wer schreibt in Deutschland denn für Männer?

Krankheit, einer Schwäche Geständniß,
Ist die „Liebe", offnes Bekenntniß
   Eignen Unwerths. Ergänzung fodern —
Welcher Mangel an Selbst-Respekt!
Periodischer Liebes-Anfall uns neckt.
   Und wenn Andre so deutlich lodern,
Glaubt man selber, es sei was dran.
Glücklich, wer diesem Wahn entrann!
   Laß die „Gefühle" vermodern!
Das Denken macht den Mann.

Der Bauer verhungert im Irenland
Und der Städter verhungert an Themseftrand

Und im freien Urwald steht Baum an Baum
Und Asiens Steppen sind wüst und leer
Und die Erde hat ja für alle Raum
Und für alle Schiffe hat Raum das Meer —
Wer schafft dort Raum den Armen, wer?

———————

Der Gesunde staunt über den Kranken,
Kann ihm nicht folgen mit seinen Gedanken,
Sich nimmer in seine Lage versetzen,
Bis ihn selber die Pocken zersetzen!
Und wenn ein naseweiser Thor
Alle Seelenqualen verschwor
Und über Sünde und Leidenschaft
Die alten Phrasen zusammenrafft
Und Werther, Harold und René
Ihm lächerlich mit ihrem Weh,
So kommt der Schmerz schon ungeladen
Und straft ihn Lügen mit seinen Tiraden.
Was spaßhaft ihm und dunkel war,
Scheint nun sehr ernsthaft, wahr und klar.

———————

„Ich will!" ist leicht zu sagen,
    Doch Thun und Können schwer.
Der Knabe will sich wagen
    Sofort ins eisige Meer.
Doch fröstelt er am Strande
    Und zögert ohne Muth
Und ist erst spät im Stande,
    Zu springen in die Fluth.

Statt gleich hineinzuspringen,
    Erkältet er sich erst.
Ja, Wollen und Vollbringen
    Zugleich, das ist das Schwerst'!
Die That wär' schon halb fertig.
    Doch ob die Zeit auch paßt,
Stehn immer wir gewärtig,
    Bis uns der Frost erfaßt.

———

Wir fühlen in manchem Vergnügungslokal
Der Langeweile verzehrende Qual.
Wir gähnen, wir stöhnen, wir sehnen uns fort
Und bleiben doch ewig am selben Ort.
Leicht wäre ja geöffnet das Thor
Und die Stille der Nacht harrt unsrer davor.
Doch weil man bezahlt das Eintrittsgeld,
Pflichtschuldigst duldet man weiter als Held.

Der Posse des Lebens seid Ihr matt
Und klatscht nicht mehr, seid müd und matt?
Was bleibt Ihr? Seid Ihr denn hergebannt?
Ist denn für immer die Thür verrannt?
Was stoßt Ihr des Todes Thür nicht ein?
Sucht Ruh und Frieden im kühlen Schrein?
„Ja, weil wir bezahlt die Eintrittsgebühr,
So wollen wir etwas haben dafür.
Nach so viel Kummer und so viel Pein
Muß etwas Freude in Aussicht sein.
So wollen wir, ob wir auch stöhnen und schwitzen,
Doch den Spektakel zu Ende absitzen!"

———

Zwei böse Züge hab' ich beachtet,
Wenn ich der Menschen Wesen betrachtet.

Der Cabmann, der recht langsam trottet,
Peitscht, wo sich die Menge zusammenrottet,
Die Pferde, daß sie wie Wetter schnaufen,
Damit er die Andern zwinge zu laufen!
Liest Jemand laut Dein neues Gedicht,
Der Arme sich fast die Zunge zerbricht.
Bald kann er dies, bald das nicht lesen,
Als wäre die Schrift chaldäisch gewesen.
Und Alles dies ganz unbewußt.
Doch des Einen Müh ist des Andern Lust.

————

Der Mensch ist ein geborner Sclav
   Und trägt im eignen Ich die Fessel.
Wenn ihn kein Königsscepter traf,
   So dient er flugs dem — Suppenkessel.
Der Tugendhafte nur ist stark
   Und nur der Starke haßt Tyrannen.
Das Laster saugt am Lebensmark
   Und kann den Tapfersten entmannen.

————

Die That wird lang vorher vorausgeplant
Und jeder Pfad zu diesem Zweck gebahnt.
Trotz alledem sie nur bestimmen muß
Der eine augenblickliche Entschluß.
Lang klebt die Hand am Hahn — da fällt der Schuß!

So ist der Weiseste, wer langen Rath
Verschmäht, von jeder Welle rasch bestimmt,
Wer mit dem Strome jeder Stimmung schwimmt.
Und wahre Weisheit ist allein die That.

————

Um der Sansara Kleinigkeiten
Sich kümmern ziemt dem Denker nie.
Doch lässest Du Dich so verleiten,
So lern' auch hier Philosophie.
Der Grundsatz soll Dich vorbereiten:
Ein jedes Ding hat stets zwei Seiten.

Seinen Nutzen hat auch Unbequemes;
Leicht duldet man Unangenehmes,
Wenn man nur eine hübsche Moral
Zu ziehen weiß aus jeder Qual.
Nicht nur die Moral des besondern Falles,
Sondern diese Moral für Alles:
Das Gute hat sein Uebeles oft,
Doch stets aus Uebel unverhofft
Sproßt Gutes. Nöthig sind alle Dinge,
Nutzlos nichts in dem Lebensringe.
Denn aus einer nutzlosen Handlung
Gehn tausend hervor in unendlicher Wandlung.
Jed' Ding ist ein Blatt von dem Riesenbaum,
Ein nöthig Atom im Weltenraum.
Der kleinste Gedanke, das winzigste Wort,
Zeugt Millionen andre sofort.
Täuschung ist Beides, Schmerz und Lust,
Deß seid im Schmerze auch bewußt.
Trinkt fühllos die Hefe, doch schmecket den Schaum.
Denkt, Lust ist ein Traum, doch ein lieblicher Traum.

––––––––––––

Wie der Falke von des Jägers Hand
    In die Luft sich hebt
Und entkappt froh jauchzend und gewandt
    Auf zum Himmel strebt —

Doch, gehorſam jedem Wink ſogleich,
  Wie er fortgeſauſt,
Auch zurückkehrt in des Herrn Bereich
  Auf des Fallners Fauſt —

So auch ſuchſt Du nur, was fremd und fern
  O Germanengeiſt,
In das Hohe und das Weite gern
  Es Dich vorwärts reißt.
Doch die Heimath dann den Sohn aufs neu
  Dringend zu ſich ladt:
Dann erſt ſpürſt Du recht, wie Du ihr treu,
  Aber oft zu ſpät.

––––––––––

Was iſt des Lebens Tragödie?
  Ich will es Euch verkünden:
Das Leben iſt eine Komödie
  Und Späße darin die Sünden.
Doch in der Poſſenreißer Schaar
Da wollt Heroen ihr ſogar
  Mit tiefer Rührung finden.

Der proſaiſche Philiſter
  Sucht Poeſie in der Liebe:
Enttäuſcht, entnüchtert iſt er,
  Wenn ſentimentale Triebe
Mit kühlem Rechnen nur belohnt
Und die Göttin, die in ſeinem Herzen thront,
  Ihm bald verſetzt — Pantoffelhiebe.

––––––––––

„Prieſter des Ideals“ nennt Ihr den Dichter,
Philiſter, phraſen-ſeliges Gelichter?

„Pfaffe des Ideals" wär mir noch lieber!
Und wirklich giebt es immer solche Pfaffen,
Die sich mit „Idealismus" Brod verschaffen,
   Von des hochseligen Herwegh Kaliber.
Oder des dito Dingelstedt, Verächter
Der Tyrannei als biederer „Nachtwächter",
Der aber später, wenn das „goldne Vließ"
Von Grillparzer er gab, sich daran stieß,
Daß ihm „das goldne Vließ" noch sei benommen,
Da alle andern Orden er bekommen!

————

   Das größte Geheimniß der wahren Kunst
     Beginnt sich erst dann zu enthüllen,
   Wenn der Mensch dem Künstler dienstbar wird
   Und kein andrer Zweck die Seele verwirrt
   Und nur die Musen mit liebender Gunst
     Die entgötterte Seele füllen.

————

Hot, Pegasus! die kümmerliche Weide
   Des Alltagslebens lasse hinter Dir!
Ob Du auf Streu nun lotterst oder Seide,
   Du sollst nicht lottern. In der Luft Revier
Steig auf und selbst die höchsten Alpen meide
   Du nicht in Deinem Flug! In Kraftbegier
Zerbrich die Halfter, sei kein Droschkenschimmel!
Erzhufig Roß der Phantasie, gen Himmel!

Und voll entfaltend Deine prächtigen Flügel,
   Trag' mich empor, auf Deinen Rücken springend!
Hui! Schleudre von Dir bald Gebiß und Zügel,
   Durch Sonnengluth und Wetterwolken dringend!

Verzicht' auf Dich, wer noch bedarf der Bügel!
Fort, Zaum! Ins Allerheiligste Dich schwingend,
Steig auf, Bellerophon! Mag's droben blitzen!
Die Sonne blendet nicht, die sicher sitzen!

Dies Bildniß ist nicht zeitgemäß. Es wäre
  Moderner der Vergleich wohl mit Raketen,
Zerplatzend, während sie im Aethermeere
  Aufsegelnd schon den Wolken=Kreis betreten.
Oder mit Luft=Ballons, die man beschwere
  Mit tüchtigem Ballast nur, sonst gehn wir flöten.
Pfeilschnell geht's in den stickstofflosen Aether.
Die Stoffbeherrschung weicht, die Sinne später.

Die Blase platzt und mit verrenkten Beinen
  Zur Muttererde purzeln wir. Noch neuer
Und zeitgemäßer mag das Luftschiff scheinen.
  Dies „Hölzerne Pferd", gleich Iliums Bedräuer,
In dem sich Holz und Stahl und Dampf vereinen,
  Mit einem Schwanz von Kohlenrauch und Feuer.
Fünftausend Pferdekraft hat sein Gestampf.
Poeten lieben blauen Dunst, o Dampf.

Nur Opium ist unsre Phantasie:
  Entzücken erst und herrliche Gesichte,
Dann Mattigkeit und Angst. Die Poesie
  Hebt uns empor, doch bleierne Gewichte
Ziehn uns zum Staub. Wir nähren in uns nie
  Das Göttliche und streben auf zum Lichte,
Ohne ins Thierische uns zu verirren,
Weil Ideal und Sinne sich verwirren.

Den Geist der Alten hat die Welt verloren.
Cäsar wird als Napoleon geboren.

Wo Cincinnat? Nur Washington und Pitt
Noch widerhallen den Heroenschritt.
O bei den Heiligen von Marathon
Schlief gern auch ich, der spätgeborne Sohn!

Zerschmettert sind des Parthenon Gebilde,
    Athene schwingt nicht mehr den goldnen Speer.
Doch ob das Gold verblich auf ihrem Schilde,
    Noch rollt, vom Golde ihrer Weisheit schwer,
Durch der Geschichte sagenhaft Gefilde
    Die alte Musenquelle zu uns her.

O Salamis, wo in der Meeresgrotte
    Zugleich Euripides zur Welt gebracht,
Als Aeschylos durchbrach der Perser Rotte,
    Der seine Stoffe suchte in der Schlacht!
Als Pindars Hymne, der beseelt vom Gotte,
    Weil ihn Corinna's Weihekuß entfacht,
Dem Munde eines Sophokles entstieg,
    Das Tropaion umtanzend nach dem Sieg!

————————

O könnt' ich in ein einzig Wort ergießen
    Doch meinen ganzen Haß und wär's ein Blitz!
Er sollte mir vernichtend niederschießen,
    Sei nun sein Strahl Begeisterung oder Witz.
Wenn fest sich auch des Wahnes Pforten schließen
    Und unerschüttert der Tyrannen Sitz,
Der Donner rollt, da hilft kein Blitzableiter
Des Vorurtheils — die Flamme lodert weiter.

O könnte doch mein Ekel und mein Zorn
    Ausbersten, wie ein Aetna-Feuerfluß,
Wenn gleich sich aus der Galle bitterm Born
    Die Lavaschlacke damit mischen muß!

Aus meinen Wunden zög' ich jeden Dorn
Und spitzte ihn als Liederpfeil! Zum Schluß
In meines Grimmes Acheron mich taucht' ich
Und, so gefeit, kein weitres Rüstzeug braucht' ich!

Ha, diese giftgetränkten Liederpfeile
Nach Kronen schöß' ich sie und Pfaffenglatzen!
Ich schleuderte sie mit des Blitzes Eile!
Ich peitschte sie auf freche Schergenfratzen!
Wie Feuerruthen! hiebe sie als Beile
In manch geheiligt Bollwerk, würd' die Tatzen
Der herrschenden Gewalt damit beschneiden,
Seciren in des Staates Eingeweiden!

Ich schwänge sie als zischend Henkereisen,
Auf Höflingsstirnen Brandmale zu drücken!
Bald nahte ich mit Tritten, schleichend-leisen,
Und höhnte ihre Willkür hinterm Rücken!
Bald würde ich als Löwe mich erweisen
Und brüllen, bis sich die Pagoden bücken,
Der Sündfluth Herold! Ach, Phantome nur!
Denn wir besitzen eine Preßcensur.

„Nur dreißig Jahre Preßfreiheit" erklärte
Für nöthig man, den Klerus zu besiegen.
Ich wollt', daß man uns nur ein Jahr gewährte.
Nicht, weil wir zweifeln dennoch zu erliegen,
(Denn stets das Kreuz Aposteln man bescheerte)
Nein, nur uns zu persönlichem Vergnügen,
Um unsern Abscheu völlig auszuschrei'n
Mit Worten, dauernder als Erz und Stein.

Ja wahrlich, Steine möchte man empören,
Doch besser ist's, die Steine aufzuheben,
Damit's die gähnenden Tyrannen hören,
Die der Lectüre wenig sich ergeben.

Doch wenn die Fenster klirren, wollt' ich schwören,
Daß ihre Taubheit man curirt fürs Leben!
Nach Plötzensee schickt man die lästige Wahrheit,
Doch nur Kanonen bringen hier uns Klarheit.

„Verirrter Jüngling! Dynamit=Sprengler!" rief
Wurmb. „Aber man sieht doch wo und wie! Und
dazu ist dieser Buchsbaum ein sehr bescheidener Mensch,
der nicht an Größenwahn leidet wie die Andern."

Hier schnitten Lämmerschreyer und Luckner, die den
Jüngling kannten, freilich eine sonderbare Grimasse. Aber
Wurmb bot sofort einen Beweis, vor dem alles ver=
stummen mußte: einen begeisterten Brief Buchsbaum's
an ihn, welcher „Hochverehrtester Meister" anhob und
„Ihr ganz gehorsamster" endete.

„Ja," docirte Gotthold Ephraim, „er, der sich so
anspruchslos und bescheiden giebt, wird weiter kommen
als Mancher, der von seinen unausgegohrenen Erzeug=
nissen mirakelt und spektakelt!"

„Sehr wahr," orakelte Dondershausen, „Kant's
‚Kritik der reinen Vernunft‘ kann diesen Schwärmern
nicht dringlich genug zur Lectüre empfohlen werden."

„O diese Cochonnerien!" seufzte der milde Holbach,
dieser Vorhäuter der Sittlichkeit. „Nur eine geadelte
Sinnlichkeit — man lese Ihre ‚Elegieen am Müggelsee‘
in Hexametern."

Am schärfsten klopfte man auf Mokamante los,
weil dessen dämonisch=krankhafte Individualität durch ihre,

wenn auch ungesunde, Wahrhaftigkeit die conventionellen Phrasendrescher abstieß. Doch auch Krastinik sprach seine besondere Antipathie gegen diesen Dilettanten aus.

„Sein Leib ist so unnennbar groß und er versichert Jedermann, daß seine Seele nun völlig in der Lüste ekeln Schlund verdorben sei. Aber mit hartnäckiger Rüstigkeit bestellt er den Weinberg der Poesie weiter und jetzt seine Leiden in edler Druckerschwärze wie eine voll= geladene Weltschmerzpistole der verachteten Welt auf die Brust. Dieser Kultus der Stimmungslyrik, diese Schein= poesie, die naturgemäß zur Spielerei und Duselei ver= lockt, saugt ihm das letzte Mark aus den Knochen. In diesen Beiträgen ist er ja noch gar nicht in seinem esse. Man muß ihn in ätherischen Sphärenräumen herum= suchteln hören. Da löst er zuguterletzt alles in Wort= musik auf, als begnadeter Stimmungsfritze im Voll= gefühl des einzig wahren Schöpfermysteriums. Sternen= thau und Veilchenblau zu einem weinerlichen Reim ver= knüpfen — das eigene Persönchen, das weltverachtend nach Weltlust lechzt, selbstverleugnend dem All vermählen, um desto brünstiger die Befriedigung unersättlicher Ich= sucht zu genießen — das ist so der richtige Lyriker von Gottes Gnaden!"

Diese herben Worte, welche der männliche Sinn des Ungars ihm entpreßte, gingen besonders dem Herausgeber Lämmerschreyer wie Oel ein. Seine stumpfe griechische Nase blähte sich, als genösse sie einen fetten Bratengeruch, und sein Schlangenäuglein blinzelte tückisch. Nun kam Krastinik selbst an die Reihe.

Graf Xaver Kraßinik.

Lebensritte.

Dem Thoren scheint Thorheit, was der Weise spricht,
Der Dinge Innerliches versteht er nicht.
Was sind die Außenformen? Ein Wirbel von Monaden.
Der Geist in seiner Klause nur webt den rothen Faden,
Der regelrecht sich hinzieht durchs Wirrsal der Erscheinungen.
Doch blind ist Eure Wahrheit und Eure Fakta: Meinungen.

Zu jedem Laster, sei es noch so arg,
Liegt in Dir selbst der Keim, o Pharisäer!
Drum sei mit Deinem Tadel lieber karg!
O säh' Dein eigenes Innere ein Späher!

Alles ist ein Wunder in der weiten Welt,
Räthsel Dich umgeben, wohin Dein Auge fällt.
„Ueber nichts Dich wundern" rieth ein Weiser zwar.
Aber wer's befolgte, nie ein Weiser war.

Alles will ich gern ertragen,
Gern des Elends Fülle kosten.
Eins nur mag ich nimmer wagen:
Thatlos langsam zu verrosten.

Doch wer mit der Welt der Kleinen
Sich entwürdigend verschwistert,
Muß sich ewig ihr vereinen,
In ihr Stammbuch einregistert.

Der Teufel hole das Nörgeln und Zaudern,
Das Zupfen an jedem Eselsohr!
Kleckse machst Du über dem Plaudern!
Schmiere frisch darauf los, Du Thor!

Es gleicht der Leidenschaften Weg
Dem Niedergang vom Bergessteg.
Gleitet aus ein falscher Schritt,
Reißt uns alle der Absturz mit.

Was Optimist, was Pessimist!
O Don Quixot=Gerede!
O Fechten um des Kaisers Bart!
Windmühlenflügel=Fehde!

Die Welt lacht sich ins Fäustchen nur,
Wenn Idealisten sich zanken,
Und klatscht sich mästend Beifall gar
Dem hungernden Gedanken.

Und ist Euch nichts geblieben mehr,
So gebt den letzten Thaler her
Und kauft ein Stückchen Blei!
Ein leichter Druck, es ist nicht schwer,
Und alles ist vorbei!

Euch betäuben, dumme Jungen,
Vor dem großen Weltenweh
Durch ein liederlich Juchhe,

Bis Ihr gleich der Welt marode?
Endlich sind doch aus der Mode
Solche Trug-Entschuldigungen.

Wolle nicht wider die Sünde kämpfen,
Das wird nie Deine Begierden dämpfen.
Ihr zu trotzen will nicht taugen,
Sonst verzaubern Dich ihre Augen.
Aber wende ihr stracks den Rücken.
So wird Dir die Rettung glücken.

Freude entflieht mit dem Wind in die Wette,
Sorge hängt zähe wie eine Klette.

Oft schreiben wir der geistigen Arbeit zu,
Was andrer Kraftvergeudung wir verdanken.
Sei nimmer müßig, immer mäßig Du!
Ich glaube nicht an solche Arbeitskranken!

Dir selber nur, Dir kannst Du nicht entrinnen.
Die Ketten der Gedanken schleppst Du mit.
Den Abgrund, der sich öffnete tiefinnen,
Mit leichtem Fuß noch Keiner überschritt.
Ein Opfer braucht er, wenn er einmal klaffte.
Komm, Curtius! Im Tod er erst sich schließt!
Ach, seinem Ich nur Der sich je entraffte,
Wer selbstlos mit den Anderen genießt.

Ach, brauchte man nach jeder Fête
Als Soda doch ein Schlückchen Lethe!

———   ———

Den Kummer der Vergangenheit
Kann ein Gedanke mindern,
Der uns von Reue nicht befreit,
Doch wohl sie weiß zu lindern.
Was Du auch thatest, gut und schlecht,
Das hat geformt Dein Wesen.
Und jedes Wesen hat sein Recht.
Sei, was Du Dir erlesen!

———   ———

Kein Epigramm Dich weiht
So beißender Satire,
Als Deinen „guten Freunden" ihre
Erinnerung verleiht.

———   ———

O Unglücksmutter Unersättlichkeit!
Wer ist denn reich? Wer seines Theils sich freut
Und hartes Brot wie Trüffeln wiederkäut.
Und statt der tausend Weiber, die ihn locken,
Sich nur begnügt mit einem Liebesbrocken.
Enthaltsamkeit — das ist Zufriedenheit.

———   ———

Trübe Stimmung wird bemeistert,
Wenn man ihren Grund durchdacht.
Blitz zuckt auf aus Nebelnacht,
Gram zum Schaffen Dich begeistert.

———   ———

Wir bringen vom Meer der Vergangenheit
Nur billige Waare für künftige Zeit.
Die ganze Fracht der Meerbefahrung
Ist unverkäuflich: die Erfahrung.

Mutter Natur, mir hast Du Dich entschleiert
Und jedes Würmchen ist mir lieb und traut.
Der jungen Pflanzen Triebe, stets erneuert,
Mein Auge freudetrunken schaut.
Die Schöpfung liebe ich wie eine Braut.
Denn Du verliehst ja Wolken, Wellen, Winde
Als Brüder, o Natur, mir Deinem Kinde.

Gewohnheit ist die Sünde wie die Tugend.
Vorm Keim des Lasters wahre Deine Jugend!
Umsonst sucht's dann die Mannheit auszurotten.
Die starken Wurzeln Deines Wollens spotten!

Dieser Grundsatz möge stützen
Deinen Wandel bis ans Grab:
Wisse Deine Zeit zu nützen,
Gieb Dich nicht mit Skrupeln ab!

Denn vergeudest Du Sekunden,
Werden leicht Minuten draus.
Jahre werden so aus Stunden.
Und Du wirst — ein altes Haus.

Zweifel, Reue, das sind Ketten.
Taste nicht nach gutem Rath!
Arbeit kann Verzweiflung retten
Und Befreiung ist die That.

Der Bach war unzufrieden
Mit seiner Kleinheit.
Und rief den Regen.
Und trat mit unruhvollem Sieden
Aus seinem Bett. Doch war ihm das kein Segen.
Denn er verlor darüber seine Reinheit.
Nun floß er durch Einöden, war voll Schlamm.
Mit Wehmuth drum gedachte er der Bäume
Und Blumen, die einst seine Ufersäume
Geschmückt. Was schwoll ihm auch so hoch der Kamm?

* * *

Die rothe Sonne funkelt
Pfeilscharf durch schwarze Rüstern
Und überm See es dunkelt,
Die Wogen flüstern.

Ich bin gesund und munter.
Doch in der Sehnsucht Wogen
Geh' ich urplötzlich unter,
Hinabgezogen.

Mehr Geistiges zu geben
Dem Menschen Gott vergönnte,
Als für das Erdenleben
Er brauchen könnte.

Ja, dieser Schmerz, uns nahend,
Wenn die Natur uns offen,
Ist ein Beweis, bejahend,
Was wir erhoffen.

Am Apfelfall fand Newton, heißt es,
Das Gravitationsgesetz.
Was sollten wir nicht finden jetzt
Im kleinsten Fall Gesetze des Geistes?

———————

Und sätest nie den wilden Hafer Du
Und opfertest den Sinnen keck,
Warst nie ein Librian und Geck,
So traue ich Dir auch nichts Großes zu.

———————

Ich soll mich der Wahrheit schämen,
Hör' ich den Michel toben?
Ich werde mich dann erst grämen,
Wollt Ihr mich loben.

———————

Ich wußte, Liebe scharfe Pfeile wetzt,
Doch daß der Pfeil vergiftet, spür' ich jetzt.

———————

Und wenn sich selbst herunterdrücken
Die Kaiser zum Steigbügelhalter,
Des Papstes weltlichem Verwalter,
Tritt Dante auf der Päpste Rücken.

———————

Der Arzt, der zu studiren beginnt,
Keinem Leiden selber entrinnt,
Hält mit seiner Wissenschaft Schritt,
Macht jede Erscheinung der Krankheit mit.

Nur was wir im innersten Wesen erkennen,
Wissen wir auch beim Namen zu nennen.

Drei Menschengattungen giebt's in der Welt.
Zuerst die sinnlich stumpfen Massen,
Die nichts verehren als Genuß und Geld
Und das Gefühl wie den Gedanken hassen.
Doch dann der Edleren geringe Zahl,
Zu zart durch Denken und Gefühle,
Sie gehen unter, höhnisch und brutal
Zerstampft und übersehn im Weltgewühle.

Denn sie sind Silber und das Silber sinkt
Im seichten Strom des Tages. Doch inzwischen
Die falsche Alphenide prahlt und blinkt.
Dem Silber laßt uns Eisen mischen!
Nein, fliehet nicht den rauhen Lebenskrieg,
Kämpft mit für der Verkannten Sache!
Ein jeder Genius im Glück und Sieg
Uebt für Myriaden Unterdrückter Rache.

„Fort Ihr! Vergangenheit, weich' Du zur Linken!
Und Du zur Rechten, Zukunft!" stolz ich rief
Und stürmte auf und nieder bis zum Sinken.
Nur dieser Worte Kreis mein Hirn durchlief.
Und als ich seufzend meine Uhr dann fragte,
Sah ich, daß von der schönen Gegenwart
Ich einer Stunde Blüthe mir zernagte
Mit löblichen Entschlüssen solcher Art.

Die Harmonie von Leib und Seele —
Halb Sportsman, halb Gelehrter sein —
Das ist ein Humbug. Eines wähle,
Sonst wirst Du keines von den Zwei'n.

Seit mir die Liebe schien ins Herz gleich wie Aurora,
Beklage ich nicht mehr, wie sehr mein Loos zerüttet.
Was immer bergen mag die Büchse der Pandora,
Hoffnung und Liebe jetzt mit Blumen mich beschüttet.
Ich weiß, daß jedem Ding spät oder früh bescheeret
Ein Himmel der Natur, des Ueberird'schen Gleichniß:
Geliebt zu werden von der Frau, die er verehret,
Ist jedem Mannessein das krönende Ereigniß.

Zum Himmel ich erhob die abendmüde Seele,
Schon öffnete er mir sein leuchtend Sternenzelt.
In goldnem Nimbus da, göttlich und ohne Fehle,
Im Halbmond mir erschien die Königin der Welt.
Es singen um sie her die Sphärenharmonien:
„Ave, Maria stella! Heil, Herrscherin der Fluthen!"
Seltsame Horden auch von Geistern sie umziehn,
Die machtvoll in dem Schooß der großen Wasser ruhten.
Sie boten Schätze dar, die dort im Abgrund schliefen,
Schätze, die kaum geträumt der prächtige Aladin,
Schätze, die aufgespürt zur Hülfe dem Merlin
Die Artusritter nicht aus den verborgnen Tiefen.
Die Jungfrau sie empfing mit Huld all' diese Gaben,
Indem die Wimpern sie auf schwarze Augen senkte.
Doch Er, den ihrem Schooß mystische Liebe schenkte,
Oeffnete groß den Blick, sich an dem Glanz zu laben.
Indessen zitterte der Ocean empor
Aus seiner Tiefe, da die Herrin ihm erschien.

Und Deines Halbmonds Rand umfloß der Wogen Chor,
O Jungfrau, liebevoll Dir murmelnd Melodien.
Ja, jeder Silberschaum, ja alle Azurwogen
Des flüss'gen Elements zu Dir empor sich bäumen,
Von Deinem holden Leib ward himmelan gezogen
Dies Meer voll Hoffnungen und gläub'gen Liebesträumen.
„O Ewig=Weibliches! Die Sphärenchöre sangen,
Prinzipien des Seins, die aus dem Meere stammen.
„O Ewig=Weibliches!" O wolle Du empfangen
Die Bitten hier von Luft und Erde, Fluth und Flammen!
O Unsre Liebe Frau, daß uns Dein Schutz behüte!
Kein Wesen ohne Dich gedeiht auf keine Weise.
Denn unsre Kraft bedarf all Deiner Frauengüte,
Zu einem Großen sie verknüpft verschiedne Kreise.
Durch Dich nur leben wir und blühn, Du unbeschreibliches
Geheimniß jedes Glücks, das sie ins Herze wob.
O Gattin, Schwester Du, o Mutter! Ewig Weibliches!
Nur Dir, nur Dir allein sei Ehre, Preis und Lob!"

„Ah, bravo, bravo, lieber Graf!" rief Donnershausen. „Hier sieht man den gereiften Mann, welcher das Leben kennt!"

„Daß ein Mann wie Sie sich unter diese vorlauten Musenknaben und Maultitanen mischt!" flötete Adolf der Schöne.

„Nun, ehrlich gestanden," Krastinik zuckte die Achseln, „mein Alter in Ehren! Daß meine Gedichte darum besser wären als die der Andern, kann ich nicht finden. Un= reife — ja, die erkennt man wohl dort überall, aber auch echte Leidenschaft und mächtiges Wollen!"

Die vornehmen Kritiker und die feinsinnigen Eklektiker zuckten unisono die Achseln. Dann las man:

Helmold Heinrichs.

Erotik am Vesuv.

Neige Dein Haupt auf meine Schulter,
Sanfte Bürde Du!
Wiege den Sturm der Leidenschaften
An meiner Brust zur Ruh!
Wie zwei Ströme sich strudelnd mischen,
Einen zu ewigem Bund
Wir im Strudel süßen Verlangens
Seele mit Seele, Mund mit Mund!

Ich hänge an Deinen Lippen, — —
Die küßten schon einen Andern!
Ich liege in Deinen Armen, — —
Dort hat ein Andrer geruht!
Du liebtest nie bis heute, — —
Das kann ein Jeder sagen!
Du hauchst: Ich sterbe vor Liebe — —
So stirb einmal daran!

Ein jedes Haar auf dem geliebten Haupt
Möcht ich bedecken mit zehntausend Küssen!
Ihr Löwenblick, der mir den Schlaf geraubt,
Treibt mich umher in heißen Lavaflüssen.

Er treibt mich durch der Leidenschaft Vulkan
Und leitet mich in stille Paradiese.
Ich bebe kraftdurchzuckt bei ihrem Nahn,
Wie von der Mutter Erde zuckt der Riese.

Ja wie Antäus schnelle ich empor,
Mit Riesenkraft die Welt zu überwinden.
Als ich mein ganzes Sein an sie verlor,
Da wußte ich die höchste Kraft zu finden.

Von Capris Kuppen rinnen nieder hier
Die Bäche, roth beglüht vom Morgenschein,
Als rinne schier ein Meer von Malvasier

Zur blauen Grotte selbst ins Meer hinein.
Und der Vesuv steigt weißlich aus der Flut,
Gekrönt von Wolken. Wie ein Zuckerhut,
Oder ein Beutel, oben dichtgeschnürt.
Bald scheint's, ein Hütlein habe sich aufs Haupt
Der Berg gesetzt. Bald scheint, vom Wind umschnaubt,
Ein bleiches Segel an dem Felsenmast
Stets auf= und abgezogen ohne Rast,
Sobald ein Luftzug dort den Dunst berührt.

Und hier im Angesicht — so malt's kein Pinsel —
Des Flammenberges, des zerstörungsfrohen,
Stürz' ich mich in der Liebe Flammenlohen
Und schwelg' in Deinen Armen, Kind der Insel.

———

„Ach, das ist mein Lieblingsdichter!" schmachtete
Herr von Lämmerschreyer. „Welche Gluth des Colorits!"

„Auch ein bescheidener Mensch!" Wurmb wiegte an=
erkennend sein Denkerhaupt. „Er schreibt mir jede Woche
zwei Postkarten aus Casamicciola."

„Mir ja auch!" rief Holbach.

„Und mir auch!" „Mir auch!" Es ergab sich, daß
dieser bedeutende Sänger an jeden Anwesenden wörtlich
gleichlautende Freundschaftsbriefe wohl immer zu gleicher
Stunde absende. Ein Netz von Massencorrespondenz
über das ganze litterarische Deutschland hin!

„Nicht so ewig drauflosschmieren, als könnte man
nicht eilig genug unsterblich werden, wie dieser Leon=
hart!" eiferte der glatte Erich, worauf ein allge=
meines „Sehr wahr!" erscholl. Nur Krastinik runzelte
die Stirn. „Kennen Sie Leonhart so genau? Ihm ist
das Schaffen, wie uns Anderen das Athmen und Ver=
dauen." Wurmb brannte vor Begier, zum Schluß

der Anthologie zu kommen, und den schließenden Autor,
last not least, durchzuhecheln.

Friedrich Leonhart.

Robespierre.

Brav, schöner Brissot, mache nur
Madam Roland den Hof.
Wohlwollend lächelt der Patriarch,
Ihr Mann der Philosoph.

Wieviel poetisch Phrasengedresch,
Wieviel Genialität!
Doch heiser kichert's aus einem Eck,
Wo ein gelbes Männchen steht.

Da schrie der stramme Maultitan
Danton, wie immer benebelt:
„Du Lederfraß, ist Dir das Maul
Denn immer zugeknebelt?"

Der hat noch nie Bonmots gemacht,
Der kneift nicht in die Backen
Den Bürgerinnen, hat auch nicht
Stierhals und Löwennacken.

Er ist ein schlichtbescheidener Mann
Und mit verliebter Miene
Denkt er sich grade Danton's Kopf
Als Zierde der Guillotine.

Achill an der Leiche des Patroklus.

(Byron und Trelawny verbrennen Shelley's Leiche.)

Zum öden weißen Dünenstrand
Von blauen Bergesketten
Ziehn Pinienwälder schwarz herab,
Die sich im Golfe betten.
Zwei Männer bei einer Leiche stehn
Am Mittelmeere einsam,
Einen Scheiterhaufen entzünden sie
Als Todtenwächter gemeinsam.

„Den Freunden sein sterblicher Ueberrest
Und Albion sein Gedächtniß!
Trage Du fort die Erinnerung, Meer,
Und sein Lied als letztes Vermächtniß!
Für uns letzte Feueranbeter zumal
Der Scheiterhaufen hier lodert."
Das Feuerzeichen steigt drohend empor,
Als ob es Rache fodert.
Wie ein Riesenarm mit geballter Faust!
Doch dann sich verdünnend bleicht es.
In goldiger Säule senkrecht auf
Bis zu den Wolken reicht es.

Abscheidend vom Unsterblichen
Die sterblichen Erdenatome!
Symbol der Psyche, darüber schwebt
Ein Vogel im Aetherdome.
Wie ein Phönix aus den Flammen hier
Scheint er emporzusteigen
Und tummelt sich zwischen Himmel und Meer
In glückbeseligtem Reigen.

Durchrieselt von erhabenem Graun,
Ruft Byron, reckend die Rechte:
„Hier als Brandopfer werfe ich ab
Alles Feige und Schlechte.
Wie Harmodius als Thyrsus schwing ich mein Schwert,
Von bräutlichen Myrthen umwunden
Ich bringe der Freiheit als Rosenstrauß
Spartanische Ehrenwunden.
Wie mein Ahne ‚Ralph mit dem langen Bart‘
Zieh ich an Deckbord des Drachen.
Die Harfe zerschmettert, die Streitaxt hoch!
Durch aller Donner Krachen!
Mein Ahn hieß der Schlechtwetter-Johann,
Ihm hab’ ich mich verglichen,
Bin oft gescheitert auf festem Land,
Hab’ nie die Flagge gestrichen.“

Auf schwarzen Mitternachtfluthen schwimmt
Ein schwarzer Orlog. Am Sterne
Beim Vordersteven ein schwarz Panier.
Ein Sarg scheint’s in der Ferne.
Stumm ist die Aeolsharfe nun,
Die im Schicksalssturme erschollen,
Bis im Schlußakkord des Todes sie borst,
Der Titanenseufzer entquollen.

Er ist jetzt eins mit der Lieblichkeit
Der Natur, die er lieblicher machte,
Mit dem allbelebenden Schöpferhauch,
Der in ihm die Flamme entfachte.
Durch die dumpfen chaotischen Massen des Alls
Schwebt er dahin für immer,
Auferstanden in neuer Gestalt
In ewigem Jugendschimmer.

Mater Dolorosa von Sedan.

Viel tausend Granaten rechts und links
   Durchfurchen Feld und Heer.
Doch ragt, von Trümmern umschleudert rings,
   Der Altar blumenschwer.
Noch lächelt die Jungfrau dort herab,
   Von steinerner Nische gedeckt.
Zu ihren Füßen wühlt sein Grab,
   Wer fallend niedergestreckt.
Ave Maria! Die Stunde dies,
   Wo die Glocke zur Messe ruft,
Wo wie ein Gruß zum Paradies
   Aufwirbelt des Weihrauchs Duft.

Hier aber Dampf nur überall,
   Die Erde bebt im Krampf,
Auffliegender Pulverkarren Knall
   Und Kampf und Roßgestampf.
Am Kreuz noch immer die Erde hängt
   Und ewige Wehn der Geburt
Durchzittern den Leib, den ewig umfängt
   Des Todes eherner Gurt.
Dort schlendert ein bleicher Schemen durchs Feld:
   Des Kaiserreichs Gespenst!
Nun zähle die Leichen, Lügenheld,
   Ob Du Dein Werk erkennst?

„Es lebe der Kaiser!" Still, Du Narr!
   Der Austerlitzsonne Glanz
Geht blutig unter, doch leichenstarr
   Rast weiter im Todtentanz!
Spielt auf, Trompeten, zum letzten Marsch!
   Noch ein Idol bleibt ganz!
„Merde!" knirschte die alte Garde barsch
   Und wir „La France, la France!"

Zufall.

In einer Schenke im Tiberthal
Trafen zwo Reiter sich einmal.
Der eine Dandy, der andre Roué,
Doch Beide Patrizier vom Wirbel zur Zeh'.
Sie beplauderten überm Wein
Die letzten pikanten Klatscherein.
Den großen Clodius Pulcher-Skandal,
Der als Weib verkleidet im Frauensaal
Bei den Saturnalien Unfug versucht.
Terentias falsche Haare. Luculls
Fischbehälter und Seidenwurmzucht.
Auch wie ein gewisser Sallust den Puls
Der Zeit befühle und sich bereit
Halte, zu sammeln die „Zeichen der Zeit".
Wie Crassus seine Volksküche und
Sein Volkstheater ihm angepriesen
Als Wichtigstes, doch der Autor mit Grund
Ihn als bestes Zeichen der Zeit verwiesen
An die Schulden des jungen Caesar, Zins
Auf Zinseszins häufend, weil er die Provinz,
Die er künftig bekommt, schon verpfändet.   Und wie
Sallust schon dem künftigen Opus verlieh
Den Titel: „Catilina's Verschwörung",
Weil er prophezeie offne Empörung.
„Beim letzten Fest hat mit Muränen
Crassus gefüttert all seine Sclaven!"
Der Aeltre meint mit lautem Gähnen:
„Dies offenbar erscheinen muß
Nur als Verwechselung. Spartakus'
Besieger? Wenn er seine braven
Muränen mit Sclaven gefüttert hätte
So sähe ihm ähnlicher Das, ich wette!"
Des besten Sportsman Quadriga sie loben
Und der Modelöwin sidonische Roben.

Dann brachen sie auf von ihrem Wein
Und ritten gen Rom im Dämmerschein.
Und als sie den sieben Hügeln nahn
Und die ewige Stadt von oben sahn,
Um des Aelteren Lippen ein Lächeln schlich,
Unheimlich war's und fürchterlich.
„Leb' wohl denn! Daß wir uns wiedersehn,
Verbürge ich, es wird geschehn.
Ich bin ein Mann, von Vielen geehrt,
Von Vielen gehaßt — wie ein ehernes Schwert.
Das stets dem Freund zur Hülfe bereit,
Doch den Feind bedräut in gerechtem Streit.
Nie hab ich dem Feind meiner Sache verziehn,
Stets hab ich dem Freunde Schutz verliehn.
In meinem Herzen für immer ruht
Die Erinnerung an Bös oder Gut.
Wer Du auch seist, beherzige den Rath:
Scheue nie zurück vor verzweifelter That!
Stets finde die Unbill blutigen Sold,
Denn dem Wagenden ist die Klinge hold.
Greift verwegene Hand in das Rad Deines Lebens,
So rufe nach mir, nicht rufst Du vergebens:
Ich zerbreche die Hand! Wer verfolgt und gekränkt,
Der komme zu mir, der für ihn lenkt
Der Vergeltung Stahl und vollführt die Rache —
Denn seine ist meine eigene Sache.
Ich bin der Richter, ich bin der Rächer!"
Und grüßend er winkt mit dem Pfauenfächer,
Den Mantel um Kinn und Mund er schlang,
Seitab vom Hügel herniedersprang.

. . . .

An eine Schenke am Aventin,
Als matt der Mond herniederschien,

Klopfte ein Vermummter. Der Wache
Am Thore gab er ein Pergament:
„Bring' es dem Führer, damit er erkennt,
Daß ich der heimliche Freund der Sache."
Geräumig war der Berathungssaal.
Und die Verschwörer allzumal
Saßen um den Führer gejchaart
Mit schwarzem wallenden Haar und Bart
Und Leichenblässe im Angesicht
Und Augen, glühend unheimlich-licht.
Ein Becher stand auf dem Marmortisch.
Darin die rothe flüssige Glut,
Ist's Chier, Falerner hell und frisch?
Der Fremde schauderte — es war Blut.
„Die Fackeln hoch!" Und Jeder da
Erkennend dem Andern in's Auge sah.
„Wir sehen uns nicht zum ersten Mal,
Denkst Du der Schenke im Tiber-Thal?"
„Und Du bist Catilina?" „Und Du
Der junge Caesar? Nun, nur zu!"
„Zur Sache!" Sie beriethen lang. — —
Doch Caesar denkt beim Heimwärtsgang:
„Komm' jemals ich zum Regiment,
So wird zuerst vom Rumpf getrennt
Mir dieser widerspänstige Kopf."
Und Catilina denkt daheim:
„Da ist wohl mancher tücht'ge Keim —
Im Ganzen ist der Bursch ein Tropf,
Der auch gefährlich werden mag.
Und kommt der große Rechnungstag,
Wenn ich mich freue, an allen vier Ecken
Dies feile Rom in Brand zu stecken,
Dann, Caesar, wird Dein Loos nicht besser:
Du fällst von meinem eignen Messer."

Doch wie verlief die Sache später?
  Der Catilina war ein Narr.
  Die Invektive machte ihn starr,
  Die Cicero ihm zugebrüllt:
  So rannte ins Netz er zornerfüllt
Und gilt als schnöder Hochverräther.
Doch Caesar, welcher sacht und stille
Gewartet, was des Schicksals Wille,
Der stets lavirt nach gutem Glück
Und, ging's nicht vorwärts, ging zurück?

Der Zufall nur die Dinge lenkt.
Des Werthes Prüfstein ist erschienen
Stets der Erfolg. Doch Jeder denkt,
Ihm werde dieser Prüfstein dienen.
Genie und Thatkraft? Zufall nur
Uns leitet auf die rechte Spur.

———————

Das Autodafé.

Und ein Mandat ward aufgesetzt:
„Ihr lasset flugs Euch taufen.
Wo nicht, Hebräerhunde, verschlingt
Euch alle der Scheiterhaufen."

Der Rabbi zerraufte sich Haar und Kleid
Und streute aufs Haupt sich Asche.
Dann salbte er sich wie zum Fest
Aus der heiligen Weihölflasche.

Und als am Holzstoß alle vereint,
Begannen sie alle zu tanzen,
Wie Mirjam, als im Rothen Meer
Ersoffen Pharaos Lanzen.

Und als sie endlich ausgetobt
Und als die geschmeidigen Weiber
Wie die Weiden an Babylons Wassern schlaff
Niedersenkten die Leiber,
Und als die brünstige Raserei,
Ermattet in starrem Krampfe —
Da breitete über die Bühne sich schon
Ein Schleier von bläulichem Dampfe.

Die Henkersknechte in rothem Wamms
Pechfackeln schwingen, vom Thurme
Die Armesünderglocke klagt
In unaufhörlichem Sturme.
Und wie Numantias Bürgerschaft
Sich wechselseitig getödtet,
Die Väter und Gatten das Schwert vom Blut
Der Weiber und Kinder geröthet —
So geht es durch erstickenden Qualm
Hinein ins Flammenbette,
Die Stimmen vereinend im Rachepsalm,
Die Arme verschlingend zur Kette.

Es endet in einer Säule Rauch
Der Feuersäulen Gewimmel,
Wie Moloch's eherne Rechte schwarz
Und glühend sich reckt zum Himmel.
Gleich dem Flammensignal, das Israel
Beim Exodus sah steigen,
Aus der Aegypter Joch den Pfad
Zum gelobten Lande zu zeigen.

Als überm Leichenknochenrest
Die letzte Garbe noch prasselt,
Da wirbeln Fähnlein durch die Luft,
Mailänder Harnisch rasselt.

16*

Der Herold tutet, der Marschall naht.
Den hat der Kaiser gesendet,
Auf daß von den Kämmerlingen des Reichs.
Er das gräßliche Unheil wendet.

Soll er die biedern Rathsherrn nun
An ihrem Wanste spießen?
Der Ritter strich verlegen den Bart,
Die Sach' thät ihm verdrießen.
Den Reisigen brummte er traulich zu,
Die Denkerstirn beschaulich
Auf seines Flambergs Knauf gestützt:
„Die Aventür wird graulich!"

Klebers Ermordung in Aegypten.

Dem Wunderkranze gleich in Ceylons Hain,
Kreuzt Schwert mit Schwert sich hoch im Dämmerschein.
Die Morgensonne lebenswarm umloht
Des Helden Schläfe, aber der ist todt.
Gleich denen, die der Zauberbann umflicht
Von Ischmonie, so starr und leblos schauen
Die Mörder, wie aus Marmor zugehauen.
Zu streuen scheint der Fackel rothes Licht
Auch Wundenmale auf ihr Angesicht.

Wer war es, der mit schnöder Hand zerriß
Dem Sieger hier von Heliopolis
Den Lebensfaden? Dieser Botschaft harrte
Schon lange in Paris Herr Bonaparte.
Das nennt sich Kampf ums Dasein! Wenn der Dolch
Den Helden traf, zum Drachen wächst der Molch.

Caesar Borgia ermordet seinen Bruder.

Des Mondes Strahl sich mischt dem ersten Morgenglimmern.
In seinem Silberlicht wie eisgepanzert flimmern
Die Felsen. Sickernd rauscht hier durch den Felsentrichter
Das Wasser, wirbelnd sich im Kreis, ein Selbstvernichter.
Doch wie gereinigt und geklärt vom Felsensieb,
In welchem Schaum und Tang unlauter hängen blieb,
Die Fluth dann klar und rein zum Tiber niederlief.
Sie zimmert sich ein Bett im Passe hohl und tief.
Hier würde jedes Boot, wo so vernichtungstoll
Der Schaum in wildem Satz zum Abgrund niederschwoll,
Wie vom Gebiß und Schlund des Nilpferds jäh zermalmt.
Dort zog im Mondenschein, vom Wasserstaub umqualmt,
Ein Reiter, schwarz vermummt, sein Haupt gesenkt, verdeckt.
Und vorn am Sattel hing ein Mantel, drin versteckt
Ein etwas, das er schnell nun in den Strudel warf,
Auflesend Steine noch am Strand und zielend scharf
Nach jener Bürde, die noch manchmal aus dem Fluß
Auftauchte — — jetzt der Leib wohl meerwärts rollen muß.

Doch glaubet nicht, daß ich die Borgias verdamme!
In den Retorten, wo ihr Höllengift gebraut,
Hat sichtbarlich geglüht der Weltenseele Flamme.
Wer Darwins Lehre je mit festem Blick durchschaut,
Der ehrt im Geier, der herabstößt auf die Beute,
In dem unschuldigen Reh wie in der rohen Meute
Denselben Kampfinstinkt rastloser Lebenstriebe.
Gleichwerth sind durchaus dem Menschen Haß und Liebe.

Zwischen zwei Polen liegt die wahre Weltbetrachtung:
Willensverneinung und entschlossene Weltverachtung,
Leben in der Idee, — oder die ungezähmte
Willensentfesselung, die brünstig nie beschämte
Weltlustanbetung. Ach, den Durst sie nimmer stillt,
Wie nur mit wüstem Rausch Salzwassertrunk erfüllt

Die dürstenden Matrosen, beim Sturm im Boot verschlagen,
Bis cannibalisch sie sich hungernd selbst benagen.

Ein Lord.

Das war der Lordssohn Montague!
Den lob ich mir, beim Himmel!
Der mischte sich zu jeder Zeit
Ins dichtste Volksgewimmel.
O Wapping und o Boxerkunst!
O Sally, derbe Dirne!
O Messerstechen, Highway=Lust!
O kalte Nachtgestirne!

Wie spiegeltet ihr euch so traut
In schwarzen Themsetiefen,
Wenn über Verdecke irrlichthaft
Die Strahlen huschend liefen.
Und durch das Takelwerk, wo rings
Die Gallionen schliefen,
Der Mond die Flimmerfäden schlang.
Die Steuerwachen riefen.

Ha Boot ahoi! Und Nebelhorn!
Der Fogg braut um die Schiffe.
Ha, Schmugglerbarken im Canal!
Und dort die Eddyriffe!
Dorthin, dorthin! Zerrissen sei
Sammt, Seide und Brokat nun!
Er stahl sich fort im groben Zwilch,
Zu widmen sich der That nun.

„Nein, das geht nun und nimmer an!" brach Wurmb los. „Ist denn das noch Poesie?" Das ist gereimte Prosa."

Unter allgemeinem Beifallsgemurmel ließ sich da wiederum Krastiniks Stimme vernehmen: „Ich bin andrer Ansicht, Herr Doktor. Mir ist diese gereimte Prosa lieber, als ganze Fuder Gelbveigelein-Lyrik. Auch glaube ich gar nicht, daß Leonhart ein Lyriker sein will. Solche historische Hieroglyphen wie diese kritzelt er so nebenbei tagebuchartig aufs Papier, wie ein andrer seine Einnahmen und Ausgaben bucht. Er will damit gar nicht künstlerisch wirken, sondern schleudert nur so wie die Natur über= flüssige Schlacken von sich ab, wie die Lawine aufs Schnee= feld stürzt, um im Abgrund zu verdonnern."

„Er blendet Sie, mein lieber Graf," trumpfte Wurmb mit sauersüßer Miene ab. Er überlegte eben, ob man nicht Leonharts berühmter Brief=Unvorsichtig= keit beikommen könne, der in Briefen sich immer mit einer Art unmäßiger Offenheitsmanie sich unliebens= würdiger malte, als er war. Konnte man vielleicht Leonharts Grimm über die barbarische Litteratur Nicht= achtung des preußischen Sparta beim Staatsanwalt denunciren, vielleicht wegen einer Lappelei auf Beschlag= name seiner Privatcorrespondenz dringen?

„Hm, Sie gehn denn doch etwas stark für meinen Freund Federigo ins Zeug," kopfschüttelte Holbach mit einem tiefgefühlten Seufzer. „Er ist ja ein bedeutender Mensch — hm!" Er machte eine Pause in der Hoff= nung, daß Jemand widerspreche, um dann eiligst gehö=

rige Einschränkungen zuzufügen. Es meldete sich aber
Niemand. „Allein, er hat doch auch viel von einem
Streber."

„Möglich. Ein Genie ohne eine gewisse Streber-
haftigkeit (ich erinnere an Richard Wagner) ist ebenso
undenkbar, wie ein großer Mann der That ohne Oppor-
tunismus und despotische Gesinnung. Dieser Naturtrieb
wird zu einer Tugend. Denn das Genie fühlt instinktiv,
daß es sich ja nicht zu dem, was es werden soll, entwickeln könne ohne äußeren Erfolg. Und seine Entwickelung scheint ihm identisch mit der Entwickelung seiner
Kunst oder Wissenschaft. Daher glaube ich ebensowenig,
wie an ein sogenanntes ‚faules Genie' (Genie ist Fleiß),
an ein Genie, das nicht in gewissem Sinne erfolgsüchtig
ist, weit mehr als ruhmsüchtig. Denn der Ruhm im
höheren Sinne des Wortes scheint ja dem Genie ohnehin erb- und eigenthümlich."

„Sie sagen immer ‚Genie, Genie'!" warf der naseweise Lämmerschreyer gewichtig ein. „Sie wollen doch
wohl Leonhart kein Genie nennen? Sieht der wie ein
Genie, wie ein Goethe aus? Dieser Knirps!"

Krastinik lachte heiter auf:

„Famos, lieber Herr! Deswegen waren auch Napo-
leon, Cromwell, Friedrich, Byron, Luther, Richard
Wagner, Michel Angelo, Mozart, Gambetta, Victor
Hugo solche Hünengestalten, nicht wahr? ‚Sieht Er,
mit solcher Kanaille muß ich mich herumschlagen!'
Aber der brave Pandur, der auf den Helden des
Jahrhunderts die Flinte anlegte, sah nur einen

gar kleiner Mann in schmutzigem Anzug mit Krückstock
und Schnupftabaksdose. ‚Kein Held ist ein Held für
seinen Lakaien‘ noch für Lakaien überhaupt. Aber bei
wem die Schuld, beim Helden oder beim Lakaien?“

Eine betretene Pause folgte, welche Luckner mit dem
Ausruf brach: „Ei, ei, Herr Graf, Sie treiben ja mit
Leonhart die reine Carlyle'sche Heroenverehrung!“

„Pardon, wenn ich etwas erregt sprach!“ entschuldigte
sich der Graf gemessen. „Alles begreife ich. Aber die
Keckheit, womit der Gewöhnliche über den Ungewöhnlichen
urtheilt und an Ausnahmenaturen denselben Maßstab legt,
wie an den Dutzendmenschen, ohne je die menschlichen
Schwächen der Größe psychologisch zu begreifen — diese
Keckheit allerdings verstehe ich nicht. Wenn man mir
bewiese, Shakespeare habe gestohlen, so würde ich mich
ehrerbietig jedes Urtheils enthalten.“

Holbach zuckte die Achseln. „Sie ziehen aber so
übertriebene Beispiele heran! Was heißt Genie!“

„Ja, das frage ich Sie!“ erwiderte Kraslinik kalt.
„Wie nennt man heut Mittelmäßigkeit? Reife. Was heißt
Genie? ‚Sturm und Drang‘. Und was heißt heut über=
haupt so Manches! Was heißt Freundschaft?“ Er warf
einen anzüglichen Seitenblick. „Die Fehler und Schwächen
eines Menschen durch genauere Kenntniß desselben aus=
spähen. Was heißt Dankbarkeit? Sich durch die Erinne=
rung empfangener Dienste belästigt fühlen.“

„Ach, ich verstehe. Leonhart wird Ihnen da wieder
allerlei vorgegaukelt haben!“ Wurmb schob nervös seine

Brille zurecht. „Und er selbst — ich könnte Ihnen Wunder= dinge —"

„Ach, lieber nicht!" wehrte Jener kühl ab. „Der= gleichen kenne ich. O Gott, wenn künftige Goethe=Pfaffen mit ähnlicher Beharrlichkeit auch in modernsten Wasch= zetteln wühlen sollten! Der Muthigste schaudere bei diesem Gedanken! Was wird nicht alles zusammengeklatscht! Denn das auszeichnendste Merkmal des Durchschnittsmenschen bilden Klatschsucht und Verlogenheit. Alles wird gelenkt von einem großen Gesetz der Lüge. Wer dem Trieb der Selbsterhaltung gehorcht, dämmt übersprudelnden Wahr= heitsdrang. Müßte man nicht ein Engel oder ein — Esel sein, um stets zu sagen, was man denkt? Leonhart ist zu nervös aufrichtig, allerdings. Jede Verstellung ist ihm fremd, jede lebenskluge Vorsicht liegt ihm fern und er selbst entfesselt meist die Verleumdung durch seine Un= vorsichtigkeit. — Glauben Sie nicht," fuhr der Graf nach einer Pause fort, „daß ich Incorrektheiten Leonharts be= zweifele. Aber der eigentliche Kern seines Wesens ist hochherzig und edel. Seine Richtschnur wird ewig bleiben: Die Gerechtigkeit, und das ist die schwerste Tugend. Strebe am ersten nach ihr und alles andere wird Dir von selber zufallen! Ja, diese strenge könig= liche Tugend schleicht auf Erden als Aschenbrödel um= her. Niemand will sie. Lobt sie, war's nie genug; tadelt sie, heißt sie gehässig. So kommt es, daß man den Ge= rechten am leichtesten der Widersprüche zeihen kann. Was schimpfen Sie über seine Herbheit und rücksichtslose Schärfe! Seine strenge Schroffheit ist eine natürliche Folge gerechter

Verbitterung. Haben seine lieben Mitmenschen nicht von jeher alles aufgeboten, was in ihren Kräften stand, um sein Aufstreben niederzubucken? Müßte er nicht mit Fug und Recht allen heimzahlen, was man an ihm verbrach, wenn nicht seine Verachtung stets seinen Haß im Keim erstickte?"

„Sie überschätzen ihn, Sie überschätzen ihn koloſſal!" zeterte Wurmb. „In vieler Beziehung tappt er umher wie ein unreifer Knabe. Man hört da kaum glaubliche Sachen von einem Verhältniß mit einem bemakelten Frauenzimmer. Flachköpfige Freigeiſterei jenes Naturalismus, der einfach frech und niederträchtig ist! Diese entartete Schweinerei!" Er brach plötzlich ab und erröthete, man wußte nicht warum. Drückte ihn vielleicht gerade auf der Bruſt ein Briefchen mit einer Freiherrn=krone, wo eine blaustrümpfelnde „Adah Freiin von Geiſenheim, geborene Freiin von Ratzko" ihm den Laufpaß gab, weil er ihr schwärmerisch anbot, mit ihr vor seiner Frau und seinen Kindern nach Amerika zu entfliehn? Und sie hatte ihn doch bloß als Redacteur benutzen wollen, aus der Diſtanz kokettirend!

„Ich gratulire Ihnen zu Ihrer Philoſophie", Kra=ſtinik biß ſich auf die Lippen, um nicht hellaufzulachen. „Ich sah noch Keinen, der nicht die Leiden und Leiden=ſchaften Anderer recht mit philoſophiſcher Geduld be=lächelt hätte, noch Keinen, der diese Geduld an ſich selbſt erprobte. Uebrigens, die Mutter der Weisheit ist doch nun mal die Thorheit. Nur aus Moſt wird Wein."

„O o! Ich bitt' Sie, wo bleibt aber da die Moral?"

Wurmb schlug wieder mal sein idealistisches Schimpflexikon auf. „O dies Wühlen in Unzucht und Größenwahn! O ruppige Struwelpeterei! Warum gründet er sich nicht eine germanische Häuslichkeit mit einer gebildeten Jungfrau? O der Schande, daß er die Geschöpfe der Straße litteraturfähig macht!! Pfui, pfui darüber!"

„Hm," erwiderte der Vertheidiger trocken. „Warum er nicht heiratet, weiß ich nicht. Vermutlich, weil er kein Geld dazu hat. Warum er ces dames in seine Bücher bringt, weiß ich: um die Leidenschaft und die Noth an der abgründigsten Wurzel bloßzulegen."

„Hm," ergänzte Gutmann bedächtig. „Ich kenne ihn ja auch. Er aß einige Mal bei uns. Er erinnert mich an Aurelie von Fellmarch. Sie wissen: die so oft bei uns aß und nachher solche Bosheiten über mich, meine Frau und das Kind geschrieben hat! Ja ja, der Leonhart muß noch älter werden. Wie wird er in zwölf Jahren über sich selber denken!"

„Wenn erst die Reife.." hob Holbach wohlwollend an. Aber die Adern auf Kraftiniks breiter Stirn schwollen bedenklich: „Um Gotteswillen, vertheidigen Sie ihn nicht!" Er meinte die bekannte Manier aus Sheridans „Lästerschule," wo grade beim Vertheidigen tropfenweise Bosheiten nachsickern.

„Nichts als Rhetorik und Sprachverfälschung!" keifte Wurmb. „In Leonhart arbeiten nur Verstand und Wissen." Der bombastische Schulmeister kniff die bösen Augen und die süßlichen Lippen zusammen und salbaderte mit feierlicher Weihe. Krastinik aber citirte rasch aufs Grabewohl:

Die Sonne weilt noch auf den Hügeln
Und durch die Flut schießt hin das Boot.
Wir schweben wie auf Engelsflügeln
Hinein ins lichte Abendrot.
Und langsam hebt des Mondes Scheibe
Sich übern Wolkenrand hinan.
Schon wandelt überm Weltgetreibe
Die Liebe ihre lichte Bahn.

———

In Nebelschleiern rings die Welt versinkt,
Der See den Regenhimmel niedertrinkt.
Nichts bleibt dem Auge wesenhaft bestehen.
Am Fenster nur ein Frauenbildniß winkt
Und eines weißen Kleides Falten wehen.

Doch sieh, ein Blitz zerreißt das Nebelnetz,
Ein Augenblick zeigt Berg und Ufer jetzt.
Dann wieder Alles wie in Nacht versunken.
Und so durchzuckt mich wie ein Allgesetz
Die Leidenschaft, von grellem Lichte trunken

Wenn diese jämmerliche Sterblichkeit
    Zum Staube kehrt und wenn der Geist zerbricht
    Sein Beingehäuse und zum Himmelslicht
Aufschwebt gleich einer Taube, die befreit
    Von enger Ketten drückendem Gewicht —
    So wird er finden keine Ruhestätte
In Unermeßlichkeit und Ewigkeit,
    Des Friedens lieblichen Olivenzweig,
Bis auch Dein Geist gesprengt das Grabesbette,
    Um jauchzend und beseeligt sich dem meinen
    Im Bunde der Unsterblichkeit zu einen
Und wir in ewiger Entwicklungskette

Zusammenschwimmen durchs Planetenreich,
Zwei zart-vermischten Sonnenstrahlen gleich.

Ade, Ade, Ade!
Rauscht träumerisch der See.
Der Wind seufzt trüb und hohl:
Lebewohl, lebewohl!

Des Herbstes Sonnenschein
Durchfröstelt mein Gebein.
Die Berge nickend stehn:
Auf Wiedersehn!

Thal, wo ich glücklich war,
Heilig für immerdar
Sei mir Dein letzter Blick.
Vorwärts, Geschick!

Mich lullte sanft Dein Wein
Wie Lotosblumen ein.
Zurück aus stillem Tod
In Kampf und Not!

Und als ich in das Wälschland fuhr,
Da duftete jede Blüte.
Mir quoll und schwoll ein junger Mai
Im wellenden Gemüte.

Und da ich in das Deutschland fuhr,
Sah ich die alten Thaten.
Es knospete nun allerwärts
Von bunten Bleisoldaten.

Es strahlt aus jedem Biergesicht
Die deutsche Lieb und Treue.
O Spiegelberg, ich kenne Dich
In deiner biedern Schläue.

Hier saß ich lang am grünen Uferraine,
Die Blicke ruhten auf den silberhellen
Vom Abendduft verklärten Alpenschwellen.
Leis plätscherte der See, als ob er weine.
O daß für immer aus dem bunten Scheine
Mein Sein zerflösse in die klaren Wellen.
Die Leidenschaften, die uns ewig prellen,
Sind Staub und Mittagsglut, die ich verneine.

———

Dem verrollenden Sonnenrade
Blutet nach das Wolkenmeer
Und den Goldtrunk sonniger Grade
Trank die bleichende Alpe leer.
Schwebe hoch über den Gletscher Scheitel
Und ich werde mir selber fremd.
Starr vereist, was irdisch eitel
Je den Lebensstrom gehemmt.

———

Dicht am Abgrund bin ich hingegangen,
Hauch des Todes streifte meine Wangen,
Unter mir aus düsterer Tannennacht
Glitzerte des Stromes Silberschacht,
Und am Abgrund bin ich hingegangen
In der brünstigen Leidenschaft Verlangen,
Unter mir als trauter Weggesell
Rauschte hin der wahren Liebe Quell.

„Ist das nüchterne Verständigkeit oder ist das tief=
quellender Ausdruck wahrster Leidenschaft und Empfin=
dung?" Alle schwiegen.

„Mein Gott," rief Gutmann achselzuckend. „Sie
thun ja gerade so, als ob zwischen Ihrem Abgott und

allen andern lebenden Dichtern eine Kluft gähnte, als ob
er nicht nur der Erste wäre, sondern gleichsam allein
auf einer Insel säße und das übrige Völkchen weitab
von ihm."

„So ist es auch," bekräftigte Krastinik halblaut.
„Wenigstens ist etwas Wahres daran."

„Ja, lieber Graf," Wurmb und Dondershausen
zuckten vielsagend die Achseln, „man hört Sie ja ruhig
an, man läßt sie ausreden. Aber man weiß wirklich
nicht . . . man versteht kein Wort . . . es schwindelt
Einem . . ."

„Ich kenne ihn ja doch auch am Ende," hob Gutmann an und warf sich in die Brust. „Noch zuletzt, als
ich ihn sprach (er aß etwas bei mir), sagte ich ihm:
,Leonhart, Sie sind noch unerfahren. Sie vermöbeln
zwar In= und Ausland, allein jene berühmte Kneipe, wo
Sie als neuer Shakespeare mit Ihren Gebrüdern Green,
Dekker und Heywood zusammensaßen, ist das Symbol
jener Lächerlichkeit .."

„Ach so, das wollten Sie ihm sagen?" schnitt
Krastinik weitere Fanfaronaden ironisch ab. „Hören Sie
auf, lieber Herr! Das würden Sie halt wagen, ihm
an den Kopf zu werfen! O Jesus Maria!"

„Nun, um ad rem zurückzukommen, worin unter=
scheidet sich der erlauchte Dingsda denn von uns andern?"
Dondershausen grinste wie ein Affe, der in einen sauren
Apfel beißt, während Wurmb süßlich lächelte, als sinne
er gerade auf eine schurkische Perfidie.

Gutmann machte ein dummes Gesicht, das jedoch einer gewissen Bosheit nicht entbehrte. Luckner summelte allerlei unzusammenhängende Redensarten dazwischen. Leonhart verstehe nichts von dem einzig wahren Urborn der Poesie, der Germanistik. (Er sprach dies Wort immer mit einem langen J.) Ein Mensch, der nicht Jakob Grimm studirt habe und über Scheffel, den größten deutschen Dichter nach Goethe, herablassend urtheile, er sei nur ein reizender Idylliker! Neulich noch habe Leonhart sich darüber mokirt, daß Scheffel ins Irrenhaus gewandert sei, weil ihm die dargebrachten Huldigungen der undankbaren deutschen Nation nicht genügten, und daß der biedere Dichter die 46.—49. Auflage seines „Ekkehard" mit großem Kostenaufwand selbst aufgekauft habe, um die 50. Jubiläumsauflage zu ermöglichen. Auch sei die Fühlung des jungen Poeten zu dem Altmeister und dem „Ring der Nibelungen" nur gering. Das war für Luckner entscheidend. Nach dem Grundsatz, der heut die Welt regiert: Richard Wagner est asylum ignorantiae, versenkte sich der harmlose Knirps-Pimper (wie Leonhart, dessen Verachtung stets drollige Naturlaute fand, ihn zu nennen pflegte) in Musikkennerschaft, um sich über seine Dichterlähmung zu trösten. Für ihn schien das Welträthsel in Bayreuth gelöst. Wie der Bayreuther Meister des Größenwahns keinen Gott neben sich erkannte, so betrachtet auch die Wagner-Gemeinde jeden, der nicht auf ihre lächerliche Einseitigkeit schwört, als eine Art Heiden, und wer noch an die Möglichkeit anderer Weltpropheten glaubt, als Verbrecher. Der Richard Wagner-

Humbug bildet ja gleichsam die symbolische Spitze für alle Großmannssucht unserer Zeit.

Krastinik überlegte wie es schien, und sammelte vielleicht Erinnerungen an Aussprüche seines Meisters. Dann erwiderte er gemessen auf Dondershausens Frage: „Bei den Anderen, deren Schaffen trotz aller äußeren Geschlossenheit als innerlich zerstückelt wirkt, stehn wir immer in enge Kreise gebannt, mit beiden Füßen auf der Erde — das heißt auf den Brettern, welche die Welt bedeuten. Nie wird man bei ihnen die Empfindung des bloßen Theaterspielens los. Kombinirt Leonhart dramatische Gegensätze, so gehen sie stets in symbolische Tiefen hinab, während sich bei Anderen die Leute ganz handgreiflich-plump mit ihrem schrecklichen Edelmuth wie mit einer moralischen Ohrfeige drohen. Leonhart's Vorbild scheint offenbar Shakespeare, welcher auch in seinen realistischen Dramen überall Durchblicke ins Ewige eröffnet. So die Villegiatura von Belmonte im „Kaufmann von Venedig". Dort zerreißt der Vorhang hinter dem Saal des Dogenpalastes, wo man über weltliches Recht und Unrecht streitet, und man erschaut das Ewige in der Mondnacht, wo Lorenzo mit Jessica träumt: „Auch nicht der kleinste Stern, den Du da siehst, der nicht im Schwunge wie ein Engel singt." Was also ist dieser ganze kleine Erdball, mahnt uns der Dichter, dieser Stern unter größeren Sternen! Ist aller irdische Streit nicht müßig?"

„Aber ich bitt' Sie! Shakespeare! Ja, wer möchte den Herkules preisen, den Niemand tadelt — sagt ein

lateinisches Sprüchwort. Shakespeare und Leonhart!
Wo liegt da der Zusammenhang! Alle Achtung vor
dessen Leistungen, aber —"

„Was er ist und kann, können wir jetzt immer noch
nicht beurtheilen, so großartig er auch schon als Gesammt=
erscheinung sich darstellt. Denn er, der eigentliche deutsch=
nationale Dichterrealismus, ringt augenblicklich noch mit
sich selber, hat sich noch nicht zur letzten Lösung durch=
gerungen. Er thürmt Cyklopenmauern, hinter denen ein
Riese seine Waffen thürmt." Die verbündeten Eklektiker
sahen den Grafen so dämlich an, wie die Ochsen vor'm
neuen Thor, so daß dieser sich jetzt eilig empfahl.

Nur Holbach nickte langsam vor sich hin, indem er mit
seltsam düsterem Ausdruck wieder ins Leere starrte. Seine
löwenhafte Reckennatur verseuchte sich zwar durch und
durch mit füchsischer Balancir=Verlogenheit eines Weltlings;
er repräsentirte gleichsam als Typus die Welt, also die
Lüge. Aber das wirkliche Wohlwollen, das ehrliche breite
Herz, das unter all der schwindelhaften Schauspielerei in
seiner breiten Brust schlug, errieth intuitiv Manches und
fühlte instinktive Verwandschaft: Beide hatten ihren wahren
Beruf verfehlt.

Als Krastinik gegangen, faßte Arthur Gutmann den
Gesammteindruck der illüstren Versammlung zusammen,
indem er nachdenklich murmelte: „Wo mag wohl der
Grund stecken, daß der Graf diesen Leonhart so eifrig
vertheidigt? Sollte Jener vielleicht grade einen lobenden
Essay über Krastinik schreiben wollen?"

Ist doch der Begriff einer unbeeinflußten Kritik

längst entschwunden. Man hat heut Kunstbutter, Kunst=
milch, alles ist unecht, selbst das Genie wird man noch
fälschen können.

III.

Leonhart sah wochenlang keinen Menschen und schloß
sich in seine Kammer ein. Er zermarterte wieder sein
Gehirn mit tausend Ueberflüssigkeiten, indem er mit
dumpfem Groll an die Verräthereien dachte, welche all die
Judasse um ihn her gewiß hinterm Rücken an ihm ver=
übten. Mit düsterm Groll reckte er seinen Arm vor sich
hin und schwor sich: „Wenn ich je falle (wer weiß, wie
und wo sie mir doch noch ein Bein stellen), so reiße ich
euch alle mit in den Abgrund!“

Wieder sprach in ihm jene innere Stimme seines
Gerechtigkeitsgefühls, das ihn stets schwächte, weil nur der
Einseitige durch Selbstsucht stark wird: „Bist denn Du
selber ohne Schuld?“

Aber da erhob sich eine andere Stimme in ihm, ge=
waltig wie die Wahrheit, und laut rief er es zum Himmel
empor, daß die Wände seiner Stube dröhnten: „Ich bin
nicht ohne Schuld, doch ihr seid schuldig. Schuldig
aller Sünden wider den Heiligen Geist, — jener einen
Sünde, die nimmer vergeben wird.“

Er wünschte blutige Thränen zu weinen, dieser an=
gebliche Ewigkeitsmensch, immer und immer wieder durch
Nichtiges abgelenkt und innerlich zerrieben. Viele Tropfen
höhlen den Stein — der nie endende nagende Aerger

unterhöhlte seine Geisteskraft. Facit indignatio versum — aber wenn die Indignation nie aufhört, so versiegen auch die Verse zuletzt.

Das ist ja eben das Erhebende bei der deutschen Geschäftslitteratur und -Kunst, daß man die durchgehende Gemeinheit der Welt dort concentrirt findet, gleichsam symbolisch. —

Leonhart's Gehirn fing an, durch sein zerrüttetes Nervensystem und seinen krankhaften Gemüthszustand geschwächt zu werden. Die unnatürliche Lebensweise der jungen Leute in Berlin, das nächtelange Umherschwärmen in den Kneipen und Nachtcafés, das sogenannte „Sumpfen" lähmt die frische Schwungkraft. Seit er ein ständiger Zuschauer bei dem Hypnotiseur Hansen geworden war, ging es vollends mit ihm bergab. Dieser benutzte ihn bei seinen Experimenten und die leichte Nervose Leonharts wurde hierdurch noch verschlimmert. Er bildete sich ein, magnetische Kräfte zu besitzen; er abonnirte sich auf die „Sphinx", das Leiborgan der Spiritisten, und ließ sich von einer Collegin, die als begeisterte Prophetin des Spiritusmus galt, immer tiefer in dessen Geheimnisse einweihen. Ueberall sah er gewissermaßen Gespenster seiner Vergangenheit um sich her. In jeder Droschke, wo ein leiblich ähnliches Gesicht herausnickte, glaubte er eine verlassene Geliebte zu erkennen. In der Hasenhaide bummelnd, sah er einst vor der Bude „Des be Mona" (soll heißen: Desdemona) eine Gestalt mit einem Packet vor sich hergehn, die er zu erkennen glaubte. Er machte sich sofort auf die Beine und stiefelte ihr nach, trotzdem

bei der großen Hitze ihm der Schweiß aus allen Poren
rann. Als er sie erreichte, drehte sich die Unbekannte
um — ein wildfremdes Gesicht starrte ihn an, so daß
er, verlegen etwas vor sich hinstotternd, eiligst vorüber=
ging. Er fing an, um Mitternacht hallucinative Gedichte
zu entwerfen — vulkanische Ideen= und Gefühlsmassen
machten sich Luft, um alsbald in kalter Lava zu erstarren.
Kein „Blümlein wunderhold" sproßte aus den Abgrund=
rissen seiner Träume empor — nur Erdpechflammen
zuckten gespenstig auf. Sobald einmal ein Gehirn eine
solche Richtung genommen hat, daß seine Begriffe alle
transcendental werden, sobald also wirkliche Hallucina=
tionen vorliegen, wirkt auch dies wie realistische Wahrheit.
So ist Dante zu erklären. Das Menschengehirn hat
keine Grenzen, mag also auch transcendental denken.
Maßstab für das Alles bleibt nur immer das Streben
nach Wahrheit, welches innere Wahrhaftigkeit verbürgt,
selbst bei der tollsten Exaltation. — —

Eine gewisse auffallende Kleinlichkeit paart sich oft
in einem groß veranlagten Gehirn mit den umfassendsten
Ideen. Es ist charakteristisch, daß Goethe auf seinen
Manuskripten keinen Klex dulden konnte. Napoleon's
welteroberuder Geist beschäftigte sich oft mit den kleinsten
Nebendingen des ungeheuren von ihm geleiteten Räder=
werks und fühlte sich gepeinigt durch die kleinsten
Störungen desselben.

So giebt es Schriftsteller, die von ihren Druckfehlern
selbst in der Erinnerung noch gefoltert werden. Nun ist
ein Druckfehler ja ein häßlich Ding. Aber es steht fest,

daß man selbst die auffälligsten Druckfehler als bloßer Leser übersieht, weil man mehr erräth als liest. Auch bringt es die sonstige Gleichgültigkeit des Lesers mit sich, daß er einen Druckfehler nie tragisch und als Störung empfindet, während der Autor seinen reinlichen Stil unauslöschlich schimpfirt glaubt.

Der Corrector hat ein wichtiges Amt, dessen er sich kaum bewußt. Seine Nachlässigkeit kann einen Autor unglücklich machen. Was hilft's, wenn eine Autoren=Correctur mangelhaft ausgeführt, hinterher darüber zu jammern! Geschehn ist geschehn, und der Flecken bleibt für ewige Zeiten haften, über dem ein Autor verzweifelnd brüten mag, da ihn ein durch Corrector=Nachlässigkeit ruinirter Satz ewig wie ein Vorwurf drückt. Man pflegt zu trösten: Jeder sehe ja, daß dies ein Druckfehler sei! Welch' ein Irrthum! Das Publikum liest so blind und dumm, daß es dergleichen Fehler wirklich für baare Münze nimmt und sich den Kopf über den Sinn der= selben zerbricht.

Dieses Kleben am Kleinlichen tritt als natürliche Reaction ein bei Größen, die sonst nur zu sehr ins Große und Weite schauen. So rächt sich die All= täglichkeit des Außenlebens am Ungewöhnlichen.

Unter solcher Reaction litt eben Leonhart's Ueber= arbeitung.

Immer aufs neue zogen ihn allerlei Erbärmlichkeiten ab. Seine ganze poetische Stimmung ging zum Teufel. Schadenfroh wußte man ihn überall bei fremden Fehden zu verwerthen. Vorsicht, Vorsicht mangelte ihm ewig.

Stets ließ er sich zu tief in jede persönliche Zwistigkeit ein und die alberne Furcht vor der Verleumbung der Welt fraß sich immer tiefer. Doch hatte er so Unrecht? Kann nicht aus jeder Mücke ein Elephant werden, den man aufbläht, um die Laufbahn eines genialen Menschen zu hemmen? Ein unbedacht entfallenes Wort wird zum Verbrechen. Man verließt einseitig Briefe und Urtheile über einen Abwesenden, der sich nicht wehren kann. Ewig verleitete ihn seine Gutmüthigkeit, für andre Leute zu eifrig Partei zu nehmen, als wäre dies seine eigene Sache. Er bedachte nicht, daß die Welt überhaupt nicht an selbstloses Wohlwollen glaubt und Allem unlautere Motive unterschiebt. Seine krankhaft argwöhnische Seele, die ängstlich hinterm Rücken Ohren trug, um auf das Geflüster der Menschen zu horchen, setzte immer das Uebelste voraus. Dann aber wuchs auch andererseits sein kühner Muth und er sah Allem fest ins Auge. Was konnte man ihm anhaben, ihm, der über Alles erhaben!

Er fühlte sich rein, er durfte es, so weit er von Pharisäismus entfernt und so oft er an seine Brust schlug: Gott sei mir Sünder gnädig! Denn Viele hielten ihn für edler als er war, Jeder beanspruchte Hülfe von ihm, und raisonnirte, wenn er sie nicht erhielt. Wer aber hatte i h m denn geholfen, wo sein Leben doch so viel wichtiger? Nichts komischer, als die überspannten Anforderungen an die Menschen höherer Art, da man doch die Herzensroheit der sonstigen Gesellschaft kennt. Den riesenhaften Egoismus eines Napoleon zugestanden, stellt ein Vernünftiger stets die Frage, ob die Mehrzahl der

Menschen nicht in ihrer winzigen Weise genau den gleichen
Grad von Egoismus verkörpere — ohne die Entschuldi=
gung des Genies dafür beanspruchen zu können. Nichts
aber bereitet dem kleinen Philistergeiste so innigen Genuß,
als die Schwächen und Mängel der Größe zu erspähen.
So wird denn ein unmöglicher Maßstab sittlicher Voll=
kommenheit angelegt. Man will nicht begreifen, daß
auch der größte Mensch nur eben ein — Mensch bleibt und
sich der Nothdurft menschlicher Schwäche nicht entziehen
kann. Man fragt erstaunt, selbst wenn man vorurtheils=
los den sonst edlen Grundstoff einer genialen Natur
würdigt, wie es denn möglich, so viel Niedrigkeit mit so
viel Größe zu vereinen. Und doch liegt es in der Artung
der Ausnahmenaturen, daß sie alle menschlichen Seiten
in sich vereinen. Selbstlose Begeisterung paart sich kalter
Berechnung, ideale Reinheit schmutziger Sinnengier.

Verzweifelnd an seinem eingeschnürten Leben, suchte
Leonhart seine einzige Rettung und Erhebung in der Be=
trachtung einer edleren Vorzeit. Aus der erstickenden
Wirrniß der zwerghaften Kleinigkeitskrämer flüchtete er
in den Verkehr mit Geistern vergangener Tage. Seine
düstere mystische Gluth entflammte sich an der thatkräf=
tigen Askese des Puritanismus. War nicht auch Cromwell
erst in hohem Alter nach vergeudeter Jugend erweckt
worden zum Dienste Gottes? „Hie Schwert des Herrn
und Gideon! Der Herr hat sie in unsre Hände gegeben!"
Der wilde Größenwahn des Puritanismus, der sich be=
rufen fühlte alle Gewaltigen der Erde wie Stoppeln zu
vertilgen mit der Schärfe des Schwertes, seiner Gottes=

sendung bewußt, durchrann die Adern des skeptischen
Berliners. Durch Cromwells Briefe und Reden geht ein
Ton wie von klirrendem Stahl und Milton's Prosa-
Polemik stampft wuchtig einher, wie ein Cromwellscher
Kürassier im Büffelkoller. — Noch wirft der große
Oliver seinen Schatten über das Inselreich, ob auch der
Junkerei Hyänenzahn seinen Staub ausscharrte und in
die Lüfte streute. Recht so. Die Luft trug ihn über
Meer und Länder als befruchtenden Samen, bis die
„Maiblume" der transatlantischen Republik emporwuchs.
Stets aufersteht im Angelsachsenthum der alte Puritaner.
Sein Schlachtruf rauschte durch das Sternenbanner
auf der Schanze von Bunkershill. Und ein Jahrhundert
darauf, bei Appotomax Court Station, als vor den
neuen „Rundköpfen" die neuen „Kavaliere" den Degen
streckten — auch da ritt Cromwells Geist mit Bibel
und Feldherrnstab die Reihen entlang. Und im heißen
Sande des Sudan, als Gordon sich als Sühnopfer
weihte für seines Volkes Sünden, da beugte sich Cromwells Schatten herab auf den letzten Puritaner.

Als der Freischärler sich in den Sattel schwang,
zählte er 42 Jahre. Und binnen sieben Jahren erreichte er die höchste Feldherrnstufe, ohne je Soldat
gewesen zu sein, so wie ja Friedrich der Große ursprünglich Abneigung gegen alles Soldatenthum empfand
und doch blitzschnell die höchsten Höhen der Strategie erklomm. Die innere Untheilbarkeit der genialen Begabung
bedarf ja keines Drills, da in jedem Helden ein Dichter,
in jedem Dichter ein Held steckt. . . .

In wildem Grimm, seiner eigenen Ohnmacht bewußt,
schleuderte er „Gebete eines Puritaners" aufs Papier:

In meiner Seele haust der Tod.
Jehovah, will dein streng Gebot,
Daß ich soll untergehen?
Der Feinde Schaar ist übergroß
Und ich bin arm und schwach und bloß.
Wie soll ich da bestehen?

In meiner Seele haust der Tod.
Ringsum die feige Meute droht.
Und du hast mich verlassen?
Ich schreie nach Gerechtigkeit.
So strafe der Philister Neid,
Die deinen Diener hassen!

Du bist es, der mich kämpfen heißt.
In deine Hände, heiliger Geist,
Befehl' ich meine Sache.
Die Dummheit und die Schurkerei
Erbebt vor meinem Todesschrei.
Donnre, du Gott der Rache!

———

Schlag mich ans Kreuz, verfluchte Rotte!
Begeifere, was die Größe that!
Doch glaubt dem unbekannten Gotte:
Euch allen die Vernichtung naht.

Ich werde schreckbar mich erheben
Und Euch zermalmen Stück für Stück,
Daß in erbleichendem Erbeben
Ihr schaudert in Euch selbst zurück.

———

Du über den Dingen schwebende Gotteskraft,
Aus irdischem Wehe schrei' ich empor zu Dir,
Der in ewig sonniger Klarheit
Thront und richtet!

Lockre des Lebens Bürde auf meinen Schultern,
Nimm die drückende Last von meiner Stirne
Der uralten ewig neuen
Martergedanken!

Nicht erhören sollst Du des Sünders Flehn,
Wenn ich die Sünde, die nimmer vergeben wird,
Wider den heiligen Geist die Sünde
Je ich verbrochen!

Wenn meines Hohns versengender Racheblitz,
Wenn meines Zornes Donner geschleudert je,
Ohne vollgerechte Vergeltung
Der Unbill zu üben!

Wenn dies Gezücht, das schmutzig erbärmliche,
Das mich umkreucht wie zischende Schlangenbrut,
Je gerecht an mir gehandelt
In prahlender Dummheit!

Wenn diese Welt in Waffen, die mich umtobt,
Wenn dieser falschen Freundlinge Selbstigkeit,
Wenn all die neidgeblähten Männlein
Nicht strotzen von Ohnmacht!

Wenn nicht gefrevelt diese verderbte Zeit
An Deinem Erwählten, heiliger strenger Gott,
Wenn nicht moschustriefende Zwerge
Den Riesen geblendet!

Jehova, räche mich! Schenk mir die alte Kraft,
Daß der Philister gleißendes Götzenhaus
Ich zerbreche, auf daß meine Seele
Stirbt mit den Heiden!

Ja, Du erhörst mich, ja, Du erfüllst mein Flehn.
Ich allein gegen sie alle, Ich!
Denn Ein Gott nur lebt im Himmel.
Zittert, ihr Götzen!

Unbeschreiblicher Geisterduft spann sich um ihn her, lehrte ihn die lautlose Sprache einer anderen Welt. Sein Dasein gestaltete sich ihm zur bloßen Pantomime, welche das Wesen und das Wesenlose verquickte und in welcher die eigne Existenz zu einem Schattenspiel der Laterna Magica des Unendlichen ward.

Und doch untergrub diese Weltentrücktheit noch mehr sein Nervensystem. Oft hält man für Charakterschwäche, was Nervenschwäche sein mag. Der Magenkranke ißt am liebsten das Unverdaulichste, der Nervöse sucht ordentlich das ihm Schädliche. Denn eine verhängnißvolle Tendenz zum Unheil liegt in der Menschennatur.

Der Verfolgungswahn brach aus. Ueberall ahnte er Gefahren, sah überall Schurken, die seine Schritte belauerten. Zugleich brach dabei das kranke Gewissen durch. Denn wer nichts zu fürchten hat, der fürchtet auch nichts.

Jene unsagbare Angst, die ihn manchmal befiel, über= kam ihn. Während er angesichts jeder Gefahr sich zu be=

herrschen wußte, auf hoher Plattform den Trieb sich hinab=
zustürzen bezwang, bewältigten ihn im Halbschlaf ähnliche
Vorstellungen mit lebenswirklicher Todesangst. Er wand sich
hin und her, von schrecklichen Träumen gequält. Und
zugleich erfüllte ihn das Bewußtsein, daß seine eigene Un=
vorsichtigkeit diese grundlosen Befürchtungen heraufbeschwor.
Als echter Phantasiemensch lebte er stets in der Minute
und kannte da keine Vorsicht noch Rücksicht. In drei
litterarische Prozesse zugleich war er als Zeuge verwickelt.
In einem sollte eine Postkarte vorgelegt werden, welche Bös=
willige mißdeuten konnten. In dem andern hatte er nicht
ganz correct gehandelt und in dem dritten erschien er
theilweise selber schuldig. Seine Phantasie malte ihm nun
unablässig das Schlimmste vor, was irgend eintreten
möchte! Die Verleumdung der Welt konnte sich an jede
Kleinigkeit heften und die Dinge ausspinnen! In dem allen
aber mahnte doch das heimliche Bewußtsein, daß man
insofern etwas Richtiges rathen könne, als er, wie jeder
Mensch, so manchen Punkt in seinem Leben wußte,
der keineswegs dem idealen Bilde entsprach, das seine
Verehrer von ihm entwarfen. Oft war er kleinlich und
selbstsüchtig, oft lächerlich gewesen (bekanntlich fürchtet der
Mensch noch mehr lächerlich, als gemein, zu erscheinen).
Und schon dies quälte sein überzartes Gewissen, wie
Andere ein wirkliches Vergehen.

Mitten in diesem Zustand eines kindischen „Angst=
gefühls", dem Psychiater als Anzeichen einer schweren
Nervenkrankheit wohlbekannt, producirte er aber unauf=
hörlich mit überreizter Fruchtbarkeit.

Leonhart schien wirklich ein Genie=Ungeheuer. Was er wollte, konnte er. Er schleuderte seine Genialitäten aufs Papier, willenlos. Zugleich stieg seine Macht, ohne daß er es wollte. Sein Willenszentrum schien so überwälti= gend, daß es gleichsam magnetisch ausstrahlte, und Andere, ohne es zu ahnen, in seine Bahn gezwungen wurden.

Das Innere des Genies scheint ein Krater, der fort= während explodirt und innere Umwälzungen mitmacht. In Folge dessen fühlt sich die Außenwelt dadurch beun= ruhigt und bedroht. Nun sind aber die Flammen= ausbrüche des Genies nicht nur verheerend, sondern auch fruchtbar machend wie Nilüberschwemmungen. Erst wenn der Krater schweigt, sieht man, daß Paradiese aus der Erde schossen. — —

Kürzlich war er einem früheren Liebchen begegnet, die als Gesellschafterin einer alten Dame in demselben Hause wie er gewohnt hatte. Er war von dort verzogen. Der Zufall wollte es, daß er eines Tages am Schöne= berger Ufer auf sie stieß. In dem Entzücken des Wieder= sehens benahm sie sich so anstößig liebevoll, als gebe es gar keine Menschen auf der Straße, so daß er, halb ge= rührt, halb um unangenehme Ueberraschung zu vermeiden, ihr vorschlug, sie zu Hause zu besuchen. Ihre Dame war zufällig auf eine Woche verreist und sie sollte das Haus hüten. Aber würde der Portier nicht merken — nein, sie in ihrer Leidenschaft redete ihm das aus. Wirklich kamen sie auch unangefochten in ihre Parterre= Wohnung, wo sie, kaum angelangt, in einem Liebes=

paroxysmus über ihn herfiel, daß ihm der Hut vom
Kopfe flog. Wer kann dem Wirbelwind widerstehn, wenn
ein Weib seinen Willen haben will! Sie habe in letzter
Zeit den „Faust" gelesen und sich an Gretchens Stelle
versetzt. Und Die könne sie nicht beklagen, sondern nur
beneiden. Sie habe Den genossen, den sie liebte. Was
hätten denn Andre vom Leben! Jeden Abend einsam
am Fenster sitzen und an den Einen denken! Sie solle
sich einen Bräutigam, der's ehrlich meine, anschaffen?
Ja, wo fände sich der! Und wenn auch, sie mache sich
doch nun mal aus allen Männern nichts, außer Einem.
Und die Männer seien alle schlecht, die Weiber freilich
auch. Aber er, er allein sei gut. Ja doch, wenn er
auch nichts davon hören wolle. Man brauche nur in
seine Augen zu sehn, dann sehe man, er sei doch ein
guter guter Mensch, wenn auch manchmal etwas unwirsch
und heftig.

Dann kamen die Geschichten von all den Nach=
stellungen, denen sie ausgesetzt, da sie ja auffallend
hübsch. Dann wieder ein Strom von Zärtlichkeiten.
Mitleid und Leidenschaft zugleich ergriffen ihn, als sie so
anbetend vor seinem „Genie" (sie sprach es wie „Jenny"
aus) auf den Knieen lag, obschon sie im Grunde nur mit
„Mein Fritz, mein Fritz" ihr Eigenthumsrecht auf ihn
betonte. Das Sopha war weich. Draußen auf dem
Hofe spielte ein Leierkasten — —

Heftiges Klingeln weckte sie auf. Als sie mit noch
ziemlich verwirrten Kleidern zur Thür eilte, ergab es sich,
daß der Portier Unrath witterte und es für strafbar

erklärte, fremde Herrn in die Wohnung zu bringen; dazu
sei sie nicht von ihrer Gebieterin zurückgelassen. „Das
ist ja nur mein Bruder!" versicherte sie. Nach einigem
Parlamentiren gab sich der Mann mit dieser berühmten
Ausrede zufrieden und verschwand brummend vom Schau-
platz seiner Pflichterfüllung, da die Bediensteten und
Portiersleute meist zueinanderhalten. „Ach, ich habe ja
Ausrede gemacht!" wiederholte sie mehrmals, als er
sich hastig zum Aufbruch fertig machte. Er aber wollte
durchaus nicht bleiben, durchaus nicht. Ein widerlicher
Schrecken befiel ihn. Wenn man ihn nun hier überraschte — es hing ja nur an einem Haar —, welch ein
Standal! Und der Ruf des unglücklichen Mädchens für
immer ruinirt. Wenn das Weib auch rücksichtslos und
schrankenlos sich hingiebt, nur den einen Zweck im Auge,
so sollte doch der Mann um so mehr sich zu beherrschen
wissen. Und ach, er liebte sie ja nicht!

Lüderlichkeit scheint das einzige Mittel, um sich über
die Qualen der Liebe wegzusetzen. Die Sinnlichkeit birgt
das Lebensproblem. Nur wer sie überwand, ist glücklich.
Traurig genug, daß sich mit Genialität fast immer
eine abnorme Sinnlichkeit paart. Und was sucht Sinnenlust anders als Liebe? Und scheint nicht Liebe nur ein
ewiges Suchen und nicht Finden? Ueberall in jeder
Verbindung steckt irgendwas, was vom weltlichen oder vom
seelischen Standpunkt aus nicht befriedigt. —

Den Tod im Herzen, riß er sich los, während sie,
wie eine Klette an ihm hängend, bis vors Haus (es
dämmerte, ein Sonntag-Abend) ihn hinausgeleitete. Wenn

nun aus dieser Ueberrumpelung eines Augenblicks endlose Folgen entstanden, was dann? Schon brach bei ihr der naive Größenwahn aus, der in jedem Weibe schlummert. Wie die Dienstmädchen heut als Damen sich kleiden und das Theuerste grade gut genug finden, so stellt sich auch jedes Weib, ob hoch ob niedrig, auch sofort ihrem Lieb= haber gleich, sobald dieser einmal mit ihr demselben Naturtrieb gefröhnt. Die Maitressen der Fürsten sehen nur einen Mann, der nebenbei auch Fürst heißt und dessen geheimsten Schwächen sie kennen.

So behandelte auch dies Mädchen im Triumph eines erlangten Liebeswunsches den Gegenstand desselben schon ganz als ihr zugehörig. Natürlich mußten sie sich morgen gleich wieder treffen, und als er Ausflüchte fand, schalt sie ihn mit zärtlicher Zudringlichkeit.

Auch das noch! Als ein recht trister Würdegreis wankte das Opfer einer erzwungenen Liebe heim und fluchte seiner Schwäche. Und war er etwa schuldlos? Hatte er früher nicht selbst mit dem Mädel angebändelt und ihr nachgestellt? War sie nicht blos ihm allein als Beute zugefallen mit der ehrlichen Zuneigung eines naiven Gemüths? Vor dem Tribunal einer höheren Sittlichkeit blieb er ein Schurke, wenn er das Mädchen nun einfach abschüttelte. Abgesehn davon, was noch leider daraus kommen und was ja Niemand berechnen konnte.

Dazu führen stets diese kleinen Unregelmäßigkeiten, welche die meisten Männer auf die leichte Achsel zu

nehmen pflegen. Niedrig plebejische „Verhältnisse", eigent=
lich doch komischer Art. Allein, was blieb denn ihm
anders übrig, einem jungen Mann und armen Teufel?
„Verhältnisse" in der „guten" Gesellschaft kommen viel
seltener vor, als das thörichte Gerede annimmt. Und
zum Heirathen gehören drei Dinge: Erstens Geld,
zweitens Geld und drittens nochmals Geld. Und das
besitzt man heut genügend erst, wenn die Zähne schon
wacklig werden.

So wie er litten die Meisten. Und wer nicht
mal mit solchen „Verhältnissen" beglückt, bleibt auf
die Kellnerin und die Straßendirne angewiesen, auf die
käuflichen Silberlinge und auf die Charité.

Nach der Dresdener Straße zu seiner Tante
Meyer war er seit jenem Abend mit Schmoller nicht
mehr hinausgepilgert. Als er sie neulich auf der Straße
traf, hatte sie häßlich aufgelacht und ihm den Rücken
gekehrt.

Er war wie vom Donner gerührt. Eine unabseh=
bare Perspektive möglicher Unannehmlichkeiten eröffnete
sich vor ihm. Er erkannte, wie Schmoller's böse Zunge
jenen Abend ausnützen konnte, welchen Grund zum
Klatsch er den lieben Herren Collegen geben würde, in
welche seltsame Zwangslage er unter Umständen gerathe.
Nachdem nämlich sein Incognito gebrochen und sein
dortiges Verkehren festgestellt, mußte die semitische Helena
auch bald dahinter kommen, daß er sie in seinem natura=
listischen Venuslied „Jsauscha" abconterfeit.

Sein Nervensystem zitterte in allen Fugen, Ekel und

18*

Gram quollen ihm zum Magen auf, so daß er eine Art Angst=Cholerine bekam. Schlaflos wälzte er sich hin und her, Nacht für Nacht .. Was würde sie thun? Er er= wartete bestimmt, daß sie ihm schreiben werde. Nichts .. Sie hatten ja freilich einander nichts vorzuwerfen. Allein ein Weib denkt über so etwas ganz anders.

Gräßliche Träume plagten ihn, die einen seltsamen erotischen Schrecken verriethen, der seinem Zustand ent= sprach.

Er sah sich als Zwangsgeliebter der Semiramis, den sie in rasender Tobsucht mänadisch erdrosselt und zerreißt. Und dabei spürte er sich widerstandsunfähig und empfand eine gewisse tödtliche Wollust bei diesem entehrenden Liebestod. War's auch nur ein Traum, aus dem er schweißgebadet erwachte, so lag doch eine düstre Beichte darin, die er sich wachend kaum zu bekennen wagte.

Liebte er jenes Weib? Nein. Er liebte überhaupt nichts. Er suchte nur vergeblich nach einem würdigen Objekt seiner verhaltenen Sinnengier.

Die entsetzliche Liebeskrankheit befiel ihn wieder und nagte an seinen Eingeweiden. Was hilfts dagegen anzu= kämpfen! Die erotische Leidenschaft herrscht als stärkste von allen, und hat sie sich auf einen einzigen Gegenstand concen= trirt, so bricht sie ewig wieder nach derselben Richtung hin hervor. Welch ein Gefühl, mit einem Geheimniß solcher Art umherwandeln zu müssen! Ein Gefühl, das man wie eine Selbstentehrung verbirgt und wie einen Makel empfindet.

Ewig sah er sie vor sich. Vergaß sie ihn wirklich? Was
war geschehen? Hatte sie ihm nicht unzähligemal ge=
schworen, daß sie ihn wahnsinnig liebe „ihn nur allein"
und nur sein mephistophelisches Hohnlächeln fürchte? „Ich
sage Dir alles, alles, und glaube Dir alles, und Du
sagst mir nichts, gar nichts." Nun wußte sie ja — —
Ein niedlicher Tasso mit solch einer Leonore! Und doch!

Schon in der antiken Entfesselung aller Genußsucht=
instinkte erklärten Lukrez und andere Jünger des Epikur
Entäußerung von allen Leidenschaften für das wahre
Glück des Menschen. Scheint dies nicht vielmehr Tempe=
ramentssache? Bietet nicht die Leidenschaft der Liebe eine
stärkere Erfüllung jener inneren Sehnsucht, welcher kein
Mensch sich entschlagen kann, als die olympische Ruhe des
Denkers oder des Christen?

Und andrerseits, man betrachte das Leben eines
Mannes der That, der aus eigener Kraft die höchsten
Ziele des Ehrgeizes erklomm, welch ein unermeßlich
unglückliches Leben! Wieviel süßer eine Stunde am
warmen Busen des geliebten Weibes, als alle Stunden
„krönender Gnade", höchsten Triumphes! Und dort kommt
wenigstens die Nervenreizung durch schmetternde Trom=
peten, Rossesschnauben, wehende Standarten, Blut und
Pulverdampf hinzu. Hingegen die Befriedigung des geisti=
gen Arbeiters, etwa durch das schale Lob auf bedrucktem
Papier, wie werthlos wäre sie, wenn nicht die Arbeit
selbst ihm Nervenreizung gewährte!

Die Sinne wollen gesättigt sein, koste es was wolle.
Wozu das Belasten mit allem möglichen Wissen! Was

frommt es, sich mit den Begebenheiten der Vergangenheit vertraut zu machen! Wieviel glücklicher der Handwerker in seinen vier Pfählen bei Weib und Kind, dessen Gedanken nicht über sein Tagewerk hinausgehn! Traurige Ehre, ein „Erwählter des Herrn" zu sein! Sei lieber der Erwählte eines Weibes, das dein Gemüth und deine Sinne befriedigt! Die geschlechtliche Liebe ist die einzige Poesie des Glücks, die einzige Leidenschaft, die kein wesenloses Ziel erheischt. Halb Empfindsamkeit, halb Schmutzerei. Man sollte für jede Hälfte zugleich ein verschiedenes Liebesobjekt wählen. Natur verlangt's. . . . .

Als er nach längerer Pause, dämonischem Zwange folgend, seine alte Flamme aufsuchte, fand er sogleich die Lösung des Räthsels, nämlich die Schöne Helena scharmuzirt von dem schönen Erich v. Lämmerschreyer. Dieser glatte schleimige Bursch hatte eiligst, sobald ihm Schmoller davon klatschte, seinen Finger in die erotischen Wundenmale seines früheren Gönners gelegt und denselben gar leicht in der Gunst dieser ehrgierigen Donna Laura verdrängt, die sich durchaus vom Schicksal erkoren fühlte als morganatisches Ideal eines lorbeergekrönten Petrarka zu dienen!

Da wäre sie bald schön hereingefallen mit ihrem „festen Verhältniß". Sie mochte ihn ja sehr gern — that er doch immer, wer weiß wie, als ob er mindestens der Großtürke wäre, dieser überspannte Exaltado — nein, dieser pauvre bürgerliche Leonhart, über dessen Schimpfmaul die allwissende „Berliner Tagesstimme" stets so witzig herfiel, konnte ihrem hohen Streben nicht genügen —

lang für den erhabenen Herrn von Alvers gehalten! Hin=
gegen, Herr von Lämmerschreyer, Redakteur der „Berliner
Tagesstimme" — wie anders wirkte dies Zeichen auf
sie ein!

Ja, der ideale Jüngling war wirklich zu der welt=
beherrschenden „Berliner Tagesstimme" durch Schlangen=
windungen ankriechender Streberei emporgeglitten. Auch
sein Freund Rafael Haubitz tauchte zugleich als Theater=
kritiker einer größeren Zeitung auf, so daß nun das Jüngste
Deutschland alle Segel seines idealen Schwunges zur
Reinigung der Litteratur einsetzen konnte. Betrachtete
doch Haubitz die gesammte Theaterwelt als eine Mist=
jauche, die im weitesten Umfange a u s g e p u m p t
werden müsse!

Lämmerschreyer aber erstand dem deutschen Volke
als geschätzter Kunstkritiker. Wie er das wurde, o es
geschehn noch Zeichen und Wunder! Nach seiner eignen
Erzählung (er übte sich manchmal in einer wohlfeilen
Selbstpersiflage) verhielt sich die Sache so: — — —

„Sie wollen bei uns eintreten?" schnob ihn der
Chef des großen Blattes imperatorisch an. „Was können
Sie? Womit empfehlen Sie sich?"

„Mein Styl —" begann Jener zaghaft. „Ich
schreibe —"

„Ach was! Bei uns wird überhaupt nicht g e =
s c h r i e b e n — da wird nur geschnitten und geschmiert
— geschnitten mit der Scheere, geschmiert mit dem Kleister=
topf. Ich frage nach Ihren journalistischen Fähigkeiten.
Können Sie machen Skandalnotizen?"

„Ich weiß nicht, ob — wenn Stoff und Grund —"

„Aha, ein Anfänger! Stoff und Grund braucht nicht da zu sein — man findet ihn. Ich frage, können Sie verdächtigen, wie? Können Sie verleumden?"

„Ich glaube, daß in einer guten Schule —"

„Daran wird's Ihnen bei uns nicht fehlen. Doch ich sehe, Sie sind noch grün. Man kann Ihnen den politischen und lokalen Theil nicht anvertrauen. Wie wär's denn mit der Kunst=Kritik, was?"

„Ich verstehe leider nichts davon."

„Sancta simplicitas! Sie sollen aber verstehn! Hier — da! Da ist der Katalog der Kunstausstellung. Schreiben Sie mir ein Feuilleton. Was roth angestrichen ist, wird gelobt. Was gelb angestrichen ist, wird gerissen."

„Ich werde mich sofort an Ort und Stelle begeben."

„Gut, tummeln Sie sich. Ich gebe Ihnen eine Stunde zum Besuch der Ausstellung und zwei zur Niederschrift des Artikels. Hoffentlich haben Sie keinen sogenannten ernsten Geschmack?"

„Nein, ich habe gar keinen."

„Desto besser! So haben Sie doch etwas, was zu einem Journalisten gehört. Vorwärts! An's Werk!"

Der Neuling fuhr per Pferdebahn zur Ausstellung und sah sich die Sachen flüchtig an; dann ging's an's Schreiben à fünf Reichspfennige per Zeile. Zwei Stunden später hatte der Chef das Manuskript in Händen. Bei der Lectüre desselben entglättete sich seine Stirn und er war zufrieden.

„Nuffikow's Portraits zeichnen sich wieder durch jene markige kecke Pinselführung aus, welche die überwundenen Standpunkte der alten Schule beschämt. Seine breite massige Farbengebung, sein schönes rothes und gelbes Colorit, seine feinen Pinselstriche, seine unvergleichliche Wiedergabe der Spitzenmantillen, seine wunderbare Kraft in Darstellung des Ewig-Weiblichen und Ewig-Nackten seine saftige Frische — alles athmet die Gesundheit des modernen Realismus.

Adolf v. Werther's herrliches Bild zeigt diesen größten deutschen Meister auf der vollen Höhe seiner gigantischen Genialität, welche zugleich die Phantasie eines Cornelius mit dem Realismus eines Hogarth vereinigt Da ist Nichts von den althergebrachten Formeln eines abgestandenen Idealismus. Alles so natürlich, so natur-wahr, so phothographisch genau bis auf die Uniform-knöpfe, daß man wirklich vor einer kolorirten Photo-graphie zu stehen glaubt. Und Dies ist ja das einzig Wahre. Nirgend eine Spur von sogenannter Poesie, nirgend jene akademische Composition, wie die Leute der guten alten Zeit sie anzuwenden pflegten. Alles ist da nüchtern, man möchte beinah sagen steif — aber hierin eben bewundern wir die treue Wahrheitsliebe, die tiefe Auffassung dieses Koryphäen. Die größten Bildflächen werden hier mit einer Schnelligkeit kolorirt, welche staunens-werth erscheint. Wie in einer Fabrik wird die Kunst größten Styles en gros betrieben. Wir glauben nicht fehlzugehn wenn wir den Meister gleichsam als einen in's Große übersetzten Signor Carlo — jenen berühmten

Musikmaler des „Walhalla-Theaters" —, als einen wahren Maler der Zukunft bezeichnen, in welchem das Vorbild Amerikas auch auf künstlerische Sphären zurückwirkt.

Erhaben und unvergleich groß zeigt sich wieder wie gewöhnlich der größte Maler der Vergangenheit, Gegenwart und Zukunft, Adam Brenzel, dessen urwüchsige Titanenkraft den falschen Idealismus und Schönheitscultus mit der Keule des Naturalismus zu Boden schlug und den tiefsinnigen Ausspruch Macbeths: „Schön ist häßlich, häßlich schön", mit so erfolgreichem und umfassendem Verständniß in die Wirklichkeit übertrug. Sein neuestes, kaum eine Hand breit großes Meisterwerk „Schmutzige Kinder im Bade" ist von einer liebevollen Versenkung in die intimsten Details, für welche jegliches Lob zu groß. Wie das eine Kind sich das Näschen schneuzt, wie das andere die Zunge herausstreckt, wie das dritte das Hemdchen aufhebt — das ist alles von einer wunderbaren Schönheit, von zauberhafter Lieblichkeit und Süße der Empfindung. Und wie der kleine Schmutzfleck in dem besagten Hemdchen gemalt ist — es ist wonnig. Auch mache ich den Beschauer noch auf das entzückende Kerlchen im Hintergrunde aufmerksam, das dort seitwärts in den Gebüschen sich dem Naturgenusse hinzugeben scheint. Das heißt die Natur gleichsam, wie Aktäon die Diana im Bade, in ihrer vollen Blöße belauschen. Getrost und unbefangen schreiben wir es nieder: Dieses kaum eine Handfläche breite Bildwerk des Altmeisters wiegt ganze Galerien Rafaels auf.

Allen deutschen Frauen und Jungfrauen sei auch die neue Schöpfung Tischenborn's innig empfohlen „Helena und Cassandra an der Thränenweide", welche in ihrem glatten, gleichsam gefirnißten Pinselstrich den gewiegten Meister erkennen läßt. Besonders vorzüglich sind die Aschenkrüglein und die hellen Perlenzähren gemalt, welche, den schönen Augen entquellend, sicher das tiefe Mitgefühl unserer geneigten schönen Leserinnen erwecken."

„Junger Mann," sagte der Chef, welcher während der ganzen Zeit in heiligem Kampfzorn die Scheere geschwungen und einen wahren Ballen von kaltem Ausschnitt auf dem Redaktionstisch angehäuft hatte, „Sie gefallen mir. Sie verrathen Spuren eines spekulativen Kopfes. Sie haben meine Intentionen in diesem Artikel nicht übel ausgedrückt. Natürlich, hätte ich das Feuilleton geschrieben — doch dazu habe ich ja gar keine Zeit Die Politik reibt all meine Kräfte auf. Lesen Sie meine „politische Rundschau" jede Woche — daran werden Sie erkennen, was Styl ist. Ihre Sätze sind noch ungelenk. Das ist der Tod für ein Journal. Schreiben Sie ganz knapp und kurz — recht viele Punkte. Doch Sie sind noch jung. Ich als älterer gereifter Journalist belehre Sie. Sogar Ich habe so angefangen. Da, recensiren Sie mal gleich dieses Buch!"

„Ich bitte um Entschuldigung, ich habe seinen Inhalt leider noch nicht kennen gelernt."

„Unglücklicher, genügt es nicht, wenn ich Ihnen sage,

daß dies Buch von einem unserer Gegner herrührt?
Vorwärts an's Werk!"

Lämmerschreyer blätterte fünf Minuten in dem Buche
und schrieb:

„Dunkle Verhängnisse von Fritz Leonhart.
— Ein ungesunder Zolaismus durchweht dieses Machwerk. Es erweckt einen widrigen Eindruck. Die Charaktere sind verschroben. Die Handlung dürftig. Der Styl
läßt Alles zu wünschen übrig." —

„Zum Teufel!" schrie der Chef wüthend, „Sie ver-
verstehn ja gar nichts. Zolaismus?! Das ist ja eine
Reklame-Recension. Haben Sie noch nie vom „vernich-
tenden Lobe" gehört? Das wenden Sie hier an —
ich mache Ihre Anstellung davon abhängig."

Jener zerbrach sich mehrmals den Kopf, blätterte
nochmals in dem Buche und schrieb gelassen die großen
Worte:

„Ein hübsches Büchlein. Eine gewisse, deutlich die
Jugend des Verfassers verrathende, rührende Naivetät
fordert eine strenge und gerechte Kritik zur Schonung
auf. Diese Schilderungen des Berliner Lebens entbehren
nicht der Frische. Häufig schlägt Verfasser einen kecken
Ton an, wird aber dann leider herzlich langweilig.
Doch sind in diesem ansprechenden Versuch immerhin das
redliche Streben und der Jugendmuth dieses arbeits-
samen und fast wie Calderon und Lope (man kennt
Platen's Distichon) fruchtbaren Schriftstellers anzuerkennen.
Wird Leonhart erst gründlicher das Leben kennen lernen,
so werden auch seine Charaktere jene Unreife jugendlicher

Anschauung verlieren, die in jeder neu auftauchenden Romanfigur einen Karl oder Franz Moor zu sehen glaubt. Vielleicht gewinnt die jetzt recht alltägliche, magre und schattenhafte Fabel dann auch an Spannung. Die Sprache verräth oft Nachlässigkeit und die mangelhafte Schulung des Autors. So heißt es — wir könnten zahllose andre Beispiele anführen — z. B.: „Edgar saß ruhig auf dem Felsen und starrte in die blaue Unend= lichkeit (!).“ Möge es uns der Autor nicht verübeln: Herr Edgar gleicht wirklich dem berühmten Greis, welcher auf dem Dache saß und sich nicht zu helfen wußte. Haben Sie schon mal eine „blaue Unendlichkeit“ gesehn? Ich nicht. Auch finden sich zahlreiche Anklänge an ältere Meister. Z. B. S. 163: „Gehorsam ist die Pflicht eines Christen,“ grobes Plagiat aus Schiller’s „Kampf mit dem Drachen“, u. s. w. Kurz, trotz unserer redlichen Bemühung, dem strebsamen Autor gerecht zu werden, und obwohl wir nicht daran verzweifeln wollen, daß dieser später einmal etwas Ordentliches zu leisten fähig sein werde —, müssen wir dies Büchlein doch im Ganzen als ‚kaum eben genügend‘ bezeichnen.“ — —

Der Chef las — „Sie sind zum Feuilleton=Redak= teur ernannt!“ rief er aus. „Das Buch liest Keiner von unsern Abonnenten. Haha, neulich hat Leonhart mich nicht auf der Straße gegrüßt — na!“ Er rieb sich mit dem wohlthuenden Bewußtsein einer guten That die fettigen Hände.

Jetzt war Lämmerschreyer schon einen vollen Monat Feuilleton=Redakteur und fühlte sich als sechste Groß=

macht. Während dieser ganzen Zeit hat der Chef immer nur für kalten Ausschnitt gesorgt und jede Erhitzung des Kopfes mit eigenem Federansetzen verschmäht. In der ersten Zeit schrieb der Neuling noch viel — das ist so eine Art Rekrutenfieber, „l'enthousiasme du départ" nennen es die Franzosen. Später entwickelten sich seine journalistischen Fähigkeiten jedoch bedeutend und jetzt maß er sich selbst mit den gewiegtesten Meistern der Scheere und des Kleistertopfs. Auch als Kritiker druckte er ge= wöhnlich die eingesandten Schemas der Verleger ab oder forderte die Autoren auf, wenn sie ihm bekannt, selbst über sich zu recensiren. So hält man sich die Mühen vom Halse.

Nur über's Theater schrieb er gern selbst. Es giebt da so hübsche Schauspielerinnen und was thut die Kunst nicht für den Ruhm! War er doch der Gewaltige, der selig machen und verdammen kann — war er doch der Spender des Ruhmes, der Feuilletonredakteur eines täg= lich erscheinenden Blattes!

Manchmal stiegen auch verhungernde Poeten an, die ihre selbstgeschriebenen Opera empfahlen. Nun, da mußte man den Chef sehn, wie er Jedem rieth, seinen Styl nach Ihm zu bilden!! In der That geht die dunkle Sage, daß der Chef neulich einmal sechs Zeilen zu zwanzig Zeilen Ausschnitt hinzugeschrieben haben soll.

Auch Kasimir Pakosch erschien vor seiner neuen Première und ließ aus Versehn in der Nähe des dick= bauchigen Kleistertopfs einen knittrigen Brief liegen, in welchen sich eine Banknote verirrt hatte. Doch rief ihn

Lämmerschreyer ernsthaft zurück und machte ihn als ehr=
licher Finder aufmerksam. Pakosch erröthete. Hatte er
sich doch in der Adresse geirrt, da er von hier aus zu
Rafael Haubitz wallfahrten wollte. Dafür versicherte er
Lämmerschreyer mit verschwimmenden treuen wasserblauen
Germanenaugen: „Ja, nur zu Ihnen komme ich, mein
verehrter Herr, nur zu Ihnen. Wie würde ich sonst —!
Aber die Reise Ihres Urtheils —! Ach, wie wenig liegt
mir sonst am äußeren Erfolg, der so leicht in Scherben
fällt! Ich bin ein müder Mann, lieber Freund. Nur
der Glaube an das ewig Schöne, diesen heiligen Seba=
stian mit dem Pfeil in purpurner Wunde — nur er
hält mich noch aufrecht als Stab meines müden Lebens!"

Ein andermal erzitterte sogar die Redaktionsstube
unter dem klobigen Dichterschritt des Herrn von Alvers.
Puterroth vor edlem Zorn über den mangelnden Schutz
seiner künstlerischen Persönlichkeit, biederte er mächtig
darauf los. Sein breiter urgesunder Brustkasten bildete
gleichsam den dröhnenden Resonnanzboden seiner sittlichen
Ueberzeugung, daß Er als der Erkorene allein den Weg
zum Herzen seines Volkes gefunden habe. Um dies Be=
wußtsein ja nicht einschlafen zu lassen, erließ er von Zeit
zu Zeit dröhnende Ukase, worin er Gott und den
Menschen sein Leid klagte, er werde lange noch nicht
genug bewundert.

„Ja," rief er mit edlem Freimuth, indem seine
große Pickelwarze vor Begeisterung ordentlich karfunkelte,
„ja, Herr von Lämmerschreyer, schon als mein Standes=
genosse, als Royalist, sind Sie verpflichtet, für mich zu wirken.

Ich bin das patriotische Element der deutschen Dichtung. Ich
wirke auf mein Volk, ich liebe mein Volk und mein Volk
liebt mich. Sehn Sie, für mich besteht heutzutage die
ganze Bedeutung eines Dichters in seiner praktischen Ein=
wirkung auf sein Publikum. Hundert Aufführungen hinter=
einander im ‚Neustädtischen Volkstheater‘ — he, was
soll's? Laß doch dumme Neidlinge wie Leonhart faseln,
Ich sei bloß Theatraliker — ihre respeklosen Ausfälle
werden Mir keinen Mann meines Publikums rauben.
Mein Volk steht zu Mir, seinem erwählten Dichter.“ Er
malte jetzt in wenigen Strichen, die den Meister nicht
verleugneten, sein neuestes Opus „Gorm der Alte“ dem
andächtig Lauschenden vor. Gorm der Junge heirathet
darin, nachdem er zwei Bräute erdolcht, seine Tante.
„Also Sie bringen wohl darüber eine ganz kleine Notiz,
etwa dreißig Zeilen oder so, nicht wahr? Ich verlasse
mich darauf. Adieu, mein lieber Herr von Lämmer=
schreyer, adieu. Sie sind ein verehrtes Mitglied jener
patriotisch=royalistischen Jugend, die ich begrüße.“ Damit
schüttelte er dem jugendlichen Redakteur biderb die Hand
aus dem Gelenk, indem er jedoch zugleich den Oberkörper
würde=kollernd drei Schritt vom Leibe zurückwarf —
und stürmte weiter, um seine durchsichtigen Reklamezwecke
mit Wasser zu kochen. Wer wollte ihm das verübeln!

Gewiß nicht der Onkel des jungen Lämmerschreyer's,
der große Malermeister Adolf von Werther, der seinen
Neffen mit manch gutem Rathschlag empfing, als Dieser
ihm seine Aufwartung machte.

„Jaja, mein Lieber, mit die Kunst is das Allens ja

janz nett, aber so'n bißken Mumpitz muß mit dabei sein.
So sage ich immer zu meine Schüler auf die Akade=
mie: Kinder, lernt auf die Guitarre (sprich ‚Juhitarre')
spielen! Damit habe ich viel gemacht. Ein gutes Bild
malen is ja janz nett, aber das Bild ooch verkoofen —
des is noch besser. Und das jeht nur mit Mumpitz, nie
ohne dieses! Carrière machen — darin liegt die wahre
Musike. Nich wer am besten malt, jewinnt — sondern
wer am besten schwatzen und kneipen thut."

Lämmerschreyer beeilte sich zu versichern, daß er
Violoncell spiele.

„Siehst de wie de bist! Violoncell is jut. Damit
kannst Du den Damens imponiren un des is die
Hauptsache. Komm Du nur mang meine jroßen Abfütte=
rungsjesellschaften — da wirst Du Dein blaues Wunder
erleben. Mach' Du man zuerst eine reiche Parthie — das
Uebrige findet sich."

Und es fand sich ja bald. Kaum angelangt und
schon einflußreiche Autorität, Feuilletonredakteur der
„Berliner Tagesstimme" — man sieht, das wahre Talent
bricht sich doch immer Bahn.

Die Hauptsache bleibt immer, daß man von Adel sei.
Denn in China, dem Reich der Mitte, wo das Pulver
und die Buchdruckerkunst erfunden, gelten nur die Man=
darinen vom blauen Knopfe etwas.

————

Als Lämmerschreyer im „Café Liedrian" an jenem
Abend seinen früheren Protektor mit ausgesuchter Höf=

lichkeit begrüßte, stürzte dieser eiligst ein Glas Cognac
hinunter und empfahl sich, vom Gekicher Frau Meyer's
begleitet. —

Er hatte zu drei Krügen Bier eine große Portion
Sülze gegessen. Dies, verbunden mit der Kälte und dem
Ostwind der Nacht, wirkte offenbar auf seine Eingeweide.
Denn er erwachte mit einem so brennenden Durst, daß
er mit nackten Füßen aus dem Bette sprang und die
Wasserkaraffe auf dem Toilettetisch halb ausschlürfte.
Auch dies sänftigte jedoch nicht die Unordnung seiner
Nerven. Denn er wurde von den peinlichsten Träumen
heimgesucht. Am vorigen Abend war er in dem Moment
auf einen Pferdebahnwagen gesprungen, von links statt
von rechts, wo ein andrer im vollen Lauf vorüberschoß.
Dabei wäre er fast ausgeglitten. Er malte sich nun in der
schweigenden Nacht, während der Sturm um die Dächer
pfiff, lebendig aus, wie er so leicht unter die Räder und
Pferdehufen hätte gerathen können — ebenso wie er oft
an der krankhaften Vorstellung litt, er werfe sich in seiner
Nervenzerrüttung in unwillkürlichem Wahnsinn vor einen
heranrasenden Courirzug. Nun schwebte ihm wiederum
der Traumwahn vor, er setze sich, wie dies Kinder so
oft thun, aufs Fensterbrett, schaue vier Stockwerk tief
herunter, verliere das Gleichgewicht und stürze hinab.

Es liegt etwas allgemein Menschliches, etwas Welt=
wahres in solchen Nerven=Hallucinationen. Deutlich
prägt sich darin die Angst vor jähem Unglück aus, das
verzweiflungsvolle Bewußtsein von der ewigen Nähe

des Todes. Und doch würde derselbe Mensch auf dem Schlachtfeld furchtlos den Kugeln trotzen.

IV.

Am andern Morgen erhielt er einen wenig willkom=
menen Besuch. Verschiedene Male hatte er sich verleugnen
lassen — diesmal ging's nicht mehr an. Eine seiner zu=
bringlichen „Verehrerinnen" (aus der Ferne) lief ihm die
Bude ein. Fräulein Aurelie v. Fellmarch („Baroneß" ließ
sie sich betiteln, aus eigener Machtvollkommenheit), die
wabernde Brunhild=Sängerin versicherte ihm in hundert
Briefen und auf einem Dutzend Photographien, er sei der
männlichste Mann und sie das weiblichste Weib der Lite=
ratur. Sie gab's ihm Schwarz auf Weiß, daß nur ein
großer Mensch auf Erden lebe, nämlich Er. Außer diesem
Ur=Normal=Universalmenschen gebe es aber noch ein Riesen=
wesen, nämlich die Urmenschin, das Normalweib, und
zwar Sie selbst — die Einzige, die Ihn begriffe.

Leonhart erwartete sie mit gelindem Entsetzen. Erinnerte
er sich doch der urkomischen Enttäuschung einer bekannten
Schriftstellerin (natürlich „Baronin," darunter thut man's
heut nicht mehr und hebt am liebsten auf den Büchern
den Titel ausdrücklich hervor, um die schöne Leserin zu
leimen), als sie auf dem berüchtigten Schriftsteller=Streber=
tag Anno 1885 einige Geisteshelden leibhaftig sah! Hätte
sie nicht noch die „hohe blonde vornehme Erscheinung"
eines vielbegehrten Damenlieblings und einige letzte Säulen
entschwundener Pracht bewundern dürfen, so wären all ihre
Illusionen geknickt worden.

19*

Mit sardonischem Lächeln ließ Leonhart also seine heißhungrige Verehrerin in seinen Käfig ein. Er wußte, was er von dem genialen Brunhildenthum schmierender Löwinnen zu halten habe, da hinter patchouliduftiger Geziertheit beim Weibe stets nur die philiströse hohle Äußerlichkeit lauert.

Eine ziemlich hübsche leiblich imposante Donna trat ihm entgegen und schien auch wirklich etwas betroffen über den unerwarteten Anblick, der sich ihr bot. Doch ließ sie als gewandte Weltdame sich nichts merken, sondern be= merkte nur mit erzwungen unbefangenem Lachen: „Ich hätte Sie mir freilich etwas anders gedacht, viel wilder und viel — viel riesiger."

„Einen, der gut .." wollte es Leonhart herausplatzen, aber er verschluckte es noch rechtzeitig und lud die Dame höflich ein, Platz zu nehmen. Diese begann nun in hoch= trabendem Ton, indem sie ihn immer „Herr Wahlverwandter" anredete, ihren größenwahnsinnigen Weltbeglückungsunsinn vorzukäuen. Sie schien sich für eine Art Madame Théot, für eine Regeneratorin des Menschengeschlechts zu halten. Mit ihrem rothen Sonnenschirm (sie trug auch rothe Stöckelschuhe und rothes Hütchen) wies sie figürlich auf sich als neue Madonna, als jungfräuliche Mutter eines neuen Heilands der Idee. Leonhart glaubte ja gern an dies tiefgefühlte Bedürfniß — nur die unbefleckte Em= pfängniß wollte ihm nicht recht einleuchten.

Indem sie eine russische Papyros sich ungenirt an= steckte, betrachtete ihn die holde Wahlverwandte immer noch mit zweifelhaften Blicken. Leonhart lächelte verstohlen und seltsame Gedanken schossen ihm durch den Kopf.

Die Enttäuschung der begeisterten Emanzipirten, die keinem Sterblichen ihre schöne Hand zur Ehe gereicht, „weil sie noch nie einen ihrer würdigen echten Mann gefunden", entbehrte nicht der Tragik. Welchen übermenschlichen Heros hatte sie sich wohl erträumt (eine Art Seiltänzerkönig Murat spukt dabei stets in der weiblichen Phantasie) — und nun fand sie einen bleichverbitterten Schreiber, mit Tintenflecken an den Fingern! Auch wohl nicht so harmlos wie er aussah, sondern einen kleinen Teufel im Leibe. Wer löste ihr dieses Räthsel!

Jedes Menschen Charakter und Geist steht deutlich in seinem Gesicht geschrieben. Doch nur Wenige verstehen zu lesen. Von Genies hat man gesagt, sie sähen unbedeutend aus. Vor dem klassischen Kopf Napoleons riefen die Pariser: „Die häßliche Kröte! Wie gelb er ist!" Und die englischen Royalisten schimpften Oliver den Großen: „Der kleine ungeschlachte Bierbrauer!"

Alles was wir von Shakespeare wissen, die Thatsache seiner Verkleinerung bei Lebzeiten und plötzlichen Vergötterung nach dem Tode, wo nur noch seine Werke sprachen, zeigt an, daß er in Allem der völlige Gegensatz eines Goethe gewesen sein muß.

Man möchte die Jungfrauen sehen, die begeistert zum Goethe=Denkmal hinaufschmachten, wenn dieser Himmlische die irdische Hülle eines Aesop gewählt hätte.

Das Genie soll man aus der Ferne bewundern. Rückt man den hohen Bergen zu nahe auf den Leib, so scheinen sie nur unförmliche Felsklumpen voll Schnee und Eis.

.. Die Frau scheint unfähig, abstrakt zu denken, sondern denkt immer concret. An sich kein Fehler; sie ist eben geborene Realistin. Maria Magdalena verstand den Heiland, weil sie das Persönliche desselben transcen= dental empfand. Dies kann beim Weibe genau so ideal und immateriell sein, wie die reflektive Begeisterung des Mannes. Die Genialität der Frau steckt eben in der Liebe, als weitester Begriff gefaßt, in der warmen Selbstentäußerung des Herzens, womit sie Wunder thut. Die Frau will drum auch einen persönlichen Gott, den sie als Begriff des Guten und Schönen anbeten kann, woraus wiederum die Macht der katholischen Kirche herzuleiten.

Leonhart lächelte immer noch, aber ein wehmüthiges Mitleid verwischte die Ironie, während die wabernde Lyrikerin und Philosophin mit stark slavischem Accent auf ihn einredete. Wenn sie sich als neue George Sand und Staël vorstellte, so dachte er, daß wohl auch ein gefährlich Stück Madame de Remusat in ihr gähre. Wenn auch ihr Größenwahn mitspielte, so hatte sich doch auf= richtige Sympathie für den kühnen Kämpfer in ihr fest= gesetzt wie eine fixe Idee. Die arme Person suchte umsonst in diesem alltäglichen Gesicht nach dem ersehnten Welt= erschütterer. Nur seine kalten tiefen Augen sprachen eine beredte Sprache, die sie aber nicht recht verstand; und was er nicht sagte, schien noch beredter. Sein unheimliches Schweigen ängstigte sie.

„Ja, ich die dämonische Lélia=Natur, bin

Ihre Genossin!" rief Aurelie in einer ungesunden Auf=
wallung verspäteter Begeisterung. „Was soll Ihnen
ein Intimissimus wie dieser Schmoller! Ich allein ver=
stehe Sie."

Leonhart verbeugte sich kalt:

„Einen Intimissimus, meine Gnädige, besitze ich nicht.
Nach meinen Erfahrungen danke ich auch herzlich für
diese edle Gottesgabe. Ich achte am höchsten meinen in=
timsten Freund, nämlich mich selbst. Dem traue ich,
sonst Niemanden. — Sie staunen? Ja, denken Sie sich
den denkbar stolzesten und wenigst eiteln Menschen —
dann haben Sie mich!"

„O welch ungerechtes Mißtrauen!"

„Durchaus nicht. Mißtraue Keinem und vertraue
Keinem, vor allem laß Dir nicht in die Karte gucken. —
Ach, mein gnädiges Fräulein, ich sehe dort einige Streifen
Rosapapier aus Ihrem Muff hervorlugen. Sollte ich
mich täuschen, wenn ich einige Ihrer Gedichte darin ver=
muthe? O bitte, verleugnen Sie nicht den Heiland, ehe
der Hahn dreimal kräht, und kommen Sie gleich zur
Sache! Ich bin ganz Ohr!"

„O wie Sie alles errathen! Ich fürchte nur —"

„J, wie werden Sie fürchten! Sind Sie sonst so
furchtsam? Also bitte!"

Nach einigem Geziere deklamirte also Aurelie mit
Emphase:

Im heißen Bilebulgerib
Einsam und stolz ein Löwe schritt.

Doch fing man ihn, um ihn dem Dey zu schenken.
Der ließ ihm einen Käfig baun,
Drin waren Palmen selbst zu schaun.
Der Löwe sollte sich in Suban denken.

Doch in des Käfigs Ecke lag
Er mürrisch wohl den ganzen Tag.
Aufsprang er nur, ging roth die Sonne unter.
Das Gitterthor er rüttelte
Und zornig brüllend schüttelte.
„Was fehlt Dir?" rief der Dey, „so sei doch munter!

Was mangelt Dir, mein schönes Thier,
In Deinem goldnen Hause hier?
Willst du vielleicht in Ambraduft Dich baden?
Soll ich die Herzen allzumal
Der Lieblingssclavinnen als Mahl
Dir zubereiten? Komm und sei geladen!"

Antwortend donnerte der Leu,
Die Nacht erzitterte aufs neu:
„Mein Haus ist Gold, doch eng ist seine Schwelle.
Die Palmen mögen prächtig sein,
Doch bilden sie nicht Nubiens Hain.
Dies Marmorbecken, ist's die Wüstenquelle?

Die Herzen Deines Harmes gieb
Nur Deinem Tiger, dem sie lieb.
Ich mag nicht Deine duftigen Gewürze.
Doch willst Du mich beschenken, Dey,
So schieße mir ins Herz Dein Blei:
Mit meinem Tode meine Haft verkürze!"

Eine Fee erblickte
  Vom Regenbogen
    Im Menschengewimmel
Einst eine liebliche lächelnde Maid,
  Die Blumen pflückte,
    Und ward ihr gewogen,
    Trug zum Himmel
Den Liebling ins Reich der Seligkeit.

  Schöner dort Alles,
    Als auf Erden!
      Die Blume glühte
        Wie Demantschein!
Des Wasserfalles
    Funke sprühte
      Und schien zu werden
        Ein Edelstein!

  Und doppelt empfanden
    Dort alle Sinne.
      Wie Zephirfächeln
  Die Stunden entschwanden.
Auf neue Wonnen sann immer die Fee,
    Damit sie gewinne
      Ein einziges Lächeln
Von der Erdentochter verschwiegenem Weh.

  Denn ewig traurig
    Sie Thränen vergoß.
      Im Reich der Sphären
  Ward es ihr schaurig.
Und holte Wasser die Fee aus der See,
    Dann fielen Zähren
      Vom Himmelsschloß
Und sie sah dort weinen die Maid in der Höh.

Schmachtend sie schaute
 Zur Wolke nieder,
  Die über der Erde
Düster braute.
„Was wünschest Du? Wonach sehnst Du Dich?
  Zieht es Dich wieder
  Zur Menschenheerde?
Sprich, o sprich!"

„Dort fallen Sterne
 Und durch mein Haar
  Gleich Perlenkränzen
Flöcht' ich sie gerne!"
Die Fee ihr brachte das Sternengeschmeid.
 Umsonst sein Glänzen!
 Und traurig war
Aufs neue die Maid.

„Fort, Gram, von der Stirne!
 Was willst Du? Befiehl!"
  Sie sprach: „Ich sehe
Manch schlanke Dirne
Dort unten tanzen im Frühlingshain.
  Sie lachen zur Höhe
  Im frohen Spiel,
Sie lachen mein.

Glücklicher freilich
 Sind sie als ich.
  Doch ihre Zöpfe
Sind mir nicht heilig.
Ballspielen möcht ich! Bringe mir
  Der Dirnen Köpfe,
  Zu trösten mich!"
Die Fee sprach: „Hier!"

Doch traurig wieder
   Blickte die Maid
   Mit heißen Zähren
Zur Erde nieder.
„Was dünket Dir denn noch wünschenswerth?
   Ich wills gewähren,
   Zu stillen Dein Leid,
Zu ersetzen die Erd'."

„Jünglinge wandeln
   So schön und lieb
   Drunten heiter
Auf flinken Sandeln.
Ich bin im Himmel, doch bin ich allein.
   Liebe nur gieb,
   Ich will nichts weiter,
Liebe sei mein!"

Die schöne Dichterin legte die Rosapapierchen hin
und blickte den Kritiker triumphirend an.

„Nun, was sagen Sie dazu?"

„Liebe sei mein!" hüstelte Leonhardt vorsichtig. „Sehr
gut. Es ist ihr ewig Weh und Ach aus einem Punkte
zu curiren."

„Wie, wären Sie etwa mit der Pointe nicht ein=
verstanden? O ich weiß, Sie Cyniker verachten die Liebe!"

„Gott soll mich bewahren! Nichts Menschliches ver=
achte ich. Nur soll man die Dinge beim rechten Namen
nennen."

„Nun was wäre denn die Liebe nach Ihrer Auf=
fassung, Verehrter?" Aurelie schlug kokett die Augen
nieder.

Leonhart nahm eine gravitätische Magistermiene an und docirte bedächtig:

„Liebe ist verkappte Sehnsucht nach einer höheren Einheit, mit welcher der einsame Einzelmensch sich in Verbindung setzen möchte. So bildet der Geschlechtstrieb die Poesie im Kampf ums Dasein. So geistig ist der Mensch, daß selbst beim Sinnenkitzel er die Leidenschaft verlangt, die ihn unbewußt veredelt. Freilich, wie rächt sich diese geistige Unzucht! Aus süßester Hoffnung sauerste Enttäuschung, wie Essig aus verdorbenem Wein. — Aber was wird sonst nicht alles über den schönen Instinkt der Fortpflanzung gefabelt! Wenn ich den Namen „Liebe" höre, muß ich schon lachen. O Lüge, dein Name ist Mensch! Wer mit seiner Humanität prahlt, ist meist ein Schurke, und sicher ist grade Der ein grober Sinnenmensch, der Heine's Dictum nicht unterschreibt: ‚Denn weißt du, Kind, was Liebe ist? Ein Stern in einem Haufen Mist.'"

„Ach Sie Schrecklicher, Sie sind Pessimist wie ich!" seufzte Aurelie und schmauchte ihre Papyros mit gedankenvollem Behagen. „Ach, wir Tiefempfindenden machen stets trübe Erfahrungen, nicht wahr?" Sie kreuzte ihre wohlgenährten Beine, so daß ihre Stiefeletten bis zu den Waden sichtbar wurden. „Wieviel Schufte und Narren vergällen uns das Leben!"

„Pah!" Leonhart reichte ihr jetzt eine seiner schlechten Cigarren dar, doch war ihr das zu starker Tobak. „Dann ginge es noch an. Aber 's ist ja viel langweiliger. Ein Franzose urtheilte triftig: Die Welt bestehe nicht aus Schuften und Narren, sondern aus Leuten, die nicht Talent

genug haben, um das erstere, doch etwas zu viel, um das
Letztere zu sein."

„Madam Dudeffant bemerkt sehr schön: ‚Ceux qu'on
nomme amis sont ceux par qui on n'a pas à craindre
d'être assassiné, mais qui laisseront faire l'assassin!'"
orakelte die geistreiche Dame, die an der Citatwuth litt.

Leonhart zuckte die Achseln. „Die Niederträchtigkeit der
Männer und die Putz-Dummheit der Weiber zu schildern
ist fast unmöglich. Physische Laster scheinen im Buch lange
nicht so schlimm wie psychische Niedrigkeit. Den Begriff
eines Mordes oder den Begriff einer Dirne können wir
uns bei bloßer Lectüre kaum vergegenwärtigen. Aber
dafür erhalten wir im Buche einen viel stärkeren Begriff
von der landesüblichen Seelenverderbniß und Verlogenheit,
welche wir sonst im Leben täglich gelassen hinnehmen.
Uebrigens macht alles Geschriebene vor einer letzten Grenze
Halt und bleibt daher nur halbwahr."

„Sagt eure triftigen Gründe, Junker Bleichenwang!"

„Gründe wie Brombeeren!" lachte er schlagfertig.
„Das Höchste und das Schrecklichste kann man nur fühlen,
nicht denken, noch weniger aussprechen. Wie beschränkt ist
überhaupt unser Anschauungsvermögen! Daher die Un=
möglichkeit, eine ferne Zeit naturgetreu nachzuempfinden.
Darin war die naive Renaissance uns voraus, die das
instinktiv fühlte und sich wenig Skrupel machte, wenn sie
Pharao's Tochter einfach als irgend eine Herzogin von
Ferrara mit ihrer Hellebardier=Garde und die Hochzeit zu
Cana als das Gastmahl irgend eines Loredano oder
Contarini malte."

Da die Brunhilde spürte, daß sie auf diese Weise
nie Oberwasser für ihre geplante Mentorrolle gewinnen
könne, wenn man bei allgemeinen Gegenständen blieb, so
lenkte sie das Gespräch auf Leonhart's krankhafte Reiz=
barkeit und Empfindlichkeit. Die solle er sich endlich ab=
gewöhnen. Sie selbst lache nur über die Verleumdung
der Welt. (Diese schien ihr allerdings gut anzuschlagen,
wie ihr elegant geschnürtes Embompoint bewies.)

„Jeder Aerger über die Welt zeigt doch nur Klein=
lichkeit."

„Hm, seltsam genug, daß des Weltgebieters Napoleon
ganzer Hofstaat vor dem Tage zitterte, wo er die englischen
Blätter erhielt. Dann gerieth der Empereur in unzurech=
nungsfähige Wuth. Und Bismarck, der jeden schimpfenden
Rotzbuben in Posemuckel gerichtlich belangt und durch seine
Bismarck=Beleidigungs=Anträge seine Größe herabwürdigt?
Allerdings, einen vornehmen Mann hat es gegeben, der
die Leute lächelnd schimpfen ließ: Friedrich — der aber
darum mit Recht auch ‚der Einzige' heißt."

„Jaja, der hatte eben ein reines Gewissen."

„Oder er war ein zu großer Menschenverächter und
Skeptiker, hatte auch ein kühles Naturell und die natür=
liche Vornehmheit eines Purpurgeborenen. Uebrigens warf
auch er der Maria Theresia heftig ihre Wiener Schmäh=
schriften vor. — Doch haben Sie Recht: Das Toben auf
die Welt und das ewige Geärgertsein zeigt ein schlechtes
Gewissen, mindestens einen krankhaften Gemüthszustand.
Allein, wessen Gewissen ist denn rein, wessen Gemüth ist
gesund? Es ist eine Schande feig zu sein. Und doch

habe ich Wenige getroffen, die sich nicht vor der Verleum=
dung schwer gefürchtet hätten, die nicht danach ängstlich
umgespäht hätten, was die Leute sagen. Geradezu komisch
wird dies, sobald es sich um sinnliche Ausschreitungen
handelt."

„Ja, sinnliche Ausschreitungen — da wird am meisten
geheuchelt! Sagen Sie mal, finden Sie es nicht eigentlich
unverschämt, daß die Welt sich über dergleichen ein Urtheil
erlaubt? Mischt sich doch in gewissen Fällen sogar die
hohe Obrigkeit des Gesetzes ein!"

„Ah, doch nur, wenn öffentliches Aergerniß gegeben
wird und die betreffende Ausschreitung einer andern Person
zum Schaden gereicht."

„Allerdings, im Ganzen wohl. Doch giebt es ja
Fälle, wo der Staat sich einmischt, ohne daß — — Sehn
Sie z. B.," sie sah ihn keck an und warf herausfordernd
den Kopf in den Nacken. „Da soll es unter Frauen z. B.
die Lesbische Liebe geben. Ich habe mir das erklären lassen.
Hat wohl das Gesetz irgend ein Recht, sich in solche Dinge
hineinzumischen?"

„O ja!" erwiderte Leonhart trocken. Er erinnerte
sich, daß man von der Dame behauptete, sie habe zwei
junge Mädchen auf diese Weise zu Grunde gerichtet.
„Das kann auch Andere schädigen. Natürlich ändern sich
die Sittengesetze. In der alten Welt war das erlaubt.
Siehe Sappho!"

„Ach ja, die soll ja auf Lesbos geboren sein!" Die
Augen Aureliens funkelten in einem eigenthümlichen feuchten
Glanze.

Leonhart hatte genug. Er erhob sich plötzlich und bedauerte unendlich, nicht länger dem Genuß ihrer Unterhaltung fröhnen zu können. Sein Arbeitstisch rufe ihn. Mit einigen oberflächlich galanten Redensarten setzte er sie an die Luft und fand ebenfalls Ausflüchte, als sie mit nochmaligem Besuche drohte. Ein Zucken um ihre sinnlichen Lippen bewies ihm, daß die Brunhilde ihn recht wohl verstand.

V.

„Ja, liebster Herr, das wird eine schlimme Geschichte." Leonharts Rechtsanwalt, Isidor Knaller, klatschte sich auf sein emporgezogenes Knie. „Das giebt zwei faule Preß= prozesse. Doch wie ich mir denke, ist Ihnen das ganz Recht. Macht ja Reklame."

„Danke schön. Mir sind meine Nerven wichtiger Ich bin verzweifelt. Schon wieder eine neue Aufregung!"

„Werden zwei cause célébre, liebster Bester. Sie sind also verklagt wegen groben Unfugs in Sache I und in Sache II ist Confiscation verfügt wegen unsittlichen Inhalts."

„Das laß ich mir nicht gefallen!" schrie Leonhart aufgeregt. „Diese Oelgötzen! Ich appellire an alle In= stanzen."

„Sehr hübsch, liebster Bester. Kostet zwar eine Menge Geld, doch des Menschen Wille ist sein Himmel= reich. Wollen also mal die Corpora delicti durchgehn. Da ist also ad I Ihr Cyklus ‚Russische Juchten'. Ori=

gineller Titel. Also gedacht als Text zu Wereschagins
Bildern. Lesen wir mal genau."
Beide lasen.

Der Zar bei Plewna.

Noch labt man sich an Kirchenweihrauchdämpfen —
Da krachte draußen schon das Ungewitter.
Es toastete der Zar, der edle Ritter,
Beim Dejeuner „auf Jene, die dort kämpfen."

Vierspännig fuhr er dann zum Schlachtgefilde
Und satzte sich auf einen Feldstuhl nieder.
Die Adjudanten zuckten hin und wieder
Zurück vorm grausen Bild — er lächelt milde.

Einmal fuhr Väterchen auch etwas näher,
Doch kehrte er bald um, es war ihm eilig.
Eine Granate flog vorüber freilich.
Dann trank er Wotka, melden freche Späher.

O großer Alexander, lieber wär ich
Diogenes in einer morschen Tonne,
Als solch ein Xerxes, den die liebe Sonne
Durchscheint wie einen ausgestopften Kehrig!

———

Vor dem Angriff.

Gelbbrausiger Nebel floit um die Redoute,
Aufwirbelt Dampf von ausgebrannten Lunten.
Stumm wird es an den Pallisaden drunten.
Erwartungsvoll nur wiehert eine Stute.
Das Herz zum bersten an die Rippen hämmert,
Am Fernrohr zittert selbst des Führers Rechte.
Rauchsäule, Hornsignal! Klar zum Gefechte!
Die schwere Stunde der Entscheidung dämmert.

In Linien glitzern schon die Bajonette
Entlang den Erdaufwürfen aus den Gräben.
Die Käppis schon in Reihen sich erheben.
Langsam entwickelt sich die Schützenkette.
Der Odem stockt dem Brabsten angstbeklommen.
Da schmettert's Sturm! Aufspringen alle Haufen.
In wilden Sätzen schon sie vorwärts laufen.
Der Festung Mauern sind in Dunst verschwommen.

Kein Schuß antwortet. Mangeln schon Patronen?
Ob schon der Feind die Außenwerke räumte?
Ob er absichtlich mit der Antwort säumte,
Dieweil er sparen will die blauen Bohnen?
Das war ein Schweigen, schaurig, ungeheuer,
Wie vorm Orkan. Stumm die Kanonen starrten,
Wo die Vertheidiger lauern, aus den Scharten.
Da schwingt der Pascha seinen Säbel: „Feuer!"

Das letzte Bival.

Zu Tausenden liegen sie rings erstarrt.
Die Krähe forscht, wo sie verscharrt
    Unter den Schneeaufwürfen.
Wo ohne Spuren ein Heer verschwand,
Zeigt kaum ein Fuß und eine Hand,
    Nach denen die Krallen schürfen.

Ein türkischer Vater mit seinem Sohn
In eines verflackernden Feuers Loh'n
    Starrten sie stumm und ergeben.
Der Junge träumte vom Houriarm,
Da wird er schlummern sanft und warm.
    Mit der Flamme erlosch sein Leben.

Der Alter ührte und regte sich nicht,
In Schmerz versteinte sein starres Gesicht,
   Vom Rauch der Asche umqualmet.
Allah Akbar! Gott ist groß
Und der Mensch ein Hund und erbarmungslos
   Ihn Azrael zermalmet.

Skobeleff.

Entlang den eisgehelmten Alpenriesen
Dehnt sich der Sieger lange dünne Fronte.
Vom letzten Strahl besonnt, am Horizonte
Abheben sich Spitzmützen der Kirgisen.

Der neue Suvaroff mit seinem Stabe
Sprengt froh vorbei. Ihm regnet es ja Orden,
Wenn Völker um des Kaisers Bart sich morden,
Für diese prächtige Hekatomben-Gabe.

Hurrah! Werft hoch die Mützen, Tusch, Fanfaren!
Er selber grüßt begeistert mit dem Hute.
„Ich danke, Brüder, eurem Heldenmuthe
Im Namen Sr. Majestät des Zaren."

Ich dank euch! O des unbewußten Hohnes!
Siegt oder fallt, sonst lehrt es euch die Knute!
Unmündigen Unterthanen ziemt die Ruthe
Oder Versprechen unbestimmter Lohnes.

Ein Seitenstück zu jenes Raben Krächzen:
„Gott und der Zarin Ruhm!" (Wie aber kommen
Die Zwei zusammen?!) „Ismail ist genommen!"
Die Nordpol-Melodie zum Todesächzen!

„Am Schipka Alles ruhig."

Ein weißes Leichentuch bedeckt die Erde.
Wie weiße Lavawellen unaufhaltsam
Nachdrängt vom Berg der Schnee und stürzt gewaltsam,
Als ob ein Donnerkeil geschleudert werde.

Ein jeder Athemzug macht hier Beschwerde.
Der Odem wandelt sich zu Nadeln Eises,
Die sich zerreibend knistern. Und Gefährde
Bringt jeder Fleck des ungewissen Gleises.

Zelte als Mäntel brauchend, in Kaputzen
Die Wachen bei dem letzten Kienspahn lauern.
Den Kugeln zu entrinnen kann nichts nutzen,
Wer nicht verhungert, stirbt in Frostesschauern.

Sie liegen hier ganz einfach, um zu sterben
In Myriaden, wie's dem Zar gefällig,
Die Posten einsam, Bivouaks gesellig.
Doch massenhaft hinrafft sie das Verderben.

„Am Schipka-Paß ist's ruhig" hieß die Kunde,
Die angenehm das Ohr des Zaren kitzelt.
„Am Schipka Alles ruhig" mit dem Munde
Des Todes rings der Erde Echo witzelt.

Der Todtenacker.

Ein ungeheurer Kirchhof ist der Acker,
Dort modern sie in ungezählten Schaaren,
Bluthunde, die sich würgten flink und wacker,
Die ebenbürtigen Bestien-Barbaren.

Das heilige Rußland und die heilige Knute —
Der Sultan, der den Paschas, die nicht siegen,
Die seidne Schnur verehrt — vereinigt liegen
Des Molochs Opfer hier in ihrem Blute.

Wie eine Ampel schwebt im düstern Dome.
Hängt hoch ein Geier an der ernsten Wolke.
Ein Pope steht bei diesem Todtenvolke,
Sprengt darüber aus dem Weihgefäß Arome.

Ein rohes Rothkreuz, wo der Berg sich lichtet,
Ist eingerammt den dichten Leichenhügeln.
Ein Crucifix der Pfaffe hier errichtet
Als Vogelscheuche, Rabengier zu zügeln.

Und Geier auch und Wölfe, wilde Hunde,
Sie nahen rings zum Leichenkarnevale.
Sie zehren all von unserem Verfalle.
Der Luft und Erde Raubzeug steht im Bunde.

Wer aber kann den inneren Wurm verscheuchen,
Der schon im Leben heimlich an uns bohret?
Fort, Unsinn, mit des Aberglaubens Bräuchen!
Kein blauer Weihrauch=Dunst den Tod umfloret.

Er grinst dich an aus Schädelpyramiden.
Und lacht der Tod — was sollten wir nicht lachen
Ob all den Nichtigkeiten, die im Frieden
Das Glück und Elend unsers Lebens machen?

O Krieg, du bist der Menschheit Dornenkrone.
Durchzuckt von ewigen Wehen der Geburt,
Geheftet an des Todes Eisengurt,
Hängt sie am Kreuze gleich dem Gottessohne.

Die Hunnenschlacht.

I.

Ich träumte jüngst von einem wilden Walde,
    Voll alten Bäumen, die vom Sturm entlaubt,
    Der von Sibiriens Strömen niederschnaubt.
Schon färbt der Herbst den Blätterschmuck der Halde.
Matt klomm empor der Sonne Gluth,
Sturm prophezeiend, roth wie Blut,
    Durch Nebel sie verdrossen kam,
    Wie ein Gefangner voller Scham,
Ein Mörderaug' mit irrer Wuth
Verstohlen lugt durch Kerkergitter.
    Es wälzte nahendes Gewitter
Dicht übern nackten Boden dieser Steppen
    Die Wollenschaaren hin, wie Riesenschlangen,
    Die sich von Ast zu Ast nun weiterschlangen,
Wie Geister mit langwallend=blassen Schleppen.
Der Regen schoß herab in schweren Bächen.
Der schmerzlich=grüne Todtenfluß des Hades
Schien sich zu wälzen durch die feuchten Flächen.
Mir schnitt durchs Hirn das Drehn des Weltenrades,
Schwerfällig knirschend über blutigen Leichen
Von schwachen Völkern, überlebten Reichen.

II.

Und da ich also sann, da ballten sich
    Aus diesem Nebelmeere drei Gestalten
Sie wuchsen aufwärts ernst und feierlich.
    Den Ersten sah zu Roß ich vor mir halten,
Wie er hinaufstrebt einen Felsenstrich.

Der ehrnen Stirne tödtlich düstre Falten,
Das Wechsellose seines Blickes schien
Durchbohrend mir die Seele zu zerspalten.
Tartaren und Kosaken vor ihm knien
Und all die heimischen Mongolenhorden.
Die Schweden und die Türken vor ihm fliehn.
Die ehrne Kiefer schnappt nach stetem Morden,
Entsetzlich sträubt sich sein Gorgonenhaar —
Er ist der Baal, des Molochs Bild im Norden,
Ein unersättlich gieriger Barbar.

Und wie einst Iwan that vor Nowgorod,
So seine Kiefer knirschend sich bewegt,
Als fräße unsre Welt sein Machtgebot,
Die sich ihm hülflos selbst zu Füßen legt.

———

Ich ward zu Stein. Doch Grausen mir durchrann
Aufs neu die Adern, als ich vor mir da,
Langsam herschleichend neben jenem Mann,
Ein greises welkes Schemenwesen sah.
Die Krallenhand sich hin nach Süden spreizt.
Die Krim, das schwarze Meer, die Donau reizt.
Nach Westen stürzt die geiergleiche Gier
Und Polen's Kraft verblutet unter ihr.
Ihr Kuß ist tödtlich wie des Vampyrs Biß,
Des Nordens schreckliche Semiramis!

———

Doch jetzt sah ich sich erheben   süßlich fad ein Angesicht,
Amoretten es umschweben,   Grazie es sanft umflicht.
Alexander, parfümirter   Ritter für Europas Recht,
Du lebendig balsamirter   Lügenpopanz, Pfaffenknecht!
Ja, das Widerlichste scheinet   mir ein fürstlicher Tartüffe,
Der den Dandy-Chic vereinet   mit dem Diplomatenkniff.

Während Polen wird vernichtet, tanzt sich die Quadrille gut.
Doch im Innern selbst sich richtet frömmelnde Despotenwuth.
„Heilige Schwermuth" oder besser: Reue hat sein Herz zerfleischt!
Denn am stygischen Gewässer andre Tugenden man heischt.
Keine Fürstengroßmuth, keine Heilige Allianz, o nein!
Gottesgnadenthum ist eine leere Fabel dort allein.
„Liebenswürdig" warst Du? Braten sollst Du, heuchelnder Despot,
In der Hölle Dantes. Platen hat Dir das vorausgedroht.
Triffst den „guten Kaiser Franzel", den gemüthlichen, auch dort,
Während frech man auf der Kanzel euch canonisirt sofort.
Du, der trieb wie Alexander (wohl damit ihr Beide so
Etwas ähnlich säht einander!) Vatermord incognito!
St. Georg, der gern erdrücken will den „Robespierre-à-Cheval"
Und doch hinter Preußens Rücken mit ihm theilt den Erdenball!
Held von Erfurt, sanfter Schmeichler, der mit einem Judaskuß
Selbst den größesten der Heuchler übertölpelte zum Schluß!
Gecken-Zar und Großmuthsschwätzer, Haupt der Heiligen Allianz,
Frommer Buhler, Polenhetzer — Heil sei Dir im Siegerkranz!

III.

Schon keimt der nordische Upasbaum
  Und eine Boa von Ketten
Zuschnürt den ächzenden Weltenraum —
  Wer wird Europa retten?
Schon ist die Sonne des Gerichts
  Am Horizont entglommen,
Ein Held entsteigt der Zukunft Nichts —
  Du Heiland, sei willkommen!
Und Geister der Vergangenheit,
  Sie nahen vielgestaltig.
Sind wir noch wie in alter Zeit
  Ueber alle Völker gewaltig?

Zum ersten ein unabsehbarer Zug
  Mit schleppenden Hermelinen —
Den Reif des Kaisers Jeder trug
  Mit majestätischen Mienen.

Die Schwarzen aus salischem Herrschergeschlecht,
  Rothblonde Hohenstaufen —
Weltgebieter nach ewigem Recht
  Nahten in hellen Haufen.

Verächtlich zuckte der stolze Mund.
Den Speer hob Otto der Große,
Als sollte ein neuer Ottensund
Als Grenzmal ihn bergen im Schoße.

Das baltische Meer schon ahnend zuckt
  Bis an die östlichsten Ränder —
Grimmhaftig Jeder am Gurte ruckt
  Der schleppenden Kaisergewänder.

Dort stak das Schwert des Reichs und wild
  Ausholten sie alle zum Streiche
Und schlugen an des Reiches Schild
  Am Zweig der Walser-Eiche.

Der sechste Heinrich stolz und starr
  Wuchs auf vor des Ostens Dämonen.
Er lachte heiser: „Wer bist Du, Narr,
  Der den Kaiser will überthronen?

Wer ist's? Des Nordens kleiner Zar,
  Der neben den Ungarn und Polen
Als Lehnsmann mir zu eigen war,
  Er will den Tribut sich holen?

Hoiro! Alle Ritter, auf!
  Der Bär hat schlechte Sitten.
Versöhn' Dich mit dem Hohenstauf,
  O Löwenherz der Britten!

Mit dem Adler jage der Leopard!
  Im tobenden Weltgedränge
Sei deutscher Longmuth nicht bewahrt —
  Ich lehre euch die Strenge!"

. . . .

Da stiegen empor zwei Recken frisch,
  Der eine ein derber Bauer.
In ihm vereint ein seltsam Gemisch'
  Weltluft und entsagende Trauer.
Eine neue Götterdämmerung
  Weissagen muß er bange.
Er droht wie Tór mit Hammerschwung
  Der römischen Midgardschlange.
Der Andre war ein lustiger Fant,
  Ein scharfer Gedankenspalter
Er liebte Minne und Vaterland,
  Wie der Minnesänger Walter.
Sonst schonte er nichts und fürchtete nichts
  Und haßte Philister und Kutten — —
An eurem Wesen uns gebricht's,
  O Luther und o Hutten!

. . . .

Da aus dem Nebel des Traumes stieg
  Eine Dreizahl von Heroen:
Ich sah des deutschen Geistes Sieg
  Im Anblick dieser Hohen.
Sie schwebten auf wie Adlerflug
  Vereint zur Morgenröthe.
Ihr Genius sie aufwärts trug,
  Lessing, Schiller, Göthe!

. . . .

Jetzt hob sich aus dem Nebelmeer
   Eine riesenhafte Erscheinung.
Er war allein und um ihn her
   Der Feinde Völkervereinung!
Der kleine Mann und der kleine Staat
   Drückten allein sie nieder.
Zorndorf war nur eine Nebenthat
   Im Kampf mit dieser Hyder
Und gegen die östlichen Nebel zu
   Hob er drohend die Krücke
Und scheucht mit herrischem „Du, Du!"
   Sie in sich selbst zurücke.

   . . . .

Nun aber langsam mächtig wuchs
   Wie der steinerne Gast zur Höhe
Eine ernste Gestalt, ich erkannte flugs
   Den Stein vom Haupt zur Zehe.
Er kannte den treuen Bundesgenoß,
   Den theuern Moskowiter,
Der unsern hündischen Dank genoß
   Der Freiherr lächelte bitter.
Das war ein Freiherr jeder Zoll,
   Ein Herr und auch ein Freier!
O Judasküsse tückevoll
   Bei Deutschlands Freiheitsfeier!
Europas Herz durchbohrt, verkauft
   Von lauernden falschen Beschirmern!
Der Einheit Blüthe, mit Blut getauft,
   Zernagt von schmarotzenden Würmern!

   . . . .

Das Herz schwoll mir vor Kummer an.
   Da sah ich Ihn auferstehen
Aus der Gruft von Deutschlands Ehre — ein Mann,
   Fest von Haupt zu Zehen.

Einen Flamberg hielt er vor sich stracks,
  Fest in den Stiefeln stand er.
Den Trotz des Slaven- und Wälschenpacks
  Zertreten die miteinander.
Er ist gar schreckbar anzuschaun,
  Gleich wie ein Götze der Wenden,
Mit dem Wodanaug' unter düstern Braun
  Und immer das Schwert zu Händen.

  . . . .

Und da er einen Blick nun warf
  Nach dem gährenden tobenden Osten,
Scholl dort ein Lärmruf grell und scharf:
  „Laßt nicht die Waffen rosten!
Was schwingen wir gegeneinander das Beil,
  Wie einstmals die Strelitzen?
Für uns liegt dort das wahre Heil,
  Im Westen zu stibitzen.
Den Deutschen Erbfeind in den Bann!
  Er ist der große Verschlinger.
Er wuchs aus kriechender Ohnmacht an
  Zu einem Weltbezwinger.
Entscheidungskämpfe schwer und scharf
  Erwarten euch, Teutonen.
Denn nur das heilige Rußland darf
  Als Weltenherrin thronen.
Stets weiter unsers Reichs Polyp
  Den ehrnen Fangarm dehnte.
Siebirien rastlos vorwärts trieb,
  Bis sich's an China lehnte.
Nach China gings vom Kaukasus!
  Von dort zum Himalaya!
Am Ganges und am Bosporus
  Erwartet uns der Raja.

Afghanen-Emir, Perser-Schah,
Ihr werdet uns Vasallen!
Am Donau-Ufer fern und nah
Der Ukas Donner schallen."

IV.

Sind das Lithauens unendliche Strecken?
Ein Schlachtfeld sah ich in ahnendem Schrecken.

Die Flamme beleuchtet im öden Raume
Mit bläulichem phosphorartigem Schein
Die reifen Früchte am Pflaumenbaume
Und wandelt in Golddukaten die Birnen.
Hoch über dem Feuer in stillem Verein
Schweben die Raben mit finstern Stirnen,
Wie schwarze Kreuze auf goldenem Grunde.
Still wird es in der unendlichen Runde.
Die Welt der Insekten brummt und summt,
Das Zirpen der Heimchen nie verstummt.
Das trockene Schilf als Wachtfeuer lodert.
Der einsame Schwan, der sanfte Störer,
Wie eine silberne Glocke fodert
Gebet und Andacht von jedem Hörer.
Und rauscht er empor zur nördlichen Fahrt,
So wird er plötzlich, eh' er's gewahrt,
Von rosigsilbernem Licht übergossen.
Und dann erscheint das Wolkengewimmel,
Als flögen rothe Tücher am Himmel.
Durchsichtige Lämmerwölkchen flossen
Am Äther hin, rothgoldene Streifen
Den blauen Horizont umreifen,
Wie von einem Riesenpinsel gezogen.
Die Zieselmäuse der Steppe pfeifen.

Die Gräfer, von frischer Brise gebogen,
Rauschen zusammen wie Meereswogen.
Die grüne jungfräuliche Oede strahlet,
Dies goldiggrüne Meer sich bemalet
Mit tausend Farben. Wollüstig badet
Die Steppenmöve im Sonnenstrahl.
Den Habicht zu reichlichem Raube ladet
Die Musik des Tages im Steppenthal,
Wo alle Würmer der Erde erwachen,
Wo das Rebhuhn hinhuscht am feinen Stengel
Der Weizenähre, wo aus den flachen
Steppenstrecken, ein schüchterner Engel,
Die hellblaue Kornblume sich erhebt
Und pyramidenförmiger Ginster.
Leuchtkäfer erblassen, der Schatten verschwebt,
Hellgrün ist Alles, was schwarz und finster.

— — — — — — — — — — —

Und dieses Land der Zukunft trug
Des Deutschen Colonisten Pflug.

„Hm, hm," urtheilte der Rechtskundige, nachdem die
Lectüre beendet, bedenklich. „Das steht schlimm. Zweifel=
los ‚Grober Unfug'! Sehn Sie, der Paragraph
wird jetzt so gedehnt nach Belieben, daß Sie ja ganz un=
rettbar verloren scheinen. Beleidigung verschiedener
Zaren, speziell des verstorbenen, eines engbefreundeten
Souverains — o, o! Und dann überhaupt die ganze auf=
reizende Tendenz! Dieser Haß gegen das engbefreundete
Rußland! Ihre Dichtung ist geeignet, Zwietracht zwischen
verbündeten Völkern zu schüren. Nein, lieber Herr, vom
Standpunkt eines königlich preußischen Richters aus muß

man Sie ja wegen ‚Groben Unfugs‘, begangen durch
die Presse, verdammen. Kommen wir nun zu Punkt
Zwei!“

Er las.

Messalina.

I.

O welch ein Wechsel! Neidische Fortuna, du
Willst hemmen meinen sieggekrönten Frevellauf
Und wähnst, statt Süßes müss' ich Herbes kosten nun?
Doch hierin irrst du. Denn des Unglücks Aschenfrucht
Schmeckt jetzt erfrischend mir und gaumenreizend nur,
Da ich der Hesperidenfrucht zu viel genoß.
Und hat der Wechsel selbst nicht manches Reizende?
Des Zufalls ungeahnte schlaue Wendungen,
Das neue Ungewohnte, das Aufregende
Der Furcht und Ahnung und der Hoffnung andrerseits,
Der angestrengte Kampf um Leben und Besitz —
All' dies ergötzt mich, wie ein fremdes Drama schier.
Der Erdballs Herrin gestern, heut auf Tod verklagt,
Gestern in sichrer Burg und heut im Haftgemach!
Ha, Gestern: meines Lebens wonnevollster Tag!

Wir feierten das Winzerfest im Bacchanal
In süßer Raserei in des Vergnügens Arm,
Mänadisch toll, wie in verschwiegner Mitternacht
An Lesbos' Strand in Thraciens Kluft Trybadenschwarm
Swoë-kreischend feiert lüsterne Mysterien.
Wir aber tobten offen unterm Sonnenlicht.
Die Kelternbäume knarrten und vom süßen Most
Die Kufen überströmten. Frauen, nackt an Bauch und Brust,
Vom Pantherfell umflattert ihre Schultern nur,
Das ihre Lenden los umgürtet, tanzten rings.
Und Allen ich voran, des Festes Königin,

Ich der Mänaden Tollste und Verführendste,
Cäsarin aller Lüste auf dem Weltenrund.
Als Scepter, Zeichen meiner unumschränkten Macht,
Den Thyrsus schwingend überm Haupt bacchantisch wild.

Zur Seite mir, den Epheukranz im blonden Haar,
Herwankend auf Kothurnen, einem Trunknen gleich,
Im Chor der Zecher, er, mein Liebling Silius,
Mein Buhle, mir auf offnem Forum angetraut,
Mit dem die Hochzeit ich im Kaiserhaus beging
Bei Lebzeit meines Schwachkopfgatten — hahaha!
Doch mitten in der allerfrohsten Lustbarkeit
Erklomm der Gäste Einer einen Palmenbaum
Und als wir riefen: „He, was siehst da oben Du?"
Schrie er voll Angst: „Gewitter naht von Ostia!"
War's eine Ahnung, war's ein Scherz, weißsagend halb?
Genug, einschlug es wie ein Blitzstrahl unter uns
Und horch! Durchs Evoë der Gäste klirrte Stahl.
Enteilend dem Verderben, auseinander stiebten wir,
Doch rings umschlossen uns die Garden, mordgewohnt.

Mein bärtiger stiernackiger Calpurnius
Wird hier durchbohrt, dort Plautius, mein Herkules,
Dort Vettius, mein lieblicher Narciß, dort windet sich
Cäson, der feiste Zotenreißer, Lehrer aller Gräu'l
Und Schüler aller Laster. Reizt uns niemals mehr
Zu wieherndem Gelächter Dein gewagter Witz?
Weh, Mnester, schonten sie nicht Deinen schlanken Bau,
Der dem Caligula, dem Kenner, wohlgefiel?
Ich ehre meines Vortyrannen Kunstgeschmack,
Obwohl mein Blick für schöne Männer noch geübter ist:
Drum, feiler Tänzer, übernahm ich Dich von ihm,
Lustknabe einst des Cäsars, liebte die Cäsarin Dich.
Haha, er sträubte sich, der vielerfahrne Frauenheld,
Der Abentheuer fast für jedes Löckchen zählt:

Er wußte, daß verhängnißvoll ich immer ward
Für Jeden, den ich liebte. Widerstand er mir,
Erreichte ihn mein Gift. Und lieferte er aus
Sich meiner Gier, so räumte ich ihn selbst hinweg,
Ward er mir lästig, oder meines Gatten Beil
Traf seinen Nacken. Ha, er weigerte sich drum,
Mein schlauer Mnester. Und was that ich? Holte mir
Von meinem Ehe=Esel einen Staatsbefehl,
Daß er mir ausgeliefert werde, sintemal
Der Knecht nicht tanzen wolle auf der Fürstin Wunsch!
Der Spröde tanzte nun, doch in viel feinrer Art.
Auch er ward hingeschlachtet, mir zur Freude fast:
So straft ihn das Geschick, weil er mich schmachten ließ.
Doch Du — das war ein harter tiefempfundner Schlag,
Auch Du, mein Silius, mein Pseudo=Ehgespons,
Sankst hin zu meiner Seite pfeil= und speerdurchbohrt,
Die blonden Locken mischten blutig sich dem Staub.
Wann werd' ich wiederschaun Dein frisches Angesicht,
Die Rosenflur, auf der mein Mund sich weidete?
Nie lehn' ich schmachtend an der glatten Schulter mehr —
Nein, Alles ist nun Raub und eller Würmerfraß.

Ich selbst entrann und schleppte durch den Markt mich hin
Durchs halbe Rom. Zuletzt ich einen Karren fand,
Den rief ich an und setzte mich als Fracht hinauf.
So fuhr ich, die Cäsarin, in die Nacht hinein
Wie ein erbärmlich Hökerweib. Und als ich mir
Den Wagenlenker recht ins Auge faßte jetzt,
Sieh da! So war's ein Wohlbekannter, doch von wo?
Mit so unzähl'gen Männern pflog ich ja Verkehr!
Bald brachte die Erinnrung mir sein Bild zurück:
Ein ausgedienter Gladiator war der Bursch.
Doch in Arena und Theater nicht mein Aug' ihn traf,
Nein, in der nächtigen Taverne, jenem Lupanar,
Wo als Lycisca selbst als Dirne ich gedient.

Ha! süßer Dienst, nur war er mir nicht schwer genug.
Denn nimmer konnte ich befriedigt seufzen: „Gut!
Ich kann nicht mehr." — Ach wie behaglich war es doch
Fortschlich ich mich vom ehelichen Thalamus,
Wenn mein kahlköpf'ger Schlottrer schnarchte neben mir
In tücht'gem Rausch, von Trunk und Völlerei beschwert.
Manchmal macht' ich den Spaß mir, den erquicklichen,
Zwei Gassenmetzen zuzuführen ihm im Rausch,
Calpurnia und Kleopatra, an meiner Statt!
Haha! dämonisches Vergnügen labte mich,
Weil so das Kaiserlager doppelt ward entehrt.
Denn bester Kitzel für den Lüderlichen ist
Das Uebermaß der stinkenden Ruchlosigkeit.
Ich aber schlich als Priest'rin der Bulgivaga
Durch Höf' und Gassen, bot mich jedem Strolche an
Und kehrte endlich in der Morgendämmerung
Erschöpft, doch ungesättigt zum Palaste heim.
(Weh' mir! Was kühlte jemals meine sieche Brunst?)

Und sieh, der alte Zechcumpan erkannte mich,
Erinnerte sich gern der drallen Buhlerin,
Die jeden nervigen Bootsknecht schwelgen ließ im Schooß,
Und grüßte mich: Lycisca. — War's ein Schicksalshohn?
Ich ließ den Mann im Wahn, der ihn ermuthigte
Mich derb zu drücken in verliebter Possenreißerei,
So daß die Langeweile eben noch bewältigt ward
Und ich mich tröstete in meinem Ungemach.
Der Arme, hätt' er mich erkannt, so starb er ja!
Gleich jenen Höflingen, die einst im Lupanar
Mich trafen und erkannten, und sich weigerten,
Um keine „Gottesschändung" zu begehn, wofür als Lohn
Ich ihre Töchter schänden und verführen ließ!

II.

O Höhe meiner Allmacht! O mein tiefer Sturz!
Die Diebin Agrippina stiehlt mein Diadem.
Ich sehe sie vor mir im Geist, die Schmeichlerin,
Im heimlichen Gemach bei meinem Schattenmann.
Wie sie den abgebrauchten Lüstling kitzeln wird
Durch schlaues Zeigen und Verhüllen, Bieten und Verwehren auch
Wie sie mit schlauem Honigwort ihn reizen wird
Der Güte Taubensanftmuth bald im feuchten Blick,
Bald edlen Zornes Löwenmuth im Feueraug'!
Bald süßlich lächelnd, abgefeimte Buhlerin,
Zweideutige Späße lispelnd und gemeinen Scherz!
Bald ernst und stolz, der Frauenwürde hehres Bild,
Mit majestät'schem Faltenwurf der Tunika,
Die leider sich in jedem Augenblick ver schiebt,
Wenn sie in plastisch schöner Stellung Arm und Bein
Heroisch von sich streckt! Wie wird in hohem Ton
Vor ihm sie deklamiren aus dem Aeschylus,
Zur Lyra singen den Catull, feinsinnig gar
Ihm den Horaz erläutern und zuguterletzt
Tiefschmerzlich seufzen über den Euripides,
Weil er die Frauen so abscheulich schwarz gemalt,
Denn unsre schönen Seelen, ach! verstand er nicht.
Dann giebt es Ziererei, wenn er sie trösten will
Und ihr versichert, heilig sei für ihn das Weibliche.
Dann wechselt schroffe Kälte, strenge Züchtigkeit
Mit heißem Ausbruch gut gespielter Leidenschaft —
Lukretia, Cornelia, Antigone
Verwandeln plötzlich sich in die Semiramis,
Vamphyrisch lüstern und bacchantisch liebeheiß.
Wohl, Agrippina, gleichst Du der Assyrerin:
Im Herzen Völkermord, im Auge Sinnenbrand,
Staatsweisheit auf der Lippe, die von Küssen brennt,
Vom Thron sich wälzend in der Unzucht Lotterbett.

Ha, dessen rühm' ich mich: Ich war zu stolz dafür,
Von Pallas mir zu borgen ihren Tugendschild,
Deß glatter kalter Stahl die Blöden blenden soll.
Ich war der Sünde offenste Verkörperung,
Mein Fleisch und Blut verläugnete durchaus den Geist,
Nie heuchelte ich höher'n Sinn. Ich bin die Lust,
Denn weiblich ist die Sünde und ich bin ein Weib.

III.

Des Fatums Netz hält mich umstrickt, das unentrinnbare:
Entweder trifft mich des Kroniden Racheblitz
Oder die Himmelsfürstin Juno drückt
Das Scepter voller Macht aufs neu mir in die Hand.
Versucht hab ich, was möglich, und ich hoffe noch.
Bittschriften und Fürbitter bot ich sämmtlich auf,
Um unablässig zu bestürmen meines Gatten Sinn.
Der Dickbauch hat kein Herz von Stein, ist schnell erweicht
Und glaubt am Ende, daß ich schuldlos angeklagt,
Denn dumm genug dafür ist der Vortreffliche.
Ich selber warf mich ja ihm weinend in den Weg
Bei Ostia, vor seiner Sänfte knieend bat
Gehör ich für die Mutter des Brittannicus.
(Als dessen Vater sich der Geifrer berühmt,
Mir selbst ist der Erzeuger nicht so ausgemacht!)
Da überschrie mich zwar sein feiger Kämmerling,
Erstickend meiner Klagen süß beredtes Fleh'n.
Auch hielt er eine Rolle von Papyrus vor
Dem Weltbeherrscher, wo verzeichnet meine Schuld:
Natürlich konnte dem der Tropf nicht widerstehn,
Ihm hat ja stets besondern Reiz Geschriebenes.
Doch jetzt zum Gnadenbitten habe ich bestimmt
Die älteste Vestalin. Diese Fürsprach' muß
Erretten mich. Haha, ein schönes Bild auch dies

Und möglich nur in dieser Weltkloake Schlund,
Daß die Vestalin für die — Messalina fleht!
Natürlich fielen zwar die Meisten von mir ab:
Der Mensch vergiebt der Macht der Frevel Uebermaß,
Dem Fallenden verzeiht er Nichts. Das tröstet mich,
Daß ich den Lumpen rechten Grund zum Hasse gab:
Dreihundertfünfzehn Ritter, Dreißig vom Senat,
Und von Quiriten eine ungezählte Menge noch,
Ließ ich vernichten: Theils weil abhold meiner Macht
Und meine Frevel tadelnd, theils aus Eifersucht
Und Rachsucht den, der meinen Schlingen sich entzog.
So räumte den Vicin ich aus dem Wege mir,
Den Gatten von der Nichte meines Hahnreimanns.
Die Nichte war gefällig, näherte dem Cäsar sich,
Und mir gefiel Vicin. Der Geck hat mich verschmäht,
Und sprach von Treu' und Tugend — Beide starben drunt.
Silan auch starb, der blöde Held. (Stiefvater mir,
Denn meine Mutter gab ihm Claudius zur Frau.)
Ich war nach seiner Liebe lüstern und umarmte ihn
Einst etwas zu verwandschaftlich. Das merkte er
Und deutete mir drob sein Mißbehagen an,
Blies auf die Freundschaftsflöte, sprach von Unnatur!
Pah, Unnatur! Natur ist alles, was Natur erlaubt,
Was ich begehe, ohne grad zu sterben dran.
Naturinstinkt ist jeder Trieb im Menschenblut:
Was ich besitzen will, ist mir auch drum gewährt,
Gestattet ist, was mir gefällt. Pasiphaë
Verliebte sich in einen Stier. Und fühle ich
Verlangen, mich zu paaren einem Krokodil —
Wer schreit da Unnatur, da mir's Natur gebeut?

Ja, Sinnlichkeit war meines Lebens Lust und Qual:
Verzehrend And're, hab' ich so mich selbst verzehrt.
Um den zu fangen, der sich meiner Macht entzog,

Verlieh ein Gott mir Schönheit — schnell bestrickend wie
Medea's Zaubertrank und Paphos' Sommernacht.

———

IV.

O süße tolle Orgien, wo in dem Kreis
Geliebter Frechheit, von Begierde wild zerfleischt,
Becher nach Becher lachend ich hinabgestürzt
Von honigbuftenbem Falerner rauschgewohnt.
— Nie sah ich so verlockend meiner Schönheit Bild
Vor Augen, als da ich mich heimlich spiegelte
In dem geschliff'nen Erzschild an der Marmorwand
Einst im Zenith des Sinnentaumels, wild verzückt.
Mein wallend Haar, in krausen Locken ringelnd sich,
Wie einer Furie oder Gorgo Schlangenhaar,
(Die Furie der Begierde hauste ja in mir,
Selbst hetzend den Genuß, von innerem Fluch gehetzt)
Blauschwarz wie Ebenholz, von Wollusttränen feucht,
Gleich wie ein perldurchwirkter dunkler Seidenflor,
Peitschte den weichen Nacken und des Rückens Schnee,
Sich schmiegend um des Busens makellose Form
Bis zu geschwellter Hüften üppiger Fülle hin.
— Des Unterkörpers Stellung war nicht minder schön.
Die kleinen Füße in goldfranzigem Purpurschuh
Zerstampften ruhelos des Estrichs Mosaik
Zum Tact der Flöte, die verlockend girrte rings.
Die runden glatten Kniee bebten im Genuß,
Matt ausgeglitscht. Wie göttlich hingegossen lag
Der Leib, der schmachtend hingeglitt'nen Glieder Pracht,
Die Grazie der Wollust jedem aufgeprägt!
Durch der zurückgebogenen Schenkel rosige Haut
Pulsirte schimmernd Scharlach des erhitzten Bluts
Im Blau der Adern, wie der Freude Morgenroth.
Purpurgesäumt, schneeweiß, die seidne Tunika

War abgestreift, der goldne Gürtel losgelöst,
Die blüh'nden Arme nackt und voll emporgestreckt.
Und nur des Purpurvorhangs rosiges Dämmerlicht,
Der Weihrauchampel matter Schein nun fiel
Auf die weißrosigen Formen, lüstern hingedehnt
Auf Kissen von Tyrrhenerpurpur perlbestickt.
Das goldne diamantbesetzte Diadem,
Symbol der Weltmacht, kollerte vergessen dort
Auf Perserteppich. Palmzweig, grüner Epheu war,
Ihr Weiß zu zeigen, auf die Schulter hingestreut —
Durch's schwarze Haar schlang sich der Rosen rother Kranz.
Das Auge brauchte keine farbige Zierde, traun!
So glühend, wie der Sonne Gold, des Blutes Roth
Brach durch die schwarzen Wimpern schwarzer Augen Gluth
Im ungezähmten Feuer herrschender Begier,
Durch Wollustthränen süß gedämpft, wie durch
Des Tropenregens Schleier der Canopus brennt.
Die rothen Lippen — heiß geöffnet waren sie,
Doch nicht wie eine Rose, die den Kelch erschließt —
Wie eine aufgeriss'ne Wunde dürstend stets
Nach Balsam für die Qualen einer innern Gluth.
Doch kühlt und lindert nicht der Küsse Feuerthau:
Drum sog mein Busen ewig unter Seufzern ein
Die schwüle Ambraluft, gleich wie den Wüstenwind
Des Berberrosses Nüster saugt, zum Ritt bereit.

V.

Und welch' ein Götterspaß, welch' witziger Frevel war's,
Wenn ich die Jungfrau'n und Matronen, die zum Fest
Ich lud und die aus Furcht zum Pallatin gefolgt,
Preisgab den Lüsten abgefeimter Lüstlinge.
Unwürdig Deiner nicht, o Göttin Aschera,
War dieser Einfall. Denn wie Deinem nächtigen Dienst

Man unberührte Mädchenblüthe opferte,
So fordert' meine Gottheit auch der Keuschheit Raub.
Welch greller Angstschrei, welch verzweifelt Wehgestöhn,
Welch wildes Weinen der erzwungnen Wollustpein
Erscholl da, lieblich meinem Ohr — zu bald erstickt
Von meinen nervigen Buhlen vor dem Hochaltar
Der Göttin Unzucht, die in Saales Mitte stand.
Ja, all die bittern Thränen, die vergossen dort —
Auffangen hätt' ich mögen sie im Goldpokal
Und schlürfen nimmersatt ihr bittres Salz,
Damit der Hunger meiner Grausamkeit gestillt.
Wie manche Unschuld, manche Herzensreinheit ward
Von mir geknickt und faulig in den Koth gestampft!
Doch bei Matronen (ehrbar keusche wähl' ich nur)
War sorgsam ein besondrer Reiz von mir erdacht.
Denn ihre Gatten lud ich alle ein zu gleicher Zeit:
Die zwang ich nun vor ihren Ehgesponsen selbst
Mit siechen Freudenmädchen sich genugzuthun.
Die armen Weiber aber, die vor Gram und Eifersucht
In Ohnmacht fielen, lieferte den Meinigen
Ich aus vor ihrer Männer Aug' zum Ehebruch! —
So ließ ich sich ergießen einen Unflathstrom
Von namenlosen Gräueln, bis im ekeln Sumpf
Der Sinnlichkeit, im Pestpfuhl der Verderbtheit ganz
In Schlamm getreten alle Tugend, Würde, Sittsamkeit.
Ha, welch homerisches Gelächter schallte hell
Aus dem Gehege meiner Perlenzähne dann,
Wenn der Entehrten Fluch zu mir heraufgetönt.
„So geh es Jedem!" rief ich triumphirend aus
Und drückte wild ans Herz den Allerschändlichsten
„Wer albern sich der Sinnenlust entziehen will
Und meines Wandels spottet durch Anständigkeit!"
Ha, Beifall wieherte mir der verruchte Schwarm,
Noch siedet froh mein Blut bei der Erinnerung —
O wie behaglich war's im Pandämonium!

— Abscheulich führte sich nur eine Dirne auf,
Vestalin war sie: Diese gab sich selbst den Tod
Vor meinen Augen — hu, wie sie so bleiern lag,
So steif und still! Und langsam rann der Lebenssaft.
Ja, er verrinnt und dann ist Alles, Alles aus.
Getrost. Noch kocht mein Blut in voller Sinnenkraft
Und schleicht nicht sich durch altersschwache Adern hin.

Auch jene Arria empörte mich mit Fug,
Die standhaft frech im Tod beschämte meine Wuth.
Doch welche Lust hinwieder bot der Augenblick,
Wenn in der Leidenschaft Umarmung festverstrickt,
Wie eine Schlange ihn umgürtend, heimlich ich
Auf einen Buhlen, deß ich überdrüssig ward,
Den Dolch gezückt und ihm durchbohrt das trunk'ne Herz,
Der ahnungslos an meinen Lippen festgesogen hing.

Ja, Grausamkeit und Wollust, süße Zwillinge!
Erzarmiger Büttel mit dem stumpfen stieren Blick
Erbarmungsloser Roheit — welch bezaubernd Bild!
Braunsette Dirne mit der schweißig feuchten Hand
Und lüstern blinzelnd wie ein Geier — mein Idol!

Ein Brief? — Von wem? Von meiner Mutter Lepida?
Sie räth, anständigen Tod zu wählen? — Rast die Frau?
Warum? — Anständiger Tod? Meint sie freiwilligen?
Ich willig aus dem Leben scheiden? Nimmermehr! —

VI.

In ungewissem Jugendbrüten, als mein Geist
Noch nicht zur nackten Klarheit der Erkenntniß kam,
Daß Alles Rauch und Unsinn, außer Sinnlichkeit,
Daß Scham und Scheu nur Dummheit, Frechheit Größe ist —

Da blättert' ich in faden Philosophen oft,
Nach einem Etwas suchend, das ich würfe froh
Der Langeweile in den nimmersatten Schlund.

Die faselten nun ewig von Unsterblichkeit,
Von Seelenleben. Seele? Was ist Seele denn?
Ausfluß des Blutes und Gehirns, so ahne ich,
Abhängig völlig von des Leibes Regungen,
Bethätigung des Körperlebens in Gedank' und Wort
Durch ihn geboren, sterbend mit dem Leibe auch.
O süßer Leib, du der Genüsse Zeugerin!
Dich schmähen sie und nennen ein Gefängniß Dich,
Das nur die Seele hemme in dem freien Schwung.
Was soll das heißen? Dunkel ist mir dieser Spruch.
Hab' je von freiem Schwung ich einen Hauch verspürt?
Nichts da! Auf sogenannte Seele habe ich
Nie viel geachtet, nur den Sinnen unterthan.
Der Leib ein morsch Gefängniß? — Dies ist leider wahr,
Daß er höchst unvollkommen für Genuß gebaut
Und daß ich oft der Thiere Loos beneidete.
Des Löwen Stärke und des Affen Leistungskraft,
Des Elephanten Magen ist wohl neidenswerth.
Insofern hab' ich allerdings gar oft gestrebt,
Mich auszudehnen, diese schwächliche Natur
Hätt' mit des Nashorns dickem Leib ich gern vertauscht.
Doch sonst schien grad' die Seele mir ein Folterknecht,
Ein dummer Richter, der mit frostiger Mahnung stets
Durch das Gewissen uns die Lust vergällen will.
Wenn wirkliche eine künftige Unsterblichkeit,
Wo von dem Leib die Seele, wie man's nennt „befreit",
Verzicht' ich gern darauf, darf ich nur länger hier
Im Erdenkothe waten. Ohne Leib — was nützt
Mir weit'res Dasein noch? Giebt's drüben Straf' und Lohn,
Für meiner Sünden Rechnung müßt' ich zittern dann.
Doch Sünde — was ist Sünde? Sünde giebt es nicht an sich.

Gesetz und Menschenbrauch erschuf nur diesen Wahn,
Ein Freier höhnt der blöden Menge Formelzwang.
Und jene Götter, (diese Dichter-Spottgeburt
Sie sünd'gen wie die Menschen, übermenschlich fast.

Der Göttervater, prachtvoll ist er nach dem Bild
Der Künstler, die zwar lügen wie die Dichter auch.
Die Locken, die ambrosischen, die Stirn, das Aug'
Vor allem seine majestätisch breite Brust,
Die mächt'gen Knie, der massige gewölbte Arm —
Ach, ein Phantom, ein unerreichter Weibertraum,
Ein Mann in jedem Zoll! Wie gerne wär'
Ich seine Jo-Kuh und schmiegte tastend mich
Europa gleich an ihn in brünst'ger Stiergestalt!
Und wahrlich, wenn der Tod nun einmal droht,
Den würd ich wählen, zu vergehn in seinem Arm,
Semelegleich im Gipfel des Genusses grab'.
Ach, all die prächtigen Götter lieb' ich sehnsuchtsvoll,
Nur Amor nicht, obwohl ich ihm verpflichtet bin.
Er ist ein Kind und kost und schmeichelt mir zu zart:
Ich will kein Spielen unter Blumen, keinen Scherz,
Nein grimmen Ernst und brünst'gen Kampf der Leidenschaft,
Der strammen Mannheit Ringen nur befriedigt mich.

Den sonnenlockigen Apoll, so schön er ist,
Lieb' ich am mind'sten: Zu erhaben ist er mir.
Der Mann, den ich begehre, habe wenig Herz
Und gar kein Hirn — so paßt er mir zur Liebelei.
Der listige Merkur, den auch sein Gold empfiehlt,
Ist mir schon theurer. Ueppig schöner Bacchus gar,
Wie möcht' ich dankbar pressen Deiner Lenden Rund,
Weil Du den Wein, der Liebe Bruder, uns verliehn!
Viel Reize hat der grimmig finst're Pluto auch:
Er ist so süß gewaltsam, greift so unverzagt
Mit Fäusten zu und wirbt nicht lange, stürmt sogleich;

Vielleicht darf ich im Hades seinem Lager nahn,
Abschmeichelnd als Proserpina ihm manche Gunst.
Neptun, der sehnige Seemann, er gefällt mir sehr
Mit seiner Musteln strotzend rauher Ueberkraft.
Ich denk' ihn mir ein wenig grob, er schimpft und schlägt,
Ist sonst gemüthlich, kurz ein Muster=Ehebär.

Doch ganz besonders, Mars, verehr' ich Deinen Reiz,
Starkschenkliger Anbeter der Kythera Du!
Wie oft genoß ich dieser Episode Kunst
Im langweiligen Epos, das Homer geschmiert,
Wo euch Vullan in traulichster Zusammenkunft
Verkettete! Wie lüstern das geschildert ist! — —
Nun, wenn Du so der Venus huldigst, holder Gott,
Ist nicht mein Mund gleich schwellend und gleich weich mein Schooß
Gleich üppig nicht mein Busen wie der ihrige,
Wenn meiner Wang' gesunde Röthe auch verblüht
Im Fieberroth und schwülen Blaß der Leidenschaft? —
Man sagt, das Roma's Stamm erzeugt, weil Du bezwangst
Im Tiberhain die Rhea Silva, deren Kind
Nachher die Wölfin säugen mußte. Nahtest Du
Auch mir doch überraschend ungeladen so!
Denn hier der Park Lukulls hat manche Rasenbank,
Weich=warm und dunkle Lauben voll Verschwiegenheit:
Besuche mich, ich lade Dich als Gast zu mir.
Und brauchst Du eine Wölfin, dien' ich selbst dafür:
Der Wölfin Brunst verglich man mit der meinen oft!

Doch leider ist dies Alles Fabel und Phantom —
Nicht Götter sind noch Dauer nach dem Tode, nein!
Und dennoch möcht' ich's glauben, täuschend die Vernunft,
Denn Nichtsein scheint mir doch das Allerschrecklichste.
O wär' doch Seelenwandrung uns bescheert!
Macht mich zur Wildsau oder Natter, tückisch geil,
Zur Tigerkatze, wühlend in dem Eingeweid

Der Unschuld mit der Kralle, die sie sonst verbirgt
In Sammet=Pfötchen, dürstend nach der Opfer Blut!
Nur, nur nicht Nichtsein! Dies allein ist fürchterlich!
Macht zum verworfensten Geschöpf, zum niedrigsten,
Zum wehrlos unterm Tritt gekrümmten Wurme mich!
Nur laßt mir das Gefühl des Seins im Sonnenlicht,
Des Athmens, sich Bewegens, Schlafens, laßt mir noch
Des süßen Nichtsthuns Wonne, den Ernährungstrieb,
Des Fressens Nothdurft und der Zeugung süße Qual,
Laßt kriechen, brüten, paaren, wühlen mich im Staub! —
Ja, selbst des Hades Marterstrafen zög' ich vor
Dem ewigen Schlaf: Der Schmerzen Wollust lernt' ich dann.
Der Probe werth auch dies für Unersättliche.

VII.

Wer kommt? Wer seid Ihr? Ein Tribun — und Du erscheinst
Ein Freigelassner? Evodus, so nennst Du Dich?
Nun denn, was willst Du? (Jung und hübsch ist dieser Knecht,
Vielleicht will er mich trösten in der Einsamkeit.)
Willst zur Gesellschaft dienen und als Zeitvertreib,
Nicht wahr? Wir wollen sehn. Nun, Du gefällst mir wohl.
Ich mag Dich. Doch gewöhn' Dir ab den stieren Blick!
Was starrst Du mich so an? — Komm her, ganz leise Freund!
Schick' den Tribun doch fort, den Kerkermeister hier:
Der alte Griesgram stört uns im Beisammensein.
Wir wollen plaudern. — He, Tribun, was weilst Du noch?
Ungnädig bin ich übrigens. Mein Lager dort
Ist mir nicht weich genug. Hol' Pantherfelle her
Und Wolle, Linnen, Lammvließ, seidne Kissen auch.
Vale. — Mein Schooß ist um so weicher, Evodus.
Komm, laß uns kosten, was uns Venus hier bescheert.
Komm! — Nein, was grinsest Du so schauerlich?
Das ist kein Wollustgrinsen, das ist Henkerhohn.

Was packst Du so mich an? Das ist kein Liebesgriff.
Ich mag Dich nicht. — Tribun! Noch stehst Du auf dem Platz?
Ich hieß Dich gehn. Gleichviel! Jag' diesen Burschen fort,
Er ist betrunken. — Keine Antwort? Hörst Du mich?
Tribun, gehorche der Cäsarin! Furchst die Stirn,
Ein finstres Lächeln huscht um Deinen bärtigen Mund?
Was kündet das? Weh, sprich ein Wörtchen! Bist Du stumm?
Riß aus dem Hals man Dir die Zunge? Ha, wenn nicht,
So will ich's jetzt gebieten, daß Du künftig lernst
Zu reden, wenn ich will. — O Zeus, noch immer stumm?
Weh mir! Tribun, Du süßer treuer Römerheld,
Du Säule unsers Staates, kannst Du weinen sehn
Die gnädige Herrin und noch länger foltern sie?
Ah! — Rette mich! Zu Hülfe, heda! — Ueber mir
Ein Schwert?! — Du trunkner Sclav, wagt Deine Hand zu nahn
Den heiligen gesalbten Locken? Wehe Dir!
Das ist Verrath, Verschwörung! Fürchterlich soll meine Wuth
Euch treffen, falls Du nicht die Klinge senkst sofort.
Wie wagst Du's nur auf eigene Verantwortung?
Was sagst Du da? Welch schrecklich Wort vernahm mein Ohr?
„Auf das Geheiß des Cäsars, hier sein Siegelring!"
'Sist wahr! O Grausen, namenlose Todesangst!
So muß ich sterben — noch so jung? Ich habe kaum
Zur Hälfte den Pokal geleert. Genuß, Genuß!
Entgleitest meinen Händen Du, o Zaubertrank?
Ich schreie — höre mich! — O Leben, bleibe mir
Tod — Nichtsein — Strafe — Ende — kein Genuß mehr — Schmach,
Pein, ewige Pein — Vermodern — — Ah, so schlag' herab
Du Blitz des Rächers! Stürze nur, Damoklesschwert!
Was schwebt die Klinge über mir? Stoß zu!
Verflucht sei Deine Hand! — Nein, gieb mir einen Kuß!
Ich lechze noch nach einer Neige Sinnlichkeit! —
Was, ich verschmäht? Du lachst mir in die Augen, Knecht,
Stöß'st mich zurück? — Wie sollst Du büßen! — Nein, ich irrte mich,
Du bist ein braver Bursch. Wie mild Dein Lächeln ist!

So laß mich noch ein kleines Weilchen leben, Freund,
Im angenehmen Sonnenlicht, ein Stündchen nur! —
Zu lang schon wartest Du? So laß mich winselnd Dir
Den Fuß umschlingen, mit Verzweiflungswuthgeheul
Nach etwas Leben schrein! — Kein weiterer Verzug?
So muß ich denn hinab? Nie darf ich buhlen mehr,
Nie süßer Sünde fröhnen? — — Schuld gebiert den Tod,
Das größte Uebel — Leben ist das höchste Gut.
Tod — gräßlich! — — Ah, das traf! —
        Ein Schmerz noch — — und dann — Nichts.

Rechtsanwalt Isidor Knaller hatte mit Andacht den
Kelch zur Neige geleert und leckte sich unwillkührlich die
schmalzigen Lippen ab. War er doch ein gebildeter Mann,
der mit Vorliebe in Goetheana herumschnüffelte und die
Liebesabenteuer jenes alten Herrn am Schnürchen aus=
wendig wußte. Ob Goethe in platonischen oder andern
Beziehungen zu Frau von Stein gestanden, darüber ver=
lautbarte er schon manch schneidiges Wörtlein.

„Nein, nein, mein Hochverehrtester, auch das steht
schlimm. Sie treiben's aber auch zu arg. Sie machen
aus Ihrem Herzen keine Mördergrube und nennen ja alle
Dinge beim rechten Namen. Aber ich bitt' Sie, so 'was
geht doch nimmer an! War denn das je erhört? Bei
Ihrer ‚Messalina‘ wird man ja ganz aufgeregt.“

„Ei, das bedaure ich! Ich selbst verfolgte nur den
sittlichsten Zweck, die Nichtigkeit der Sinnengier zu zeigen
und ihre Strafe. Außerdem aber, was kümmert sich die
Kunst um die Anstandsbücher einer Gouvernante! Ja, dies

sind nicht die Geheimnisse der Alten Mamsell, dies sind die Geheimnisse der Messalina. Wem bin ich Rechenschaft schuldig, ich der Schöpfer? Ich thue was mir beliebt und singe, wie mir der Schnabel gewachsen ist."

„Aber ich bitt' Sie!" Knaller schlug die Hände über dem Kopf zusammen. „Wer soll denn Ihre Werke lesen?"

„Die Männer."

„Ach herje, wir haben doch alle zu viel zu thun, jeder in seinem Amt. Abends ist man müde, da spielt man Skat und trinkt sein Schöppchen Bier. Aber unsre Damen, die holden Schützerinnen der Litteratur —"

„Pfui Teufel!" Leonhart spie aus. Schreckliche Pause.

Der Rechtsanwalt saß geknickt da und murmelte: „Herr Doctor, Sie sind mir ein Räthsel. — Ja, aber die Gerichte, verehrter Herr, die Rechtspflege dieses Landes müssen Sie doch anerkennen. Unter dem Gesetz stehen doch auch Sie, Sie — Schöpfer. Nehmen Sie mir's nicht übel, aber die Herrn Dichter haben manchmal sonderbare Begriffe. Sie z. B. —"

Leonhart unterbrach ihn: „Ja, ich gebe es zu, ich habe mich nie als Bürger und sozusagen als Mensch, sondern immer nur als Dichter gefühlt, dem Dämon meiner inneren Mission alle Säfte meiner Jugend geweiht."

„Hm, sehr — sehr interessant," näselte Knaller. „Aber paßt das wohl noch in unsere nüchtern praktische Zeit? Da sind Sie doch schief gewickelt. Und dann — hehe — wenn Sie so ganz Ihren schönen Idealen leben, so sollten Sie doch eben das unpoetische Weltleben ganz unberück=

sichtigt lassen. Sehen Sie, unsere Damen — ich weiß das
von meinen Cousinen her — hassen Sie ja gerade, weil
Sie so — so realistisch, so unpoetisch denken. Sehen Sie,
Julius Wolff — das ist ein gottbegnadeter Poet, der das
Schöne pflegt. Aber Sie — sehen Sie, die Politik und
die sociale Frage gehören doch nicht in das Reich des
Schönen, der göttlichen Kunst."

Leonhart hielt mit Mühe an sich. Ruhig erwiderte
er: „Ja, mein lieber Herr Rechtsanwalt, ich begreife, daß
Sie, ein so reichbesaittes poetisches Gemüth, das Ideale
vertheidigen. Schönheit lebt nur in dem Reich der
Träume, in Wolkenkuckucksheim. Aber wir Armen gehen
einer ernsten furchtbaren Zeit entgegen, wo der hohle
Schönheitscultus, die ästhetische Formfexerei sich endlich
verkriechen müssen. Nur die Feder gilt dann noch, welche
von Stahl ist — Gänse= und Schwanenfedern zerbrechen.
In Bereitschaft sein ist alles."

„Na, ich grüße Ihre Schwertfeder!" Der Recht=
beflissene räusperte sich vielsagend. „Aber Ihre Sache
steht faul, so viel kann ich Ihnen nur sagen. Ich wider=
rathe Ihnen zu appelliren. Es kostet Ihnen nur ein
schmähliches Geld und der hohe Gerichtshof" Knaller sprach
dies Wort immer mit ehrfürchtiger Salbung, „kann ja
nicht anders entscheiden als der Herr Staatsanwalt.
Denn Ihre ‚Messalina‘ — darüber sind wir uns ja alle
wohl klar — ist ein unsittliches Erzeugniß, hehe!" Er
kniff schelmisch ein Auge zu und zwinkerte den Dichter an,
als handle es sich um ein vertrauliches Privatzugeständniß
zwei schlauer Bierbrüder.

„Herr," schrie Leonhart wüthend, „ich verbitte mir
jedes weitere Urtheil darüber. Was verstehn Ihre ver=
staubten Codices von der höheren Moral eines Dichters?
Ich Ihre Gesetzbegriffe respektiren? Nein und dreimal
nein. Sie haben überhaupt keine Competenz, Höheres
nach Ihrer Buchstaben=Elle zu messen. Ich kenne das:
Das ist so der rechte juristische Größenwahn!"

Knaller sprang erregt auf. „Ich muß mir ernstlich
verbitten, Herr Doctor —! Und Sie reden von Größen=
wahn — erlauben Sie, das ist günstig! Wie, Sie be=
streiten die Competenz der Rechtskunde?"

„Gewiß thu ich das. Was versteht ihr Buchstaben=
krämer vom Geist des Rechts? Alles glaubt ihr mit
strenger Amtsmiene beschnüffeln zu dürfen und verstoßt
doch in jedem Fall, wo ihr mit Buchstaben=Frevlern zu
thun habt, gegen alle Rechtsmoral."

„Das wäre! Demonstriren Sie das doch gefälligst
an einem Beispiel!"

Leonhart sann einen Augenblick nach. „Ich hab's!"
rief er dann. „Positus gesetzt den Fall, ein junger ideal=
angelegter rechtsunkundiger Mensch —"

„Unkenntniß der Gesetze entschuldigt nicht," fiel Knaller
eilfertig ein.

„Aha, da haben wir's ja! — Nun also, der soll einen
Wechsel unterschreiben, sagen wir mal: als Künstler für
noch unbezahlte Leinwand oder Rahmen oder Farbentuben.
Der Kaufmann aber, dem der Jüngling nicht ganz sicher
scheint, gängelt ihn so beiläufig dahin, ob er nicht den
Wechsel lieber im Namen seines Vaters oder Onkels oder

Vormunds, bei dem er wohnt und dessen Erbe er ist, unterschreiben wolle."

„Oho!" Der Rechtsanwalt spitzte die Ohren.

„Und der Jüngling in seiner Einfalt, begierig die Farben oder die Leinwand für sein Schaffen zu erhalten, da er zudem weiß, daß der Wechsel von dem Unterschrie- benen honorirt werden wird, setzt arglos den Namen seines Vaters oder Onkels oder Vormunds darunter. Was sagen Sie dazu?"

„Hm," Knaller wiegte nachdenklich sein Denkerhaupt. „Grobe Wechsel= und Urkundenfälschung. Zuchthaus ist das mindeste, was —"

„So und was bekommt der Händler, der ihn dazu verleitete, auf die Unwissenheit des Andern bauend?"

„Hm, so 'was ist schwer zu beweisen. Das Jus hält sich an Thatsachen."

„Aha! Und wenn nun der Wechsel wirklich honorirt wird und sich herausstellt, daß der rechtsunkundige Ur= kundenfälscher im Grunde genommen nur pro cura ge= schrieben, etwa wie ein Redactionssecretär oder Verlags= prokurist sich als Redacteur oder Verleger unterzeichnet, falls er in deren Auftrage schreibt?"

„Bleibt ganz egal. Ein Wechsel ist kein Brief. Be= kommt der Staatsanwalt das Dokument zu Händen, so geht die Klage von Rechtswegen ihren Gang und der harmlose Jüngling wird im Zuchthaus lernen müssen, daß ein deutscher Reichsbürger die Gesetze seines Landes zu kennen habe." Knaller stand in majestätischer Pose da (das eine Bein wie ein Ballettänzer vorgestreckt, unwill=

führlich die Hand in der Brusttasche), als wolle er gerade eine Arie singen. Leonhart lachte laut und anhaltend auf. „Dacht ich's doch! Ich habe dies Beispiel, das mir gerade durch den Kopf schoß, gut gewählt. Ich sag's ja: Was ist Wahrheit, fragt die Welt mit Pontius Pilatus. Buchstaben und Geist befehden sich in uraltem Kampf. Sie haben mich gar nicht verstanden, wie's scheint, wir wollen uns also nicht ereifern über ein Phantom. Der juristische Größenwahn, der für alle Fälle eine Formel im Futteral trägt und sich im Besitz der höchsten Weisheit wähnt, gleicht dem theologischen Größenwahn an Dummheit und dem Mediciner=Größenwahn an ein= gebildeter Selbstsucht — er disputirt über den „schönen Fall" und doktert das kostbare Leben darüber zu Tode."

„Erlauben Sie, mein Herr .."

„Jawohl, stellen Sie den Antrag auf Beleidigung der juristischen Fakultät! Ich selbst pfeife auf eine Rechts= pflege, die z. B. noch nicht einmal die Entschädigung un= schuldig Verurtheilter kennt. Recht! Wenn Allen geschähe nach Recht, wer wäre vor Schlägen sicher! Gott, der die Nieren prüft, urtheilt sicher gar verschieden und stellt manchen Mörder noch über seinen correcten Richter. Das Recht, das von den ewigen Sternen niederflammt — — Doch genug. Auf Wiedersehn, Herr Rechtsanwalt! Ich appellire bis ins Aschgraue — daß Sie's nur wissen! Also bitte bald den Termin zu betreiben!"

Als Isidor Knaller die Treppe hinabstieg, tippte er mit zwei Fingern gegen die Stirn, nachdem er den Kneifer abgenommen, sich die Augen gerieben und die Nase ge=

schneuzt hatte: „Ein merkwürdiger Fall! Muß doch mit Sanitätsrath Niemeyer reden. Hochgradiger Größenwahn auf der Basis nervöser Zerrüttung."

VI.

„Ach, erzählen Sie mir doch, hochverehrter Herr Graf!" Dondershausen stellte Krastinik auf dem Dönhofsplatz. „Wie ich höre, ist Ihr Freund, der Maler Rother, in Norwegen auf mysteriöse Weise umgekommen. Steht heute in der Zeitung. Er soll ja an Sie und den Genremaler Knorrer noch vor seinem Tod geschrieben haben."

„Ja, aus Hönevoß. Einen ganz heitern Brief."

„Ganz recht. Und ob ein Unglück oder ein Selbstmord vorliege, ist nicht ersichtlich. Er hat die Flasche mit Carbolsäure vielleicht schlaftrunken aus Versehen statt der Wasserkaraffe geleert — gräßlicher scheußlicher Tod! Aber wie, wenn bewußte Absicht —?"

Krastinik zuckte die Achseln und sah finster vor sich nieder.

„Ich weiß von nichts."

„Hm, mir schien der Mensch immer krankhaft. O unsre Zeit! Alles Folge der schlechten Erziehung"

„Und was wäre denn eine gute Erziehung?"

„Die einzig gediegene Methode der Pädagogik ist die meines Kastellans daheim auf Schloß Dondershausen!" entschied der Oberst hochtrabend. „Dieser versammelt seine Buben jeden Sonntag Morgen, in der einen Hand eine

Ruthe, in der andern eine Rhabarberflasche. „Fehlt euch
was?' ,Nein, Vater.' ,So? Man kann nicht wissen,
wofür's gut ist. Da trinkt mal eins!" Sie schlucken
pflichtschuldigst. „Zeigt mal eure Schulbücher!" Nun findet
er entweder Fehler und haut sie oder findet keine und
haut dann der Aufmunterung wegen. So docirt er jeden
Sonntag die Bitterkeit des Daseins mit Rhabarber und
Haue! — Jaja, heut giebt's zu wenig Hiebe, daher
schmeckt den Muttersöhnchen auch Mandelmilch wie Rha=
barber."

Krastinik biß die Lippen zusammen und schüttelte
den Kopf.

„Wie gesagt, Nothers Brief an mich ließ keinerlei
Mißstimmung spüren. Ich schrieb an seinen Intimus
Knorrer (ich kenne ihn ja nur kurze Zeit), ob der vielleicht
wisse — erhielt aber eine flüchtige kühle Antwort. Es
machte auf mich den Eindruck, als ob Dem das Unglück
nicht sehr nahe gegangen sei. Mein Gott, der Mann soll
so viel mit seinen eignen Liebesgeschichten zu thun haben!"

Man wähnt, daß die leichtsinnigen Tom Jones immer
die Gutmüthigkeit gepachtet hätten — mit Unrecht. Joviale
Genüßlinge, denen ihr Vergnügen über alles geht, sind
innerlich kalt. Krastinik mochte wohl richtig gerathen haben.

„Jaja," Dondershausen gähnte, „unsre jungen Leute
haben keine Lebenskraft. Glauben Sie mir, mein theurer
Graf, Ihr Freund Leonhart nimmt auch noch ein übles
Ende."

„Meinen Sie?"

„Ach ja, der Umgang mit ihm schadet Ihnen, glauben

Sie mir." Er vergaß im Augenblick, daß er gerade eine Stunde vorher an Leonhart das briefliche Ansuchen gestellt, doch ja in die Presse zu bringen, daß unser verdienter patriotischer Dichter Gebhart Lebrecht v. Dondershausen wieder mal einen Orden mit Schwertern und Eichenlaub durch erhabene fürstliche Huld empfangen habe. „Nun, was machen die Proben zu Ihrem Drama, Theuerster?"

„Es geht flott," erwiderte Jener kurzab und empfahl sich nach flüchtigem Gruße. — Auf ihn hatte die seltsame Todesnachricht aus Norwegen doch einen tiefen Eindruck gemacht. Sollte der Unglückliche wirklich seiner wahnsinnigen allverschlingenden Leidenschaft zum Opfer gefallen sein? Und sollte irgendwie die bewußte Geschichte damit zu thun haben? Aber in Norwegen — kaum denkbar. Nun, was kümmerte Das ihn!

Auch aus England war betrübende Kunde zu ihm gelangt.

Dorrington's Gesundheitszustand schien wenig erfreulich.

Ob er seinen jungen Freund wohl noch wiedersehn werde? fragte er in seinem letzten Schreiben.

Da er bei Siechen vorüberkam, trat Krastinik ein, um in aller Eile einen Schoppen zu leeren. Zu seiner Verwunderung traf er Leonhart, der soeben die „Kreuz- und Schwertzeitung" las. „Lesen Sie!" Damit reichte er dem Freunde das Junkerblatt, welches bekanntlich im Verleumben erbliche Traditionen pflegt.

„Es ist ein Unglück für ein jugendliches Talent, ohne den Ernst des Lebens und Strebens kennen gelernt zu haben, mit berufslosem Behagen sich dem sogenannten Dichter=Beruf zu widmen. Die schaurende Bewunderung aller mit=jugendlichen Zeitgenossen begleitet ihn und einige Jahre lang wird das Publikum fragen: ‚Was, noch so jung und schon solch ein Haufe von Büchern!' Noch länger wird es heißen: ‚Für sein Alter sehr hübsch', bis man allmählich anfängt nachzurechnen, wie alt das junge Talent jetzt ist. Es überschleicht jeden Vernünftigen eine Weh= muth angesichts des Lebensganges solcher Wunderkinder. Wer sieht es später der armen leeren Hülse dort im Staube an, daß sie einst ihre Karrière als Rackete be= gann? Solche Empfindungen beschleichen uns angesichts des neuen Romans von J. Leonhart. Ganz so schlimm ist es zum Glück mit unserm jungen Autor nicht. Die erste Jugend hat er hinter sich, aber es droht ihm auch eine große Gefahr. In seiner überreizten Fruchtbarkeit liegt ein Mangel an echter Produktivität. Friedrich Leon= hart hat ganz entschiedenes Talent, doch seiner frühreifen Leistungsfähigkeit sind zwei Eigenschaften beigesellt, welche die Entwickelungskraft im Keime zerstören. Jeder Dichter sollte sich Schleiermachers schönes stolzes Wort zu eigen machen: ‚Ich gelobe mir ewige Jugend'. Unvereinbar mit der Jugend des Herzens sind aber: Unbescheidenheit und Blasirtheit! Sehr oft findet sich Größenwahn mit einer liebenswürdigen und rührenden Kindlichkeit ver= bunden. Wo aber die Augen so scharf für menschliche Schwäche und Gemeinheit sind, wo die Verachtung der

andern so erfahrungsmäßig und treffend begründet wird,
da fehlt doch die Hauptbedingung der Jugend: Der
Glaube an Ideale. Mit der Begeisterungsfähigkeit
schwindet die gesunde lebenerweckende Kraft und der Jüng=
ling wird zum Greise, ohne Mann gewesen zu sein. Das
Maß ist voll, übervoll seiner maßlosen Selbstüberhebung.
Schade um das schöne Leben! Was sind das für Züge
seniler Blasirtheit und Frivolität! Möchte der junge Dichter
doch unsere Wünsche berücksichtigen, die aus einem ernsten
Wohlwollen entspringen: Hüte er sich vor seinen Freunden
und lerne er von seinen Gegnern! A. v. F.“

Leonhart wand sich in Lachkrämpfen. ‚Seht ihr es
nicht, das hirnverbrannte Weib?‘ citirte er aus Kleist.
„A. v. F.! Aurelie v. Fellmarch! ‚Hüte er sich vor seinen
Freunden‘ — diese Mahnung aus diesem Munde! Pfui
Deibel!“ Er spie aus.

„Sollte man nicht eine solche Frechheit sofort fest=
nageln?“ rief Krastinik zornglühend. „Ich an Ihrer
Stelle —“

„Pah, pah, ruhig und fein still darüber! Gleich kommen
Holbach, Luckner und sogar der großmächtige Wurmb, die
mich mal wiedersehn möchten. Wahrscheinlich wollen sie
mich wegen irgendwas aushorchen.“

„Da geh ich um so schneller. Hab' ohnehin keine
Zeit. Muß ins ‚Deutsche Theater‘, um mit Friedmann
und Förster zu reden — die Herrn machten heute in der
Probe einen Fehler in ihren Rollen. Auch mit Fräulein
Sorma klappt es nicht recht.“

„Na, die ist wohl verdammt liebenswürdig gegen Sie, he?"

„Na i glaub's halt! Ein Graf! So 'was sieht man nicht alle Tag'!' Krastinik lachte bitter. „Also adieu, mein Engel. Hahaha, ich bin doch herzlich gespannt auf den Skandal, wenn nun nachher — —"

„Sst, die Wände haben Ohren." — —

Leonhart starrte finster in sein Glas. Heute Nach= mittag war er mit jenem Mädchen, das er halb gezwungen verführt, im Thiergarten umhergebummelt. Sie schrieb ihm jeden Tag Briefe, die ihn in Verzweiflung setzten, und so hatte er denn heute zwangsweise zu einem Stell= dichein sich eingefunden. Da, als sie in einem abgelegenen Theil des Gehölzes sich in einen Dickichtwinkel zurückzogen, hatte er bei zufälligem Hinausspähen ein Gesicht bemerkt, das hinter einem Baumstamm etwa 50 Schritt entfernt hervorlugte, offenbar mit der löblichen Absicht, eine etwaige Missethat auf dem Fleck zu ertappen. Als Leonhart ihn strategisch wegmanövrirte und seine Rückzugslinie bedrohte, verschwand der Strolch laufend in der Lichtung. —

Dies komisch=unheimliche Bild verfolgte die nervöse Phantasie des Dichters. Fortwährend schien ihn aus jedem Winkel ein tückisches Auge anzublinzeln, ein frecher Mund anzugrinsen. Er schauderte — diese Hallucination des Verfolgungswahns schien ihm typisch für sein ganzes un= seliges Dasein, das von tausend Tückebolden allerorts bedroht.

Das Eintreffen Holbachs, Luckners, Wurmbs weckte ihn aus seinem Brüten. Mit Letzterem ward eine frostige

Versöhnung gefeiert und bald befand man sich in leb=
haftem Gespräch über das Ding an sich. Wie gewöhnlich
stellte Holbach, weil ihm das in seinen Kram paßte, den
Grundsatz auf, das eigentliche Grundmotiv aller Hand=
lungen sei immer ein erotisches. Mit jeder neuen Ge=
schlechtstriebbethätigung werde immer ein Brett vorm
Kopfe weggenommen. Leonhart sei nicht erotisch genug;
da liege der Kernpunkt all seiner Weltschmerzelei. Dieser
aber dachte so für sich hin: „der tiefbedächtige schlaue Buking=
ham soll nicht mehr Meister meines Rathes sein." Er glaubte
nämlich, daß Jener ihm nachspüre und darauf laure, eine
schwache Seite zu entdecken. In der That fing er auch
ein paar Mal einen durchdringenden Blick Holbachs, weit=
vorgestreckten Halses, auf, in dem ein dumpfer Haß schillerte.
Als Leonhart mit seiner gewöhnlichen Bissigkeit einige an=
zügliche Bemerkungen über einen Händewascher Holbach's
loßließ, rief dieser emphatisch: „Ach, der ist ja so harmlos!"
Aber er selbst sah dabei verteufelt wenig harmlos aus, in
der vollen Gloriole seines Edelmuths und seiner Dekla=
mation wider schnöde Pharisäer. „Pah, er hat so wenig
Aeußeres!" machte er, als Leonhart wie gewöhnlich die
Genialität Schmollers herausstrich, da die Rede auf diesen
kam. Dies empfand nun wieder Wurmb unangenehm
obschon er sich ja für einen sehr schneidigen Kerl hielt,
dabei aber Holbach's „vornehme" Erscheinung grimmig
beneidete. Man dürfe doch nicht ewig, wie Holbach dies
thue, die Leute nach ihrem Exterieur beurtheilen.

Leonhart lachte laut auf: „Wir sind doch alle eitle
Gecken. Sage Du einem Weisen, der das Ding an sich und

die Phänomenologie des Weltganzen intus hat: ‚Liebster,
Sie sind häßlich wie ein Affe‘, so vergißt er Dir das sein
Lebtag nicht. Auch wird er Dich darüber belehren, daß
alle großen Männer häßlich waren, z. B. Voltaire, und
daß er daher schon seiner Häßlichkeit halber ein großer
Mann sei.“

„Jaja, 's ist sehr nett, die Motive der Andern zu
durchschauen, wenn man sich dabei nur Selbsterkenntniß
bewahrt, mein Theurer!“ meinte Holbach mit vielsagendem
Blick. Er schauspielerte sich selbst wieder was vor und
brauchte unablässig das Gleichniß vom „Splitter und
Balken“. Er redete gut von Andern aus purer Diplomatie und flocht manche Andeutung über seine Groß-
muth gegen eigene Spezial-Schützlinge ein, welche er gleichsam als Ablaß für seine Sünden benutzte. Alles verstehen
heiße alles verzeihen.

„Ja gewiß, gleichsam platonisch ist das auch meine
Ansicht,“ meinte Leonhart trocken. „Das Leben aber ist
stählern und verlangt eine andere Politik. Man hüte sich
vor denen, die Tugend und Idealismus unnützlich im
Munde führen, aber auch vor den allzu feurigen Bekennern
der Nachsichtstheorie. Es ist die thörichteste und schädlichste
Philantropie, die Taugenichtse und Schwächlinge zu unterstützen auf Kosten der ernsten Kämpfer, die eher sterben
als sich ergeben.“

„Ja, Du hast sehr harte Ansichten,“ gab Holbach
achselzuckend zurück.

„Ach Gott, die Welt regulirt sich ja doch danach,
gerade wie das Gewissen beim Einzelnen der Regulator

des Willens sein mag. Wer weint, wird von Jedermann
geohrfeigt. Man sieht das bei den Kindern, diesen harm=
losen Ur=Egoisten. Nur wer wiederhaut, findet Mitleid.
Der Stärkere hat Recht."

„Sehr gut." Luckner lächelte spöttisch. „Darum
hauen Sie also so viel. Will hoffen, daß Sie stets der
Stärkere bleiben."

Leonhart nickte beschaulich und äußerte: „Alle An=
griffe gegen mich, selbst die anfangs gelungenen, — es
ist, als ob eine unsichtbare Hand sie von mir zur Seite
lenke und auf die Urheber zurückschlage."

Die Andern sahen sich an. „Nun, wenn das nicht
completter Größenwahn!" dachte Holbach und runzelte un=
willig die Stirn. „Das ist doch seltsam, bei Gott!"

Wurmb rückte unruhig auf seinem Stuhle hin und
her, indem er sich die Brille zurechtschob. Er schien an
einem großen Wort gelassen zu würgen. „Hören Sie,"
hob er plötzlich an, indem er energisch den Deckel seines
Bierkrugs zuklappte. „Ich bin nicht so talentvoll wie
Sie — das weiß ich wohl." Gotthold Ephraim brummelte
dies mit saner verdrießlichem Gesicht und hielt sein Zuge=
ständniß für sehr bescheiden, obschon es in Wahrheit nur von
bodenloser Unverschämtheit zeugte, da die unüberbrückbare
Kluft zwischen dem Genie und seiner Winzigkeit ihm gar
nicht sichtbar schien. „Ihre enorme Produktivität — in
diesem Punkte kann ich mich ja nicht mit Ihnen ver=
gleichen. Aber über den Realismus, nehmen Sie mir's
nicht übel, denke ich reifer als Sie."

„Es war einmal ein großer Dichter, der den Realis=

mus als Maske benutzte," murmelte Leonhart halblaut.
Hier kam die Rede auf einige Zierden des jüdischen Jung=
deutschland, die mit wenig Talent und viel Behagen ihren
Kohl pflanzten und mit fabelhafter Geschicklichkeit eine
Leitersprosse nach der andern emporkrochen, theils als
geschmeidiger Ohrwurm, theils als kecker Rabau=Husar.
Leonhart sprach sich sehr wohlwollend aus. Wurmb aber
nannte sie „ebenso frech streberhaft wie frech eingebildet."

„Eingebildet? Worauf denn?" lächelte der Dichter=
denker.

„Ach je!" fiel Luckner giftig ein. „Wir halten uns
doch alle für den jungen Goethe."

„Das ist hier keine passende Antwort darauf, mein
Lieber!" mahnte Leonhart leise und ruhig. Es lag etwas
in diesem milden Ernst, was den schnodderigen Neidtrotz
entwaffnete. Er bekannte dann in längerer Rede, daß er
sich in Gesellschaft talentvoller Juden viel wohler fühle,
von deren Energie, gesunder Weltlust und Unabhängigkeits=
gefühl sympathisch berührt, als inmitten weltschmerz=
winselnder und philosophischer Germanen. Fleiß wirke auf
die allgemeine Moral günstig zurück und rüstige Streber
seien ihm lieber, als faule Impotente. Als er aber dann
auf die deutsche Nation schimpfte, welche jedes wahren
Idealismus und jedes Kunstgefühls entbehre, da erhob
sich Wurmb in seiner Würde als deutscher Mann und
donnerte ihn gehörig nieder. Der Dichter müsse
darben und entsagen, nicht durch schnöden Botenlohn
seine erhabene Bestimmung entweihen. Schiller — ja,
Schiller! Eben deswegen! Seht ihr, sogar Schiller hat

so viel gelitten. Also dann könnt ihr Kleinen doch erst recht leiden!

So saugt der Philister aus allem nur das Gift.

„Jaja, Federigo, Dir fehlt eben die lieblichste Tugend: die Lebensklugheit. Du machst Dir tausend Feinde." Holbach klopfte ihn herablassend mit seiner breiten Bärentatze auf den Rücken.

Der Unkluge zuckte die Achseln: „Jeder folgt instinktiv seiner Naturanlage und so bin ich vielleicht schlauer, als ich selbst denke. Ein Andrer würde sich mit meinem Vorgehen ruiniren. Ich hingegen kann es nur so zwingen."

„Du wirst Dich noch ändern, Dir die Kanten abschleifen!" meinte Holbach wohlwollend.

Leonhart lachte auf. „Aendern! Der Mensch ändert sich nie, die in ihm schlummernde Vererbung entwickelt sich logisch fort und die Umstände beeinträchtigen sie nicht. Bedenkt man alle Dummheiten seines Lebens, selbst die tollsten, so erkenne Jeder, daß er unter gleichen Umständen just ebenso handeln würde. Nichts lächerlicher als die Phrase: ‚Wie der Mensch sich geändert hat!' Ein Hitzkopf bleibt ein Hitzkopf, ein kalter Weltmensch bleibt ewig derselbe, alles Andere ist äußere verbrämende Maske."

„Jajaja," Holbach zog mißmuthig den Mund schief. „Aber ich rathe Dir doch, endlich die Krallen einzuziehn und das Schimpfen einzustellen."

„Da hast Du allerdings Recht. Schimpfen ist nur Verschwendung. Seine wahre Verachtung kann man der

Welt nur bezeugen, wenn man sie mit denselben Mitteln schlägt."

Hier unterbrach ihn großes Hallo, indem eine ganze Horde verdächtig aussehender Individuen sich in die Bierstube ergoß und die vierblättrige Tafelrunde mit einiger Zudringlichkeit begrüßte. Lauter Vertreter der öffentlichen Meinung, sogenannte Preßbengel, welche soeben die Weltdichtung „Germania, Ballet in 15 Tableaus" mit aus der Taufe gehoben hatten. Der Therpsichore=Dichter, nach glücklich überstandener Première mit dem Schweiße des Edlen und obligatem Lorbeer ge= krönt, befand sich in aller Munde und in aller Mitte. Man setzte ihn an die Spitze der Tafel neben Holbach nieder und ließ die beiden berühmtesten Reklamedichter sich gegenseitig die Hände schütteln.

Da die Stunde schon vorgerückt, warf man des Tages Sorgen völlig ab und widmete sich, jedes littera= rische Gespräch als Fach=Simpelei verpönend, nunmehr völlig dem innigsten Klatsch.

Alle fingen vice versa an, sich zu entschuldigen wegen allerlei kleinen Schmutzereien, nach dem Grundsatz: Qui s'excuse, s'accuse. Wer, ohne daß man ihn darum fragt, plötzlich sich zu vertheidigen anfängt, wird sicher von einem Gewissensbiß gequält. Der Eine, ein ver= eidigter Syndikus aller Preßaffairen, erzählte allerlei Prozeßchikanen ohne Pointe. Ein Andrer, ein wichtig= thuender Affe, stocherte mit seinen ungewaschenen Fingern in den Affairen anständiger Leute herum und fabelte schwungvoll. Dann lobte man sich gegenseitig unverschämt ins Gesicht.

Leonhart lächelte verschmitzt. Der Eine von den Herren, ein hochgemuther Vorfechter der Schriftsteller=rechte, hatte einem armen Blaustrumpf in aller Stille ihre Sparpfennige durch Eheversprechen abgeschwindelt. Der Andre, ein fetter Lustspielfabrikant, hatte eine Kellnerin geheirathet, um 4000 Mark zurückzubekommen, die sie ihm nach und nach abgeknapst und dann auf Zinsen gelegt hatte. Die Gerissensten fallen immer mit solchen Weibern am leichtesten herein. Ein andrer wohlklingender Autor aus Oesterreich, Namens „Edler von Ferchwan", hatte die Tochter einer Souffleuse ge=heirathet, um sich durchzumästen, da er als Mitglied eines sogenannten „Schmieren"=Theaters verhungerte. Die arme junge Frau war aber sehr schwächlich. Es wurde also contraktlich festgesetzt, wie oft er seine Ehe=rechte üben dürfe, wofür er dann Wohnung und Atzung frei erhielt: im Uebrigen führte Schwiegermutter die Kasse. — Es ist doch immer hübsch, wenn man solche Personalia aus der Vergangenheit eines Mannes zu klatschen weiß, der jetzt als erfolgreicher Possendichter im Golde watet. Ja, der hatte kein Pech an den Fingern!

Leonhart hörte schweigend zu und machte seine physiognomischen Studien. Jedem stand als Lebensdevise aufgebrannt: Die Zunge zum Lecken 'raus nach oben und den Stiefelabsatz drauf nach unten; so, mein Sohn, wird Dir's wohlgehn und wirst Du lange leben auf Erden.

Zur Feder griffen diese Leute, wie ein Schuster zum
Pfriemen. Sie kannten keine andern Dichterschmerzen
als die ums „tägliche Brot". Die Kunst vom Stand=
punkt der Wohnungsmiethe aus! Was kann man auch von
einer solchen Geschäftslitteratur anders erwarten! Unter all
den Klatschweibern und Spekulanten des „Marktes", für
welche die Litteratur nur die melkende Kuh bedeutet,
fühlte sich Leonhart manchmal wie ein Mensch unter
Larven und Mollusken, wie ein Fremdling aus andern
Welten.

Er dachte, was wohl wirkliche Künstler fühlen
möchten, wenn sie diese Geldschmerzen der Ritter vom
Geiste mit den ihren vergleichen. Z. B. der Bildhauer,
der das Modell einer großen Gruppe zerschlagen muß,
falls es unbestellt bleibt — weil in seinem Atelier kein
Raum mehr dafür bleibt und der Thon zerbröckelt. Welches
Gefühl, wenn er auf eigene Faust das Kind seines
Geistes und seiner Arbeit, großgesäugt in kummervollen
Tagen und Nächten, zerschlagen muß! Und der Dichter,
der seine Manuskripte verbrennt, weil er keinen Verleger
für so Hohes findet!

Ach, wie gerne hätte er wie Karl Moor fürchterlich
Musterung gehalten unter dieser Bande, auf daß da
Heulen und Zähneklappern sei in Juda und Israel!

Doch warum, wozu? Diese Sorte wird ja doch
ewig die Litteratur als ein Leihamt oder ein Hospital
betrachten, jeder tief davon durchdrungen, daß e r leben
und gedeihen müsse, natürlich auf Kosten der Fleißigen
und Talentvollen. „Ich sehe nicht die Nothwendigkeit

ein," dachte Leonhart, wenn er den bekannten Appell an das gute Herz des „Collegen" über sich ergehen ließ. Der Gedanke, daß das Gedeihen eines Genies für die Welt hundertmal wichtiger, als das von zehntausend Dutzendschmierern, konnte diesen Durchschnittsgehirnen ja ohnehin nie dämmern. Und daß es nur eine Todsünde der Inhumanität gebe, nämlich Niederduckung des Be= deutenden und Aufblähung des Mittelmäßigen, schien ihnen noch schleierhafter. Die allgemeine Verdummung und seichte Verkommenheit machte nicht nur das Aufkommen, sondern sogar das bloße ahnende Erkennen eines großen Dichters unmöglich. Hier gab es lauter große Dichter! Jeder grüne Junge, der mal ein Buch verbrochen, sandte es: „Seinem Genossen Leonhart in collegialischer Kamerad= schaft." Jeder, der etwas leidlich Tüchtiges leistete und das Wohlwollen des großen Dichters ausnutzte, fühlte sich in Vorreden eins mit ihm oder zählte ihn mit zehn andern bunt zusammengewürfelten „Namen" in einem Athem als gleichberechtigten „Mitstreiter" auf. Hält doch das Hündchen sich stets selbst für den Löwen, wenn der gutmüthige Leu mit ihm spazieren geht! War doch das litterarische Leben zu allen Zeiten eine Ver= schwörung der Talentlosen gegen die Talente, der Talente gegen die Genies! Schwer fällt es der Mitwelt, mit sehenden Augen zu sehen. Und die sittlichen Begriffe stumpften sich so ab, daß man die Unsterblichkeits-Assetu= ranzen als den Normalzustand hinnimmt. Auch unter= scheidet sich ja die Presse erheblich von der Straßen= Prostitution: Letztere ist für Geld feil, erstere aus —

23*

Paffion. So wurde denn die Muse zur Milchmagd, zur schwatzhaften Gevatterin, zum kichernden Backfisch, zur faselnden Großmutter. Die bramarbasirenden „Idealisten" und die angeblichen „Realisten" ersticken mit ihrem Tamtam die Stimme der Dichterdenker mehr und mehr. Sahnenpoesey, aufgewärmter Mumienkohl, Schweine=karbonaden mit sentimentaler Zwiebel und Berliner Paprika genügt — gegen solche Tafelgenüsse vermögen Nektar und Ambrosia nicht aufzukommen. Ueberall Ver=wirrung der Begriffe. Die Sonnen sind erloschen, kein Mond zieht feierlich am Himmel herauf. Rings lastet tiefe Nacht, nur durchleuchtet von zuckenden Blitzen. — —

Leonhart fuhr aus seinem Vor=sich=hin=brüten auf: er hatte stier in sein Glas geblickt, während der Wort=schwall schleusenlos um ihn her brauste. „Sie wollen schon gehn, Herr Kollege?"

Als Leonhart gegangen, wurde über ihn das Ver=dikt gefällt, er sei eine nervös überreizte Natur, aber ein sehr anständiger Mensch. Nur leide er an allzu tollem Größenwahn. Doch bemerkte ein Wohlwollender: „Wer litte heut nicht daran!" und man ging zur Tagesordnung über.

Daß ein gewisser Unterschied zwischen dem „Größen=wahn" verkannter Größe und der hohlen Selbstauf=blasung hohler Nichtse bestehe, diese Idee schien Keinem beizufallen. Denn kein Wörtchen wird ja heut lieber mißbraucht, als das ominöse „Größenwahn". Zer=legt man das Wort in seine Bestandtheile, um sich über den Begriff klar zu werden, so ergiebt sich „Wahn"

einer „Größe", die nicht existirt. Wo also wirkliche
Größe hervorleuchtet, bleibt der Wahn ausgeschlossen.
Heut aber in unsrer nivellierenden Trivialität würden
wir Christus ebensogut wie Shakespeare und Michel
Angelo des Größenwahns bezüchtigen.

— — — — — — —   — — —

Das Genie hat nie etwas davon gewußt, daß das
„Genie immer bescheiden" sei. Diese bequeme Doktrin
hat sich das Philisterium erfunden, um sich der Heroen=
verehrung entschlagen zu dürfen. Denn dieser Einbildung
liegt nur das Prinzip zu Grunde, daß Rentier Schulze
ein ebenso wichtiges Mitglied der menschlichen Gesellschaft
sei, wie das unbequeme und nirgends nach Schablone
einzuschachtelnde Genie. Wäre freilich das Genie „be=
scheiden", so würde Schulze es völlig übersehen; sobald
es aber hochmüthig auftritt, ruft man ihm zu: „Sie sind
kein Genie, weil Sie nicht bescheiden sind — so
bescheiden, wie Bonaparte, Byron, Goethe, Schiller, Jean
Paul, Kleist, Racine, Victor Hugo, Richard Wagner und
all die anderen bescheidenen Größen." Ein meisterhaftes
Manöver, das nach beiden Seiten hin deckt. — So kraß
und nackt ausgedrückt, scheint vielleicht Karikatur, was
doch nur buchstäbliche Wahrheit ist.

Es wirkt unbeschreiblich komisch, die sittliche Ent=
rüstung und Abneigung zu verfolgen, mit welcher Jeder=
manns Eitelkeit kollert, sobald Jemand sich für etwas
Besonderes hält. Die Ochsen, die ein rother Lappen
blendet, stoßen mit heißhungrigem Grimm ins Blaue.

Von einem gewissen Shakespeare hieß es grollend, er halte sich für den einzigen „Shakescene" („Bühnener=schütterer"); er sei ein strebernder Hansdampf in allen Gassen („Johannes Faktotum"); ein Eklektiker, der jeden Stil nachahme, sogar ein Plagiator. Wenn man ihn mit Meister Ben Jonson vergleiche, da sehe man, wie bilet=tantisch und verfehlt seine Versuche seien, so größen=wahnsinnig er auch sein Froschtalent aufblase.

Also quakten aus ihrem Sumpfe die Greenes, Kyds, Dekkers, Haywoods und all die andern Gebrüder.

Shakespeare aber, so bescheiden wie das Genie nun einmal ist, schrieb in sein Sonett=Tagebuch: „Nicht Marmor noch der Könige vergülbete Denkmäler werden überleben mein machtvolles Lied, das da währen wird bis zum jüngsten Gericht, bewundert von noch ungeborenen Geschlechtern."

Wie kann man gegen das Selbstgefühl des Ver=dienstes etwas einwenden, wenn man die Großmannssucht all der hohler Impotenzen damit vergleicht! „Schrift=stellerrepublik" — ja wohl! Aber jede Republik hat ihren Präsidenten und es giebt ebensowenig eine Gleichheit der Geister, wie der socialen Bedingungen.

Die Litteraten unter sich wollen auch gar keine Re=publik, sondern Anarchie, wo jeder naseweise Reporter sich als stimmberechtigt neben dem Dichter fühlt und jeder Zaunkönig den Adler „Kollege" schimpft. Eine Republik von lauter Königen — Percy, Prinz Heinz, Falstaff und seine Rekruten in Reih und Glied nebenein=ander. Diese Disciplinlosigkeit schadet unendlich. Denn sie bildet die auf Gegenseitigkeit arbeitende Kameraderie aus, welche das Bedeutende nur anerkennt, wenn sie selbst als bedeutend begrüßt wird.

So kommt das Große nicht auf und andrerseits vergeht dem Großen die Lust, wohlwollend das Kleinere zu fördern, weil dieses sich sofort ellenhohe Kothurne unterschnallt.

— — — — — — — — — —

„Da kommt ja zuletzt noch was Schneidiges!"

Um eine zugige Ecke biegend, begegnete er einer alten Freundin, Abele der Chansonneuse mit dem griechisch-gemeißelten Köpfchen und dem griechischen Haarknoten, die aus einem Café Chantant in der Alexanderstraße nach Hause wanderte, pflichtschuldig der Polizeistunde 11 gehorchend. Dies freudige Wiedersehen zu begießen, nahm er sie in ein Bierlokal mit und erkundigte sich lebhaft, was denn seine alte Flamme, die Polin Wanda, mache, die sich vom „Geschäft" zu ihrem Liebhaber, einem Xylographen, zurückgezogen hatte und mit ihm wirthschaftete.

„Ach Jott, die erkundigt sich immer noch nach Ihnen, ob Sie mal wieder zu uns ins Lokal kämen; dann will sie immer alles haarklein wissen, was Sie jeredet haben. Ja, Wanda hält immer noch große Stücke auf Sie. Neulich sprachen wir noch von dem letzten Mal, wo wir uns sahen, da am Halle'schen Thor, wo ich beknipt war und wie Ihr Euch auf offener Straße so abküßtet. Wie ich noch sagte: ‚Ach, die Wanda ist gar nicht so stolz! Die nimmt alles!" Und Sie ihr nachher das Armband schickten. Und dann war's auf einmal mit der Liebe zu Ende."

„Ja, weil sie mich die ganze Zeit über belogen hat!" brummte er mißmuthig. „Selbst als ihr Kerl sie eines Nachts abholte und ich sie mit ihm absegeln sah, schwor sie Stein und Bein, das sei eine Andere gewesen."

„Quatschkopf! Warum läßt Du Dich auch so an= lügen?" Die kleine Adele schien immer noch so ausfallend wie früher. „Aber interessirt haben wir uns für Sie doch immer, wir alle Beide. Aber ich hab' ihr immer gesagt: ,Heirathen thut er Dich doch nicht.' Neulich waren Sie ja bei uns in der Alexanderstraße mit'n paar Herrn."

„Ja wohl und Du hast mich gar nicht gegrüßt."

„Ich wußte ja nicht, ob Sie nicht wünschten, nicht gegrüßt zu werden. Leute in meiner untergeordneten Stellung —" Sie verzog schnippisch den Mund.

„Halt den Rand, Fischerin Du Kleine!"

„Ja und dann war ich auch wüthend auf Sie, weil Sie sich so lange nicht nach mir umgesehn haben. Das heißt, ich —" sie simulirte reizende Verwirrung. „Man braucht ja keine Gefühle zu haben, aber nur so aus Freundschaft. Wir kennen uns doch nun schon sechs Jahre. Erinnern Sie sich, da auf der Treppe bei Wanda —" Sie kicherte.

„Du trugst den Dolch im Gewande. — Nun, wie geht's sonst?"

„Schlecht. Ich weiß die Leute nicht zu nehmen. Von Leuten in meiner untergeordneten Stellung verlangt man Dummheit. Und die Dummen sind immer klüger als die Klugen."

„Hört, hört! Sehr wahr!" murmelte er. „Also Wanda ihr Verhälniß —"

Hier erhob Adele sofort Zoll für ihre Mittheilsamkeit: „Ich möcht' was essen," worauf sie später kauend allerlei Interessantes zum Besten gab. Die Wanda sei ja verrückt, sich mit so 'nem jungen Menschen wie ihrem Xylographen zusammenzukoppeln, blos weil sie hoffte, Der würde sie doch noch heirathen. „Den nähme ich nicht, in Watte gewickelt und in Gold dazu! Aber das muß man sagen, gut ist er zu Wanda und läßt nicht von ihr!"

„Dann muß er aber doch ein edler Mensch sein. Das erhöht nur meine Achtung."

Leonhart wurde nachdenklich. Ja, das war Liebe! Nur in den unteren Regionen blühte dies Blümlein noch. Wanda mit dem vornehmen Gesicht und dem guten Herzen — hatte er sie nicht wirklich geliebt? Als Adele mal in der Charité lag, waren sie Beide zu ihr hingewandert, um ihr Bücher und Leckereien zu bringen. War das auch nur geträumt?

Ihn durchrieselte ein trübsinniger Humor. Wie entehrend drollig, diese unfreiwillige Komik! Was hätte die Neugier der Welt wohl darum gegeben, den berüchtigten Geistesheros hier mit zweideutigen Weibern als langjähriger Kamerad über allerlei obscure und unmögliche Verhältnisse plauschen zu hören!

Die biedre Adele, mit welcher er so manchen Scheffel Salz gegessen, wußte von ihm sonst gar nichts, wie so etwas nur in Berlin möglich ist. Fragte ihn beim Abschied (weiß Gott woher sie diese Andeutung schöpfte), ob er jetzt viel mit den Wahlen zu thun habe. „Nur mit der Stich=Wahl, Kleine!"

Es schnob ein eisiger Wind. Leonhart humpelte schlaftrunken und mit Hühneraugen behaftet nach Haus. Er wohnte in der Bendlerstraße.

Es wurde schon hell. Noch brannten einige ver=spätete Laternen. Ihr Licht sah röthlich aus, offenbar durch den umrahmenden Gegensatz des dünnen weißen Morgennebels, der über allen Bäumen hing.

Auf dem Teich der sogenannten Rousseauinsel schwammen einige Schilfpflanzen hin und her in der dunklen Tiefe. Der Dichter verselte unwillkürlich, er konnte nichts dafür.

Ihr liebt o, Wasserrosen,
Zu schmücken die dunkle Flut,
Ein Garten bleicher Blüthen
Ueber der Tiefe ruht.

Bis meine dunkle Seele
Wollustberauscht erbebt,
Ueber ihr duftend und leuchtend
Meiner Lieder Fülle schwebt.

Schneeiger Mondstrahl fluthet
In die schneeigen Kelche hinein —
Da zuckt vom Himmel hernieder
Gespenstiger Wetterschein.

Es wirbelt aus tückischer Tiefe
Unheimlich mit dunkler Gewalt —
Und alle Blumen versinken
Und alles ist todt und kalt.

Oben in seiner Kammer (er wohnte natürlich nahe
dem Himmel) hatte sich ein Nachtfalter verfangen, der
lärmend herumrumorte. Draußen rauschte plötzlich ein
Regenguß hernieder und klopfte eintönig auf das Fenster=
brett. Wie der eisige Griff des Todes schauerte es den
Einsamen an, und ehe ihn der Bruder des Todes mit
seinen weichen Armen umfing, quoll ihm die Frage von
den bebenden Lippen:

Die Astern draußen verkümmern
Einsam im Regensturm.
Im morschen Holzgetäfel
Pocht der bohrende Wurm.

Eine Motte einsam flattert,
Wo die Kerze einsam loht.
Wer ist hier das Leben?
Wer ist hier der Tod?

In seinen unruhigen Schlummer drängte sich ein
Bild der Vergangenheit, aber in seltsamer Gestaltung, die
er sich wachend nicht zu erklären vermochte. Das linke
Auge lag blutroth wie eine Wunde in dem zarten Haupt.
Aber mit rührender engelgleicher Geduld schwebte die
zarte Gestalt hin und her, und plauderte wehmüthig
freundlich. Eine unsägliche Zärtlichkeit durchströmte sein

Herz, als er auf das süße liebliche Antlitz herniederschaute.

----- -----

Immer noch litt er an der Krankheit, sich um das Urtheil der Andern zu kümmern, während er sie doch tief verachtete. Auch schwankte seine Menschenkenntniß krankhaft hin und her. Sprach er grade mit den Leuten, so ließ er sich dupiren; waren sie ihm ferngerückt und überdachte er ihr Wesen, so durchschaute er ihre Motive wie dünnes Glas. Andrerseits konnte er Menschen antipathisch im ersten Augenblick betrachten, um im nächsten bei seiner überzarten Gerechtigkeitsliebe, sobald dem persönlichen unangenehmen Eindruck entrückt, versöhnlich und milde zu denken. Ihm mangelte gänzlich jener letzte eingeborene Instinkt der Selbstsucht, der keine andre Rücksicht als das persönliche Interesse kennt und alles nur unter diesem Gesichtspunkt beurtheilt, fremd allen sonstigen Einflüssen. Auch seine Eitelkeit blieb immer noch zu reizbar und vergab keinem Dummkopf seine Albernheiten. Er dachte an sein Erstlingswerk, das er in frühster Jugend veröffentlichte. Darin gab es bei aller Unreife der Form schon Stellen, welche einen scharfsichtigen Kritiker mehr als überraschen, welche befremden mußten. Es klang darin, wie das unbeholfene Lallen eines großen Dichters. Wer aber unter den elenden Kritikastrirten hatte das erkannt! Ueber die schwerfällige Form, das Aeußerliche, konnte das Verständniß der Mehrzahl kaum hinwegkommen. Das war seine erste Erfahrung

gewesen und wie zahllose sollten noch folgen! Nun
hat ja freilich alles seine Vorzüge und alles seine Fehler.
Es liegt also in der Natur der Sache, daß wir an unseren
Sachen nur die Vorzüge, die Feinde nur die Fehler sehn.
Man warf ihm vor, daß er sich zersplittere. Allein, sein
umfassender Geist hatte seine Wurzeln so weit verzweigt,
daß ihm Vielseitigkeit eine Lebensbedingung wurde. Vielseitigkeit ist an sich noch kein Merkmal des Genies, aber
Genie im höheren Sinne ist ohne Vielseitigkeit kaum
denkbar.

Fortwährend verplemperte er sich und blieb selten ganz
correct. Die „Correcten" sind übertünchte Gräber, deren
lackirte Charakterlosigkeit alsbald sich offenbart, sobald
man den Firniß ihrer „Grundsätze" abkratzt. „Wahrlich,
wir sind zu jung noch!" Diesen Macbeth'schen Ausruf
sollte sich Jeder täglich wiederholen, wenn ihn Gleich-
gültiges reizt. Aber zarte Sensitivität ist die Achillesferse
jeder feineren Natur.

Schrieb er Briefe, so gab er sich regelmäßig Blößen,
weil ihm die Fleisch und Blut gewordene Verlogenheit
der Andern mangelte. „Der Mann, der so seltsame
Briefe schreibt," nannte ihn Einer seiner Judasse, nachdem
er lange die Vertrauensseligkeit des jovialen übersprudelnden Wahrheitsdranges ausgenutzt, und drohte Leonhart zu denunciren, weil er einen hochgestellten Staatsmann privatim verdächtigt hätte. Leonhart fand zuletzt
nur e i n e Rettung: daß er überhaupt a l l e Briefschreiberei
mit Unbedeutenden unterließ. Ein hoher Gedanke in
seinen Werken zeigte ja sein wahres Wesen besser, als

alle mündliche und schriftliche Konversation. Wer sein ganzes geistiges Vermögen in seine Schöpfungen gießt, kann zuletzt, tobtmatt und mit aufgezehrten Nervensäften, für seine Corresponenz nichts mehr erübrigen. Werfen doch philiströse beschränkte Geister einem Ungewöhnlichen so leicht haltlose Unruhe vor, weil man bei i h n e n un= berechnende Aufrichtigkeit höchstens erzielen kann, wenn man ihre Eitelkeit verletzt!

Wie einen Schmoller sein schlechtes Gewissen zu dem Argwohn trieb, daß andere über ihn n o c h schlimmer dächten, als es der begründeten Wahrheit entsprach, — so litt Leonhart umgekehrt an dem Wahne, daß Andere viel freundlicher über ihn dächten, als sie thaten. Daher warf er sich selber oft vor, daß er zu hart urtheile, wenn er die selbstsüchtigen Motive der Anderen durchschaute. „Gemüth" ist meist nur ein Zeichen physischer Schwäche. Freilich, wie oft nutzt andrerseits der physisch Schwache das Mitleid der Gutmüthigen aus!

Schon hierin befand sich Leonhart in stetem Nach= theil, daß gerade e r die Dinge nie persönlich, sondern objectiv auffaßte, da er allein wahre Liebe zur Muse besaß. Ist es nicht schon an sich ein gräßlicher Wider= spruch, den persönlichen Freund zu tadeln und den per= sönlichen Feind zu loben?! Und dabei faselte man noch von seiner Subjectivität!

Doch galt er Vielen als ein harmloser Esel, vom welt= lichen Standpunkt aus. Freilich, wer nie im weltlichen Sinne sich wie ein Verrückter gebärdete, wer nicht Stadien einer krankhaften Zerrüttung durchzumachen hatte, ein solcher

Dichter möge sich der hochlöblichen Regierung als Hülfs=
arbeiter melden. Litt nicht selbst der junge Goethe an
hochgradiger Weltunfähigkeit, an der Unmöglichkeit, das
Dichterthum mit dem realen Leben zu vereinen? Je weiter
er sich von wahrer Dichterkraft entfernte, desto höher stieg
sein weltliches Ansehn und seine olympische Weisheit, ein
Wohlgefallen vor Gott und den Menschen. Erst der er=
lauchte Greis, auf den Höhen des Lebens angelangt, griff
zu dem Streben seiner Jugend zurück und empfand mit
abgeklärtem weihevollem Schmerz seinen „Faust". Hätte
seine robuste physische Constitution ihm aber nicht das
Ausruhen einer so langen Lebensdauer zur Schöpfung
seines größten Werkes gewährt, so würde er ewig als ein
Abtrünniger vor uns stehen, der den Titanismus seiner
Jugend nicht zu bewahren wußte. Wäre andrerseits Byron
nicht so früh dahingegangen, so würde das unreife Urtheil,
das nicht im „Don Juan" die Fortentwickelungskeime einer
höchsten Shakespearischen Reife zu erkennen vermag, ihn
nicht als fragmentarische Erscheinung betrachten. Nur
Rafael und Mozart schieden in gleichem Alter als inner=
lich Vollendete, auch Burns lebte seine lyrische Natur=
anlage bei frühem Tod genügend aus, ebenso wie Schiller
seine theatralische. Auch der Größte, Shakespeare, hatte
wohl nichts Wesentliches mehr zu sagen, als er in der
Mannheit Blüthe weggerafft wurde. Und nun daneben
Marlowe und Kleist! Ach, vielleicht gehört es mit zum
Genie, in hartem Selbsterhaltungstrieb sich zu behaupten.
Wer sich physisch oben erhält, bleibt Sieger.

Immer wieder peinigte ihn das wirre Angstgefühl

vor eingebildeten Machinationen von Schurken. Es kam
so weit, daß er sich wuthknirschend am Boden wälzte.
Wie Lenau stocherte er fortwährend im schwarzen Schlamm
des Lebens umher und suchte nach Cholera=Baccillen.
Sein Moralisiren verzärtelte ihn so, daß die bloße Be=
trachtung der Lebensgemeinheit ihn gradezu krank machte.
So wirkt ja auch das sogenannte Ehrgefühl nur krank=
haft, falls es die Verleumdung fürchtet, der ja doch
niemand entgehen kann. —

Durch die Reaction des berechtigten Stolzes tritt
Erhabenheit ein. Statt sich in weltklugem Phlegma zu
verhärten, schwang er sich über sich selbst und seine
Miseren empor, indem der unbegrenzte, ungebändigte
Stolz des starren Individualmenschen sich zusammen=
krampfte. Aber auch diese krampfhafte Steigerung des
Selbstgefühls in einsamer Selbstbetrachtung diente nur
dazu, sein Nervensystem vollends zu untergraben. Er
mußte sich buchstäblich in die Haare greifen und
krümmte sich wie ein Wurm, weil ihn andauernd die
Vorstellung verfolgte, er stürze sich aus dem Fenster
eines vierten Stockwerks. Mit voller Klarheit durchlebte
er den Schwindel und die Todesangst des Falls.
Dann trat dafür der gräßliche Wahn ein, daß er
sich vor einen Courirzug stürze. Seine hartnäckige Phan=
tasie klammerte sich an diese Wahnvorstellung wie sonst
an andere kleinliche Nörgeleien. Wie ein Krampf kam
fortwährend über ihn die ekelvolle Furcht vor der
Eisenbahn, diesem eisernen Ungeheuer, das über alles
fortrast, über alle Blumen des Lebens. Mußte diese

selbstmörderische Psychose nicht eines Tages wirklich zum Verderben führten? Wer stets in den Abgrund starrt, und wäre er selbst schwindelfrei, stürzt endlich doch hinein. —

Seine Nervenkrankheit stieg auf den höchsten Grad. Da er alles that, um sein System zu vergiften, alle Abende schimpfend in den Cafés umherstöberte, ob man ihn immer noch tobtschweige, und statt zu soupiren (sein Magen vertrug schon keine schwere Speise mehr) Kuchen aß und fünf schwarze Cafés hinter die Binde goß, — so zerrüttete seine ungeheure Produktivität ihn vollends.

„Morgen: Die Meeresbraut, Drama in 5 Akten von Xaver Graf Krastinik" stand an der Littfaßsäule. Leonhart kicherte häßlich in sich hinein. In der Nacht träumte er seltsam.

——— ——— ———

Auf der Asphodeloswiese, die besprenkelt und um- wuchert von der mystisch blauen Blume, schritt er in dem Traum dahin. Ahnungsdunkle Lorbeerhaine, klassisch zu- geschnittene Berge, und in geisterhafter Weiße Marmor- tempel ringsumher. Fernverhallend rauschten Chöre durch die wunderhellen Lüfte und als Wolke hing im Aether gar der Fries des Parthenon.

Weiter ging's im Thal der Todten, wo wie steinge- wordene Psalme Münster hier gen Himmel stiegen und von Bannern schier ein Wald. Und auf einem Teiche zogen Schwäne einen Kahn von Silber. Drin zwei

Männer, in den Händen Jeder einen Goldpokal. Den Pokal des heiligen Grales hat Herr Wolfram hier gefunden. Und er schlürft den Quell der Mystik, blutrothen Erlöserwein. Lächelnd spiegelt sich der Andre in dem rosigen Wein der Liebe, tausend bunte Blasen sprudelnd, in Isolde's Zaubertrank.

Walter auch der Fiedeläre, unters Kinn den Arm gebogen, saß, von Vögelein umzwitschert, auf der moosigen Bank von Stein. Und vor einer schattenhaften Schreckgestalt posaunentönig blies ein Sturmhauch her erzklirrend: hier das Nibelungenlied.

Mausoloeen, Leichensteine moderten, wo durch Cypressen er fürbaß die Schritte lenkte, höllendunkle Kirchhofschlucht. Einsam saß im Seherkleide dort ein Mann an schwarzem Kreuze. Michel Angelo's Sibyllen schauen kaum so grimmig drein.

Doch nun glitzerte die Landschaft, goldig schier wie eine Mine neugefundnen Eldorados. Sah dort drei an einem Tisch. Tranken all aus einer Kanne Malvasier und trugen modisch zugeschlitzte spanische Wämser. Einer der hieß Calderon. Und Cervantes hieß der Andre mit der abgehauenen Schwerthand. Und des Menschenherzens Meister saß, der Brite, auch dabei.

Von den leidenschaftlich wilden Düften unerhörter Triebkraft noch betäubt, empfing ihn jetzo Brodem künstlicher Parfüms. Rokoko und Voltaires Witze. Lessing trägt den Zopf im Nacken, würdevoll wie eine Toga schlottrige Magistertracht. „Nein, ich gehe keinen Schritt

mehr weiter in das Unnatur=land!" Und aus Schrecken
vor der Neuzeit war er jählings auch erwacht.

Die Atmosphäre war schwül, tiefblaue Tinten be=
strichen die bleifarbene Wand des Horizonts, es wetter=
leuchtete. Leonhart schritt ruhelos fürbaß durch den
Grunewald, daß die Fichtennadeln, die den Weg bestreuten,
unter seiner hastigen Sohle knirschten.

Chaotisch wirbelten ihm Gefühle und Gedanken. An
diesem Abend sollte das Drama im „Deutschen Theater"
in Scene gehn, sein Drama, dem Graf Krastinik den
Namen geliehn, damit auf diese Weise ein Werk des
connexionslosen strebernsunkundigen Dichters an die
Oeffentlichkeit gelange. Ob es gefallen würde? Und
wenn, wie würden nachher das Preßgesindel und die
Theatermenschen sich erbosen, sobald der schreckliche
Hereinfall aufgedeckt! Man hat sich einen Spaß erlaubt,
eine Mystification! Sie konnten gar von grobem Betrug
reden, garstige Chicanen erfinden, ja den wahren und
angeblichen Autor in corpore in Preß=Verschiß erklären
und unmöglich machen!

Leonhart's Finger krampften sich auf und zu. Er
fühlte, daß er zum Mörder werden könne, zum Mörder
an diesen Elenden, die Gott in seinem Zorn erschuf, um
das Höchste und Heiligste, die Poesie, mit ihrer stinken=
den persönlichen Geschäftsmacherei zu besudeln. Eine Ver=
schwörung von Schurken und Dummköpfen, nicht werth,

24*

auch nur den Staub von den Stiefeln eines Dichters zu lecken.

Nicht Einer unter all diesen Litteraten=Strolchen, der nicht ausschließlich von seinem winzigen erbärmlichen Ich speiste, der nicht an miekriger Selbstsucht, an einer wahren Selbstbefleckung des selbstverliebten Größenwahns litt. Alle verzehrt von hirnzerfressendem Neid gegen gefürchtete Superiorität, kriechend nicht vor dem Talent, sondern vor dem Erfolg, nicht vor dem Verdienst eines Alvers, sondern vor dessen Studententriumphen und seinem „von“. Alle gleich, ob nun germanische Jüngstdeutsche mit augenverdrehender Pseudo=Stürmerei oder jüdische Jüngstdeutsche mit thatkräftiger Realitätsausnutzung, ob nun notorische Streber oder verschämte Akademiker mit angeblich reinen Idealzielen. Alle nur die Wurst nach der Speckseite werfend, alle nur bemüht ihr liebes Ich zur Geltung zu bringen, alle tief von der Wichtigkeit ihres mittelmäßigen Nichts durchdrungen und von Uebel= wollen gegen alles Uebrige beseelt.

Ja, er durfte sich's sagen: Er war der letzte Idealist, der Letzte, der immer nur die Sache sah und nie die Person. Selbst seine Feinde mußten es zu= geben. Ihm schien nur eins wichtig: das Verdienst, in welcher Gestalt auch immer. Daß er um so schonungs= loser den Größenwahn der Windmacher geißelte, lag in der Natur seiner rücksichtslos herben Wahrheitsliebe. —

Der Verfolgungswahn packte ihn wieder mit doppel= ter Gewalt und malte die verbündete Schlechtigkeit noch düsterer, als sie in Wahrheit sein mochte. Auch entschwand

ihm theilweise die objective Betrachtung, die er in lichten
Momenten wie kein Anderer besaß, betreffs der traurigen
Nothwendigkeit dieser allgemeinen Selbstsüchtelei, da doch
Jeder herbe um sein Fortkommen zu ringen hat. Von
Natur sind Wenige schlecht, wenn auch kindische Eitelkeit
und nörgelnder Neid nur besonders vornehmen Naturen
nicht angeboren scheinen. Allein das Leben häuft soviel
Koth an, durch den man hindurchwaten muß, daß die
edleren Gefühle allgemach verkümmern.

Gewiß blieben ja Leonhart's wüste Wahnvorstellungen
nicht vom Thatsächlichen fern. Die Schlangen berathen
sich, um den Löwen von hinten in die Ferse zu stechen.
„Wir möchten so gern und an Lebensklugheit — Falsch=
heit, wie es die Dummköpfe nennen — sind wir ihm ja
allesammt überlegen. Aber ach, wenn er sich mal um=
dreht und mit der Tatze haut, da wächst kein Gras!"
So ist es die Feigheit der gemeinen Naturen, die allein
den hochherzigen Starken vor ihrer Bosheit schützt.

Es ist ein großes ethisches Gesetz, daß der schmutzige
Kampf ums Dasein uns empört, sobald wir ihn losgelöst
von uns selber betrachten, und daß die Perfidie der An=
dern die Stimme unseres eigenen Gewissens, die wahre
Selbsterkenntniß, fördert.

Wo man auch auf Erden seinen Pilgerstab hinsetzen
mag, überall trifft man das menschliche Antlitz und seine
Lügen. Lange hatte Leonhart als Correspondent eines
großen Rheinischen Blattes in Paris und London gelebt.
Mit düsterer Befriedigung dachte er unwillkürlich, wie
wenig und oberflächlich man ihn doch kenne, wie viele

Leute außerhalb Deutschlands mehr von ihm wußten, als irgend einer der „guten Freunde", die ihn umklatschten. Mit welcher ironischen Schadenfreude erfüllte ihn das prahlende Gethue mancher „Kollegen", als ob sie mit ihm hundert Scheffel Salz gegessen hätten, während wiederum in ihm näheren Kreisen der Gesellschaft die völligste Unkenntniß seiner litterarischen Verhältnisse herrschte! Vier ganz verschiedene „höhere Töchter" hielten sich allen Ernstes für die unglückliche Liebe seines Lebens und bewahrten daher noch nach ihrer Verheirathung ihm jenes theilnahmvolle Mitleid, das aus geschmeichelter Eitelkeit entstammt.

So blieb er eben in Allem ein Räthsel und zersplittert in unendlicher Vielseitigkeit, die zu seinem Verderben ausschlug — allerdings in anderem Sinne, als einige Klugschwätzer, die es mit den Feinden Leonharts ebensowenig wie mit ihm verderben wollten, in ihrer unendlichen Schläue und Barmherzigkeit über ihn orakelt hatten.

Die Subjectivität des Uebermenschen trieb ihn, gerade weil seine Natur in ihren Urquellen selbstlos und wohlwollend, zu Paroxysmen der Misanthropie.

Du Spreu des Ewigen, die kaum als Dünger der Weltidee noch brauchbar! Flüchtiger Koth, vom Sturm des Schicksals in das Nichts gewirbelt! Du Bestie, die bübische Begierden mit kriechend feiger Heuchelei bemäntelt! Du neid- und haßgeschwollenen Drachenbrut, Du Rattenkönig, Schlangennest der Sünde! Mensch! Lebend schon die Würmer Dich zernagen, sich von der Fäulniß Deines Leibes nährend, in dem die Seele lange schon

verfault! Du Blitz, der dort wie eine Zornesader aus
dieser Wolkenstirne Runzel aufzuckt, o schlängle Dich als
Ariadnefaden hinab zu mir ins Labyrinth der Schmerzen!

— — — — — — — —

Wie der Trieb zur Sünde im Menschenblut, so liegt
im grübelnden Menschenhirn geheimnißvoll ein schrecklicher
Drang, zu erproben die Selbstvernichtung. Auf die Höhe
des Berggrats stelle ein Kind! Schau, wie's gleich näher
und näher kriecht dem drohenden Rand und Kiesel zuerst
aufliest vom steinigen Boden. Die schleudert es dann in
die Höhlung hinab, um am Schall zu ermessen des Ab-
grunds Grund, horcht ahnungsvoll, wie spät und dumpf
es dröhnt aus der endlosen Tiefe. Der Mutter Vorsicht
gängelndes Band zerreißt es, schleicht zum Rande sich vor,
umklammert noch den Fels der Vernunft. Der scheint
ein sicherer Halt ihm.

Doch wie es starrt in das graue Nichts, da schwindeln ihm schaudernd Herz und Hirn, da gleitet die Hand,
da wankt das Knie, gelähmt von gräßlichem Grausen.
Im Instinkt der Verzweiflung stürzt es hinab. So um-
garnt an der Zweifel gähnendem Schlund den Nichtsein-
sinnenden grübelnden Geist entschlossene Verneinung des
Willens. Bis willig halb, halb magisch gedrängt, halb
sinkend, halb gestoßen, er rollt durch Wahnsinn-Nebel in
Todesnacht: Todesfurcht versteckt sich im Selbstmord.

Dieselbe Nacht, die den irdischen Zeus, den Alexander,
dem Licht geschenkt, sah frech verbrennen den Herostrat

der Ephesischen Artemis Tempel. Denn in der Moira dunklem Schooß, und in des Kronos waltender Hand und in des Kroniden Waage des Rechts da liegen vereint die Loose. Das weiße Loos und das schwarze Loos, das Sein und Nichtsein, Leben und Tod, und der Trieb zum Leben, die Schaffenslust, sich paart dem Lebensekel. Die Selbstvergötterung, welche gebiert der Dämon in der Erkorenen Brust, ist nahe der Selbstverachtung gesellt in der Verlorenen Seele. Dieselbe Hore, welche gebiert den schaffensmächtigen zeugenden Geist, den Welterbauer, als Zwilling nährt den zerstörungsfrohen Vernichter. Augustus, Trajan, Vespasian, aufs Neue erbauten nach Götterbeschluß, was niedergerissen nach Götterbeschluß im Reich die Juliersprossen. Welch winzige Spanne Zeit doch trennt vom Nero den Titus! Ja, noch mehr: in Titus' Seele selber lag der Drachen neben dem Lamme. Ein kurzer Augenblick entschied sein wahres Wesen und schied nun ab seiner Jugend Neronisches Element von der „Wonne des Menschengeschlechtes". So liegt das Verderben dem Heil gepaart und das Leben dem Tode im Menschengeist, und Jeder erfüllt am Ende nur seine vorgebahnte Bestimmung.

— — — — — — —

Je mehr Leonhart diesem Gedankengange folgte, desto deutlicher empfand er, bei Titus angelangt, den Begriff des Cäsarenwahnsinns, diesen Gottähnlichkeitsdünkel des Größenwahns. Wie vom Medium einer Vision inspirirt und selbst Medium geworden, fühlte er das Wesen Helio=

gabals in das seine hinüberrinnen. Ihm war, als
spräche aus ihm selber die Seele des Götterwonnetrunkenen,
zum Flammentode bereit.

— — — — — — — —

Mir bahnte den Pfad der erhabene Narr, wahn=
witziger Wüstheit Meister mir, Caligula mit dem thie=
rischen Blick der übermenschlichen Frevel. Auch der groß=
denkende Cäsar=Apoll, die Künstlerbestie, die zum Klang
des eigenen Lyraklimperns schwamm auf goldner Barke im
Tiber, lotternd auf purpurnem Thalamus, weißstirnige
Buhlinnen rosenbekränzt schamlos zur Seite — also zu be=
wundern das brennende Rom, von lebenden Fackeln
entzündet: Nazarenergewürm, ans Licht gezerrt aus Kata=
komben, gepfählt, erwürgt, ans Kreuz genagelt, verpicht
mit Stroh, und mit Naphta sodann übergossen. Dies
Schauspiel weckte ihm schauerlich=schön dithyrambische
Stimmung. Anschaulich entrollt, studirte er so der
Sinnenwelt schrecklichste Wonnen und Schrecken. Der
Erkenntniß Aganippe er schlürfte in rinnenden Zähren,
triefendem Blut. Im prächtigen Mordbrand suchte er
den prometheischen Funken.

Feinschmecker der Psyche, Lucull des Gefühls, wie
sinnig verknüpfest Du so in eins die Elemente von Gier
und Grau'n! Verschmelzung doppelten Schauders! Der
Ueppigkeit süß entnervende Schauer mit markdurchrieseln=
der Ahnung der Furcht! Dir folgend, du Aristipp=Dionys,
hab' ich herrlichen Tod mir ersonnen.

Nur Schnee befreit ein erstarrtes Glied, nur Gluth

erstickt der Genußsucht Gluth. Drum stürz' ich vom
Lager verzehrender Lust ins Brautbett des Todes, die
Flammen.

Ichthys, der Fisch, ist der Christen Symbol, das
meine der Salamander, der froh im Erdpech, vulkanischer
Lavaschicht der Ur=Erregungen, wühlet.

Man schleudert ins Feuer den Skorpion, dann bohrt
er den Stachel ins eigne Hirn: So springt mein Ekel ins
Bad des Tods, nicht lösend wider den Stachel.

Als Kind in frischer Ursprünglichkeit, wo die Welt
eine Fabel, ein Hirtenidyll, da fühlen wir den homer=
ischen Trieb nachbildender Weltumfassung. Doch drängt
die grausame Wirklichkeit sich unablässig in's Innere ein
durch jeden Spalt der Sinne, so gährt im Hirn ein
schauerlich Chaos.

Mit Selbstverhöhnung beginnen wir, mit Selbst=
verachtung fahren wir fort und enden, die Ohnmacht des
Einzelgeist's, das All zu empfinden, erkennend.

Drum früh dies ahnend floh ich aus Furcht zum
rohen Genuß und erkannte sofort in der Sinnlichkeit die
einzige Bahn zu gelassener Lebensertragung. O weh mir!
wär' ich doch lieber bestimmt zum Kriegstribun, zum
Legionar mit ehernen Nerven und blödem Verstand und
derbem Behagen am Dasein! Doch wem das Fieber
des Denkens einmal die Seele schwächte, fällt immer zu=
rück in neuen Anfall und ihn curirt nur die letzte Krise
vom Kränkeln. Was hilft's, mit erlogener Sinnlichkeit
an der Außenform kleben und tasten nach Schein=Schön=
heit mit erzwungener Begier, ein Pseudo=Epikuräer? Die

Schönheit des Scheins — o könnt' ich sie nur mit Sein
vertauschen, so häßlich es sei, mit des Stoikers Willens=
übung und fest an Tugend glaubendem Pflichtstolz!

Doch was ist Pflicht, was Liebe, was Haß, was
Tugend, was Laster vor'm letzten Begriff, vor'm Ver=
ständniß der letzten Erkenntniß? Ein Hauch! der Natur=
trieb des Augenblicks gilt nur.

Der Stern der Kybele glänzt blutroth auf Tmolus'
Schneehaupt. Im Alpenthal Corybantengetümmel und
Cymbalschlag, und es klagt der entmannte Adonis. Die
Ammen Jupiters lärmen wild, den Säugling zu schirmen
vor'm grimmen Saturn. So schlug ich gar oft im Bacchanal
die Lyra der Gottessehnsucht. Die Lasterstimme Astartes
so in Priesterhymnen betäubte ich oft, zu retten vor
allverschlingender Zeit mein Werk, das im Plan kaum
geboren. Des Orients Mystik, den Syrercult, verpflanzen
wollt' ich zum Occident, die nüchterne Seele des Römer=
volks mit dem Rausch der Begeistrung tränken. Die
Eisenadern sollten aufs neu frisch schwellen von schäu=
mender Leidenschaft. Die weichliche Sclavin sollte den
Herrn durch geistige Herrschaft zähmen.

Mein glühender Ost, Du Mutter der Welt, deren
Wiege am Paropamisos stand — ich wollte Dich rächen,
Dein treuster Sohn, wider Roma heimlich verschworen,
ein gekrönter Catilina! — Zu früh! Erst später wird
nah'n der Tag des Gerichts und neue Cimbern des
Nordens vielleicht bauen ein neues Carthago.

Der Urzeit sibyllinisches Buch, Hieroglyph und

Talisman, Weisheitschatz — ich verbrenne mit allem,
wie Sardanapal mit Harem und Kronenjuwelen.

Oft neidete ich des Attis Loos. Doch forderte meiner
Göttin Dienst, der Allerzeugerin, Zeugungskraft und Un=
zucht als Opfergebräuche. Denn Keuschheit ist nur ein
Raub am Selbst, und was ist Sünde, die's nicht an sich?
Wie der Ptolemäer die Schwester beschläft, so ehlichte ich
die Vestalin. Und vermählte die Pallas, herschleppend
ihr Bild aus verborgener Zelle beim Mithra=Fest dem
Sonnengotte, in dem ich erkannt den beredtesten Zeugen
der Schöpfungskraft. Denn Natur ist Gott, statt Göttern
ich schuf einen Universal=Naturdienst.

Abram, der Ebräer Erzpatriarch, der Planeten=An=
betung Thorheit sah, als vom Kasius einst, meinem
Heimathberg, er den Sternenhimmel beschaute. Ich aber
kam dort zu verschiedenem Schluß. Mir hat da droben
sich offenbart der wahre Baal, wie Eliä einst der einige
Jehova. „Ich bin, der ich bin, und ich werd', der
ich werd'." Der „Herr des Berges", der El Gabal, der
zuerst auf den Gipfeln erscheinend von dort aus Köcher
und Füllhorn schüttelt Strahlenpfeile, Gluthrosen, be=
seeligend und befruchtend damit überschüttet die Welt!
Drum verehrt auch auf Alpen der Perser das Licht. Du
Reiner, Du Einer, Du Meiner!

Ich baute Dir Heliopolis, Baal=Bek, Sonnensäulen
auch, Chamanim. Trotz bot ich dem Orkus, den Töchtern
der Nacht, den Unterweltsgewalten, und dem Mars,
der den „Herrn" Adonai erschlug, dem latinischen Mars,

der rohen Gewalt, dem Dämon der Zwietracht, der nimmer schließt den Janustempel des Friedens.

Die Sonne erreichte den höchsten Stand im himmlischen Tempel, dem Sternbild des Leun. Typhon, der Meersturm, schweigt und es quillt der Nil des Lebens aufs neue. Doch als Sühnopfer des Fortschritts fiel der neue Osiris. Schau, Isis Natur, Kybele, wie Liebling Adonis stürzt sich selbst in die Hauer des Ebers!

Begierde — Genuß, Grenzpfeiler des Seins, umreiß' ich sie, aufwühlend den Grund, den vulkanischen Boden, in dem wir umsonst nach den letzten Zwecken schürfen. Ans Thor des Schicksals poche ich frech mit der Keulenfrage: „Warum? Wozu?" Ich will den engenden Wirkungskreis durch verwegene Willkühr sprengen.

Vampyr der Langeweile, entfleuch durch des Grabes Pforte zur Urnacht hin, — Herodias Welt, ich fliehe vor Dir in die Wüste der ewigen Freiheit. Eines Heilands Vorläufer erscheine ich mir, wie dem falschen Messias Johannes einst — des Pantheismus Weltreligion siegt einst über die Götzen . . . . .

Allerhaltende Liebe, bald hell bald trüb in der Kette der Wesen vom Stern zum Wurm strahlend, wie jedes nach seinem Grab ein Spiegel des ewigen Feuers — dir vermähl' ich mich nun! Die Asche dem Wind und der Odem dem Urquell, dem er entfloß! So web' ich unsterblich weiter im All, Unendlichkeit wird das Ende.

Verzehrt sind die Wolken der Sterblichkeit, die Sphärenräume zerklaffen — hinauf zum Tabernakel der Urkraft schwebt meiner Seele befreite Flamme! Wo die

ewigen Mächte thronen im Licht, im Allerheiligsten
wandelt er sich zur Leuchtkraft selbst und leitet dahin an
der Eisenkette der Dinge den Funken des Werdens, der
nimmer ward, doch endlos wird und von Kraft zu Kraft
stets wechselnd hinrollt, wie in Feuersnoth von Hand zu
Hand fliegt der Eimer. Kein Ende, kein Stillstand!
Alles fließt und wechselt in Licht und Leben und Lust!
Unendliche Wonne! Auch Schmerz ist Genuß dem Atom,
das als Alltheil sich fühlet. Wohlan denn, zum letzten
Sprunge hinein! Weh, weh! Ich verderbe, verlodre.
Haha! Jo, Jo! Triumph! O Wollust der Marter, es
ist vollbracht!

— — — — — — — —

Mit wirrem Lächeln und hämmernden Schläfen fuhr
der Dichter aus seiner Weltentrücktheit auf und stierte
umher.

In hastigem Sturmschritt war er übers freie Feld
nach der Wetzlarer Bahnlinie jenseits des Halensees ab=
geirrt, mit der fieberischen Schnelligkeit seines gestalten=
den Gefühls völlig im visionären Bann des cäsarischen
Selbstmörders.

In der Ferne raste ein Courirzug heran. Der ein=
same Wanderer blieb stehn, wie erstarrt, wie vom Blitz
getroffen. Seine Augen quollen gräßlich aus ihren
Höhlen, sein Mund öffnete sich unwillkürlich, als habe
ihn der Starrkrampf der Maulsperre ergriffen, ein Orkan
von Gedanken stöberte in Schneeflocken um ihn her — —
Tod, der mit unhörbarem Katzenschritt herschleichend

uns hinweg reißt, zwischen Zeit und Ewigkeit bist
Du der Rand, unentrinnbar unüberbrückbar. Ewigkeit!
Symbolisches Wort für Unaussprechlich-Undenkbares —
ein unverständlich leeres Getös für den Gedankenlosen.
Doch der Denker Ideen-Stufen durchläuft, bis er steht
vor der letzten Fragen Schlund und von unüberwind-
lichem Schauder gepackt zur Tagesarbeit zurückschnellt.
O Riesenkerker, der in sich schließt die Käfige der Welten,
— du schreckliches Nie-Gewordenes!

Formlose Urform, die bald sich löst in chaotische
Formenlosigkeit, bald ihre fließenden Kräfte ballt zu
verdichteten Weltall-Formen! Die unzählbar gewordene
Welten verschlingt in Sündfluth uferlos grenzenlos, und
unzählbar-werdende Welten sodann aus chaotischem
Mischmasch bildet!

Oder ist auch das niegewordene Eins keine richtige
Ziffer, vielmehr eine Null: Ist das Nichts die Wahrheit? Und ist das All nur des Einzelnen Wahnvorstellung? Aufzuckend wie Irrlichtscheinen, die doch nur
wesenlose Ausdünstungen sind vom fauligen Moor? —
Enceladus, zerreiße endlich die Ketten!

Meteorisch sausen verwirrend schnell, Leuchtkugeln
ähnlich, Weltkörper umher, die der Allgeist, indischem
Gaukler gleich, auf und nieder rollen läßt. Und das
Diesseits ist nur ein Schatten. Ob dieser Schatten nur
vom unfaßlichen Nichts ein Ausfluß? Ob, wie es die
Regel ja lehrt, Schlagschatten beweisen, daß Licht in der
Näh' oder etwas Persönliches, Festes? Ob alles irdisch-

vergängliche Sein nur der Idee Erscheinungssymbol? Nur nicht länger mithuschen im Tanz der Puppen= Schatten, die auf des Lebens Grenzmauer sich jagen! — —

Nein, nicht desertiren vor dem Todesgedanken, vor dem Todesgefühl, vor der letzten Wahrheit! Im Anfang war die That und am Ende sei die That, die lebens= vernichtende! — Nicht desertiren, nicht feige sein! — Ner= vöse Raserei durchzitterte all seine Poren — der Courier= zug, das Ungeheuer — wende dich ab, Du kannst sonst nicht widerstehn — hahaha, bin Ich der Messias, so laß doch sehn, ob Gott ein Wunder thut — —

Ein Sprung auf die Schienen, er glitt aus — —

Gott thut heut keine Wunder mehr.

Jetzt stehst Du allein vor der Ewigkeit, allein mit Deinem Genie.

Sprich ohne Furcht mit Gott, denn er allein kann Dich verstehn. Er legt ein anderes Maß an Dich, als die gemeine Heerde des Tages.

Die schwache Hand der Sterblichen wird nicht rühren an Deinen wahren Werth. Ihr Preis und ihr Tadel kümmern Dich nicht mehr. Dein Geist enttauchte einem Orkan, dem Blitze gleich — Deine Wiege und Deine Gruft wird ewiger Nebel decken.

Aufrecht standest Du in Deiner Rüstung in könig= licher Einsamkeit, kein schwaches menschliches Gefühl schlug unter Deinem Panzer. Du stiegest auf zur Größe ohne eitle Freude, Du fielest ohne Murren. Auf der Sinne hohle Reize blicktest Du kalt herab, ohne Lächeln und ohne Seufzer, und Dein Adlerflug maß die Welt mit einem einzigen Königsblick.

Stirb denn inmitten Deines Ruhmes und löse Dein düstres Sein in die Atome — rein und rauh, wie Du geboren wurdest, ohne Laster und ohne Tugend. Deine Tugend war Dein Genie.

———————

Zwölftes Buch.

I.

Das „Deutsche Theater" war buchstäblich aus=
verkauft. Nicht nur das gesammte litterarische und das
übliche Premièrenpublikum Neu = Jerusalems, sondern
auch die Crême der „guten Gesellschaft" schien vollzählig
erschienen. — — Rechts neben der Direktorloge, wo L'Ar=
ronge's freundlicher Vollmond erglänzte, operirte Frau
Doktor Bergmann, Chefredaktrice der „Berliner Tages=
stimme", in Mitten ihres Großen Generalstabs, an der
Seite ihres Leibadjutanten, des lockigen Apolloschwengels
Emil Buttermann. Ah, die Thür der vollgepfropften
Loge öffnete sich und unter den Salutirungen des Großen
Generalstabs erschien Doktor Bergmann in eigener
Person. Er hatte also einmal Europa sich selbst überlassen,
um leutselig, wie große Männer pflegen, den leichten
Spielen der Musen eine Stunde seiner unschätzbaren
Zeit zu opfern. Hält doch Bergmann bekanntlich mit
Bismarck das Europäische Gleichgewicht aufrecht. Der
Reichskanzler zieht rechts, Er links. Bei dieser At=

lasbürde scheint es denn kein Wunder, daß er seinen gewichtigen Corpus, den schweren homerischen Rindern gleich), wankend einherwälzt, so daß man immer fürchtet, er werde einem mit seinen Plattfüßen moralisch oder physisch auf den Fuß treten.

Auch heute suchte er wieder Raum, dieser schnau= bende Elephant. Wie dem seligen Napoleon schien Ihm Europa zu enge. Er mauschelte nach allen Himmels= gegenden mit Armen und Beinen, um der Freiheit eine Gasse zu brechen. Sein aufgedunsenes Antlitz, einem plattgetretenen Kuhfladen nicht unähnlich, strahlte vom Bewußtsein seiner Allmacht. O er ist ein graußer, ein sehr graußer Mann!

Sein besonderes Steckenpferd, die Antisemiten=Suche, ritt er wieder mal chevaleresk wie Don Quixote seine Rozinante. Daher der forschende Blick, mit dem er seinen Generalstab musterte. Wie der Riese Polyphem in seiner Höhle tastete er überall an den Wänden seiner Redaktion herum, um den berühmten „Niemand", einen Antisemi= ten, unter seiner eignen Hammelherde zu entdecken. Und wehe, wenn ihm solch ein räudiges Schaf zwischen die Finger kam! Dann verspeiste er es mit Haut und Haaren.

Doch getrost, in König Arthus' Tafelrunde schien diesmal alles koscher. Lauter wulstige Lippen und Jatagan=Nasen. Da war Nathan der Weise mit den ge= schlitzten Augen, der den Kanzlerstab des mosaischen Zu= kunftsreichs im Tornister trägt. Da war Oskar der Gerechte, der flotte Schächter aller Dichterbabies. Und

25*

da war vor allem Er selbst, Israels Gründer, der Zer=
trümmerer des goldenen Kalbs, der neue Moses, der zum
Gelobten Lande leitet, wo da Milch und Honig fleußt.
Er schäferte eben huldvoll mit Frau Doktor Bergmann,
welche Lieder ohne Worte mit den Augen flötete, ebenso
virtuos wie sie Lieder mit Worten am Klavier brüllt.

Auch im Parkett versammelten sich die Zierden
unsrer Kritik, von allen vier Winden hergeweht, wo nur
deutsche Zunge klingt, selbst aus dem Lande der Mause=
fallenhändler.   Die leichte Scheerenschleifer = Kavallerie
der Preßpanduren formirte sich.   Wieviel giftige Frücht=
chen, neidgrün angelaufen! Da gabs die rührigsten
redactionellen Schaukelpferdchen, die mit schnalzendem
Hopphopphopplala zwischen Autoren und Verlegern her=
umtraben.   Manch vielgewandter Odysseus, der mit alten
Hosen beide Hemisphären durchwandert, schwang kräftig
das kritische Richtbeil. In einer Ecke des Saales bemerkte
man die wundersamste Pflanze internationaler Boden=
kultur: Theodosius Drollinger.   Dieser bedeutende
Mann war mal in Paris und begann daher seine Orakel
unwandelbar mit dem ehrfurchterweckenden Ausspruch:
„Als ich in Paris lebte.“ Da Papa Augier ihn mal
die Treppe ’runter geworfen hat, so ernannte er die
Trias der französischen Bühnengötter zu seinen intimsten
Duzfreunden in seinen Feuilletons. Er, den ein Augier
auf die große Zehe getreten, fühlte sich natürlich, er
wußte selbst nicht wie, durchzuckt von gallischem Esprit.
Auch hatte er plötzlich den Modedichter Kleist, 70 Jahre
zu spät, entdeckt. Die Lebenden schwieg er todt, eben

um einen neuen Kleist durch solch uneigennützige Unter=
stützung heranzuzüchten. Wenn der neue Kleist sich erst
eine Kugel vor den Kopf schoß, dann wollte er ihn
sofort als Klassiker „entdecken" und von den Todten auf=
erwecken.

Da saß nun Theodosius, diese Carrikatur eines
Boulevardiers, die spärlichen Haare in die Stirn geklebt,
um doch ja die neueste Mode der jeunesse d'horreur
mitzumachen. Doch herrschte unter Kosmetikern über die
bahnbrechende Technik seiner Frisur der gelinde Zweifel,
ob er Pomade oder Zuckerwasser hierzu benutze.

Sein maskenhaft=todter Ausdruck, sein stier gleich=
gültiger Blick, sollten ihn als vornehm zurückhaltenden
Gentleman aufspielen. Allein, lächerlich reservirt und
zugeknöpft, wenn er mit einem anständigen Menschen zu
thun hatte, wurde er äußerst munter und zuvorkommend
gegen lustige Dämchen, Spitzbuben und Streber. Sein
Vorgänger in der Redaction hielt es aus Gewissen=
haftigkeit für seine Redactionspflicht, auch die Gattin
des Verlegers unter redactionelle Verantwortlichkeit zu
nehmen. Theodosius ehrte pietätsvoll diesen fruchtbaren
Redactionsusus, auf diese Weise die Vergangenheit ange=
nehm mit der Gegenwart verknüpfend.

Auch er war da, er mit der hackenden Habichts=
nase und dem mangelnden Kinn, der große litterarische
Todte, der einst die Irrlichter seines schnoddrigen Witzes
über die öden Sumpfhaiden seiner heut schon antiqua=
risch verstaubten Salonstücke verschwenderisch ausstreute.
Neben ihm saß ein geistreicher Pavian in großkarrirten

Beinkleidern und weißer Weste, und rieb ihm zahllose Paradoxen unter die Nase, und zwar wörtlich, indem er ihm beinahe ins Gesicht sprang. Hinter diesem saß sein Schatten, natürlich ein Baron (denn wo ein Jude, ist auch immer ein Baron nahe). Sein Kater-Näschen und sein ganzes dummdreistes Kneifer-Gesichtchen näselte gleichsam lautlos. Einer jener Litteraturbarone (natürlich stand „Freiherr" groß und breit in Goldschrift auf der Thür seiner Wohnung), welche den ehrenfesten Aristokraten mimen, während der Kenner in ihnen sofort ein neidzerfressenes größenwahnsinniges Streberlein erkennt. Er erzählte grade in näselndem Ton, wie „Serenissimus sein gnädigster Herr" (einer jener kleinen Köter, kennt ihr meine Farben) ihm eine echte Havanna verehrt habe. „‚Mein lieber Baron,‘ meinte der Gnädigste —" Er unterbrach sich, um mit Innigkeit die Gattin eines jüdischen Mache-Meisters zu begrüßen, wie er denn inbrünstig zu Unsrer Lieben Frau vom Jordan betete und mit Gottes Hülfe in den Salons „der geistigen Aristokratie des deutschen (jüdischen) Volkes" zu einer Berühmtheit emporgeschwindelt wurde. Was kann da sein! Man braucht einen Baron als Zimmer-Staffage. Das paßt dem auserwählten Volke in seinen Kram.

Der Adel ist heut immer noch ein gutes Geschäft. Dies wußte ja Frau Hermine Schmidt, geborene v. Preußchen, zu würdigen, indem sie sich schlankweg „Baronin Preußchen" weiter fort titulirte. Und siehe da, es war sehr gut. Mit Enthusiasmus stürzten die jüdischen Federpiraten für sie ins Turnei, sintemal es den-

selben immer zur besonderen Ehre gereicht, einem Adels=
titel unter die Arme zu greifen. Mit Entrüstung muß
man jedoch die schnöde Verleumdung zurückweisen, daß
all diese abligen Herrn und Damen eines enragirten
Philosemitismus verdächtig seien. Sie benutzen eben
nur die jüdische Presse ebenso schlau wie die conservative
zu ihren durchsichtigen Reklamezwecken. Nein nein, man
sitzt nicht immer mit einem Baron an einem Tisch;
dies beglückt ja einen armen deutschen Schriftsteller.
„College Baron X." wird daher überall zum Vorsitzenden
gewählt. Abel verbürgt Seelenadel, ein sehr gutes
Geschäft.

Beide spielten hier die Rolle des „Großen Galeotto",
indem sie über Krastinik eine Verleumdung, „einem on
dit zu Folge" aussprengten.

„Haben Sie dafür irgend einen Beweis?" fragte
der Mann mit der Habichtsnase.

„Nein, das grade nicht. Aber Beweise beweisen
nichts!" grinste Doktor Emil Bengelheim mit seinem grotes=
ken schadenfrohen Kichern. „Es liegt in der Luft. Man
sagt .. „Relata refero, ich bin selbst dabei gewesen"
wie Commerzienrath Landau zu sagen pflegt. Hihi!"

„El gran Galeotto!" — —

In einer Mittelloge thronte die holde Modelöwin
Hagar Satzler in weißem Unschuldgewande, ihren Fächer
aus Straußenfedern lieblich hin= und herschwenkend, wäh=
rend ihr andres Katzenpfötchen einen Veilchenstrauß um=
krallt hielt. So zart, so weiß, so unschuldsrein wie ein
klein Miesekätzchen — sie, die ungenannte Freundin so

mancher umwandelbaren Mannesverehrung. Einen hatte
sie nach der Riviera versetzt, einen Andern an die Nord=
marken — da begriff man denn wohl die heitre Zu=
friedenheit, die auf diesen edelgeschnittenen Zügen ruhte,
das stillbeglückende Bewußtsein eines herzlich guten Ge=
wissens. „Ach,“ flötete sie einem neben ihr stehenden kleinen
Herrn zu, „ich liebe nur große schlankgewachsene Männer.
Sagen Sie doch Ihrem Freund Kabel, er habe so schöne
Hände!“

Im Parkett unterhielten sich eifrig Schmoller und
Holbach. Letzterer jammerte wieder, daß sein Verleger
für ihn so unfläthige Reklame mache, obschon natürlich
er selbst hinter den Coulissen das Alles einfädelte. Ueber
Schmoller's langgedehnte schnüffelnde Spürnase zuckte und
wetterleuchtete es nervös, und seinen bärtigen Mund
umspielte ein gradezu wollüstiges Lächeln überlegenen
Hohns. „Ihnen schadet das nur, lieber Herr College?
fürchten Sie nichts! Hören Sie die Stimme des Pessi=
misten: Wenn der Tamtam Ihnen schadet, warum ärgern
wir uns denn alle so darüber? Das ist doch ein über=
zeugender Gegenbeweis für die Nützlichkeit Ihres Vor=
gehens!“

„Haha, Sie alter Schäker!“ Holbach lachte heiser
auf. „Was Wahres ist ja dran. Worüber sich unsre
wahren Freunde freuen, das schadet uns gewiß. Sieh
zu, ob Deine Freunde sich über etwas ärgern — dann
triffst Du sicher das Nützliche!“

„Ach Sie!“ Schmoller wurde schon ausfallend.
„Sie heulen doch immer mit den Wölfen!“

„Nun, warum nicht?" meinte Holbach begütigend. „Mit dem Hut in der Hand kommt man durch's ganze Land. Folgen Sie meinem Rath: Jedem Kritiker, schreibe er nun bös oder gut über mich, versetze ich auf frischer That einen Dankbrief. Glauben Sie mir, wir sind ja alle Menschen! Alles verstehen heißt alles verzeihen."

O Du Spitzbube! dachte Schmoller der Fürchterliche. Die Notiz wandert sofort in mein Tagebuch. O schlechte Welt! Nur ich Biedermann verschmähe — —

„Wo steckt denn Federigo?" rief Holbach plötzlich. „Der müßte doch eigentlich die Claque leiten für seinen Freund Kraftinik. Ich denke noch an sein Bravo=Gebrüll bei der Première seines Freundes Adler. Er riß sämmt= liche Bänke mit sich fort."

„Ach, bei dem Stubendramatiker! Na, heut hockt er wohl hinter den Coulissen beim Autor in der Stunde der Prüfung. — Uebrigens verkehre ich nicht mehr mit diesem Schurken." Schurke war bei Schmoller ein Kosename. Bei ihm theilte sich ja doch die Menschheit in zwei Klassen: Die ihm nützten, — anständige Menschen, und die ihm nicht nützten, — Schurken. „Federigo — ja wohl! Ich bemerke übrigens, daß diese Verwälschung des Vornamens von mir stammt. Sie haben sie nur in Commission genommen, Herr Holbach." Er litt näm= lich an der Plagiatbeschuldigungs=Manie.

Auch die konservative Presse war vertreten. Herr Peter von Schnapphahnitzkoy (der polakische Adel darf sich schon 'was darauf einbilden, daß seine Vorfahren noch ärger, als die deutschen Raubritter und Strauch=

diebe, das Stehlen und Plündern verstanden) putzte
seinen Kneifer zurecht. Seine wasserblauen vorquellen=
den Froschaugen, sein pomadisirter fuchsblonder Wirbel=
scheitel, seine aufgestülpte Nase und sein breites bleich=
lippiges Maul bildeten ein Ensemble, welchem ein lau=
ernder Jesuitenausdruck noch eine besondere Weihe ver=
lieh. Mit spinnefeinem Lächeln tastete er gleichsam
mit Spinnwebennetzen vor sich her. und umgarnte seine
Beute. Wegen allerlei Schuldengeschichten, kaum Lieut=
nant, aus dem Dienst entlassen, besaß er den hohen
Muth, sich als Cirkusreiter das Leben zu fristen. End=
lich, um sich zur tiefsten Stufe von der Höhe seines
Adels=Tic's herabzulassen, wurde er Litterat. Nicht ohne
ein gewisses Talent, besonders zu malitiöser Satire, focht
er sich schneidig als litterarischer Freibeuter durchs Leben
und endlich zum Redakteur der „Töchterzeitung" empor,
wozu außer dem Wörtchen „von" sein formvoller Rede=
schliff und seine gewinnenden Manieren nicht wenig bei=
trugen. Gegen einen Schmoller nährte er Geringschätzung,
weil sein beschränkter Verstand nur den Plebejer in dem
Heros sah, gegen Leonhart hingegen töbtlichen Haß, da
seine giftige Neidwuth sich innerlich zerknirpst fühlte, trotz=
dem er sich mäkelnde Glossen erlaubte.

Die lächerliche Anrempelei eines parfümirten jüdischen
Apolloschwengels (der eine beiläufige Aeußerung Leonharts
über eine, diesem nur per Renommee bekannte, Modelöwin
absichtlich mißdeutete, damit er sich als Ritter derselben das
Air eines bevorzugten Liebhabers geben könne), hatte der
Antisemit Schnapphahnitzkoy dazu benutzt, um Leonhart

in eine Duell-Lage zu verstricken. Zwar lag der That=
bestand nicht entfernt so, daß Leonhart den Judenjüng=
ling hätte fordern müssen, umsomehr derselbe nach Duell=
begriffen eine unsatisfaktionsfähige Persönlichkeit vor=
stellte, da er auf öffentliche Ohrfeigung nur durch denun=
ciatorische Ruinirung des Beleidigers geantwortet hatte.
Allein, Schnapphahnitzkoy ergriff mit tückischer Freude
die schöne Gelegenheit, um zu insinuiren, Leonhart sei
beschimpft, falls er nicht Jemanden fordere, und daher
wolle er für jenen ihm ganz Fremden eintreten!!! Er
konnte dies schon wagen, zumal noch ein andrer soge=
nannter Freund Leonharts sich würdelos, troß der über=
wiegend gegentheiligen Stimmung der Anwesenden, für
die sogenannte „Ehre" jener Dame einsetzte, weil derselbe
ebenfalls die geheime Gunst derselben zu erringen hoffte.
Und Schnapphahnitzkoy spekulirte wieder auf die Gunst
dieses Herrn aus Geschäftsgründen. Ergo! Leonhart,
immer geneigt von seinen Nebenmenschen besser zu
denken, als seine pessimistische Menschen= und Physiog=
nomieenkenntniß ihn sonst lehrte, hielt die Sache jedoch
für einen bloßen Spaß und suchte daher den p. p. Schnapp=
hahnitzkoy in dessen Redaktion persönlich auf, um diese
wesenlose Angelegenheit durch gemüthliche Aussprache aus
dem Wege zu räumen. Allein bald mußte er erkennen,
daß er einen schweren Fauxpas gemacht. Denn mit kalt=
blütiger Tücke bestand dieser ritterliche Shylok auf seinen
Schein, sein Pfund Fleisch, sein liebes kleines Duell.
Er gab zu, daß ihn die Sache nichts angehe, daß sie
überhaupt unbedeutend sei, auch daß er selbst noch nie

ein Duell gehabt habe. Trotzalledem aber müsse er dar=
auf bestehn, sich mit Leonhart zu schießen, damit sein
empfindliches Ex=Lieutnantsgefühl beruhigt werde. Leon=
hart stellte ihm die volle Unmöglichkeit der Motivirung
vor, falls das Duell ernst sein solle — sei es aber als
bloße Pulver=in=die=Luft=verknallung gemeint, so danke
er für solche Zeitvergeudung. Das Duell könne seinen
guten Sinn haben (Schnapphahnitzkoy verschanzte sich
dahinter, daß Leonhart ja das Duell an sich noch nicht
verwerfe), falls es sich um ernsthafte Ehrverletzung drehe,
aber nur so. Obschon nun Schnapphahnitzkoy recht wohl
wußte, daß jedes Ehrengericht ihn als Rowdie=Rauf=
bold verurtheilen und jeder Gerichtshof ihm das höchste
Strafmaß des neu verschärften Duellgesetzes aufbrummen
würde, — obschon ferner klar auf der Hand lag, daß
er als guter Bekannter Leonhart's, wenn in seinem mili=
tairischen Ehrbegriff gekränkt, umgekehrt grade für
denselben den Anrempler desselben fordern mußte, um
seinem Anstandsgefühl genüge zu thun, — so ergötzte
es doch das verkrüppelte Seelchen des Kleinen, den be=
neideten Großen in dieser Mausefalle zappeln zu sehn.
Uebrigens fürchtete er auch ein ernstes Duell nicht. Erstens
schoß und focht er meisterlich, wußte sich also von vorn=
herein Sieger. Zweitens lag ihm wenig an seiner trau=
rigen Existenz. Denn, eigentlich kerngesund, dichtete er
sich ein aristokratisches Asthma an und sicherte sich nur
noch kurze Lebensdauer zu. Es harmonirte damit, daß
auch jener unglückliche Liebhaber der hinter den Cou=
lissen spielenden Donna, welcher ebenfalls an Leonhart

seine Rittersporen wenigstens schimpfend verdienen wollte,
eingestandenermaßen an einem gewissen unheilbaren Lei=
den kränkelte. Daher der Todesmuth dieser Todeskan=
bibaten.

Nun erfuhr zwar Leonhart bald darauf von ver=
schiedenen Seiten überraschende Dinge über seinen edeln
Feind, welche er jedoch schweigend ad acta legte. Auch das
sonstige einstimmige Urtheil über den Trefflichen lautete
gleich ungünstig. Nicht mal mit der Duell = Bravour
hatte es seine Richtigkeit, da er kurz vorher erbleichend
„kniff“, als einige gefährliche Studenten ihn wegen
einer cynischen Bemerkung über das gesammte weibliche
Geschlecht (daher Chef der „Töchterzeitung“) zur Rechen=
schaft forderten. Aber der Dichter, dessen Mensuren und
Schlachten auf ganz anderem Gebiete lagen als auf dem
der pöbelhaften Klopffechterei, schien ihm ein bequem
wehrloser Prügeljunge, während er selbst vor seinem Tod=
feind Schmoller zitterte wie Espenlaub, wenn er diesem
zufällig auf dem Pferdebahn = Perron begegnete, „zer=
schmettert von meinem Blicke,“ wie der große Sitten=
schilderer ausschmückend hinzufügte.

Kurz, von welcher Seite man den ritterlichen ironi=
schen Kneiferhelden auch betrachten mochte, — überall
blieb er die gleiche einnehmende Überflüssigkeit, die ihre
ganze Existenzberechtigung aus dem Wörtchen „von“ her=
leitete.

Einen Augenblick empfand Leonhart, als die fisch=
blütige Ruhe dieses Wouldbe=Gentleman an ihm die
hartnäckige Betonung der Duell=Nothwendigkeit „aus

unsern gesellschaftlichen Verhältnissen heraus" wie eine Schraubentortur weiterquetschte, das Gelüst aufzuspringen: „Sie sind ja ein Bube, Sie!" Sein Stock zitterte in seiner Hand, es schwamm ihm roth vor den Augen und er sah gleichsam das Blut langsam die wachsbleiche abgelebte Todtenmaske heruntertropfen, wenn er quer durch die hohngrinsende Fratze hieb.

Denn dieser gutmüthig weiche Charakter durfte leider mit Hamlet gestehen: „Wenn ich auch mild bin von Natur, so ist doch was Gefährliches in mir, das ich zu scheuen bitte." Es war nur ein Augenblick, es ging vorüber. Er überlegte blitzschnell, was denn eigentlich daraus werden solle. Von höchstem moralischen Muthe, fühlte sich der Dichter, zwischen Jähzorn und Niedergeschlagenheit schwankend, so nervös herabgestimmt, daß eine allgemeine Schwäche der persönlichen Initiative (neben höchster Anspannung des Willencentrums in rein geistigen Dingen) ihn vor rohen Aeußerlichkeiten zurückbeben ließ. Sollte er sich hier persönlich mit dem gefährlichen Lauerer herumwürgen? Derselbe war allem Anschein nach wohl stärker, wie denn rauflustige Memmen immer nur dem physisch Schwächeren gegenüber Muth schöpfen, da ihnen ja nichts imponirt als körperliche Züchtigung. Von physischem Muth kann ja überhaupt nur dem Stärkeren oder gleich Starken gegenüber die Rede sein.

Die Renommisten der Fechtböden, prahlend mit ihrem muskulösen Arm, die minder Gewandten abfertigend, laufen oft in der Schlacht davon.

Duell! Sollte er sein kostbares Leben, von welchem die Zukunft der Poesie abhing, aufs Spiel setzen, um einem werthlosen Junkerlein als Zielscheibe seiner Schieß= kunst zu dienen?! Rein, diese Farce der Selbstentehr= ung, zu Ehren eines formvollendeten Rowdie für das Gerippe einer moderzerfressenen After=Ehre, sollte nicht den Mephisto des Zufalls ergötzen.

Leonhart erhob und empfahl sich kurz, mit lebhaftem Bedauern, daß ihre Auffassungen so weit auseinander gingen. Schnapphahnitzkoy geleitete ihn mit stummer Verbeugung bis zur Thür. Von beiden Seiten war kein zuchtloses Wort gefallen. In dieser Hinsicht wenigstens verleugnete jener merkwürdige Mensch nicht die Erziehung eines früheren Offiziers.

Beide ignorirten sich natürlich seitdem, wobei Schnapphahnitzkoy selbstverständlich von dem stolzen Be= wußtsein strahlte, einen großartigen moralischen Triumph über diesen eingebildeten Dichterheros erzielt zu haben. Es giebt eine Heuchelei der Ehre, wie eine Heuchelei der Moral, und man möchte mit Falstaff fragen: Was ist Ehre! Jedenfalls hatte der Größenwahn der falschen Kavalier=Ehre wieder mal sein Opfer ver= langt und zog sich mürrisch zurück, da sein planmäßiger Mordversuch an der gesunden Vernunft und Vorurtheil= Verachtung des Umgarnten machtlos abprallte.

Uebrigens rächte sich der Ritter von Schnapphahnitz= koy später auf eine höchst gentlemanlike Weise für den abgeblitzten Einschüchterungsversuch (eigentlich „Nöthig= ung" zum Zweck der Körperverletzung), indem er seine

Feinde Schmoller und Leonhart nach deren Verfeindung wegen einer Injurien-Klatscherei öffentlich durch eine gänzlich erlogene Thatbestand-Entstellung gegeneinander hetzte, welche Leonhart jeder Zeit durch compromittiren=den Abbruck der eigenen Briefe Schnapphahnißkoy's an ihn hätte aufdecken können. Freilich entsprach es auch der Verlogenheit Schmoller's, daß er, obschon Leonhart gegenüber schriftlich wiederholt das Gegentheil bekundend, seinerseits nun die Darstellung Schnapphahnißkoy's mit Bezug auf Leonhart's angeblichen „Verrath" an seinem früheren Freunde als richtig auffaßte, während lediglich er selbst seine Ansicht über Schnapphahnißkoy aller Welt förmlich aufgedrungen hatte. Verlogenheit hier, Ver=logenheit dort — in der Mitte die Unvorsichtigkeit einer schwachen Stunde vertrauensseliger Dupirung durch Schnapphahnißkoy's falsche Freundlichkeit und Wehklage über Leonhart's kühle Ablehnung, welche offenbar durch Schmoller's Verläumdungen inspirirt sei!

Wegen solcher elenden Skandalaffaire hatte Leonhart schlaflose Nächte gehabt, weil er jeden Zweifel an seiner Loyalität als schweren Schimpf empfand, indeß Schmoller wie ein Wahnsinniger umhertobte und der Adelszwerg sich schadenfroh ins Fäustchen lachte, zwei Riesen hinter=rücks in die Ferse gestochen zu haben. Gegen solche Meister des äußeren Scheins nutzt nichts die grobe Keule der sittlichen Entrüstung, sondern nur das Stilet ironi=schen Hohnes. . . .

Schnapphahnißkoy referirte hier für die hochvor=nehme „Kreuz= und Schwertzeitung" und beschloß ritter=

lich, wie seine Auftraggeber, das Werk eines gräflichen
Standesgenossen bis über den grünen Klee herauszu=
streichen. Lautet doch der allgemeine gang und gäbe
Grundsatz der Berliner Kritik: So'n bischen Französisch
und so'n bischen Adlig is doch gar zu schön!
Sein herumschlenkernder Kneifer küßte grade zärtlich
den edeln Kneifer, welchen der große Heinrich Edelmann
neben ihm schielend unter dem Parketsitz putzte. Haubitz
hingegen kneiferte kühn die Logen an und strich sein
schwarzes Knebelbärtchen, während er stockschnupfend
einige weltbewegende Messiasariome umherstotterte. Sie
referirten ja ebenfalls für ein christlich=teutonisches Blatt
und hatten sich feierlich zugeschworen, ihren gräflichen
Freund derartig zu preisen, daß er sich einer Anzapfung
mindestens um 200 Mark nicht mehr entwinden könne.
Das Loos sollte entscheiden, wer von Beiden diesmal
„für einen darbenden Freund" die Kritik=Gebühren ein=
treiben solle.

Schnapphahnitzkoy gab sich mit so was nicht ab,
sein Streben ging vielmehr nach einer guten Parthie,
wie es bei diesen schlechten Zeiten nun mal nöthig
scheint. Doch würdigte er vollkommen die Haltung der
beiden verwandten Seelen, welche er sofort als „vor=
nehme Naturen", wie die technische Phrase lautet, erkannt
hatte. Auch Wurmb schloß sich mehrmals begeistert an,
wenn sie alle zusammen beim Schoppen die sittliche
Größe des wahren charakterfesten Idealismus betonten,
im Gegensatz zu der unwahren Weltschmerzexerei und
proteusartigen Unfestigkeit eines Leonhart, auf dessen

kindlichen Größenwahn doch nun mal all ihre litera=
rischen Biergespräche unfehlbar wie die Nadel zum
Magnet hinzielten.

Schnapphahnitzkoy erwähnte mit tadelndem Be=
dauern, daß man doch einen Kavalier wie Kraftinik von
seiner schier unbegreiflichen Vorliebe für jenes bête noire
loseisen müsse. Die Waffenbrüder lächelten verschmitzt.
Sie kannten die oft erprobte menschliche Natur. Spielte
man nur den Freund gegen den Freund aus, so würde
die geschmeichelte Eitelkeit des Einen und die verletzte
Eitelkeit des Andern den Bruch schon von selber herbei=
führen. Haubitz empfand eine diabolische Wollust des
Vorgefühls. Wie wollte er Kraftinik anpreisen und ihn
den Stümpereien eines Leonhart gegenüberstellen!

Die Klingel ertönte zum zweiten Mal. Das Bienen=
korbgesumme eines Premierenpublikums vor Beginn der
Vorstellung verstummte. Die wogenden Linien sanken
in sich zusammen. Statt des Rauschens und Knisterns
der Damentoiletten hörte man nur noch den üblichen
Lärm der sich hebenden oder niederschlagenden Klapp=
stühle, wenn die zu spät Kommenden sich in die Reihen
durchdrängen. Der Vorhang ging auf.

Schon nach den ersten Worten verbreitete sich eine
angenehme Verwunderung. Das war nicht die geschwollene
blühende Jambensprache, an welche man bei historischen
Dramen gewöhnt, das war nervige realistische Prosa.
Das waren keine theatralischen Pappfiguren, das war

wirkliches angeschautes Leben. Der Dichter vermittelte den Geist des alten Venedig so unmittelbar, daß man sich wie zu Hause fühlte. Die Handlung drehte sich um die Vermählung Katharina Kornaro's mit dem Kronprätendenten von Cypern und die Erwerbung dieses Inselreichs durch die meisterliche Diplomatie Venedigs, welche schonungslos jedes Einzelglück ihren Zwecken opferte.

Hier sah man die Emsigkeit, mit welcher sich die Meereskönigin zum Trotz des umbrandenden Meeres auf ihren eingerammten Pfählen lagerte und unablässig mit der andrängenden Fluth um ihr glanzvolles Leben rang, indem sie staunenswürdige Ingenieur- und Baumeisterwerke entgegendämmte. Die unermüdliche Entwickelung der Seekunde, der kühne Erwerbs- und Forschertrieb, der diese Kaufleute in fernste Zonen führte, so daß selbst die verlorenen Söhne Venedigs den Orient überall als Minister, Admirale und Handelsherrn beherrschten — alles das trat hier in die Erscheinung. Vor allem aber entfaltete sich das politische System dieses Insel-Roms, dessen Staatsgebilde die Kraft des menschlichen Willens im geduldigen Verfolgen eines großen Ziels offenbarte. Der Dichter lehrte durch anschauliche Darlegung, warum Machiavell im „Buch vom Fürsten" die geheime Schreckensherrschaft Venedigs als Muster hinstellte — diesen „Schrecken", der sich auch später im Wohlfahrtsausschuß des französischen Convents als förderliche Waffe erwies. Man begriff, warum Taine den Bonaparte als einen Enkel der italienischen Condottieri

gleichsam atavistisch erklären will, als eine posthume
Neubelebung des Renaissance=Systems, wie dieses sich
am klarsten in Venedig verkörperte.

In dem Admiral Moncenigo hatte der Dichter eine
Gestalt geschaffen, aus einem Guße und doch von feinster
Detaildurchführung.

Man sah gleichsam die geflügelten Marmorlöwen
San Markos ihre Schwingen beutegierig über Land und
Meer breiten und ihre Krallen einschlagen. Warum die
vier Erzrosse aus Byzanz, welche an der Mittelfront
des Doms so ernst herniederstarren auf die tändelnden
Tauben der Piazza, an die Sonderstellung Venedigs
als halborientalische Weltmacht erinnerten, begriff man
an diesem umfassenden Gemälde verschollener Herrlichkeit.

Selbst der Dom San Marko (an dessen byzanti=
nischem, mit romanischem und Ansätzen des gothischen
vermähltem Stil alle Epochen der Venetianischen Größe
mitgebaut — von der strengen Würde des Donatello=
Stils bis zum üppig blendenden Schwung der
Hochrenaissance, welche sogar ein Farbengemengsel von
Blau, Braun, Gelb, Weiß und grellbunten Fresken
zur Schmückung der äußeren Façade verwendete) redete
hier in der Theaterdekoration seine wahre Sprache. Man
gewann zwanglos tiefere Beziehung zu all diesen Zeugen
der Weltgeschichtsentwickelung. In der spitzschnabeligen
schwarzen Gondel — ein Sarg unter steinernen Leichen
— glitt man gleichsam mit dem Dichter dahin und
verstand die Schatten, die um die Kirchhofstille der Paläste

griesgrämig dahinschlichen. Unter der hellerleuchteten Rialtobrücke fort, tauchte man unter in dunkle Kanal= gassen und trieb langsam hinaus durch Canale Grande zum blauen Lido, während auf abgelegenen Winkelpläh= chen allenthalben Kirchen von überwältigendem Reiz reifer Formschönheit emporsteigen. Man athmete gleichsam den Salzgeruch, der die Mauern umwittert und sie mit einer köstlichen bräunlich=grünen Lasur bekrustet.

So verwuchs die Handlung des Dramas gleichsam mit den äußeren Ornamenten der Scenerie. Das ganze Patrizierleben dieser Märchenstadt des Herzens schüttete seine Fülle verschwenderisch aus — Marmor, Gold, Brokat und Atlas, Mosaik und sammetweiches Farben= glühen der Gemälde — und wurde zugleich in seinen innersten Saugfäden offenbar. Es war, als ob die Pfähle, auf denen die Inselstadt erbaut, bloßgelegt würden. Aus allen Thaten und Worten dieses Lebensbildes tönte aber die Mahnung des Dichters: So macht man Weltgeschichte! Das hat den deutschen Tröpfen stets gefehlt. Nur rücksichtslose weltkluge Niedertracht führt zum Ziele. So, durch tausend Verwickelungen unentwegt sein geheimes Ziel vor Augen, pflanzte Venedig auf der Leiche seines vorgeschobenen Schützlings, des Königs von Cypern, sein Banner auf und benutzte die Schönheit der Venetianerin Katharina Kornaro zu einem politischen Schachzug.

Ein seltsamer Epilog krönte das sonst so schonungs= los realistische Stück, ein Epiolog, dessen innere Noth= wendigkeit gleichwohl sofort ins Auge sprang. Nachdem

nämlich der 5. Akt an der Riva gegenüber der Seufzer-
brücke im goldigsten Sonnenglanze farbigen Glückes ge-
endet, zog sich plötzlich ein nebeliger Flor über die Scene.
Man hörte eintönige Donner rollen und eintönig den
Regen niederplätschern. Die meisterhafte Inscenirung
gab genau jene Stimmung einer Regennacht in Venedig
wieder, wo man gleichsam in purem Wasser zu schwimmen
glaubt, von oben durchweicht und unten auf allen Seiten
die grünlichen Lagunen. Da glitt eine schwarze Gondel
heran, an deren Stern ein Man in schwarzem Pilger-
mantel stand, eine Lyra im linken Arme gebettet, während
seine Rechte mit mondessilbernem Zauberstab die Wogen
zu beschwören schien. Und die Wogen murmelten ein
Lied von Ihm, dem Gast des zerfallenen See-Gomorrha,
das ihn mit Gift berauschte aus venetianischen Kelchen.

Wohl ein Gedanke, würdig eines so großen Dichters
wie dessen, der dies gewaltige Drama geschaffen: Dem
Weltdichter des Weltwehs, dem Bräutigam der Schönheit,
Lord Byron, das letzte Wort zu lassen, die Klage um
aller Menschengröße Vergänglichkeit. Und die Gestalt,
halb als Vision gedacht, nebelumflort, sprach also:

Noch klebt Schaum und Tang des Meeres,
Dem entstieg dies Wasserwunder,
An dem bröckelnden Gewande.
Marmorsäulen, Palastgiebel
Rings verächtlich niederschauen,
Wie herabgekommene Prinzen,
Vornehm ruhig auf das Lärmen
Dieser neuen Pöbelwelt.

Ueber allem webt sich farbig
Ein geheimnißvoller Schleier.
Den Rialto neubeleben
Bunte Maskenkarnevale
Schauender Erinnerung.
Schnitzerei des Buccentoro —
Die gehörnte Dogenmütze
Auf dem weißen Martyrhaupte
Foscari's und Falieri's
Und des blinden Dandolo —
Scharlachseidene Talare
Der geheimen Tribunale —
Alle Perlen der Kornaro
In dem Goldhaar schöner Damen,
Wie sie Tizian conterfeit —
Alles wirbelt hier zusammen
In ein Bachanal der Sinne,
Feiert eine Dogenhochzeit
Mit dem Meer der Phantasie.

O Benedig, stolze Greisin,
Greisin in zerfetztem Purpur,
Steige her zu meiner Gondel
Nieder von den Marmostufen,
Die der Flügelleu bewacht!
Wie die letzten Senatoren
Grollend einst hinabgeschritten
Aus dem Saal der letzten Sitzung
Bei dem Fall der Republik!
Also fahre mit mir, fahre
Weit hinweg mit Deinem Freunde,
Weit hinweg aus dieser neuen
Jämmerlichen Welt der Prosa!
Horch, die alten Glocken klagen
Droben von dem Kampanile:

Für Venedig und die Dichter
Hat die Erde nicht mehr Raum!

Langanhaltender Beifall, wiederholtes donnerndes
Bravo bestätigte, als der Vorhang fiel, den tiefen und
nachhaltigen Eindruck der Dichtung. Das war einmal
etwas ganz Neues, etwas, was noch nicht von den alten
Tragikern vorweggenommen. Das war das politische
Drama, die Historie großen Stils, das realistische Hohe=
lied der Weltgeschichte.

„Krastinik! Graf Krastinik!" schrie es aus allen
Logen, von allen Gallerieen. Der tobende Beifall nach
den ersten Akten hatte das Erscheinen des vielbegehrten
Dichters vor der Rampe nicht erzwingen können. Jetzt
aber nach Ende der Vorstellung mußte er doch dem
brausenden Hervorruf folgen. Der Director stürzte aus
seiner Loge, um selbst hinter Coulissen den Beglückten
herauszuholen. Allein nach längerer Pause meldete er
persönlich mit verlegenem Gesicht dem ungeduldigen
Publikum, daß der Dichter sich bereits entfernt habe.
Er danke also im Namen des genialen Verfassers für
die herzliche Aufnahme.

So war denn ein neuer großer Dichter aus der
Taufe gehoben. Sämmtliche Theaterkritiker stürzten in
wildem Pêle=Mêle zu ihren Droschken, um sofort auf der
Nacht=Redaction die denkwürdige Thatsache für den
Morgentisch Berlins zu serviren. Allen voran als der
Findigste rasselte der Referent des „Börsencourier" in
seiner vorher bestellten Droschke I. Güte, der einzige

Gutmüthige nebenbei, der mit wirklichem Wohlwollen auf etwas Gelungenes hinwies.

II.

Ja, wo war Krastinik? Auch er hatte sich in einen Wagen geworfen und saß nun einsam brütend vor seiner Lampe. Von Leonhard hatte er nichts gehört, da verabredetermaßen, um keinen Verdacht zu erregen, dieser sich ihm fernhielt. Gewiß war er mit im Theater gewesen. Der Glückliche! — Wahrhaftig, der Graf hatte eine Ritterthat auf sich genommen, schwerer und bitterer als manches Martyrium. Sein Stolz litt unbeschreiblich. Hundertmal hätte er hinausstürzen mögen vor die Lampen, um dies vielköpfige Gemengsel von Seide, Patchouli und Pomade anzubrüllen: „Ihr Elenden, ihr Narren! Daß Keiner von Euch ahnt, nur Einer könne das geschrieben haben, der unbekannte Gott, den Ihr nicht kennt! Nicht der Graf, den Ihr so innig bejubelt, ist euer Idol, sondern der verlästerte niedergetretene Anti=Streber, den ihr beschimpft, ohne ihn zu kennen!"

Aber auch der alte Sauerteig der menschlichen Selbstsucht gährte mächtig auf — das eigene Dichterthum des tapferen Mannes, der sich hochherzig dazu überwunden, dem Größeren als Fußschemel zu dienen, fühlte tiefer und tiefer den Stachel verwundeter Eitelkeit.

Man mochte ja seine selbstlose Absicht anerkennen, — aber etwas vom Raben, dem man die Pfauenfedern nimmt, blieb gewiß an ihm haften. Ein Beigeschmack von Neid, den er mühsam unterdrückte, mischte sich der Anwandlung unwilliger Scham und Scheu vor dem Ge=spötte der Welt . . . .

Auch am andern Tage erwartete er Leonhart ver=geblich. Er ließ sich verleugnen, als natürlich pflicht=schuldige Satelliten des Erfolges ihm nacheinander ihre Aufwartung machten. Die eingebogenen Zeugen der Theilnahme häuften sich auf seiner Visitenkarten=Schale. Krastinik lächelte bitter. Noch bitterer, als er die Zeitungen las, welche ausnahmslos einen „Riesenerfolg" constatirten und den gräflichen Dichter in kühnem Schwunge mit Lord Byron verglichen.

Warum kam nur Leonhart nicht? Gegen Abend ließ es Krastinik keine Ruhe mehr. Er griff zu Hut und Stock und machte eine Abendpromenade. Da be=gegnete ihm der Oberst von Dondershausen, dem er um=sonst zu entwischen suchte. Mit Elan stürzte der patrio=tische Sänger auf ihn zu und drückte ihn an die orden=geschmückte Heldenbrust. Er war nicht im Frack, trug aber gleichwohl seinen neusten Orden mit Eichenlaub spazieren. Er gehe nämlich zu einer zwanglosen Soirée bei Commerzienrath Wolffert. „Sie wissen, der große Waffenfabrikant."

„Und Fortschrittsredner."

„Ah, das ist so seine Marotte. Sonst ein hoch=patriotischer Mann, wird bei Hofe eingeladen, Sie ver=stehn. Eine durch und durch vornehme Natur! Kommen Sie mit, Verehrtester! Wolffert wird sich unendlich freuen und die Ehre zu schätzen wissen."

„Ah, ich bedaure . . ."

„Nichts da, liebster Graf! Glauben Sie mir, Der kann Ihnen nützlich werden. Man muß nie die Gelegen= heit vorübergehen lassen.."

„Selbst wenn ich wollte, ich bin nicht in Toilette.."

„Braucht's nicht. ‚Im Überrock' ist befohlen. Ist nur eine ganz zwanglose Abendunterhaltung, nicht in Wolffert's Stadtwohnung in der Viktoriastraße, sondern in seiner Schöneberger Villa. Unter uns, hat seine eigene Bewandtniß. Heut führt sich zum ersten Mal die junge Frau Wolffert in die Gesellschaft ein. Eugen Wolffert junior, einziger Sohn und Erbe .. hm, hm, haben Sie nicht gehört?"

„Keine Spur. Mir eine terra incognita."

„Na also, der junge Mann leistete sich den Luxus einer etwas excentrischen Heirath. Die Geschichte ist erst vor kurzem ruchbar geworden. Hat sich ohne Wissen des Vaters in Hamburg mit einem Mädchen trauen lassen, das — das — hm, hm, Sie verstehn."

„Was, ein Akt aus Dumas' ‚Kameliendame'?"

„Gott behüte, nein! Ein sehr anständiges Mäd= chen, sehr, und wie man sagt, eine blendende Schönheit."

„Ein armes, tugendliches Bürgermädchen? Ei, ei, wer hätte das von einem Wolffert gedacht!"

„Ja, ja, arm und tugendhaft. Nur .. nur .. ihre Vergangenheit ist ja sonst fleckenlos .. nur soll sie mal einen Monat lang bei einigen Malern in Berlin Kopf= Modell gestanden haben .."

„Modell gestanden?" Krastinik horchte hochauf. „Das ist ja sehr interessant."

„Ja, wie gesagt, in allen Ehren. Die Herrn Maler, welche sie kannten, stellen ihr einstimmig das beste Zeugniß aus, auch mein hochverehrter Freund Adolf von Werther, den ich soeben besuchte. Ach, ist das ein Mann! Diese schlichte, bescheidene, vornehme Erscheinung! Sie kennen ihn doch?"

Krastinik nickte kurz, ohne zu antworten. Jener freche geschmeidige Streber mit der Handwerksburschen= Visage und der wallenden Rafaelsmähne ekelte ihn an. „Also in Hamburg hat Herr Wolffert junior sein Ideal gefunden?"

„Ja, ob dort gefunden, daraus wird man nicht klug. Jedenfalls hat er sie dort geheirathet und seinem Alten dann einfach die ergebenste Mittheilung gemacht. Der soll wie von Sinnen geworden sein, hat sofort Ent= erbung verfügen wollen und was weiß ich! Am Ende aber hat ihn Wolffert doch herumgekriegt oder vielmehr, wie man sagt, die schöne Schwiegertochter. Denn unser schneidiger Fortschrittsredner weiß in Allem genau zu rechnen und hat wohl eingesehn — hehe —, da ja doch nichts mehr daran zu ändern war, daß eine schöne Schwie= gertochter ihm grade für seinen Salon paßt, wo er alle Kreise zu vereinigen strebt. So machte er denn gute Miene zum bösen Spiel und spielt jetzt sehr geschickt auf der Fortschrittssaite — hehe. Ohne Vorurtheile, ver= stehn Sie .. Tochter des Volkes, durch ihre Bravheit geadelt .. die Wolffert's brauchen nicht auf Geld zu sehn.

hehe .. verachten alles Materielle, verstehn Sie .. der
große Freiheitsheld steigt durch seinen Sohn zum Volke
herab .. na, seine Popularität soll durch diese volks=
mäßige Heirath des Jungen enorm gestiegen sein .. utile
cum dulci, hahaha!" Dondershausen lachte laut und
schmetternd.

Krastinik gingen seltsame Gedanken durch den Kopf.
Er dachte natürlich an Rother und seine ähnliche Absicht.
Wie wunderbar das Leben die Kontraste combinirt! —
Warum sollte er sich übrigens diese Posse nicht mal mit
ansehn? Seine nervöse Unruhe und Verstimmung ver=
schlimmerte sich nur durch Einsamkeit. Er mußte Gesell=
schaft suchen, sich zerstreuen. — Nach einigem Zögern
sagte er Dondershausen zu, ihn begleiten zu wollen, und
beide rollten im Droschken=Tempo die Potsdamerstraße
entlang nach der Richtung des Botanischen Gartens.

III.

Der Jour Fixe des Commerzienraths Wolffert hatte
wie gewöhnlich viele Freunde des Hauses angelockt. Auch
Neugier, die junge Frau kennen zu lernen, zog an.
Kaum angekommen, verloren sich Dondershausen und
Krastinik im Gedränge und es gelang nicht, den Wirth
aufzustöbern. Endlich zeigte der Oberst dem Grafen den
Sohn des Hauses und Letzteren frappirte sichtlich die
blasirte Miene des jungen Ehemanns. —

Eugen hatte seinen Willen durchgesetzt, einen „ele=
mentaren Persönlichkeitsbeweis" abgelegt, wie der philo=

sophische Oberst dies bezeichnete. Aber nun langweilte sich bereits der junge Weltbummler.

Das eigentliche Fieber der Leidenschaft, das ihm einst die Eingeweihte verzehrt und die Seele verbrannt hatte, verkohlte. Eine gleichgültig gemüthliche Zärtlich= keit trat an seine Stelle. Ihn reizte hauptsächlich noch der Gedanke, daß die vielbegehrte Schönheit von ihm schwanger sei. Dies Behagen an ihrer Schwangerschaft hatte etwas schmutzig Egoistisches. Eigentliche Liebe oder Leidenschaft fühlte er keineswegs mehr für das schöne Geschöpf, sondern vielmehr eine eitle Besitzfreude. „Ich habe sie," das war der Grundgedanke seiner Neigung. Weit mehr, um dies Besitzrecht zu zeigen, als aus Be= gierde fröhnte er den Freuden der Liebe mit andauern= der Regelmäßigkeit. Ganz vereinbar damit war es, daß er innerlich jeden Morgen murrte, weil er leidenschaftslos, einfach aus Gewohnheit und Eitelkeit, seine Säfte ver= schwendet hatte. So trägt jede erotische Leidenschaft ohne wahre Liebe ihre Geißel in sich selbst. Eine gewisse beiderseitige Kälte sänftigte wohlthuend die Gefühle — ihre Liebesaversion und seine erotischen Flammen. Sein Gehirn fing an, seine Sinnlichkeit zu absorbiren, und eine gewisse Nervenschwäche, die sich latent bemerkbar machte, trat hinzu. Eigentlich fühlte er sich wohl dabei, dem Druck des geschlechtlichen Alleingefühls entronnen zu sein. So löst sich die Empfindung in ewigem Kreis= lauf ab. Grämliche Verdrießlichkeit folgt meist der sinn= lichen Anreizung, beseitigt aber dafür auch das Fieber des Verlangens und kühlt zu gelassener Arbeitsruhe ab.

So kann unter Umständen auch das Laster mehr kalte Seelenruhe verleihen als die Tugend, die von Sehnsucht kaum trennbar. Andrerseits erhöht wieder die Keuschheit, sobald sie sich in ritterlicher und hochherziger Leidenschaft für ein bestimmtes Wesen ausdrückt, die Kräfte des Einzel= individuums über sich selbst hinaus. Ein platonisch Lieben= der, der als Endziel seiner Mühen ein Weib ersehnt, ist von unwiderstehlicher Stärke und wagt den Kampf mit dem Schicksal, indem er die persönliche sinnliche Selbstsucht gleichsam aus verfeinerter Selbstsucht nieder= zwingt. Hingegen werden Keuschheit und Gesundheit an Leib und Seele um so tiefere Schmerzen bereiten, wenn ihnen die Schwäche und Sinnenknechtschaft der meisten Andern nahegerückt wird.

Wie kann ein sinnlich Denkender je die volle Pein einer unglücklichen Liebe empfinden!

Jedenfalls scheint Alles, Glück wie Unglück, Tugend wie Untugend, vollkommen gleichwerthig für die Entwickelung des Individuums.

Schlaffe und müde Genußentfähigung ist ein ver= drießlicher Zustand, aber nicht minder die Sehn= sucht nach irgend einem Genusse, der leichter oder schwerer errungen werden kann und dessen Erwartung nun die beschauliche Geistesstimmung des Normalzu= standes stört.

... Krastinik warf einen prüfenden Kennerblick auf die Gesellschaft und bat den liebenswürdigen Ordensjäger, der nach allen Seiten bücklingte, um aufklärende Be= zeichnungen.

„Wer ist dieser Herr dort, der so krampfhaft ge=
stikulirt?"

Er wies auf einen Bonvivant mit geröthetem Faun=
gesicht bei stark ergrautem Backenbart, welcher in heulen=
den Fisteltönen einer ewigen Extase Luft zu machen
schien.

„Wie? Den kennen Sie nicht? Daß ist ja der
berühmte Kritiker Ludolf Lutsch."

„Ach Herrje! Das jenügt!" schnarrte Krastinik iro=
nisch. „Freut mich den Mann zu sehn, der selig machen
und verdammen kann!"

Natürlich schien die Finanzwelt stark vertreten. Auch
jener hervorragende Makler war erschienen, welcher einst
Kathi in einem so überschwänglichen Brief die Ehre der
Maitressenschaft angeboten hatte. Mit einem gewissen
Hochgefühl strich er seinen wallenden schwarzen Bart,
indem er Kathi aus der Ferne gierig mit seinen Blicken
verschlang. Sonst war sein Verhältniß zur Kunst kein
intimes zu nennen gewesen und beschränkte sich auf Unter=
stützung des Ballets. Nun fiel ihm die Binde von den
Augen und er erkannte sich als „Idealist". Bisher schlum=
merte dieser Trieb im Verborgenen. Aber seit der Prozeß
Graef ihn über das wahre Wesen des „Ideals" aufge=
klärt, schwang er sich durch fleißige Betrachtung und
Behandlung zur Höhe der Kunst, zum Nackten, nun=
mehr mit vollem Bewußtsein empor. Jetzt brachte er
seinen Idealen eine ihm neue künstlerische Begeisterung
entgegen, welche auf dem vertieften Studium der soge=
nannten Natur beruht. Bisher handelte er eben mit dem

Instinkt des Unbewußten, wenn er seine nicht ungewichtige Verehrung „diesen Damen" zu Füßen legte. Jetzt aber wußte er, daß ein geheimer künstlerischer Drang ihn zur Betrachtung des Akt-Stehens trieb. O hätte er doch, wie dieser Schwerenöther Eugen, das herrliche Naturmodell käuflich erworben! Er hatte es ja dazu. Denn die Kunst geht nach Brot und das Studium des Nackten ist theuer. Schade! Er hätte es sich gern was kosten lassen. Nochmals Schade! Mit dem erkorenen Spezial-Modell war es nun nichts mehr. Doch wer weiß! Es ist noch nicht aller Tage Abend. Frau Kathi Wolffert würde vielleicht nicht immer unnahbar bleiben. Jedenfalls halten wir fest am Idealismus und am großen Stil des Nackten.

Commerzienrath Wolffert, ein dürrer Mann mit einer ungeheuren Birnennase, Fistelstimme und katzenhaft schleichendem Tritt, huschte liebenswürdig durch die Reihen der Gäste. Krastinik hörte einige Umstehende nähere Familiendetails erörtern. Wolffert junior habe seine jugendlichen Thorheiten überwunden, die befürchten ließen, daß er sich dem Müßigang widmen werde. Man befürchtete einst sogar, daß er als litterarischer Schöngeist sich dem Staate entziehen wolle. Jetzt aber, da er ein Mann war, that er ab, was kindisch war, und trat ins Geschäft des Vaters ein. Die Firma werde demnächst lauten: Wolffert und Sohn. Um diesen Preis verzeihe ihm die Gesellschaft den unglaublichen Mißgriff seiner Liebesheirath, obschon natürlich die Damen sich fürs erste noch reservirt fernhielten. Man sehe doch den sittlichenden Einfluß der Ehe. Uebrigens könne man von der Vergangenheit der jungen Frau, die als Buffetdame in einem Hamburger Café fungirt haben solle, sonst nichts Uebles reden. — Doch schien über Manches ein Dunkel zu herrschen. So fragte ein junger Sportsman plötzlich mit offenbarer Neugier den soeben sich nähernden Eugen, wohin er doch gleich seine Hochzeitsreise gemacht habe. Er, der Frager, habe davon gehört, es jedoch vergessen. Nach augenscheinlich verlegenem Zögern gab Jener kurz zur Antwort: „Nach Norwegen." Krastinik horchte wieder hochauf. Ein Zufall wollte, daß der neugierige Jüng= ling im vorigen Jahr mit Stangen die skandinavische Route gemacht hatte. „Wir kamen aber nur bis Höne= voß. Kennen Sie Hönevoß?"

„O und ob! Einer der schönsten Tage meines Lebens!" Eugens Auge blitzte auf. „Es war ein herr= licher Juniabend. Ich glaube, der 17. Juni." Krasti= nik zuckte leicht zusammen. Wie, trug Rothers Brief aus Hönevoß nicht dasselbe Datum?

„Schneidiger Smoking-room, auf Ehre!" Ein Theil der Gäste drängte in ein kleines elegant ausge= stattetes Rauchzimmer. Dondershausen wollte die Ge= legenheit benutzen, um der Wirthe habhaft zu werden und den Grafen vorzustellen. Aber dieser bat ihn hastig noch zu warten und hielt sich beobachtend retiré im Hintergrund.

„Stilvoll, intim, anheimelnd!" rief Lutsch begeistert. Er beroch seine Cigarre: „Upmann Regalia?! Jeg= lichem Lobe zu groß! — Ach, Herr Wolffert, Ihre junge Frau — superb! Etwas blaß. Das giebt ihrem Teint

einen intimen Timbre — gradezu stilvoll! Ach, was
für ambrosische Weiber dies hochzeitliche Fest wiederum
vereinte! Alle Schönheiten Berlins zogen ihr hochzeit=
lich Kleid an — manche möglichst wenig davon und das
sind die einzig wahren!" Dabei hauchte er, mit halb
zerkniffenen Augen, das kritische Urtheil: „Diese pastos
aufgetragenen, lichtwarmen Rosatöne schmelzend ambro=
sischen Fleisches!"

„Oller Fleischbeschauer!" murmelte man in der
Runde. Lutsch aber fuhr unverdrossen fort, indem er
auf Commerzienrath Wolffert lossteuerte, der eben her=
eingeschlichen kam: „Ihr Ball ist von einer wunderba
— aren Schönheit! Selbst auf dem Subskriptionsball
sahen meine sündigen sterblichen Augen nicht solche gött=
lichen Weiber!"

Wolffert senior fühlte sich, wie es schien, peinlich
berührt durch diesen ungezügelten Gefühlssturm; denn
er fistelte pikirt: „Weiber?! Ich muß doch bitten,
Damen."

„Damen, Madame, Signora, Miß, Milady — was
Sie wollen!" heulte Lutsch unbekümmert fort, indem er
seinen Chapeauclaque schwenkte. „Für mich bleibt jede
Göttin doch einfach ein göttliches Weib! Wir, die wir
athmen und weben in der freien vornehmen Lebensan=
schauung der K u n st — wir jubeln und seufzen halt mit
dem Altmeister: ‚Das ewig Leibliche zieht uns hinan!
Ach und das Unbeschreibliche hier ists gethan: Sehn
Sie doch nur diese Toilette!" Dabei deutete er auf eine
im Nebenzimmer vorüberrauschende Dame. „Muß mir

doch gleich notiren." Er zog sein vielbeliebtes Notiz=
büchlein, in Saffian gebunden, aus der Fracktasche, in
welches er ab und zu eifrig zu kritzeln pflegte, und schrieb
die druckreifen Worte:

„Das tiefviolette Kleid mit Devant aus heliotropfarbigem
Atlas, augenscheinlich aus dem Magazin der berühmten Firma
Gebrüder Witzleben hervorgegangen, wurde noch mehr gehoben
durch ein Brillantfeuerwerk. Die ganze Erscheinung möchten
wir mit dem einen treffenden Worte kennzeichnen: Brillant!"

„Ach und dort, ich bitte Sie!" Er schrieb wieder
etwas Lebendiges aus dem Hintergrund ab:

„Auch unsre Primadonna Donna Lucrezia Calcante — sie,
welche gleich Lucrezia Borgia ein süßes tödtliches Gift für liebe=
glühende Männerherzen besitzt — zierte das Fest des größten
Waffenfabrikanten der Welt."

„Nana, erlauben Sie!" fiel der Vorfechter der Frei=
heit verlegen ein. „Sie bringen mich um! ‚Der Welt‘ —
das ist doch zu kolossal!"

Doch der unerschütterliche Lutsch replicirte gewandt:
„Ich bin für das Kolossale! Auch insofern — wer ist
dort die kolossale Dame?"

„Das ist Frau Cohn, von Cohn und Compagnie."

„Frau von Cohn und Compagnie," notirte Jener
eifrig und schmückte den trockenen Namen alsbald mit
folgender Hyperbel, indem er halblaut heulend schrieb:

„Und wer, der die üppigschöne Frau C. in ihrer hellfarbig
gemusterten Brokat=Robe bewundern durfte, konnte ahnen, daß
vierzig herrliche Lenze über ihrem Scheitel dahingegangen?"

„Sie sind bescheiden," lachte Eugen Wolffert, der unvermuthet hinter ihm stand.

„Sind wir immer. Na, sagen wir: ‚neunundbreißig Lenze‘." Lutsch schien durch nichts aus der Fassung zu bringen. Seine unerschöpfliche Phantasie setzte schwungvoll fort:

„Als Ebenbild dieser hoheitsvollen Juno schmiegten sich an sie ihre rehäugigen Töchter —"

„Pardon" unterbrach er sich, „hat sie Töchter?"

„Ja doch, Sie schnurriger Interviewer Sie!" lachte Eugen. Aber schon nahm ein neuer Gegenstand die Sinne des leicht erregbaren Ludolf gefangen:

„Gott, was seh ich! Auch Fräulein Rasolinska, unsre göttliche Ballerina? — Eine Inspiration!" Und er schrieb:

„Als ein unter dem Giftbaum der Börse lagernder lieber Freund sie in ihren Diamanten erblickte, rief er begeistert: ‚Ich gebe für Fräulein Rasolinska 200 000 Mark.‘"

Seine Inspiration hatte ihn so überwältigt, daß er Wolffert senior unter den Arm nahm und mit ihm herumtänzelte, indem er heiser dazu trällerte:

„Du hast Diamanten und Perlen . . ."

„Sst, will er wohl still sein!" Eugen hielt ihm lachend den Mund zu. „Sie compromittiren uns noch!"
Da sprach Lutsch die geflügelten Worte:

„Der Skandal — das ist der Ruhm! Lehren Sie

mich unfre lieben göttlichen Weiber kennen! Wir ver=
ftehen das Frauenherz!" Dabei klopfte er fich auf den
Bauch, mit der Befriedigung des guten Gewiffens. „Aber
ich befchwöre Sie, liebftes Commerzienräthchen," heulte
er plötzlich „fehen Sie doch nur Ihre Schwiegertochter,
fehen Sie doch!"

„Ich fehe ja fchon!" fiftelte diefer halb gefchmeichelt,
halb ärgerlich.

Im Hintergrunde fah man Kathi, von einigen Herren
umringt, die Honneurs machen.

„Halten Sie mich!" Lutfch kniff Eugen in den Arm.
Ich gerathe in Extafe! Eine Prinzeffin, eine ladylike
Grazie! Für mich eine Mädchenblüthe von intimftem
Reiz!"

„Intimftem? Oho!"

„Nein, mein guter Commerzienrath, das verftehen
Sie wieder nicht. Wir Kunftbefliffenen reden eine be=
fondere Geheimfprache. ,Intim' — das heißt bei uns:
,unfagbar', ,duftig', ,keufch'!"

„Keufch — fo!" lächelte Eugen.

„Das wundert Sie? Wenn Sie meine Kritiken ge=
nauer lefen, fo werden Sie ,keufch' und ,vornehm' als
meine Leib= und Magenwörter faft in jeder Zeile ent=
decken. Wenn ich fo einen Mann fehe wie Sie, dann
fage ich einfach: ,Ein vornehmer Charakter!' Nehmt alles
nur in allem, er ift —"

„Ein reicher Mann" brummte Eugen beifeit.

„Und was edle Frauen betrifft .. fehn Sie z. B.
dort dies entzückende Wefen!" Er notirte wieder mal:

„Rosaseide mit türkisblauen Schleifen nebst saphirblauem Fächer mit Straußenfedern, eine Perlenschnur um den Schwanen= hals . . ."

„Sehen Sie, da sage ich schlechtweg: Ein keusches Weib! — Ach, Herr Wolffert, und Ihre Gattin!" Sein Notizbuch zitterte ordentlich unter der Hast des Bleistifts:

„Eine Schleppprobe von weißem Sammt mit weißen Seerosen über einem Kleide von weißer Seide und Brüsseler Spitzen . . ."

Kathi trat eben einen Augenblick aus dem Saal herein und Eugen verfehlte nicht, ihr Lutsch zu präsentiren:

„Dir haben wohl die Ohren geklungen! Du hättest Deinen geistreichen Anbeter hören sollen!"

„Geistreich, aber ach, alt . . alt!" heulte Lutsch mit schwermüthigem Augenverdrehen, indem er Kathis Hand unter vielen Verbeugungen zärtlich küßte. „Wir armen Alten! Dahin ist die Zeit, wo die Sonne holder Frauen= gunst . ."

„Sie wollen wohl Complimente hören?" Kathi schlug ihn leicht mit dem Fächer. Aber ihr Auge sah leer und gelangweilt über ihn weg und in ihrem Aus= druck lag eine müde Abgespanntheit, mit einer gewissen nervösen Unruhe verbunden. Ihre Augen irrten umher. Es war, als ob sie etwas suche — aber etwas Fernes, Unsichtbares.

Schon eine Zeitlang wunderte sich Dondershausen über eine auffällige Unruhe Kraftiniks, der bald vor, bald zurück trat mit einem spähenden Ausdruck, als ob

er etwas erwarte. Jetzt aber, als der Oberst ihn am
Rockzipfel ergriff, um ihn durch die Gäste zu den Wirthen
heranzubugsiren, wehrte ihn der Graf mit raschem Winke
ab. Hastig bat er im Flüsterton, ihn entschuldigen zu
wollen; ihm sei nicht wohl und er müsse heimkehren. Als
Jener erstaunt zum Abschied die Hand drückte, nahm ihm
Krastinik noch sein Ehrenwort ab, nicht zu verrathen,
daß er mitgekommen sei. Dondershausen werde ja begreifen, daß es peinlich sein müsse, wenn Wolfferts erführen,
wie man hier bloß hineingerochen und dann mit franzö-
sischem Abschied Reißaus genommen habe. — —

In heftigster Erregung, von widerstreitenden Empfindungen geplagt, durchwachte der Graf schlaflos die
Nacht. Also hatte ihn sein Argwohn nicht getäuscht —
sie, sie selber, seine einstmalige Liebste! So gleichgültig
ihm die Erinnerung verblaßt schien, konnte er sich doch
eines seltsamen wehmüthigen Schauers bei ihrem Anblick
nicht erwehren.. Und dann andrerseits .. ihm wurde
alles auf einen Schlag klar. Die Beiden in Norwegen,
Rother auch .. Hönevoß .. am selben Tage .. Rothers
Brief .. das Datum stimmte .. hier konnte ein Blinder
den Zusammenhang erkennen. Rother's lustiger Brief
beabsichtigte nur eine heroische Täuschung. Seine seltsame Todesart, die man ja ohnehin kaum als Zufall
deuten konnte, offenbarte sich zweifellos als Selbstmord.
Er hatte den Zustand wehrloser Liebesberaubung nicht
ertragen, nicht dem Glück des Andern, das ihm gebührte,
zuschauen wollen. Und wohl noch mehr. Wie Rother's
sensitive zarte Natur es verlangte, mochte er nicht das

Glück Kathi's vernichten. Wußte er doch, daß Krastinik
in Berlin und, wenn er selbst dorthin zurückkehrte, ein
Standal unvermeidlich war. So starb er denn für seine
Liebe, ein ideologischer Querkopf, und endete, wie sein
seelischer Organismus es bedingte, unglücklich und edel
bis zum letzten Athemzug.

Dem Grafen traten unwillkührlich Thränen in die
Augen. Ein unbeschreibliches Mitleid ergriff ihn für
dies Opfer erotischer Hingebung, ein Mitleid, das zu=
gleich den gerechten Zorn hinwegschwemmte, der ihm
gleichsam Blutrache gegen die Schuldige gebot. War
sie denn eigentlich schuldig? Sollte er nun auch sie ver=
nichten? War es nicht genug mit einem Opfer? Aber
was thun! Mußte nicht irgend eine Katastrophe sich
vorbereiten, wenn er nun wirklich in ihren Bannkreis
trat? Und wie das vermeiden? War er nicht jetzt eine
berühmte Persönlichkeit, dessen Bild in den Schaufenstern
hing? Mußte sie nicht schon auf seinen Namen stoßen,
wenn sie eine Zeitung aufschlug? Sie liebte doch wohl
ihren Mann und der hatte sie doch nur heirathen können,
weil sonst keinerlei Beweis gegen ihre Unbescholtenheit
vorlag. Und nun den lebenden Zeugen des Gegen=
theils vor Augen — — wie sollte das enden? Ent=
weder verbrachte sie ihr Leben in ewiger Angst, die auch
sie zum Selbstmord treiben konnte — möglich ist ja
alles. Oder sie verfuhr aggressiv und suchte ihn auf die
eine oder andere Weise unschädlich zu machen — mög=
lich ist ja alles. Die Rache und die Feindschaft eines
gefährdeten Weibes findet ja tausend Mittel. Oder es

paffirte gar das Schlimmfte: Sie liebte ihn immer noch
und die alte Flamme loderte wieder auf, on revient
toujours à ses premiers amours, befonders eine Frau
— möglich ift ja alles. Wie aus diefem Labyrinth fich
herauswinden! Da war guter Rath theuer. Vielleicht
wußte Einer Rath: Leonhart. Morgen würden fie fich
ja beftimmt fehn.

Aber der Morgen kam und unter dem Stoß con=
ventioneller Gratulationsbriefe brachte die Poft keine
Zeile von der Hand des Nächftbetheiligten. Was in
aller Welt bedeutete das! Kraftinik überwand feine falfche
Scham und tunkte eben die Feder ein, um den Freund
per Rohrpoftkarte zu fich zu bitten, als ihm der Polizei=
lieutnant des Reviers gemeldet wurde. Ueberrafcht
fragte er nach deffen Begehr. Der Beamte fragte ver=
bindlich, aber ohne Umfchweif zur Sache kommend, ob
er nicht mit dem „Schriftfteller Leonhart" befreundet.
„Intim." Ja, fo habe er gehört. Wann er ihn zuletzt
gefehn habe?

„Vor drei Tagen." Ob ihm nicht eine tiefe Ver=
ftimmung deffelben aufgefallen fei? „Nur wie immer.
Leonhart befitzt eine melancholifch=cholerifche Gemüthsart."

„Jaja, Gemüthsart! Gemüthskrankheit darf man
da wohl fagen. Litt er nicht an irgend einem körper=
lichen Leiden?"

„Nicht daß ich wüßte!"

„Oder an Familienkummer?"

„Er hat keine Verwandten."

„Oder an unglücklicher Liebe?"

„Keine Spur."

„Oder an finanziellen Sorgen?"

„Noch weniger."

„Also wohl an sogenanntem Weltschmerz?"

„Ja, wenn man will. Doch nicht in krankhaftem Grade, sondern mehr als tiefempfindender und denkender Kopf."

„Aber ihn drückte doch wohl irgend ein besonderer Gram oder Aerger oder sonst 'was Guts?" Der Beamte fing offenbar an ärgerlich zu werden über die Fruchtlosigkeit dieses Verhörs.

„Nun — ja!" gestand Krastinik zögernd. „Zweifellos. Der Kummer über den Mangel an Anerkennung."

„Aha, verkanntes Genie! Dacht' ich mir!"

„Doch nicht so verkannt wie Sie vielleicht meinen. Nur entspricht sein äußerer Erfolg in keiner Weise seinen Ansprüchen."

„Aha, Größenwahn!"

„Auch nicht eigentlich Größenwahn," parirte Jener mit leisem Lächeln. „Denn er ist ja völlig berechtigt zu verlangen .. kurz, der Aerger über die litterarischen Verhältnisse fraß an ihm."

„Also Berufsstörung. Unannehmlichkeiten im Berufsleben!" notirte der Polizeilieutnant mit wichtiger Amtsmiene, als sei er nun mit dieser technischen Phrase dem betreffenden Untersuchungsparagraphen auf die Spur gekommen.

Krastinik konnte sich kaum enthalten, laut aufzulachen.

„Von Berufsleben kann eigentlich keine Rede sein. Das Schaffen eines Dichters ist ja kein Beruf. Doch haben sich schon öfters Dichter, um ähnlichen Kummers willen, eine Kugel vor den Kopf geschossen."

„Da haben wir's! Selbstmord, Fall Heinrich von Kleist. Kennen wir. Dichter-Wahnsinn. Fall Albert Lindner, Selbstmord oder Irrenhaus. Ich sag's ja: Größenwahn und nichts Anders. — Verzeihen Herr Graf daß ich Sie so belästige. Ihre Informationen waren von entscheidendem Werth."

„Ja, aber .." Kraftinik kam erst jetzt zur Besinnung nach diesem jähen Sturzbad. „Darf ich fragen, warum ich Ihnen diese Frage beantworten mußte?"

„Nochmals Verzeihung, Herr Graf. Sie wurden eben als der nächste Umgang des Herrn bezeichnet, schon als er vermißt wurde."

„Vermißt?! Mein Gott, es ist ihm also ein Un= glück .. reißen Sie mich aus dieser Beunruhigung!"

„Sehr gern oder, pardon, leider! Fassen Sie sich Herr Graf. Sie standen dem Herrn nahe?"

„Sehr, sehr. So reden Sie!"

„Nun, Herr Graf lasen wohl gestern im Polizei= bericht .."

„Ich lese nie die Reporternotizen der Blätter."

„So? Nun, ein Unbekannter wurde von einem Eisenbahnzuge nahe am Halensee überfahren .."

„Gerechter Gott!"

„Er hatte sich selbst auf die Schienen geworfen.

Selbstmörderische Absicht unverkennbar. Später wurde gemeldet, daß ein gewisser Leonhart, Schriftsteller, seit zwei Tagen vermißt werde. Das Signalement und die Identität wurde festgestellt. — O pardon, es scheint Herrn Grafen doch sehr nahe zu gehn? In der That, Sie werden ohnmächtig. Darf ich ein Glas Wasser —?"

Krastinik wehrte ab. Taumelnd war er aufs Sopha gesunken, dicke Schweißtropfen perlten von seiner Stirn. „Lassen Sie, ich bitte. Mir wird schon besser. Und kein Anzeichen, warum ..? "

„Ach gütiger Himmel!" Der Beamte schüttelte den Kopf mit überlegenem Lächeln. „Ihre eigenen Mittheilungen, Herr Graf, bestätigten ja nur, was man sofort annahm. Unbefriedigte Ruhmsucht, completter Größenwahn! Das ist ja eben unsre Zeitkrankheit. — Empfehle mich bestens und bitte nochmals, die Störung entschuldigen zu wollen. Gestatten Sie mir, mich sofort zurückzuziehn. Die Dis-cretion gebietet mir, Sie Ihrem begreiflichen Schmerz zu überlassen. Sie scheinen immer noch recht angegriffen. Gehorsamer Diener! Bitte, sich nicht zu bemühen .. ich habe den Vorzug."

Der Polizeilieutnant verschwand, indem er noch einmal beim Schließen der Thür aus tiefstem Herzen den Seufzer hervorholte: „Ach ja, der Größenwahn!"

... Krastinik lag lange wie gelähmt. Ein ent-setzlicher Schreck war ihm in alle Glieder gefahren. Ihm war, als sei er selbst von den Schienen zermalmt. Eine todesstarre eisige Ruhe durchfröstelte ihn.

Er erhob sich langsam und schritt auf und ab. So

mußte es enden, mit einem Theatercoup! So mußte es enden, dies überreiche dämonische Leben, das im Selbst= genuß eines titanischen Urwillens sich selbst verzehrt! O Welt, o Leben, o Schicksal! — —

Berg und Thal begegnen sich nicht, aber wohl die Menschen. In einem inneren Kreislauf, dessen Zusam= menhang wir nicht erkennen, laufen die Dinge zusammen. Das Entfernteste verknüpft sich dem Nahen. Nur ward den Wenigsten im blöden blinden Taumel ihres Daseins der lichte Blick verliehen, auf dies Räthsel zu achten. Das Unvermeidliche schreitet mit geheimnißvollem Geister= schritt aus dem Gestern in das Morgen hinüber. Kein Unglück kommt allein, jeder Schicksalswendung verknüpft sich unmerklich eine neue.

Wer klingelt? Für Niemand zu Haus. Der Tele= graphenbote? Ein Telegramm aus London? — — Das Papier entfiel seiner Hand. Lady Dorrington zeigte ihm an, daß ihr Gatte im Sterben liege. Er lasse ihn grüßen und ihm danken für seine Freundschaft und sende ihm seinen Segenswunsch für fernere Erfolge auf jener Laufbahn, die er ihm prophezeit, denn die P h r e n o l o g i e l ü g t j a n i e.

Eine Weile stand Kraftinik regungslos, vor diesem neuen Schlag wie zur Salzsäule erstarrt. So starb denn alles um ihn her. Auch er, sein heißgeliebter väterlicher Freund. Und er sollte ihn nie mehr wieder= sehn? Nie mehr? Mächtig ergriff den Trauernden eine unbezwingliche Sehnsucht, die letzten Stunden des theuren

Mannes zu theilen. Es stirbt sich nicht so leicht. Wenn er eilte, langte er wohl noch rechtzeitig an...

Wieder überkam ihn jener Drang plötzlicher Entschlüsse, der so oft schon sein Leben bestimmt. Deterministische Vererbung. Sein Vater hatte einst durch solch plötzlichen Entschluß einer Kavallerieattake unter Radetzky zum Gewinn einer Schlacht beigetragen. Nur fort hier, fort aus dieser Wirrniß!

Seinen Koffer packen — zwei Briefe an „Kollegen" senden, welche es sicher binnen 24 Stunden statt jeder besonderen Mittheilung in Berlin herumbrachten: ein Todesfall rufe ihn auf einige Wochen nach London — war das Werk einer Stunde. — — —

Dreizehntes Buch.

I.

Und wieder schwamm er durchs Meer von London, von einem Lichtmeer umflossen. Krastinik schritt langsam an der Kaserne der Coldstream-Garde vorüber, wo am Gitter eine neugierige Volksmenge wie gewöhnlich dem abendlichen Zapfenstreich lauschte. Die Pfeifen und Clarinetten der parabirenden Rothröcke spielten den alten Jakobitenmarsch: Charlie is my darling, my darling, the young Cavalier. Unwillkürlich fiel er in den Taktschritt ein. Eine stolze Freudigkeit strömte durch alle Pulse seines Wesens, ehe er sich dessen bewußt wurde. Und er dachte:

Das ist der Marsch des Jahrhunderts! Wir alle sind eingereiht und sollten mitmarschiren. O über die Thoren, die sich wollüstig im Lager der Liebe dehnen oder stillbeschaulich ihr Gärtchen begießen, statt mit klingendem Spiel ins Feld rücken!

Wie schien alles in ihm so von Grund aus umge=
wandelt! Glich er doch früher ganz jenen hochmüthigen
Aristokraten von „historischem Adel", die wie die Grand=
seigneurs des Ancien Regime Freiheit und Gleichheit un=
nützlich im Munde führen und doch jeden nicht „Gebore=
nen" nimmermehr als vollbürtigen Gentleman anerkennen.
Wenn er früher seine Verachtung des militairischen Be=
rufes ausgesprochen, so war dies nur eine „liberale"
Pose und im Herzen schwelgte er doch im Soldätle=
Spiel als dem letzten Ueberrest der feudalen Ritterzeit.

Und jetzt — ihm war, als schreite unsichtbar der
Geist seines großen Todten neben ihm her und eine
Stimme — er wußte nicht woher — sprach in ihm zum
andern mal:

Nein, das ist nicht der Marsch des Jahrhunderts,
der Marsch des Intellekts. Diese scharlachrothen Söldner
sind die symbolischen Satelliten des „Scharlachnen
Weibes". Vor diesen gemästeten Maschinen stellte man
zwei Götzen auf — die nannte man Ehre und Gehorsam,
zwei lichte Namen für ein dunkles Nichts.

Aber Du, Carlyle, letzter Seher Englands, mit den
hochmüthigen Junkernüstern und =Kinnbacken, der Du
den Zaren als Muster empfahlst, weil er mit der Knute
seine Myriaden zudrille — Du verworrener Widerspruchs=
geist, der sich als unfehlbare Wahrheit proklamirte —
Du lügst dennoch! Und Dein grober Berserkerhumor
und Deine cynischen Wortkolosse sind auch nur Bastarde
jener Humanitätsphrasen des aufgeklärten Despotismus
— und ihr stammt allesammt vom Lügenvater.

Nein, die Stunde naht, wo auch in diese zurechtge=
prügelten Uniform=Automaten der heilige Geist ein neues
Leben hauchen wird, und die Puppen werden ihre Götzen
selber zerschmeißen. Wie schon jetzt die Iren in der
Armee mit der Sache ihrer unterdrückten Heimath frater=
nisiren, so werden sie dann alle ihr Rüstzeug ohne Schwert=
streich den Söhnen der Freiheit überliefern, wenn diese
Staatskarossen erst umgestülpt werden zu Barrikaden.

Der Graf blieb stehn, wie gelähmt. Er erschrak vor
sich selber, vor seinem Elan. War es derselbe, der einst
den französischen Adel der Nationalversammlung in jener
berühmten Augustnacht begeisterte, seine eigenen Feudal=
rechte mit einem Federstrich zum Schuttgerümpel der
Vergangenheit zu werfen? Wie und waren nicht auch
dies nur ideologische Verzückungen, Phrasen einer Schein=
Wahrheit? Solche unreifen Raubthier=Instinkte mochte
ein Schmoller nähren, diese litterarische Verkörperung
des vierten Standes und seiner größenwahnsinnigen
Gelüste. Würde aber Leonhart, der eminent positive
Denker, also gedacht haben? Nein. Am Morgen hatte
Krastinik zufällig auf Trafalgar Square ein Meeting
besucht, lauter gediegene Radikale, die da im Chorus die
Nationalhymne brüllten: „Briten sollen nimmer Sklaven
sein." Aber sie rochen meilenweit nach Rum, der ja
freilich nach Burke den Pfad zum Ruhme bildet! Und die
Bestechungs=Schillinge klimperten in der Tasche.

. . . .

Weiter, weiter. Immer noch ringsum die Mitter=
nachtsbörse, über welche die heilige Hermandad ihren

schützenden Mutterarm breitet. Britinnen rechts, Französinnen links, Spanierinnen an der einen Ecke, Deutsche an der andern — — o Du einzig wahre geregelte Schwesterschaft der Nationen, kosmopolitische Weltrepublik! O Neumondfest in Babylon, wo man die Blüthe der Jugend dem Astarte-Cultus opferte, wo alle Provinzen ihre mannbaren Jungfrauen in die Metropole sandten, um jene Marken einzuhandeln, die Rawlinson und Layard entdeckten — wir sind heut sittlicher, wir!

Plötzlich ergriff ihn ein ungeheuerer Schrecken. Ihm war, als ob der Boden unter ihm wanke, als ob er ein Sieden und Summen höre, wie wenn Millionen kleiner schwarzer Höllengeister unter der Erde nach oben krabbelten. Und ihm däuchte, daß ein gespenstiger Tritt hinter ihm herschlürfe. Der Schatten längs der grauen Eisenbahnmauer von Victoria Station — — stand dort nicht der unheimliche Gast neben ihm, der Geist des großen Todten? Tönte nicht ein galliges metallisch gellendes Lachen — oder war's der Pfiff der Lokomotive, die grade über den Brückendamm wegbrauste?

Da knirschte er einen höllischen Fluch zwischen den Zähnen und schüttelte grimmig seine Faust wider den Mond, der über den Baumwipfeln des nächsten Squares emporkletterte. Und fiel betäubt an die Mauer. Seine Schläfe schlug schwer an die harten Steine.

Woran mahnte ihn das Gespenst seiner verwirrten Sinne? An seine schmähliche Schwäche, seine erbärmliche Schuld? Wollte die Leichenhand aus dem Grab ihn züchtigen, weil er dem Todten noch immer nicht zurückgegeben, was sein?

— — — — — — — — — —

Kraftinik langte noch eben rechtzeitig an, um seinem väterlichen Freunde die Augen zuzudrücken. In dem tiefen aufrichtigen Schmerz, den er mit der Wittwe theilte, hatte er in den ersten Tagen vergessen, was hinter ihm lag. Vergessen, sich selbst vergessen. Jetzt, da er aus dieser wohlthätigen Erstarrung erwacht, quälte ihn mit doppelter Gewalt das alte Leid. Das Leid? Nein, das Schuldgefühl.

Durfte er sich's selbst bekennen, aber mußte er's nicht, — daß in all dem Wirrwar seiner Gefühle erst schüchtern, dann immer dreister die Versuchung ihr Haupt erhob: Nun ist der todt und für immer dahin, der uns alle beschattete mit seiner bleichen Stirn, neben dem als Dichter sich zu spreizen nur dem blinden Größenwahn noch möglich war? Ja, er ist todt — und sein Werk, das meinen Namen berühmt gemacht, ist nun mein, mein. Der Zeuge gegen mich, der aufstehen könnte, mir die erborgten Pfauenfedern abzureißen, ist stumm für ewig.

So fraß die teuflische Lockung sich in seine Seele ein, langsam und stetig wie der Keim eines Verbrechens. Wie wäre bei normalem Zustand ein so unehrenhafter Gedanke ihm je genaht! Aber der Ruhm, — wer ihn kostete, den stumpft er ab für alle anderen Gefühle. Der Größenwahn muß sich sättigen um jeden, ja um jeden Preis.

Er rang verzweifelt mit dem bösen Vorsatz und doch vermochte er nicht, ihn zu bemeistern. Und die Furcht, die Schande! Wie würde man ihn lächerlich machen! Wurde er nicht unmöglich in der Litteratur? In den litterarischen Kreisen Berlins, an denen er mit allen Fasern hing? Das Gift der litterarischen Gesellschaftsstreberei schien ihm längst in alle Poren gedrungen und vergebens suchte er nach einem Gegengift.

Und zuguterletzt — konnte er nun nicht, nachdem er durch jenes Meisterwerk einen obersten Platz errungen, durch eigene Werke sich weiter behaupten? Konnte ihn nicht der edle Ehrgeiz, sich jenes Werkes und des dadurch errungenen Namens würdig zu machen, über sich selbst hinausheben?

Was nützte es denn dem Todten, wenn man der Wahrheit die Ehre gab und seinen ohnehin schon sicheren Nachruhm noch vermehrte? Der große Dichter bedurfte desselben nicht und der Todte bedarf überhaupt nichts mehr. Nur der Lebende hat Recht.

So mühte er sich ab, mit allerlei Sophismen sich über sein Vorhaben, über seine feige Schwäche hinweg=zutäuschen. Mit jedem Tage wuchs die Schwierigkeit des Eingeständnisses. Würde man nicht fragen, warum er nicht sofort das Nothwendige gethan? Würde man nicht seine plötzliche Abreise dann erst recht mißdeuten? Würde nicht ein immer das Böse voraussetzender Ver= leumder wie z. B. Schmoller sich dann gar feierlich als Bluträcher des „todten Freundes" aufwerfen, indem er am Ende gar den unerklärlichen Selbstmord Leonharts

mit dem litterarischen „Raub" zusammen brachte, der an
ihm begangen? Und ob denn überhaupt nicht Jemand
in der „Meeresbraut" die unverkennbare Vaterschaft Leon=
harts herausspürte und demgemäß Vermuthungen losließ?

Die Phantasie spiegelt tausend Fährnisse vor, die
hinterher nicht einmal kommen können. Wer etwas auf
dem Herzen hat, glaubt, daß Jeder es ahne. Wie die
Motte zur Kerze, fliegt ein überzartes Gewissen selbst
immer der Sache näher und verplaudert sich selbst Denn
der Mensch kann selten ein Geheimniß bewahren und bei
sich behalten, alles muß heraus. Daher die heilsame
Institution der Beichte — daher die wohlthätige Macht
der katholischen Kirche, welche dem Drang des Mittheilens
entspricht, den man sonst verbeißen müßte.

Bei diesem Gedanken an die katholische Kirche durch=
zuckte es den Einsamen. Wie hatte es ihn stets gepackt,
wenn Leonhart das Leben eines Mönchs als wünschens=
werthesten Seelenzustand pries!

Ach ja, ja. Wenn ihm nichts mehr übrig blieb,
wenn das Leben ihm ganz zuwider, so konnte er sich ja
flüchten in die klösterliche Stille, wo aller Hader schweigt
und jede Versuchung endet. „Memento mori!" zu mur=
meln wie der Trappist, dem nur dies eine Wort die ewig
versiegelten Lippen erschließt — das mag nur Weltlinge
erschrecken, die noch genarrt von den eiteln Gaben des
Lebens.

— — — — — — — — — —

Krastinik war, bald nachdem er wieder zu sich selbst

gekommen, ins deutsche „Athenäum" geeilt, um dort Ber=
liner Zeitungen zu lesen. Mit fieberhafter Aufregung
durchstöberte er alte und neue Blätter. Und nicht um=
sonst für das Einzige, wonach er fahndete. Zehrten doch
die Feuilletons aller Blätter noch immer in üppigen No=
tizen von dem seltsamen Selbstmord des jungen Dichters.
Sogar zu Leitartikeler schwangen sich verschiedene Organe
auf, um kräftig an diesem Fall das traurige Loos des
deutschen Dichters zu erläutern. Obschon sie selbst im
Leben ihn gänzlich todtgeschwiegen hatten, schleuderten
solche edlen Leitartikeler jetzo Invectiven gegen die ver=
sumpfte Presse. Denn das schien, bald nachdem der Selbst=
mord Leonharts als breite Notiz überall aufgetischt und
verrückte Motivirungen aufgetaucht, nunmehr endgültig
festgestellt: daß der junge Dichter sich aus Verzweiflung
über seine völlige Erfolglosigkeit und den Mangel jeglicher
Anerkennung das Leben genommen habe. Wäre daran
noch ein Zweifel gewesen, so wurde er ja bald gehoben
durch ein posthumes Ereigniß.

Was mußte Krastinik vernehmen! Sofort nach Leon=
harts Ende, fiel sein Verleger über seine litterarische
Hinterlassenschaft her, indem er einen Vertrag auf ein
neues Werk des Verstorbenen producirte, auf welches er
bereits eine Vorschußsumme gegeben. Dies neue Werk
fand sich vor, überraschenderweise fast ganz vollendet.
Ohne Besinnen setzte der rührige Verleger zwei Schnell=
pressen in Bewegung und publizirte mitten in dem Skandal
binnen drei Tagen das Buch. Und welch ein Buch!
Das schnelllebige Berlin hätte vielleicht auch diese Affaire

in acht Tagen vergessen wie jede andere, aber diese Pub=
likation verewigte den Skandal. „Der Schwur des
Hannibal", dramatische Dichtung. — Sobald er die
erste Anzeige gelesen, stürzte Krastinik zu Trübner und
kaufte das Buch. Gleichsam als Motto trug es an der
Stirn die wildtrotzigen Verse:

Ich glaubte nie die Mär, daß am Altar,
Heimkehrend aus der Römerkriege Lager,
Den Sohn er Rache schwören ließ — fürwahr,
Nicht ähnlich dem verschlossenen Karthager!

Der junge Hannibal sah fort und fort
Das Ringen seiner hohen Geistesahnen.
Er ballte nur die Faust und sprach kein Wort:
Man brauchte ihn zur Rache nicht zu mahnen.

Er sah, wie alles nur gelenkt vom Schein,
Wie jeder Wicht der Größe Keim verpfuschte,
Wie jedes stillen Werthes Melodei'n
Der Kameraderie=Tamtam vertuschte.

„Noch ahnet Ihr mich nicht, Ihr glatten Katzen,
Aufsteht ein Rächer aus Hamilkars Geist.
Den Löwen merkt man erst an seinen Tatzen,
Wenn der Gereizte Euch in Stücke reißt."

„Ihr mögt mir Netze stellen, Gruben, Schlingen —
Einst pack' ich Euch, und wen erst packt der Leu —
Ja, unerbittlich will ich sie vollbringen
Die Rachepflicht, dem Schwure bleib ich treu."

„Du Stadt der Krämer und der seichten Possen,
Ich schwör's bei der Semiten Gott, dem Bal:
Einst kommt er wie der Blitz herabgeschossen
Und reinigt Dich — der Schwur des Hannibal."

Das Buch fiel wie eine Bombe mitten in das Leben der Zeit hinein. Es sprengte gleichsam, vom Dach bis zum Erdgeschoß durchschlagend, alle Quadern und Mauern des Wahns auseinander.

Als Form war die dramatische gewählt, die einzige, welche Leonharts innerstem Wesen gemäß. Die Entwickelung der Tragik aus den Tiefen des menschlichen Willens, zwischen Bewußtem und Unbewußtem schwankend, in ununterbrochen schnurgerader Linie psychologischer Folgerichtigkeit, in dramatische Gestaltung umgegossen — dies war sein Ziel. Die geschlossene Composition des gewöhnlichen Bühnendramas konnte ihm daher nicht genügen, da seine umfassende Anschauung über den zwerghaften Rahmen der landläufigen Kunstgesetze hinauswuchs.

Aber überall nahm der philosophische Gedanke bei ihm warmen Erdkörper an.

Die Dichtung fußte auf rein realistischem Untergrund, stellte sich jedoch selbst allegorisch dar. Der Held war ein moderner Faust. Wie Jener als Magister an der Wissenschaft verzweifelt, so dieser an seinem elenden Beruf der berufsmäßigen Federfuchserei. Absichtlich hatte der Dichter seinen Helden in alle und jede Erbärmlichkeit des modernen Litteratenlebens eingetaucht, ihm auch das Kleinlichste nicht erspart. Und was das Unerhörteste dabei, der Held trug Leonharts Züge unverkennbar, nur mit tausend willkührlichen Zusätzen.

Die Anschauungen der modernen Naturwissenschaft lagen überall zu Grunde, waren aber nie aufdringlich breitgetreten. Nirgends fand sich die poetische Licenz der Zufall-Anwendung, nirgend drückte sich der Dichter bei den schwersten Theilen der psychologischen Entwickelung mit ängstlichem Salto Mortale vorbei, wie die anderen Sonntagsreiter. Der Kampf mit den Naturtrieben trat überall in seiner plumpen nackten Roheit und Poesie=losigkeit entgegen.

Ueberall entpuppte sich die hinter dem Werke stehende Persönlichkeit als begnadete Sehernatur, die zu größten Dingen bestimmt.

Inmitten der kaleidoskopisch schillernden Mosaik=gemälde und Feerie=Wandeldekorationen und nachgepfiffe=nen Epigonentriller der andern Litteraturfabrikate fühlt man ja wie die Jungfrau, welche ihrer Mutter über die Bälle klagt: „Ach, es ist doch immer dasselbe!" Der ge=wisse „Eine" war ihr eben noch nicht im Ballsaal be=gegnet. Aber hier bei Leonhart neben höchster männlicher Reife und fast schon angegreifter Lebenserfahrung eine gewisse unverbrauchte Jugendlichkeit, wie die des tölpel=haften jungen Siegfried, der auszieht, um Krimhild und die Welt zu erobern. Ueberall hatte man hier den ganzen Mann als kompakte Thaterscheinung vor Augen in der tiefinnerlichen Untheilbarkeit seiner ele=mentaren Persönlichkeit, deren Naturgewalt natürlich die diplomatisch kleinlichen Geistesschmarotzer der modernen

Hypercultur nicht zu fassen vermochten. Wie man in
der Dienst-Correspondenz eines Cromwell oder Friedrich
(„Aimez donc les détails!" rieth der Letztere) die un=
geheure Arbeitskraft anstaunt, welche jeden Knopf und
Stiefel ihrer Schwadronen im Auge behielt, — so erkannte
man hier die sittliche Charakterstärke, die innere Wahr=
haftigkeit, kurz die Klaue des Löwen breit und wuchtig im
kleinsten Worte abgeprägt.

Man sah seine weltbeherrschende Phantasie die Erde
umkreisen von Pol zu Pol. Aus den bläulichen Ringeln
seiner Kaffeekanne flatterten ihm braune Rosse auf, Be=
duinen in braunem Burnus. Sieh da, die weißen Mäntel,
wie Strauße in gedrängter Herde ihre Schwingen blähen!
Der rothe Wüstensand klatscht zum Sattel empor!
Schaumflocken bedecken Bug und Nacken der Rosse, so
daß sie getigerten Schecken gleichen oder fürstlichen Turnier=
rossen mit einem Brustlatz von Hermelin! Und auf ihrer
Spur schnauft das Hyänenrudel, in wilden Sätzen die
Fährte mit den Pfoten durchtastend — denn wo die Wüsten=
söhne jagen, da fällt ein Opfer zum Schmaus der Hyänen
und Geier, die krächzend den Trauerchor um die Gefal=
lenen hüpfen!

Aus dem Lande der Sonne schweifte des Dichters
Geist zum Norden, aus der Wüste zum Meer.

Die bläulich zackigen Eisberge der Eskimos, die den
Thran in Humpen schlürfen, umschiffte er wie ein Viking.
Wie der Pfeil vom Fischbeinbogen, schwirrte sein Schiff
dahin durch die tiefaufrauschenden Wellen, ängstlich ächzte
sein Segel vor der kreischenden Brandung, über welcher

der zackige Blitzstrahl den Donner heroldete. Und zum Klang gebrochner Helme sang die Seeschlacht wild und wilder, und der Tag sah ihn vorderst fechten. Doch in mondheller Nacht entquollen seiner Harfe die Thränen sehnender Leder.

Wohl drangen die Schreie aus des Dichters eigenem Herzen, man vernahm mit Schauder diese gewaltige Stimme, — wie der faustische Held, am Meere entlangwandelnd, aus Muscheln die ferne Klage des fliegenden Holländers vernimmt, der im Maëlstrom wirbelnd dem tauben Himmel droht, bis er fadentief versinkt zu Seegras und Korallen.

Der Brandung Bucht, die hohle,
Einsam der Wind umpfeift.
Träg von der Bergessohle
Der Nebel sich niederschweift.

Die Wassergeister schweben
Höhnend zu mir empor:
Zu Schaum zerrann Dein Leben,
Du bist und bleibst ein Thor.

<hr>

Es schwimmt das falsche Mondenlicht
Lockend auf kühlem Grunde.
Der Dampfer durch die Wogen bricht,
Sein Licht erhellt die Runde.

Und durch mein Herz, das dunkel kreist,
Mit grellen Feuerstrahlen
Das Schicksal seine Furche reißt.
Leuchte mir, Gott der Qualen!

<hr>

Ihr Heuchler, Schurken, Memmen, Gecken, Narren,
Du weltliches Gesindel um mich her,
Magst ein Jahrhundert auf die Stunde harren,
Die heut durchwettert meiner Seele Meer!

Ich höre Dich, mein Gott, im Wogenrauschen:
„Laß Menschen Menschen sein! Ich bin Dir gut.
Auf meine Donnerstimme sollst Du lauschen
Und vorwärts branden, Meer, in heiliger Wuth!

Schwemm sie hinweg, die Deinen Pfad Dir sperren!
Du bangst, weil fahler Neid die Messer wetzt?
Furchtlos voran! Ich mach' Dich doch zum Herren
Und trete nieder, was sich widersetzt!

Was half Dir Deine königliche Güte,
Mit Dreistigkeit von jedem Wicht belohnt?
Laß nur Verachtung reifen im Gemüthe,
Den Haß, der keine Nichtigkeit verschont!

Wo Du vertrautest, wurdest Du verrathen,
Und wo Du Edles wähntest, war's ein Traum.
Für ihre schamlos schnöden Missethaten
Verschlinge sie in Deiner Brandung Schaum!

Schmied' allen Haß in einen Blitz zusammen
Und brülle nieder sie mit Deinem Fluch!
Brenn' sie zu Spreu in Deines Hohnes Flammen!"
Sieh her, Jehova, kennst Du dieses Buch?

Wäre dies Buch, das in den Annalen der Litteratur
seines Gleichen suchte, bei Lebzeiten Leonharts erschienen,
so hätte es seinen Untergang beschleunigt oder direkt her=

beigeführt. Thörichte Schwätzer hätten sich an das muth=
maßlich Persönliche geheftet, ja vor allem liebevoll nach
den angeblichen Modellen der Figuren geforscht und ein
Bouquet von allerlei Persönlichkeiten zusammengestellt,
um etwaige Beleibigungsklagen zu formuliren. Man muß
den Leuten stets ihr Vergnügen gönnen. Niemand hätte die
Großartigkeit des Typischen in all diesen scheinbar
photographirten Einzelheiten erkannt, Niemand begriffen,
daß ein so hoch über den Dingen und Menschen
stehender Geist das Recht in sich selber trägt,
seine eigene Welt nach seinem künstlerischen
Willen zu gestalten. In der trostlosen Arm=
seligkeit jener nüchternen Prosa, die nur mit den
Rechenpfennigen der Alltagsmoral handelt, wäre Nie=
mandem auch nur in den Sinn gekommen, die tiefe
erhabene Gerechtigkeit dieser Heldenseele zu verstehen.
Wer hätte gewürdigt, daß man es hier mit einer Dich=
tung zu thun habe, welche gänzlich außerhalb aller ge=
wöhnlichen Alltagsbegriffe von Menschen und Dingen
stand! Dies war der Realismus einer Wahrheit, hoch
über der handgreiflichen Wahrheit der beweis=
baren Realität. Allein, mit dem adlermäßigen Sonnen=
flug dieses byronischen Geistes verband sich hier eine
ätzende Satire, deren Bosheit den wahnsinnigen Gallen=
ergüssen Swifts ähnelte. Die juvenalische Aber Leon=
harts blutete sich aus, bis sein Geist an einer Art
Auszehrung von Menschenverachtung, wie an einem Blut=
verlust jeder Lebenslust, zu versiegen schien.

Welch ein namenlos unglückliches Leben öffnete sich in

diesen Blättern, die von Herzblut zu triefen und sich wie klaffende Wunden zu öffnen schienen! Unseliger Mensch! Ihm war das Leben ein graues ödes Meer, über dem nur das Wetterleuchten seines Grimms emporzuckte. Ueberall unterbrach ein grelles Auflachen das methodische Hämmern dieser zermalmenden zerhackenden Maschine eines rastlosen Denkens. Die „saeva indignatio", welche Swifts Herz nach dessen Ausspruch zerfleischte, schmeckte man auch hier. Schonungslos auch gegen sich selbst, zerpflückte der Dichter unerbittlich seine eigenen Gefühle. Ein unerbittlicher W a h r h e i t s d r a n g, ein v e r z w e i = f e l t e s Drauflosstürmen gegen jede conventionelle Lüge, raste sich hier berserkerhaft aus.

Rücksichtslos waren die Gesetze des animialischen Lebens betont, die Naturgeschichte des Menschenviehs. Es regnete Ohrfeigen und Nasenstüber. Indem er die bübischen Begierden der Sinnesmenschen entblößte, ekelte sich dieser Faust-Mephisto und hatte doch auch „seine Freude dran".

Das Ganze bildete einen einzigen Aphorismus, ein riesen= haftes Monodrama, einen von i n n e r e r Handlung unab= lässig bewegten Monolog. Diesem tragischen Humoristen zerflatterte das Stoffliche oft zwischen den Fingern und löste sich in psychologische Tüftelei auf. Die geringfügig= sten Ereignisse spann der Reflexionspoet mit keckem Sich= gehenlassen zu wichtigen Abhandlungen und schlachtete das Unmerkliche als Stoff unendlicher Betrachtungen aus. So ging seine Laune ihren eigenen störrigen Maulesel= Trab, immer drauflos durch Blumen, Gemüsegärten,

Disteln und Nesseln. Sie war nicht wählerisch. Duften die Rosen, so schlürft sie das Arom ein, und duftet der Mist, so findet sie darin einen eigenartigen Haut=Goût.

Die Leichtigkeit in Führung der psychologischen Ent= wickelung, die sichere feste Hand in Urbarmachung des unbegrenzten gedanklichen Gebiets wurde unterstützt durch den genialen Blick für Rassenmerkmale, die fruchtbare kosmopolitische Bildung des Denkers. Ueberall erhoben sich reine Formgedanken in lichtem plastischem Marmor — statt schönheitsfroher Harmonie vernahm man freilich mystische Orgelklänge einer verschnörkelten Symbolik.

Doch schmolz sich das kalt Abstrakte überall vor dieser belebenden Schöpferwärme in reale Gestalten um, welche sich nur indirekt, indem sich das Begriffliche ver= dichtete, zu plastischen Allegorieen herausmeißelten. Diese bis zur höchsten Potenz gesteigerte Phantasiekraft setzte sich zu der Bewegung der Weltkörper in Schwingung und möchte das All reflektiv umspannen, ohne daß sie je Ge= fahr lief, sich im Allgefühl zu verlieren. Diese titanische Individualität sammelte die durch zahllose Kanäle sich hinwindende Reflexion zu klarem Strom und durch= flutete das Naturganze des Weltorganismus selbst wie eine besondere Weltseele, immanent der inneren Untheilbar= keit der Dinge.

Hier wagte sich wieder einmal ein Viking=Skalde hinaus in die offene See, als Wrack umhergeschleudert und in brüllendem Orkan wie in warmem Sonnenschein von der unheimlichen Flut gewiegt, welche in immer gleicher fühlloser Schönheit uns alle von dannen spült.

Wie die alten Seekönige kreuzte er von Küste zu Küste, wie Odin aus Sagas goldenem Methhorn berauscht. Auf seiner Hochzeitsreise mit der wilden Walküre Wahrheit verbrannte er denn sich selbst und sein Drachenschiff im Feuerwerk cynischer Selbstvernichtung.

— — Wäre dies außerordentliche Geistesprodukt aus der Feder eines Lebenden geflossen, so hätte man die nervig-drastische Methode Leonharts, die minutiöse Ausmalung psychologischer Wandlungen durch Zusammenscharrung ganzer Dokumentbibliotheken, um die Illusion absoluter Lebenswahrheit zu erwecken, als langweilige Weitschweifigkeit benörgelt. Eine unreife Baby-Aesthetik hätte die erotischen Scenen des Buches, welche die tiefste philosophische Absicht bargen, als brutalen Cynismus denunzirt. Ja, die unreifen Janitscharen der bespeichelten Modehelden hätten gar all dies Erdichtete für „Bekenntnisse einer schönen Seele" oder direkte Rousseausche Confessions genommen und demgemäß erläutert. Die Salon-Tätteler, die akademischen Säuseler, die Formalisten hätten mit Erfolg diese freche Verletzung alles gentlemanliken Dekorums gegeißelt. Muß doch die Welt jede Wahrheit in der Kunst hassen, besonders die Frau, welche ja die Welt bedeutet! Und da waltet wohl nur ein mechanisches Gesetz ob, ohne welches die conventionelle Gesellschaftsordnung nicht denkbar wäre. Allein, aus ganz demselben Gesetz folgerte nun das Gegentheil, da es sich um einen Todten handelte, der unter so betrübenden Umständen die Consequenzen der Wahrheit gezogen und sich vom Leben verabschiedet hatte.

Die Kulturmenschheit ahnt nämlich bewußt und un=
bewußt, daß der geliebte Materialismus d. h. der flotte
thierische Kampf ums Dasein ohne die Fiction des „Idea=
lismus" gar nicht möglich wäre. Denn der auf die
Naturwissenschaft gestützte Materialismus führt unnach=
sichtlich zu Consequenzen des Socialismus. Um daher
dem Bild von Saïs einen Schleier vorzuhängen, pflegt
man ab und zu den sogenannten Idealismus, das Inter=
esse an idealen Kulturerzeugnissen. Man gähnt pflicht=
schuldig das Postament der Geistesheroen an und versteckt
seine stumpfsinnige Gleichgültigkeit unter dem Tamtam
neuer Götzendiener, die vom Abfall früherer Geistesthaten
leben und ein großes Geräusch machen, gleich den Ammen
Jupiters, um die Stimme ihres Gottes zu übertönen.
Man läßt zwar das lebendige Ideale als Aschenbrödel
verhungern, aber man muß ab und zu über abstraktem
Idealismus faseln, um das Gleichgewicht herzustellen.

So wollte denn das Gejammere über das „unglück=
liche Genie", „den edeln Dichter" kein Ende nehmen. Die
„Berliner Tagesstimme" nannte ihn, nachdem sie sich
von Schritt zu Schritt mehr für ihren todtgeschwiegenen
Liebling erwärmt, bereits nur noch schlechtweg den „er=
habenen Jüngling". Sie wußte mit dröhnendem Pathos
unser Zeitalter der Reaction dafür verantwortlich zu
machen, daß eine so hochherzige Natur aus purem Lebens=
ekel sich aus dem Leben „fort fraulte". Jaja, das Herz
dieses erhabenen Jünglings brach, denn es schlug der
Freiheit sowie der Menschheit. (Die Aktien=Dividende der

„Berliner Tagesstimme" war dies Jahr besonders fett gerathen.)

Hingegen wußte das „Deutschnationale Blatt" ganz genau, daß der Antisemit Leonhart nur durch das infame Judenthum, dessen Presse sich besonders an ihm versündigte, zur Verzweiflung getrieben wurde.

Das „Bunte Allerlei" wimmerte wie ein kleines Krokodil und brachte u. A. die boshafte Notiz:

„Wie wir hören, soll der gräßliche Sittenschilderer K. Schm. untröstlich sein. Der Selbstmord seines Freundes L — t wirft all seine Dispositionen um. Denn er hatte denselben bereits als Helden seines neuen Romans „festgenagelt" und als Typus des Größenwahns unsterblich lächerlich gemacht. Leider ist ihm nun der böse Mensch zuvorgekommen. Solche Todten persiflirt man ungern."

Jedenfalls zeigte sich die Deutsche Presse eifrig bemüht, den Fall Leonhart als typisch für die deutsche Verkennung und das deutsche Schriftstellerelend möglichst breitzutreten. Ein Aufruf des allgemeinen Schriftstellerverbandes und des litterarischen Schutzbureaus erschien, worin jeder dieser Concurrenten den andern für die deutsche Misère in verblümter Weise verantwortlich machte und dann zu dem Fall Leonhart überleitete. Sämmtliche sechzehntausend Schriftsteller und Schriftstellerinnen des Kürschnerschen Lexicons sollten einen Obolus entrichten für einen interessanten Grabstein, welchen man dem „verewigten Collegen" errichten wollte. An den Grafen Oscar

von Schedwitz, Excellenz, und andere millionenreiche Di=
daktifer richtete man eine Adresse: „Ew. Excellenz! Hoch=
geborener Herr Graf, hochmögender Herr Kammerherr!
Mit jener Ehrerbietung, welche Allbeutschland Ihrem glor=
würdigen Schaffen zollt" u. s. w. Er möge, um die
entsetzliche deutsche Dichterverachtung im Volk der Dichter
und Denker zu brandmarken, das Portrait Leonharts
nach einer Zeichnung von Stauffer=Bern anfertigen lassen
und seiner berühmten Gallerie einverleiben. Graf Sched=
witz, Excellenz, edelherzig wie immer, zog sich jedoch noch
glänzender aus der Affaire. Er versprach nämlich statt
dessen die Tantièmen seines neuen griechischen Dramas
mit Chören „Gott Hymenäos", falls dasselbe sofort
von seinem Standesgenossen Graf Hochberg aufgeführt
werde, als Preis auszusetzen für die beste Denkschrift
über „Friedrich Leonhart, den deutschen Chatterton."
Es giebt noch gute Menschen.

Regnete es doch nur so „Erinnerungen an den ver=
ewigten Dichter"!

Frank Säuerbach in München veröffentlichte einen
Essay in der „Allgemeinen Zeitung", worin er mit
braminenhafter Spitzfindigkeit den Leichnam Leonharts
secirte und an demselben pathologische Studien verübte.
Der Keim zum Selbstmord habe von jeher in Leonhart ge=
legen, ebenso wie etwa Satyriasis in dem sogenannten
Pantheismus jüngstdeutscher Lyriker. Er brachte als
Beweismittel zwei Gedichte bei, die der Unglückliche vor
Jahren veröffentlicht habe:

Du, des Tages blind Geschöpf, jammerst, daß Dein Herz
    verblutet,
Daß' Dein ganzes Sein sich fühlt vom Verwesen angemuthet?
Ja, die Hoffnung bald entwich,
Nur den Tod zu suchen frommt, nur der Tod macht Dich
    unsterblich.
Nur des Denkers Ideal bleibt von Zeit zu Zeit vererblich,
Dein Gedanke unveräußerlich.

Als Voller vorgefiedelt, sprang auf des Tisches Brett
Herr Hagen, jäh zertrümmernd die Krüge beim Bankett.
„Nun trinken wir die Minne und zahlen des Königs Wein:
Der junge Vogt der Heunen — der soll der Allererste sein!"

Wer will zum Tanz mir fiedeln? Ich möchte schon sogleich
Zertrümmern meines Herzens Gefäß mit festem Streich.
„Nun trinken wir die Minne und zahlen des Schöpfers Wein:
Das Blut des Dichterherzens — das muß das allerbeste sein."

Diese traurige Lebensverschmähung, dieser bachantische
Trieb zur Selbstvernichtung wie zu einem Festgelag, sei
nun durch die berechtigte Verzweiflung des Dichters über
die stumpfe Aera, in welche ihn das Schicksal verbannte,
gesteigert worden. Sogar der Componist Francis Henry
Annesley meldete sich einem litterarischen Magazin mit
einem Artikel „Meine Beziehungen zu Friedrich Leonhart".
Denn obschon er für alle Zeiten jeglicher Schmier=Be=
thätigung entsagt und sich ganz der edeln Musika gewid-
met habe, besäße für ihn die Feder noch immer genug
Anziehungskraft, um zwei edeln Todten den Zoll der

Dankbarkeit zu bringen. Dies seien der Maler Rother
und der Dichter Leonhart, beide auf räthselhafte Weise
verunglückt, wahrscheinlich durch Selbstmord. „Ja, sie
wanderten nicht von einer Kaltwasserheilanstalt in die
andere, wie so mancher andere Schmerzenreich," — (gestand der junge Musiker mit achtungswerther Selbst-
ironie) — „ewig entsagend und immer wieder da, von
den Todten auferstanden. Sie machten Ernst mit ihrer
Verneinung des Lebens, mit dem letzten Facit unter der
Summe ihrer Schmerzen." Und jetzt folgten eine Menge
enthusiastischer Lobeserhebungen über die „hehren Verblichenen," welche „die einzigen absolut selbstlosen, neid-
und parteilosen Menschen" gewesen seien, die ihm je begegnet. Er idealisirte sie jetzt ebenso ins Maßlose, wie
er sie früher bemäkelt und ausgebeutet hatte. Allein,
mochte man darüber denken wie man wollte, etwas
Rührendes lag trotz eines Anflugs der alten Schauspielerei in dieser offenherzigen Reue, mit welcher sich der
sonst so geckenhafte und seines eigenen Edelsinns bewußte
Jüngling selber des knabenhaften Undanks bezüchtigte.
Er habe zur Entschuldigung anzuführen, daß er durch die
Gesellschaft heuchlerischer Banditen à la Edelmann und
Haubitz mit dem Gift eines allgemeinen Mißtrauens in-
ficirt sei, weil er alle andern Menschen nur als elende
Selbstlinge kennen lernte. Dies nur habe ihn nicht voll
würdigen lassen, was Rother stets für ihn gethan. Seit-
her sei er älter und männlicher geworden, und wisse jetzt,
was in dieser kalten gemeinen Welt ein warmes Freundes-
herz bedeute. Jetzt sei er sich seiner Nichtigkeit und

Zwergheit bewußt — seiner moralischen Inferiorität einem
Rother, seiner geistigen einem Leonhart gegenüber. Von
dem lächerlichen Größenwahn, der ihn dämonisch verzehrt
habe, sei er curirt. Den „Schwur des Hannibal“ in der
Hand, am Grabe dieser großen Seelen, welche der Welt-
roheit nicht zu widerstehen vermochten, habe er sich zugeschworen, jedem eiteln Ehrgeiz zu entsagen. Wo solche
Menschen untergehen mußten, da lohne es sich grade, den
Beifall der gemeinen Herde zu erschwindeln und um den
feilen Odem des Pöbels zu buhlen. —

So hatte der Tod mit seinem ernsten Seherblick eine
schon erblindete Seele erhellt. Der edle Grundstoff und
der ideale Instinkt einer schon verschlammten krankhaften
Wesensart wurde emporgerüttelt, so wie ein jäher Schreck
das Wechselfieber vertreibt. —

Max Henkelkrug veröffentlichte in Separat-Abzug bei
Schabelitz (Zürich) eine hochtrabende Rhapsodie in Bän-
kelsängerformat:

Ein sociales Nachtstück.

Der Dichter der ist todt.
    Verscharrt ist sein Gebein,
An seinem Grab ein Rabe droht,
    Kreischt „Mord“ ins Land hinein.
Der Afterdichter rührte stolz
    Die Saiten vorm horchenden Volke.
Da plötzlich sprang der Harfe Holz
    Und die Saite barst in Stücke.
Von des Regenbogens Brücke
Erklang es aus der Wolke:

„Der Wicht, der mich erschlug,
Hier seine Strafe fand.
Des Meisters Harfe nie ertrug
Des Ungeweihten Hand.
Wer hat zum Skalden Dich bestimmt,
Geboren und auserkoren?
Odin, der Skaldengott ergrimmt,
Geschworen ist Dein Verderben.
Denn Thoren sollen nicht erben
Den Ruhm, den Weise verloren."

Die Auferstehung der Todten ist eine schöne Sache. Jetzt war jeder Philister, der sich auf seinen Wollsäcken wälzt, freudig bereit, sein Licht auf den Scheffel zu stellen und seinen Idealismus in wohlschmeckenden Festessen zu Ehren eines halb verhungerten Dichters leuchten zu lassen. Wenn man nur durch Heiligsprechung der Todten den Lebenden ihre Rechte verkümmern kann, dann sind wir allemal diejenigen, welche. Freilich kostet es ja auch weniger, je einen Penny für ein Grabmonument beizu=steuern, als ein Pfund zu einer Subscription auf ein zu schaffendes Werk. Statuen dienen zur Verschönerung der öffentlichen Plätze, und zur Drucklegung patriotischer Prospekte, besonders zur Ordensempfehlung des Gemeinde=raths. Wenn heut ein Geist herniederstiege, er würde dazu nur rufen: Unsinn, Du siegst und ich muß unter=gehen.

Doch fehlte es natürlich auch nicht an dissentirenden Stimmen. Denn Haß und Neid überleben selbst den Tod. So schrieb Peter v. Schnapphahnskoi in der „Kreuz= und Schwertzeitung":

„Als wir den hochtrabenden Titel lasen und von dem Inhalt des Buches hörten, befiel uns abergläubische Furcht. Wie, der Kampf mit dem Drachen? Wer wagt es, Rittersmann oder Knapp? Der Knapp' wagt es und Herr Leonhart taucht in den Schlund — der lernäischen Hyder an der Spree. Zu solcher Schandthat sollte man sich erst aufschwingen, sobald man die Blöße des Geg= ners entdeckt hat. Aengstlich von Natur, stoßen auch wir nur in solchem Falle zu. Aber ach, solche Kraftleistung kann uns nicht in d i e s e m Falle erschlaffen, denn der verewigte Dichter bietet ja dem Messer der Kritik selbst überall die Kehle dar. Er nestelt sich, wie eine kleine Brigg der „Wasser=Geusen" an eine schwerfällige spanische Gallione, wie ein Torpedoboot an ein Linienschiff alter Holzconstruction, an die bestehende Gesellschaftsordnung an und wundert sich, wenn ihn diese in den Grund bohrt. Er schmeißt seiner spröden Feindin, der bösen Welt, faust= dicke Grobheiten ins Gesicht und wundert sich, wenn sie diesem Liebeswinke widersteht. Mein Gott, was kann da sein! Leonhart war ein kecker verschlagener Husar, der sich in Vorpostenschaarmützeln herumhieb, so daß gewiß irgend ein Feldherr, der oben auf dem Berg seine Batte= rieen ordnet, an ihm seine helle Freude gehabt hätte. Nur muß der mehrfach dekorirte Rittmeister nicht urbi et orbi verkünden, er habe schon selbstständig commandirt und Schlachten gewonnen; dann wird er wegen Ver= gehens gegen die Disciplin gemaßregelt. Was hat denn der vielbeklagte Jüngling eigentlich geleistet! Romane konnte er nicht schreiben, der Faden seiner Handlung spann sich niemals ungezwungen ab, die äußeren Griffe des Erzählhandwerks beherrschte er kaum, und alles verlief sich ins Gefühlsverworrene. Die glückliche Hand eines alterfahrenen Technikers blieb ihm versagt, er scheiterte an der Klippe der Manierirtheit und Uebertreibung. Wenn er versuchte, geistreiche Silhouetten aus der Ber= liner Gesellschaft herauszuschneiden, so häufte er nur eine Fülle intimer Details mit reportermäßigem Behagen auf. Statt ohne Umschweif vorzugehn, das Ding an sich zu packen und knapp beim Namen zu nennen, verlor er sich in Schönrednerei, weil ihm für die praktisch=nüchterne Wahrhaftigkeit und „poesielos“ trockene Gesundheit des Berolinischen Alltagslebens das feinfühlige Tastorgan fehlte.

Und nun diese unwahre Schmerzfexerei, dies Re= klamegeschrei, diese überreizte Fruchtbarkeit! Bekanntlich leidet unsre Zeit an drei großen Krankheiten: Atheismus, Morphiumsucht und Größenwahn. Wir wissen nicht, ob Leonhart an Morphiumsucht krankte. Seinen Atheismus vermuthen wir. Gewiß aber sind wir seines Größen= wahns. Bei dieser widerlichen Selbstberäucherung, wo der Dichter gleichsam vor seinem verschönerten Ebenbild anbetend auf den Knieen rutscht, fällt wohl Jedem das gesunde Sprüchwort ein: „Eigenlob stinkt, Andrer Lob klingt.“ —

Kraftinik lachte bitter auf.

Klingt — ja leider klingt es manchmal wie Zwanzigmarkstücke. Und da scheint denn doch das Eigenlob beträchtlich weniger zu stinken. Ist heut nicht jedes Lob verdächtig? Die wirklich Schlauen fügen in Lobhudeleien stets gehörigen Tadel ein, denn die Möglichkeit einer selbstlosen Begeisterung scheint ausgeschlossen. Fängt bei den „Kollegen" die Wahrheitserkenntniß doch sicher erst an, wenn die persönliche Existenz des Autors erloschen ist. Was aber soll uns dann noch eine Kritik, die eben nur auf persönlichen Verhältnissen fußt? Besser w a h r e s Eigenlob, als e r l o g e n e s Andrerlob! Es kommt hier einfach auf den Satz heraus: Quod licet Jovi, non licet bovi. Psychologisch betrachtet, verräth die Unvorsichtigkeit des Selbstlobes nur, daß die Eleusinischen Mysterien der Streberei dem muthigen Verletzer fremder Eitelkeit unbekannt blieben. Krastinik dachte aus der Fülle seiner Erfahrung an all jene Geschmeidigen, die der Kenner auf den ersten Blick durchschaut, heißen sie nun „Cohn" oder „Baron", die geschickt das plumpe Selbstlob vermeiden, sich überall durchwindend ohne anzustoßen und doch vordrängend. Und wird nicht das verrufene Selbstlob vollends eine verzeihliche Nothwendigkeit, falls man gegen „die Schmach, die Unwerth schweigendem Verdienst erweist" gar keine andere Waffe mehr hat? Hier hört das Selbstlob auf, rein persönliche Eitelkeit auszustrahlen, und verliert seinen ursprünglichen Charakter, indem es einfach zur Vertheidigungsrede sich umformt.

Krastinik las weiter. Der kleine Lumpensammler kritikasterte nun so fort, indem er emsig auf die Untugend der Unbescheidenheit losklopfte und einen Injurien-Platzregen vom Olymp des Jupiter Pluvius Stupidus herabgoß. Krastinik verzog keine Miene. Denn wer einmal im inneren Ring der litterarischen Geschäfte thronte, constatirt ja nur mit ruhig geschäftsmäßigem Tone, warum dies und das geschrieben sei. Einen ungetrübten Blick für Ideales pflegen nur Fernstehende bewahren zu können. Zum guten Ton einer wahrhaft vornehmen Kritik gehört es hingegen unbedingt, die Absichten des Autors möglichst zu verdrehen und geistiger Urkundenfälschung zu fröhnen.

„Man erstarrt als Uneingeweihter zur Salzsäule über die angeblichen Motivirungen, welche dieser skandalisirende Mephisto über die idealsten Dinge zum Besten giebt. Dies Büchlein riecht zum Himmel, daß Zeus sich die Nase zuhält. Es athmet einen Rinnstein=Odeur von roher Bosheit. Unter dem würdigen Schlachtgebrüll eines edeln Zornes drängelte der verstorbene Litteratur= papst nicht übel mit dem Ellenbogen, um einen Platz in erster Reihe zu ergattern. Er schwenkte als Zwingvogt seinen Hut auf eine hohe Stange hinauf, und wer sich nicht aus dem Staube machte, wurde gefaßt, „weil man dem Hut nit Reverenz erwiesen". Er schmiß sogar seinen Geßlerhut tief ins Lager der Widersacher, um ihn dort wieder herauszuhauen. Das Schlachtgetümmel mit Tsching= beratata wollte kein Ende nehmen. Nun hat es ein Ende genommen, freilich ein Ende mit Schrecken. Mag der Geist des seligen Dichters noch so wuchtig mit dem Tölke'schen Knüppel drohen: Wer dies Buch nicht lobt, fühlt sich von ihm getroffen — mag ihm als Motto seines Strebens der alte Vers vorgeschwebt haben: Was kann Genie? das stirbt, eh man's begriffen, verkannt.

verlästert, ausgepfiffen, — wir können nur achselzuckend
dies hohle Machwerk einer kindischen Selbst=
anbetung bei Seite werfen. Trefflich urtheilt unser
schneidiger Waffengänger Rafael Haubitz: „Es fehlte eben
Leonhart an einer ausgeprägten Physiognomie." De
mortius nil nisi bene. Fesselte nicht diese Erwägung
unsre Feder, wir möchten dieselbe wohl viel schärfer ge=
spitzt haben. — Zum Schluß nur noch eine ruhige Frage,
welche den ganzen Dunst des lächerlichen Todtentanzes
einer schwindelhaften Dichtergrab=Bewunderung zerbläst:
was hat Leonhart unter all seinen zahlreichen Schrei=
bereien, speciell seinen Dramen, denn je geschaffen, was
an Größe der Conception und Schönheit der Ausführung
auch nur entfernt sich messen kann mit dem wunder=
vollen Drama Graf Xaver Krastiniks, unseres
neuerstandenen großen Dichters? Schlägt „Die
Meeresbraut" nicht alle verfehlten Versuche jenes Stür=
mers und Drängers um zwanzig Pferdelängen? Nicht
umsonst erlebte „Die Meeresbraut" jetzt schon die
dreißigste Aufführung binnen so kurzer Frist, unerhört
im „Deutschen Theater". Dorthin gehe man, um zu
schauen, was wahre Dichtkunst bedeutet! Leonhart war
höchstens ein Vorläufer des genialen Grafen Xaver
von Krastinik."

Krastinik ballte das Zeitungsblatt mit der Faust zu=
sammen und warf es zerknüllt zu Boden. O öffentliche
Meinung des bedruckten Zeitungspapiers, du bist geduldig.
Vorläufer, ja wohl! Wagte nicht auch Webster in der
Vorrede seiner „Vittoria Corombona" vier Jahre vor

Shakespeares Tode den größten Genius aller Zeiten in einem Athem zu nennen mit dem Akademiker Ben Jonson und den abligen Theatralikern Beaumont-Fletcher, ja sogar mit Eintagsfliegen wie Chapman, Dekker und Hay-wood, die heut kaum der Litterarhistoriker beachtet! „Schließlich, doch ohne ihn durch diese letzte Nennung beleidigen zu wollen" nennt der gute Mann als seinen Vorläufer auch noch den gottähnlichen Ewigkeitsmenschen. Eine Posse von tiefbedeutsamer Mahnung. Jaja, Gegen-gewicht muß sein; gegen drohendes Uebergewicht imagi-näre Werthe ausspielen — vive l'Egalité!

Und hier bei diesem Fall, wo durch die überwäl-tigende zerschmetternde Ironie des Zufalls einmal die plumpe Gehässigkeit der Beschränktheit offenbar werden konnte, wo die Aufdeckung der Wahrheit — — Krastinik schauderte in sich zusammen. Er preßte die Hände vors Gesicht, wie um die Welt nicht zu sehn oder vielmehr sich vor ihr zu verstecken.

— — — — — —

Wahrhaft hochherzig und von dem sittlichen Pathos der Wahrheit durchdröhnt, klang der Nekrolog, welchen Hans Holbach seinem Freunde in der „Berliner Tages-stimme" zu widmen wagte. Mochte im Leben diese Freundschaft nur eine äußerliche Schauspielerei gewesen sein, mochte der tiefe Zwiespalt beider Naturen sie ein-ander innerlich entfremdet haben, — der Tod gleicht alle Gegensätze aus. Jetzt balancirte Holbach nicht mehr, dem Vortheil der Weltberechnung gehorchend — der Tod veredelt. Und so tönte die Stimme seiner eigentlichen chevaleresken Natur, seines warmen und gütigen Herzens, aus den Worten:

„Unter dem vielen Erbärmlichen des Weltgetriebes giebt es ein Erbärmlichstes: den Schriftstellerneid. Diesem zumeist fiel Leonhart zum Opfer, während er neidlos alles Tüchtige anerkannte. Nachdem sie sein Genie von allen Seiten benörgelt (hier erwarben sich viele Moralprediger ein besonderes Verdienst, ihm, dem wirklich Moralischen gegenüber), begannen seine Collegen auch seinen Charakter in den Staub zu ziehen, indem sie seine Handlungen entstellten, seine Motive unlauter verdrehten, seine Ausschreitungen übertrieben. Nun lehrt zwar ein Blick auf die ungeheure Produktivität des jungen Dichters, daß er lediglich seinen idealen Zielen gelebt haben könne und daher alle Sagen über sein sonstiges Verhalten ins Reich der Mythe gehören. Wären aber seine Fehler so offenkundig wie die Erhabenheit seiner Dichtungen — wer wäre berufen, darüber zu richten? Doch gegen diese Art giftspritzender Hinterlist bleibt der Edelste und der Stärkste ohnmächtig. Forschen wir aber nach den Gründen dieser Niedertracht, so finden wir überall den gleichen: den Neid der Impotenz gegen das Genie, den Größenwahn der Kleinen gegenüber der wahren Größe. Verzeiht doch die kleinliche Selbstsucht der Mittelmäßigkeit nie die berechtigte Selbstsucht des Berufenen, weil ihre jämmerliche Eitelkeit sich verletzt fühlt! Dabei bedenke man, daß dieser Ewigkeitsmensch keineswegs etwa wie Byron den weltlichen Rang eines Lords trug, was

doch nun einmal auf die Welt ganz anders wirkt, als
der Rang eines großen Dichters! Man male sich Byrons
Leben aus, wenn er zufällig als ein armer deutscher Poet
geboren wäre — welch ein Abgrund stummen Leidens
öffnet sich da der Phantasie! Und ein solches Leben
ewiger seelischer Tortur in verzweifeltem Kampf gegen die
Uebermacht des Weltmaterialismus, von widrigen Ver=
hältnissen eingeschnürt, hat Friedrich Leonhart durchkostet.

Zweifellos war Leonhart kein makelloser Heiliger.
Doch war sein Herz großmüthig und edel. Seine Ver=
achtung alles Niedrigen und Kleinen entsprang seinem
innersten Wesen, in dem nichts gemein und knechtisch.
Quälte ihn vermeinte Unbill, die ihn zu thun zwang,
was er lange bereute, — viele wissen, daß sich ihm auf
schwachem Grunde feste Dankbarkeit erbaute. Der Zug
verzweifelter Angriffswuth aus tiefer seelischer Verbitterung,
der ihn kennzeichnete, ging nicht aus äußerlichen und
selbstischen Motiven hervor. Er kämpfte immerzu, heut
mit der ganzen Welt, morgen aber auch mit sich selber.
Denn der eigentliche Kern einer solchen Heldennatur
basirt auf Tugendliebe und Pflichtgefühl, trotz einzelner
Schlacken und Flecken. Wäre er mit jenen äußeren Vor=
zügen geboren worden, die in der Welt allein Erfolg ver=
bürgen, mit Gesundheit, Schönheit, Rang und Vermögen
so hätte das reiche Wohlwollen seines Gemüthes sich zu
vollkommener Idealität entfaltet. So aber, eine stete
Zielscheibe für die Gehässigkeit neidischer Dummheit,
wurden die häßlicheren Seiten seines Charakters von
Jugend an genährt. Jeder Eindruck warf sich auf ihn

mit so intensiver Gewalt, daß zugleich alle Geistesstärke
und alle Charakterschwäche hervorgelockt wurden. Die
Fehler Leonharts stammten weder aus Entartung des
Herzens — denn die Natur hatte nicht den Widerspruch
begangen, so außerordentliches Talent mit einem unvollkommenen moralischen Sinn zu verbinden — noch aus
Gefühlen, unempfänglich für Bewunderung der Tugend.
Niemand hatte ein wärmeres Herz für Sympathie, eine
offenere Hand für Unterstützung des Unglücks. Kein Geist
war besser geformt für enthusiastische Verehrung edler
Thaten, vorausgesetzt, daß er überzeugt war, man habe
wirklich selbstlos gehandelt. Vorstellungen eines Freundes, dessen guter Absicht er sicher, hatten oft bei ihm
großes Gewicht: freilich durften Wenige eine so schwierige
Aufgabe sich herausnehmen. Mahnung ertrug er mit
Ungeduld, Tadel verhärtete ihn in seiner Verirrung, —
so daß er oft dem feurigen Streitroß glich, das sich wüthend
in die Lanzen stürzt. In den schmerzlichen Krisen seines
litterarischen Lebens bewies er diese Reizbarkeit in solchem
Grade, daß er fast dem edlen Opfer des Stiergefechtes
glich, das mehr die Neckereien der Hetzerhorde, als die
Stiche des kühneren Matadors zum Rasen bringen.

Aber der Allgerechte, welcher menschliche Schuld nach
ihrem wahren Werthe in seiner Schale wägt, wird jeden
dieser vergifteten Nadelstiche wie einen Geistesmord verdammen. Schwerer wiegt jede Stunde, die man dem
Dichter raubte und die einen Verlust für die Menschheit
bedeutet, als das gesammte werthlose Leben seiner Hetzer
und ihrer fadenscheinigen Moral."

Das waren goldene Worte, echt und warm aus
schlagendem Herzen geboren. Ja, der Tod ist heilig, er
ist ruhig und still. Den Todten zieht man nicht mehr
freundlich die Würmer aus der Nase oder tastet an ihnen
herum, um die Naht zu finden, aus der man irgend
einen Vortheil herausschlitzen kann. So pflegen wir Um=
gang mit den Lebenden, die Todten aber verbitten sich
das. Der Tod ist heilig.

Doktor Gotthold Ephraim Wurb schrieb im „Bunten
Allerlei" über die Oeuvres posthumes dieses neuernannten
Litteraturkönigs:

„Sein hinterlassenes erhabenes Meisterwerk zeigt uns, welch
unvergleichlich große elementare Dichterkraft in Friedrich Leonhart
uns frühzeitig dahingerafft wurde. Mit Stolz weisen wir daran
hin, daß wir es waren, die zuerst dieses Urgenie entdeckten, wie so
oft schon die Redaktion des „Bunten Allerlei" von sich rühmen
durfte. Lange blieb es ja unter Eingeweihten kein Geheimniß mehr,
daß in Leonhart der eigentliche Centraldichter unsrer Zeit schlummerte.
In ihm wäre uns der lang Ersehnte beschieden gewesen. Und nun
ein so schreckliches Ende — weihen wir ihm eine stille Thräne!
Vielleicht wäre er der deutsche Shakespeare geworden; so blieb er
nur ein zerrütteter Shakespeare. Der schreckliche „Fluch", den man
unter seinen Papieren fand, trifft uns natürlich nicht. Wir haben
unsre Pflicht erfüllt. Mögen die Elenden, die sich getroffen fühlen,
es auf sich beziehen! Das ist das ewig alte Loos des Genies in
Deutschland. Erst wenn es im Grabe ruht, erkennt man neidlos
seine Größe. Was könnte dieser große Mann unserm Volke ge=
worden sein, wenn man ihn an die richtige Stelle gesetzt hätte!
So — mußte er verkümmern, verbluten an tausend Nadelstichen.
O wie ein edler Zorn uns bei diesem Gedanken durchtobt! Wir

werden demnächst Briefe des Verstorbenen publiziren, dem wir einst nahe standen."

— — — — — — — — — — — — — — —

Das Dichten und Trachten des menschlichen Herzens ist böse von Jugend auf.

II.

Krastinik lag halb zurückgelehnt auf einer Bank im Regentspark. Ein traumhaftes Erinnerungsweh bewältigte ihn. Vor wenigen Minuten fuhr eine offene Karosse an ihm vorüber, in welcher Alice Egremont, jetzt Lady Mowbray, in nachlässiger Eleganz auf den Polstern sich wiegte. Unwillkürlich zuckte er empor. Ihr Auge glitt über ihn hin, sekundenlang blieb es hängen. Er grüßte, sie dankte flüchtig. Er bemerkte, daß sie erröthete. Aber wie bleich sie war! Sollte das Gerücht begründet sein, daß sie eine unglückliche Ehe führe, daß ihr Gatte, der nur ihr Vermögen freite, sie roh behandele? — —

Regungslos saß er noch immer wie angewurzelt. Wie lange er so gesessen, er wußte es nicht. Seine gestorbene Liebe, sein gestorbener Freund, seine gestorbene Muse, die er weiter und weiter von sich entschwinden fühlte — alles floß ihm in ein gespenstiges Bild zusammen.

Wo flüsterte hier nicht Erinnerung! Er hörte ihre Stimme überall, im Zwitschern der Vögel, im Rauschen der Bäume, im Klang der fernen Vesperglocken. In jedem dieser Laubgänge wehten einstgeliebte Locken —

wessen, er wußte es selber nicht. Bewahrte die Urne
der Erinnerung noch ihren Nektar, dies London noch eine
Spur von dem, was sein Herz hier verließ? Hier wer=
den einst Andre wandeln, wo er mit Dorrington plaudernd
sich erging. Sie kamen hierher, Andre werden kommen.
Den Traum früherer Menschenseelen werden sie fortsetzen
und doch nicht vollenden. Denn diesem Traum frommt
kein Erwachen. Nichts vollendet sich ja auf Erden,
nichts. Alles beginnt, um nimmermehr zu enden. Wir
alle erwachen, die Schlechten wie die Guten, die Großen
wie die Kleinen, aber dies Erwachen heißt der Tod. Ja,
der Tod weckt uns, wie ein Morgengruß. Und Leben
heißt sich verschwenden an Schatten, an Schatten.

Wie die alten Aegypter ihre Mumien, balsamirt die
Erinnerung ihren Gram für ewig ein.

Ob man den Spiegel in Scherben wirft, jede Scherbe
spiegelt doch das alte Bild. Spiegle Dich nur kokett in
der schmeichelnden Fluth! Schritt für Schritt lockt es
Dich tiefer, bis der Fuß ausgleitet und die Woge über
Dich hingeht. So ist die Erinnerung — man spiegelt
sich darin und badet und ertrinkt.

Und wenn dies alles nun wahr, wahr wie Leben
und Tod, — da sollte man es der Mühe werth erachten,
die Befriedigung der Eitelkeit allen Geboten der Ehre
voranzusetzen? Nein, nimmermehr.

— Krastinik fuhr zu Lady Dorrington und verab=
schiedete sich bei ihr. Zu Hause schrieb er zwei Briefe.
Einen nach Haus. Von Berlin her war ihm ein Brief
seines älteren Bruders nachgesandt. Die Brüder corre=

sponbirten sonst wenig, da ihre Lebensanschauungen zu
verschieben. Diesmal aber erhielt er einen langen Brief
des Majoratsherrn. Er befinde sich momentan auf den
Stammgütern in Siebenbürgen und erwarte den Adel
der Umgegend zu einer Bärenjagd. Auch sein Freund
Graf A—y, der Führer der klerikalen Opposition,
werde sich einfinden. Da würde man sich wohl mit Schmerz
davon unterhalten müssen, auf welche traurige Bahnen
ein Krastinik gerathen sei. Erstlich solle Xaver ja in
Berlin sich ganz germanisirt haben und abscheuliche Preußo=
manie pflegen. Den Kreisen der Oesterreichischen Bot=
schaft halte er sich ganz fern, wie man höre. Unverzeih=
lich von einem Krastinik. Aber noch schlimmer, man sehe
ihn stets in Gesellschaft plebejischen Gesindels, herabge=
kommener Litteraten. Er scheine sich allen Ernstes als
„Schriftsteller" von Beruf zu fühlen. Jetzt nun gar, —
mit Indignation habe er als Haupt der Familie davon
Kenntniß genommen, daß Xaver Krastinik mit einem so=
genannten Bühnenstück Furore mache. Vermuthlich sei er
vom Publikum auch herausgebrüllt worden und, dem
Hervorruf gehorsam, vor den Vorhang getreten? Ob
er denn nicht selber fühle, wie wenig das für einen Kra=
stinik schicklich sei? In andern Ländern möge das ja
angehn. Ein Graf Tolstoy und verschiedene Fürsten
schrieben ja auch. Aber grade in Deutschland, wo man
mit Recht die Schriftsteller als Menschen auffasse, die
ihren Beruf verfehlten! Als erhabener Dilettant Werke
zu redigiren, wie Sr. k. k. Hoheit Kronprinz Rudolf, sei
ja gewiß ein vornehmer Sport. Aber die Art und Weise,

wie Xaver diesen Sport treibe, sei skandalös. Ganz als
bürgerliches Metier. Ob er vielleicht mit Cohn und Ißig
schon Brüderschaft getrunken habe? Man behaupte sogar,
er verkehre bei Leuten, die wegen Preßbeleidigung des
Fürsten Bismarck gesessen hätten. Aber das halte sein
brüderliches Herz wenigstens für Verleumdung. — Kurz
und gut, was solle denn aus ihm werden? Seine [mili-
tairische Carrière habe er aufgegeben, doch hoffentlich sehe
er ein, daß er sie wieder ergreifen müsse, um sich vor
seinen Standesgenossen zu rehabilitiren. Er bitte ihn
flehentlich, seinen elenden Papierruhm im Stiche zu lassen
und heimzukehren.

Am Schluß schimmerte noch durch, daß der Majo-
ratsherr die finanzielle Lage eines jüngeren Sohnes wohl
berücksichtige und ihm daher, falls er sich wieder anständig benehme, gewisse Revenuen in Aussicht stelle.

„Ein Almosen!“ knirschte Xaver. „Jeder Löwe hat
seine Laus! Zu Kreuze kriechen — das fehlte noch!“

Er schrieb trocken zurück, daß ihn etwaige Briefe
in Scheveningen finden würden, da er morgen mit dem
nächsten Dampfer via Amsterdam zum Continent zurück-
reise. Im Uebrigen danke er für die brüderlichen Rath-
schläge. —

Der andere Brief des Grafen ging nach Berlin, an
die Redaction der „Berliner Tagesstimme‘. Es kostete ihn
schwere Ueberwindung, die Feder anzusetzen. Dreimal
zerriß er das Schriftstück. Schweißtropfen perlten auf seiner
breiten Stirn.

Dann aber sprang er plötzlich auf. Sein Auge

blitzte, seine Brust hob sich). Ihm war, als stände er auf einer Bresche, als würfe er sich ritterlich einem fallenden Feldherrn als Deckung vor, um statt seiner den Streich zu empfangen. Der Geist all Derer von Kraftinik erwachte in ihm. Seine Ahnen standen ihm unsichtbar zur Seite. Sei ein Mann, sei ein Ritter, Noblesse oblige!

Und er schrieb, ohne Besinnen und Absetzen in einem Zuge.

––––––––––

Nein, der point d'honneur ist keine Falstaffiade und das Gewissen keine Erfindung der Religion. Sobald es spricht, laut und vernehmlich, kann man nicht widerstehen. Wer von ihm gerufen wird, muß der Mann seines Schicksals sein, wie das Gewissen gebeut.

Jeder hat seine Versuchungen des heiligen Antonius und könnte von seinem Standpunkt aus Bekenntnisse des heiligen Augustin schreiben. Aber Auserwählte haben ihr Gethsemane, wo der Kelch der Bitterkeiten zum Ueberfließen voll an ihren Lippen hängt. Sie müssen ihn leeren bis zur Hefe, ehe die Kraft der Weltüberwindung ihr neues Testament offenbaren kann. Erst in der Wüste der weltverlassenen Einsamkeit vernahm Johannes die Stimme der Wahrheit und erst auf dem Patmos des Exils enthüllte sich die Apokalypse des Weltgerichts. So scheint denn das Martyrium auch die allererste Bedingung, die sich vergrößert mit dem Wachsthum des Geistes. Von dem kleinen Martyrium der

unglücklichen Liebe, das den jungen Geist läutert und
vertieft, bis auf zu dem Martyrium des großen Weltwehs,
wie es allen Aposteln der Menschheit die Höllenpforte
der Erkenntniß öffnet, ist das Leiden die Mutter jeder
Größe.

So lange das Gefühl der Welt- und Gottverlassen-
heit, die Empfindung des Unglücks dem Menschen fremd
bleibt, so lange ist er sich weder seiner Seelenkraft noch
Gottes bewußt. Seinen Scheideweg des Herkules, wo der
eine Pfad zum Glück und der andere zur Tugend führt,
findet Jeder. Aber nur bevorzugte Naturen wissen alle
Strudel der Vergangenheit zu glätten. Ein Shakespeare
verbirgt seinen Hamletschmerz unter dem Prosperomantel
der Phantasie. Aber man braucht diesen Mantel nicht
zu besitzen, denn das Talent zur Einsamkeit ist angeboren.
Fittich, Stab und Skorpion — Giftkröte, die den Kar-
funkel der Wahrheit im Haupte trägt — Einsamkeit!
In deinen Schoß bettet sich müde, wer sich willenlos
fortgerissen fühlt von den immer reißenderen Stromschnellen,
die dem Niagara entgegenstürmen.

III.

Die Geschichte Europas verräth einen innerlich be-
dingten Zug der Entwicklung von Süden nach Norden,
von Westen nach Osten. So hatte denn kaum das kleine
Küstenreich Portugal in Ostindien unter Almeida und
Albuquerque ein gewaltiges Colonialreich gegründet, als
auch schon das nordische Küstenland Holland im Kampfe

gegen die spanische Weltmacht deren coloniale Erobe=
rungen an sich riß und unter den Oraniern, Wilhelm dem
Staatsmanne und Moritz dem Feldherrn, sowie später
unter den großen Admiralen Tromp und Ruyter sich
zur ersten See= und Handelsmacht erhob. Und wie Por=
tugal seinen einzigen Dichter jener kurzen Glanzperiode
verdankt, so erstand in Holland ja auch der bedeutendste
Sänger batavischer Mundart, Vondel, während der
siegreichen Befreiung der Niederlande von fremdländi=
schem Joch.

Die feuchte neblige Frische, das gleichsam wasser=
durchquollene tiefsatte Grün einer Ruysdael'schen Land=
schaft wirkte beruhigend auf Krastinik's Nerven. In den
Cafés bewunderte er die eigenartige Vornehmheit male=
rischer Ausstattung, die Bambusstühle und kostbaren Por=
zelan=Gemälde, die ins Wandgetäfel eingefügt. Und die
Austern Van Laar's labten ihn wie culinarische Zeugen
dieser allgemeinen reinlichen Meeresfrische.

Amsterdam erklärt alle Stimmungseffekte Rembrandts
durch seine üppige Fülle coloristischer Motive. Die
schmalen Häuschen mit den seltsam gezackten Schorn=
steinen tragen eine kaffeebraune Farben=Lasur, deren feiner
Reiz durch zahlreiche Architekturen aus rothem Ziegel=
stein von barock verschnörkeltem Style noch mehr hervor=
gehoben wird. Die Docks, die Canalbecken, über welche
sich bogige Brücken spannen, das Netzgewirr der kleinen
Gassen, an Venedig erinnernd — alles das wird von
einem nebligen Halblichte abgetönt. Unter ihm setzt das

natürliche Grün der Baum=Alleen zu beiden Seiten der Canäle einen Flimmer an wie von rostigem Metall.

Doch der pöbelhafte Lärm roher Unsittlichkeit, welcher die Nachtruhe selbst im vornehmsten Stadttheil dieser Hafenstadt stört, trieben ihn schon am nächsten Tage seinem neuen Ziel entgegen. Thalatta, Thalatta!

———

Kaum in Scheveningen angelangt, warf sich Graf Krastinik auf die deutschen Zeitungen, die er hier zufällig in ausreichender Fülle vorfand. Da fesselte ihn sofort wieder der Name Leonhart. Was war dies schon wieder? Der Verleger desselben hatte unter den hinterlassenen Papieren ein förmliches Tagebuch vorgefunden und kündigte die unverzügliche Publizirung dieses „großartigen Erzeugnisses" an. Natürlich bestellte der Erstaunte das Buch sofort telegraphisch „zu umgehender Sendung mit Nachnahme".

Am andern Morgen aber fand er richtig in der „Berliner Tagesstimme" seinen offenen Brief abgedruckt. Wie folgt.

Eine höchst befremdliche Nachricht dringt zu uns, welche wir nur unter Reserve wiedergeben würden, falls nicht der Name des Betreffenden selbst dafür bürgte, daß hier keinerlei Mystifikation vorliegt. Die Leonhart=Affaire, welche jetzt schon wochenlang die Gemüther der näherstehenden Kreise aufregt, wobei durch Veröffentlichung des angekündigten Tagebuchs wohl kaum eine Sänftigung erhofft werden darf, findet hiermit eine ganz neue höchst überraschende Ergänzung.

In einem höflichen Geleitschreiben hat der vornehme Verfasser des nachfolgend abgedruckten Briefes ausdrücklich ersucht, denselben ohne jede Milderung und Streichung zu publiziren. Er bestehe darauf, widrigenfalls er den Brief einem andern Blatte überreichen werde."

Krastinik lächelte flüchtig über diesen schlauen Coup. Er kannte seine Pappenheimer: Ehe die „Tagesstimme" einem andern Blatte eine sensationelle Notiz überließ, sei es auch nur eine Brillant=Ente, eher würde sie wahr=haftig den Inseratentheil des „Botschafter" pachten!

„Graf Xaver Krastinik hat sich bemüßigt gefunden, erst jetzt mit einer Erklärung hervorzutreten, welche das größte Aufsehen erregen wird. Wir bringen sie unverkürzt, seinem Wunsche gemäß.

„Löbliche Redaction! Nach § 11 des Preßgesetzes steht mir eine thatsächliche Berichtigung frei, welche ich hiermit erlasse. In der ‚Kreuz= und= Schwertzeitung' fand ich kürzlich einen Artikel, dieses christlich=humanen Blattes vollkommen würdig, aus der Feder eines p. p. von Schnapphahnitzloy. Dieser Herr, von dessen Existenz ich nur mal von meinem verstorbenen Freunde Leonhart gehört zu haben glaube, ist so freundlich, meine Wenigkeit gegen das ungebührlich herausgepriesene Verdienst meines seligen Freundes auszuspielen und zwar speziell das venetianische Drama ‚Die Meeresbraut'. Ich erkläre nunmehr hiermit laut und feierlich: Dieses Stück, mit Ausnahme einiger scenischer Ein=fälle, gehört mit Stumpf und Stiel, mit Haut und Haar, in Idee und Ausführung, ausschließlich, meinem todten Freunde Friedrich Leonhart. Sind die Herrn Neider und Nörgeler, diese Schurken, die den großen Dichter in jenen Anfall von Geistesstörung des Verfolgungswahns hineintrieben, — ist die Verschwörung von Schurken und Dummköpfen nun vielleicht endlich zufrieden?! Ich weiß recht wohl, daß in ihrer Wuth, sich so getäuscht zu sehn, die verbündeten, aber nicht vereidigten Makler nun über mich her=fallen werden. Der Verstorbene hatte mein Wort, bis zu einer ge=wissen Frist den wahren Namen des Dichters zu verschweigen und den

unverdienten Ruhm auf meine Achsel zu nehmen. Diese Frist ist
jetzt erloschen. Auch hätte ich meines Wortes mich entbunden erachten
können, nach jenem traurigen Ereigniß. Ich gestehe daher mit einem
demüthigenden Gefühl der Scham, daß ich vor diesem nothwendigen
Schritt mich ängstete. So sehr hat auch das Beisammenleben mit
den größenwahnsinnigen Erfolgjägern Perlins mein Gefühl für Pflicht
und Ehre abgestumpft, daß es mir schwer ankam, auf solche unsauber
erworbene Eitelkeitsmedaille zu verzichten.

Warum überhaupt diese Täuschung der Welt von mir und dem
Verstorbenen versucht wurde, fragt wohl nur ein ganz naiver Bruchtheil des Publikums. Damit man es aber einmal Schwarz auf Weiß
lese, so will ich es mit dürren Worten aussprechen. Nie wäre ein
Drama meines verstorbenen Freundes, und wäre es
noch zehnmal besser, je auf einer deutschen Streber-
bühne zur Aufführung gelangt, nie! Er konnte nicht dem
Direktor ein Ordensbändchen verschaffen, der Frau des Regisseurs
die Cour schneiden, mit dem Schauspielerpack Brüderschaft trinken. Ich
aber, löbliche Redaction, heiße Graf Xaver Krastinik und bin daher
befugt, selbst meinen greulichsten Schund an sämmtlichen Hofbühnen
anzubringen. Da Leonhart tausend Feinde und keinen einflußreichen
Freund (nicht mal dem Theater=Portier konnte er ein erhebliches Trinkgeld zu Füßen legen) besaß, so war ich also der unmaßgeblichen Meinung, daß er nur durch diese geschickte Vermummung zum Ziel gelangen
könne. Im Einverständniß mit dem großen Dichter führte ich die Sache
denn durch und der Erfolg bestätigte, wie gründlich wir Beide die Verlegenheit der Welt durchschaut hatten.

Ein Herr Nordau hat gegen „Conventionelle Lügen der Cultur-
menschheit" gedonnert. Auch das ist aber nur eine Lüge. „Cultur-
menschheit", eine Humbugphrase wie so viele. Die ganze Welt ist nur
eine einzige Lüge und bei dem Worte „Idealismus" lachen die Auguren.
Ein schöner Kellner hat mehr Aussicht auf Erfolg in der Welt als
ein linkisches Genie, und nicht wer am besten dichtet, sondern wer
am besten strebert oder dem Tagesbedürfniß schmeichelt, gilt heut als
großer Mann. Ein solcher Gewaltiger vor dem Herrn konnte Leon=

hart nimmer werden und so hatte er denn Recht, eine Welt zu ver=
laffen, für die er allen Ernstes zu gut war.

Ich für mein Theil, nachdem ich diese letzte Pflicht erfüllt, nehme
mit wehmüthigem Lächeln Abschied von der Poesie. Ich entsage für
alle Zeiten der dichterischen Produktion. Meine litterarische Carrière
war kurz genug, aber genügte mir, einen unauslöschlichen Ekel gegen
dies Geschmeiß elender Federfuchser einzuflößen, das über seine ver=
hungernden Kinder oder seine unbefriedigte Eitelkeit jammert, statt
anständig zu Pflug und Spaten zu greifen, — das als litterarische
Pennbrüder den Parnaß bekümmelt, aber wie ein nichtsnutziges Knie=
holzgestrüpp dem aufwärtsschreitenden Bergsteiger die Füße umwickelt,
so daß er strauchelnd zu Boden stürzt. Von ihren idealen Zwecken
machen sie ein ebenso großes Geschrei wie von ihren materiellen Rechten.
Wozu dient diese Kanaille, als den gesunden Sinn der Unbefangenen zu
verwirren? Ihre ganze Existenzberechtigung ist ihre Eitelkeit.
mit ihren idealen Zwecken finden ihr schönstes Recht in Niederbuckung
Sie des wahrhaft Großen. Und ihre materiellen Förderungen der Stan=
desinteressen bestehen höchstens darin, daß sie dem Lebenswerthen mög=
lichst den Weg zum allgemeinen Futtertrog versperren, um ihren
werthlosen Windbauch vollzustopfen. — Kurz, wo immer eine geniale
Natur sich erhebt, da folgt ihr instinktiv der Haß aller Feigen und
Schlechten. Das ist der Schatten, den das Genie wirft, und gleichsam
seine natürliche Beglaubigung.

Nach Erledigung dieser Erklärung, empfehle ich mich hiermit statt
jeder besonderen Meldung meinen Berliner Freunden „vom Geschäft“,
besonders den liebenswürdigen Schauspielern, die dem Drama Leon=
harts — pardon, Graf Krastinik — eine so begeisterte Theilnahme
entgegenbrachten, vor allem Herrn Direktor L'Arronge. Die Tantièmen
der „Meeresbraut“, welche in Berlin nach Verabredung deponirt
wurden, bestimme ich hiermit zu einem Grabdenkmal für meinen
großen unglücklichen Freund. Einer löbl. Redaction ergebener
                    Graf Xaver Krastinik.“

Schon am andern Tage fielen die Berliner Zeitun=
gen über ihn her. Krastinik las sie ruhig durch und trank
als Magenstärkung einen Oranje=Bitter.

Den Menschen kann man nicht die Mäuler verbieten.
So tadele denn Jeder nur getrost am Anderen, was er
im eignen Busen wiederfindet! Die Frechheit, womit dies
Volk über Ungewöhnliches urtheilt, entspricht nur der all=
gemeinen Ichsucht, deren krankhafte Kleinlichkeit sich be=
rechtigt glaubt, alles zu kennen und zu beurtheilen, was
grade in dem Bannkreis ihres eigenen winzigen Lebens=
kreises durch flüchtigen Zufall an ihnen vorüberhuschte.
Und wäre es das Größte, sie ziehen es zu dem alltäg=
lichen Nichts ihrer gleichgültigen Existenzen herab und
beschimpfen keck, was zu hoch über ihnen steht, um sich
vertheidigen zu dürfen. Souveraine duelliren sich nicht.
Eins aber schien jetzt unbedingt nöthig: Daß er Ernst
machte mit seiner Absage an das litterarische Geschwätz.
Ja, gewiß war er ein echter Dichter, aber er mußte sich
tödten, wie der Manne auf des Germanenherzogs Grab,
auf der Leiche eines so unendlich größeren Dichters, von
dessen Ruhm er unfreiwillig gezehrt.

Wie sonnenhell lag im Anfang seine neue Laufbahn
vor ihm da!

Welch glückliche Zeit, wo er keine andere nagende
Furcht kannte, als die, nicht früh und voll genug fertig
zu werden, wo vor seinem Geiste endlose Bilder sich
drängten, die er vergeblich alle zugleich zu beschwören
hoffte und die sich in seinem schaffenden Gehirne stießen!
Aber ach, die ganze Poesie, welche vor seinen trunkenen

Blicken schwankte, löste sich auf und zersplitterte sich in endlose Fragmente, von denen Keines vollendet ward. Durfte er glauben, daß in jenen Kindheitstagen seiner litterarischen Anfängerschaft die echte Poesie, der echte Schöpferdrang in ihm thätig gewesen? Nein. Seine Jambentragödien waren historische Schulübungen, deren letzten Refrain doch immer das gegenseitige Schwertergeklirr abgab.

Und so ging er denn ans Heldenstück der Selbstüberwindung. Bei der Abreise von Berlin hatte er natürlich sein Theuerstes, seine Manuscripte, mit sich geführt. Nun öffnete er das bisher unberührte Fach seines Koffers und häufte seine Schätze vor sich auf.

Lange durchwühlte er diese Fragmente historischer Dramen, die er mit Leonhart einst durchgesprochen. Er wischte mit dem Finger über die Wimper, als müsse er dort eine Thräne zerdrücken. Doch sein Auge blickte kalt und starr.

Mit einem kräftigen Ruck raffte er sich zusammen und packte die Manuscripte und warf sie in die helllodernden Flammen des Kamins. Rasch wandte er sich dann ab, wie um das Unheil nicht zu sehen. Erst als die Papiere schon halb verkohlt und zu Asche verbrannt, richtete er seinen Blick darauf. Und mit bebendem Herzen zwang sich ihm auf die Lippen das Lied:

> Lebt wohl ihr Alle, die einst gelebt
> In meiner Seele, die euch belauscht!
> Ihr Heldenschmerzen, die mich durchbebt,
> Ihr Völkerkunden, die mich berauscht!

Hinab hinab, versunkener Hort!
Die Welt soll nimmer Dich wiedersehn.
So mag das ewige Dichterwort
Mit all der anderen Spreu verwehn!

Aber kaum hatte er so in Erhabenheit geschwelgt, als
eine innere Stimme ihm mahnend ans Ohr schlug: Hüte
Dich, hüte Dich vor neuem Rückfall in das Laster der
Andern, vor kindisch selbsttäuschendem Größenwahn! Das
ewige Dichterwort? Meinst Du wirklich Dich selber? Wer
gab Dir das Recht dazu, Deine hübschen Theatralika à
la Heinrich v. Kleist gleich für etwas Besonderes zu halten,
in einer Zeit, wo ein großer Dichter an Deiner Seite schritt?

Krastinik versank in tiefes Nachdenken über sich
selbst und das allgemeine Problem einer geistigen Thätig=
keit, die doch eigentlich direkt der rohen Realität zu=
widerläuft.

Es ist unwahr, daß Physisches und Psychisches sich
ergänzt. Der Eine wird mit überwiegend physischer
Kraft geboren, welche sich als sogenannte Lebensfrische
offenbart, — weswegen die realistische englische Sprache
auch kräftige Lebhaftigkeit kaltblütig „animal spirits"
(thierische Lebensgeister) nennt. Diese Anlage überwiegt
vor allem bei den Frauen. Da aber das psychische
Element in jeder menschlichen Natur liegt, so hindert es
fortwährend die freie Entfaltung des Physischen. Denn
ist die geistige Fähigkeit eines solchen Individuums eine
geringe, so sucht es durch Fleiß und Studium sich zu
Höherem aufzuschwingen, verkümmert sich aber nur den
physischen Genuß, ohne geistige Resultate zu erreichen.

Und sind die geistigen Fähigkeiten nicht unbeträchtlich, so erkennt ein solches Wesen bald die Nichtigkeit des Thierischen, kritisirt an sich herum, fühlt die gähnende Lücke seines Innern, bewundert das Höhere, ohne sich zur geistigen Arbeit aufraffen zu können, weil eben das physische Element von Natur aus zu mächtig in ihm. Dies sind all die zerrissenen, zerfahrenen und in falschem Sinne romantischen Naturen. — Der Andre wird mit überwiegend psychischem Element geboren. Ihn hindert nun das schwache physische Element entweder durch Kränklichkeit im geistigen Schaffen, oder die sich stärkende physische Natur rebellirt gegen die übermäßige Psyche, indem sie auf dem Wege der Phantasie zu Ruhmsucht, Eitelkeit, Herrschsucht und Sinnlichkeit verführt.

Der Graf schauderte vor des Leere seines einsamen Innern.

Wer Gram und Zorn und Haß im Herzen hat, etwas hat er dann doch hinabzuspülen. Er taucht in Lethes Fluth ein volles Blatt, ein vollgeschriebenes Blatt — o er ist zu beneiden. Doch dies Gefühl des Erfrorenseins, des Abgestorbenseins, erfüllt das ganze Herz mit Nacht und Schatten.

Und als müsse er von der Muse einen ihrer würdigen Abschied in Versen nehmen, quälte er seine ganze Lebenserkenntniß in folgende Reim-Prosa hinein:

Glück, das ist Frieden, Frieden ist Ruhe,
    Ruhe ist Größe und Freiheit nur groß.
Denke und fühle, schaffe und thue
    Frieblos und rastlos, im Sturmesgetos.

Ruhe sinkt willig in unruhvolle Seele.
Wer Ruhe aber suchet, den quält ein innrer Dorn.
Bewegung lenkt das All, der Einzle auch sie wähle.
In Widerspruch und Wechsel nur quillt der Wahrheit Born.

Wenn für die Gegenwart Du nicht denkst und nicht handelst,
Dann naht der Vergangenheit dürres Gespenst.
Oder mögliche Zukunft ins Jetzt Du schon verwandelst,
Deren Leiden Dir sicher, deren Freuden Du nicht kennst.

Du rechnest, ob nicht etwa der Wechsel oder jener
Zu Deinen Gunsten nahn wird, doch nur das Unheil naht.
Wer frühres Glück betrachtet, zu übersehn nicht wähn' er
Manch unfruchtbaren Samen, manch Unkraut in der Saat.

Wenn eine von der andern auch verschlungen werde,
Doch nennen wir uns Wogen in der Brandung der Zeit.
Statt dessen sind wir Blasen und Schaum diese Erde
Und drunter rollt unheimlich das Meer der Ewigkeit.

Er überlas das Geschriebene. Dann lächelte er ver=
ächtlich und zerriß das Papier. Er ein Dichter? Ein
tieffühlender und tiefdenkender Mensch war er, aber blieb
ewig Didaktiker oder Theatraliker. Was verlor die Welt
an seinem Dichterthum? Das konnte höchstens dazu
dienen, größere Talente in bedrückten bürgerlichen Ver=
hältnissen durch seine gräfliche Concurrenz zu schädigen.

Und hätte er noch geschwankt, ob er definitiv ab=
danken solle, dann hätte die Lectüre des Leonhart'schen
„Tagebuchs" ihn endgültig bestimmt, das jetzt auf seine
telegraphische Bestellung umgehend eintraf, „soeben er=
schienen".

IV.

Als Motto standen auf der Titelseite aus Händel=
Miltons Oratorium „Samson Agonistes" die Verse: „Laß
mich mit Thränen mein Loos beklagen, Ketten zu tragen
das ist mein Geschick." Ja, wahrlich, hier tobte ein ge=
schorener geblendeter Simson in seinen Ketten — er, der
so oft mit einem Eselskinnbacken die Philister erschlug.

Bei Lebzeiten des Dichters wäre eine Veröffentlichung
dieses Tagebuchs ein unmögliches Vabanque=Spiel gewesen
oder zum Staatsstreich geworden. Die unheimliche Men=
schenkenntniß, die hier intuitiv in allen Seelen las, ihr
Schicksal mit einem Blick vor= und rückwärts erkundend,
paarte sich einem unerbittlichen Zuhausesein im eignen
zerwühlten Herzen. Dies schien ihm der Spiegel gewor=
den, durch den er die Herzen der Andern sah.

Man blickte gleichsam über den Schreibtisch des
Dichters, wie er verzweifelt nach Vollendung rang. Man
sah ihn als halbflüggen Jüngling seinen unreifen Welt=
schmerz und seine unglückliche Liebe in wilden Liedern
ausgrollen, aber nicht in rethorischer Formvirtuosität,
nichtselnd, sondern an großen Stoffen sich die Zähne aus=
beißend. Langsam und stetig gewann er Herrschaft über
die Form, allerdings eine neue Form, von welcher der
akademische Jargon der Poesie=Eunuchen und Herma=
phroditen noch nichts ahnte. Mit durstigen Sinnen schaute
er sein handlungbewegtes Leben an und angeschautes
Leben trat in all seinen Schriften hervor. Ja, er
eroberte sogar neue Stoffgebiete, welche der Poesie noch

31*

nie erschlossen waren. Unaufhaltsam rollte der Wagen dieses geistigen Imperators die Via Triumphalis hinan.

Dabei blieb er kameradschaftlich jovial, trotzdem das volle Bewußtsein seines Werthes ihn aufrecht erhielt im Sumpf der litterarischen Bohème. Aber grade in Folge seiner Bonhomie kam eine Vertraulichkeit seiner Schütz=linge zum Vorschein, die dem verwöhnten und stolzen Manne nicht behagen konnte. Wunderknaben, die er gegen alle Welt geschirmt, vermaßen sich ihn zu fragen, wie einst der Dichterling Polidori seinen Gönner Byron: was er denn eigentlich mehr leiste als sie. Wer in seinem Schatten vegetirte, nahm später einen lehrhaften Ton gegen den allzu Gutmüthigen an. Wenn dann dem Ewig=keitsmenschen endlich die Gebuld riß, rannten sie wie toll umher und klatschten Schauderdinge von seinem Hochmuth, während es gerade als sein Fehler erschien, daß er sich würdelos wegwarf. Im tiefsten Innern bescheiden allem Großen gegenüber, hingebend und übertrieben wohl=wollend gegen alles leiblich Bedeutende, zweifelte er stets an seiner Unfehlbarkeit, unbeirrt durch das Hosianna seiner Bewunderer wie das Gekläff seiner Neider. War er nur der Christoph Marlowe eines neuen Shakespeare? War er der Riese Christoph, der das Jesuskind über die wilden Wasser trägt? Oder war er selbst dieser Messias der Poesie? Er wußte es nicht. Auch grübelte er nie dar=über und fühlte sich stets bereit, das Knie zu beugen vor dem Dichter der Zeit, der da kommen sollte, wie die Zeichen künden. Fern dem neidischen Größenwahn wie der falschen Demuth, wie es der wahren Größe

geziemt, brandmarkte er nur den Wahn der Windmacher. Denn in diesen prahlenden neidgrünen Schwäch-
lingen erkannte er grade die echten Kinder unsrer
reklamesüchtigen Aera, ob sie auch selbst über ihr Jahrhundert erröteten, wie ihr Jahrhundert über sie. All
diesen Statisten, die statt „die Pferde sind gesattelt" sich
selbst als Heldenspieler meldeten fürs erste Rollenfach,
erteilte er oft den wohlverdienten Fußtritt seines ver-
nichtenden Sarkasmus.

Selten war die Lächerlichkeit, welche unbewußt aller
Lüge und Gemeinheit anhaftet, mit so sicherer kühner
Hand in derben Strichen conterfeit. Wie der Ritter mit
der eisernen Hand, knackte dieser ins Moralische übersetzte
Pietro Aretino abschreckende Kopfnüsse hinter den feuchten
Ohren seiner Verfolger und verpuffte sterbend all seinen
Grimm, wie Götz in beherztem Aufatmen aus voller Brust:
„Freiheit, Freiheit, himmlische Luft!"

Man sah Schritt für Schritt den Morast der litterarischen Misère über dem Haupt des Unglücklichen zu-
sammenbrechen. Man sah seine Dramen vergeblich an
die Pforte aller Theater klopfen, wie seinerzeit die Opern
Wagners. Infamie und kein Ende. Da schimpfte die
„vornehme" Kritik über Theaterleiter und Publikum,
welche allein der Fluch Apolls ob dem Untergang des
Dramas treffe. Und die Presse etwa nicht? Man forscht
umsonst begierig, was denn sie beitrage zur Förderung

verkannter Dichter. Wer zu stolz ist und zu hoch steht, um jenen „vornehmen" Geistern schmeichelnd um den Bart zu gehn, wird von ihnen nach wie vor todtge= schwiegen. Man sah, wie der edle Dichter umsonst nach Jemandem suchte, der selbstlos für Andere eintrat. Nur Einer schien davon ausgenommen, der aber durfte mit Heine singen: „Schade, daß ich ihn nicht küssen kann, denn ich selbst bin dieser brave Mann."

Jenes Gewirr von platter Bosheit, bübischer Dumm= heit und neidzerfressenem Größenwahn, das sich „litterari= sches Leben" nennt, wurde hier einmal erschöpfend blos= gelegt. Jeden Augenblick hörte man den Dichter heimlich die ironische Liebesbotschaft nach allen Richtungen der Windrose versenden: „Ich weiß alles." Das genügt. — Da schwatzte dies Völkchen von „Größenwahn", wenn tiefbeleidigtes Gerechtigkeitsgefühl sich gegen schnöde Ver= kennung und den eiteln Wahn der Modefexen empörte. Hier mochten die Worte der Schrift gelten: Sie haben Ohren, um zu hören, und hören nicht; sie haben Augen, um zu sehen, und sehen nicht.

Wer als Einer unter Myriaden stets die S a ch e und nie die P e r s o n im Auge behält, muß der Selbstüber= vortheilte bleiben, auf dessen Kosten sich alle Ohrwürmer mästen. Darum bildet den rechten Grundstein einer ge= regelten litterarischen „Carriére" die einfache Nützlichkeits= lehre der Bismarckschen Diplomatie: „Do ut des". Um die wahre Bedeutung und derlei Allotria mag sich die Nachwelt kümmern. Nachruhm! Leichen kann man nicht mehr füllern.

Die gefährlichste und verletzbarste Eitelkeit stellt nicht das eigene Selbstgefühl dar, sondern die Eitelkeit für einen Anderen z. B. der Mutter für ihren Sohn. Der wahre Dichter aber fühlt für seine Dichtung wie für ein Kind, das er gebar. Während der Dichterling immer nur sich selbst persönlich getroffen fühlt, wenn man seine Dichterei heruntersetzt, kränkt den Dichter ein ganz unpersönlicher unselbstischer Schmerz, wenn er sein Dichtungskind, dies von' ihm losgelöste] selbständige Wesen, von der kalten böswilligen Welt verstoßen und besudelt sieht.

An diesem Schmerz, der insofern komisch wirkt, als er sich Niemandem als unselbstisch begreiflich machen kann, ging der unglückliche Dichter langsam zu Grunde. Er faßte sich fortwährend gleichsam litterarhistorisch auf und grübelte über seine Eigenart nach, als gelte es einen posthumen Essai für die Nachwelt zu schreiben. Andrerseits steigerte sich bei ihm die Unmöglichkeit, die tausend Theilsächelchen des Lebens zu berücksichtigen.

Wie oft werfen nicht beschränkte mittelmäßige Köpfe einem Kraftgeiste, der, von rastlosem Thatendrang dämonisch fortgerissen, immer nur das Ganze, nie die Theile bedenkt, haltlose Unruhe, unzeitigen Starrsinn, Widersprüche vor, während nur ihre eigene Mittelmäßigkeit sie auf der gewohnten Bahn des ebenmäßigen Vorwärtstappens erhält!

Schritt für Schritt sah man die tückische Nervenkrankheit hier vorrücken, welche den Unglücklichen in

seiner Verbitterungs = Manie dem Wahnsinn und dem
Selbstmord entgegentrieb. Er suchte gleichsam alle Ab=
gründe auf und secirte sich und seine Nebenmenschen bei
lebendigem Leibe. Der letzte Theil des Tagebuchs, in
dem Monat vor seinem Tode geschrieben, enthüllte dies
so recht.

Welch ein köstlicher Kerl ist doch College X.! Der sagt von Jedem, sei er auch der erwiesenste Schuft: „Alles was recht ist! Ein anständiger Mensch!" Nur nie Farbe bekennen, nur leise treten, nur ja mit Jedem sich gut halten!

Alle sind sie Macher, alle. Sie theilen sich nur in geschickte Macher und in ungeschickte. Da liegt der ganze Unterschied. Mit ironischem Lächeln gehe ich stets auf ihre eigene Weltanschauung ein und hebe meine Sprüche an: „Wir sind ja unter uns, mit Wasser kochen wir ja alle." Und die Kerls merken nicht einmal, daß ich mich über sie lustig mache.

Das sind noch die Ehrlichen. Nur wenn Einer von seinen „idealen Zielen" zu schwindeln anfängt, dann mache ich mich schleunig aus dem Staube oder halte meine Taschen zu. Gott, wie sie doch alle das Selbstbelügen verstehn! Und ich armer Hülfloser, der ich nie meine Gesinnung verstecken kann, nicht mal vor mir selber!

Ich freue mich immer, wenn ich mit Offizieren zusammentreffen. Hier herrscht wenigstens Disciplin, Unterordnung unter den höheren Rang, Aufgehen in das Ganze. Hier steckt eine greifbare Realität. Diese Kunst-Proletarier und Geist-Handwerker sind hohle Schemen, Blasebälge, Etiketten von leeren Flaschen. Diese Kerle würden ihren Vater todtschlagen und ihre Mutter verkaufen, wenn sie ihren nimmersatten Ehrgeiz damit stopfen könnten. Sie leiden an einer Art Auszehrung selbstverzehrenden Größenwahns. Sie zehren gleichsam von ihrem lieben Ich und nagen sich selbst das geistige Fleisch von den Knochen. Redet man von Dingen, die grade nicht ihr persönliches

Interesse tangiren, so gerathen sie in Geistesabwesenheit und pfeifen „Ach du lieber Augustin, alles ist weg." Ein ewiges Fieber wahn=sinniger Vordrängungs=Gier jagt sie hin und her. Diese Umwechsler geistiger Münzen spekuliren andauernd nach dem Courszettel der Er=folgbörse auf Hausse und Baisse. Viele dieser litterarischen oder künst=lerischen Börsianer müßten lebenslänglich Zuchthaus erhalten wegen geistiger Urkundenfälschung und wegen falschem Zeugniß, als besoldete Denuncianten und Meineidbeschwörer des kritischen Areopags, sei es nun als Alexandrinische Kunstgelehrte und Kultusministerialräthe oder als „Knüngel"=Verschwörer der akademischen Strebercliquen unterein=ander oder als „vornehme" Preßbanditen und Fälscher der öffentlichen Meinung oder als Hoftheaterintendanten=Excellenzen und Nicht=Excel=lenzen, und was des Gesindels mehr ist.

Aus ihrem Munde geht nichts als Lüge, wie jedes Wort aus des persischen Satans Eblis Rachen sich zu Pesthauch verwandelte. Phrasen, nichts als Phrasen. Humbug und kein Ende. Und ich selber? Bin ich denn besser? Ich Memme, der ich mich mit ihnen an einen Tisch setze, weil sie dann wenigstens nicht klatschen und schimpfen können, und mich dann regelmäßig ärgere über den vergeudeten Abend? Ja, ich selber tauge den Teufel nichts.

O dürft' ich rufen mit Coriolan, ein Selbstverbannter:

„Ihr Hundeseelen, deren Hauch ich hasse
Wie unbegrabener Männer todtes Aas,
Das mir die Luft verseucht — ich banne euch."

O dürft' ich fliehen von den Ufern dieser Panke, welche ein ewiger Regen in zahllose schmutzige Wasserringe zerschneidet, ans Ge=stade der Brenta! O dürfte, Tauben von San Marko, sich aufschwin=gen in eure Reihen meiner Seele fromme Taube und mit euch kosen in heiterm Spiele auf der Vorzeit Grabdenkmal, ihr Tauben von San Marko! — O Vorzeit, o vielverkanntes Mittelalter, das der jüdische Aufkläricht uns wegsudeln möchte! Ihr hattet kleine Mittel und große Ziele, wir haben große Mittel und kleine Ziele. Mittel schaffen noch keinen Zweck, aber der Zweck schafft sich selber Mittel.

Denkt man nur an die Kreuzzüge, wie ärmlich erscheinen alle heutigen Unternehmungen!

O Nibelungendichter, großer Unbekannter, der im Mysterium weltentäußernden Schweigens vornehm dem Erdkreis entschwand! Oft träumte ich Dich als Genossen Walters von der Vogelweide, in Palästina dem Hohenstaufischen Kaiserzuge folgend.

Rosen und Trauben wogen im Libanonthal wie ein Meer rothen Weines ineinander, verschwimmend in Farbenwellen. Doch die Wolke Sodoms durchfließt noch immer unheimlich die Luft, wo das Todte Meer faul wie ein Alligator seine bleiernen Fluthen sonnt mit glasig stierem Auge, das in sich selber zurückschreckt. Und des Himmels brennendes Auge löst nie in Thränen sein starres Lid. Wie ein bleicher Shmar, ein Leichenhemd von gramverwesten Völkerleichen, dehnt sich die Wüstenei, am Morgem vom „Blutregen" bethaut, der nächtlich herniedertrieft. Und wie die rothen Kreuze, die der Aberglaube in den Infusorien dieses Blutregens sah, bedecken in Morgendämmerung Rothkreuze das Blachfeld, wo die rothbekreuzten Templer auf dem Kriegspfad vorüberschleichen.

Und der wilde Schwan, deß wir inne geworden,
In Lüften sich wiegend, vom Heiligen Orden
Ist es das stolze Banner Beaujéant.
Laissez aller! Vorbei! En avant!
Wie Wüstenmirage ist alles zerronnen.
Wir aber reiten ruhig besonnen,
Anstimmend einen ernsten Leich
Von Gottesminne und Himmelreich.
Unsrer gelassenen Hiebe Schnitt
Keinen Seldschucken im Sattel litt.
Doch neben mir schwebt wie Kranichflug
Ein Geisterkarawanen-Zug.
Im Wüstenqualme, im Dach der Palme,
Wie einst im Goldmeer heimischer Halme,
Immer sehe ich noch die blonden
Enakssöhne, die reisigen Burgonden.

Und wo Herr Walter Vogelweid
Ein vaterländisch Lied voll Schneid
An der Nachhut Spitze sang nunmehr,
Da sah ich Voller in herrlichem Stat,
Am Schaft ein Banner von Goldbrokat.
Nie sah man kühneren Fiedelêr.
Da klangen die Saiten, die Wildniß erscholl,
Süßer und süßer das Lied entquoll,
Wie einst das Horn von Roncevall
Anrief mit lautem Wiederhall
Den Kaiser Karl, den greisen Herrn —
O Barbarossa, Du bist fern!
Da, jäh gepackt von Heimwehgraus,
Wir wider den Feind uns wandten,
Und klopften derb die Heiden aus,
Daß sie nach Hause rannten.
Dann seufzten wir alle bitterlich,
Uebern Kinn zum Bart die Thräne schlich.

— — Wohin hab ich mich verirrt! Mir war, als wär' ich
selber der Nibelungendichter, als wäre sein Geist in mir und ich sein
Enkel durch lange Seelenwanderung. Wer weiß! „Es giebt mehr
Ding im Himmel und auf Erden" — leite bis zur Quelle Dein Ich-
bewußtsein zurück, so wird ein Gefühl Dir sagen, das keine Worte zu
künden vermögen: Du bist nur eine neue Form von alten, ewig wie-
derkehrenden Gestalten.

Magisch zieht's mich zum Orient, wo Afrits und Gouls die ver=
botenen Schätze Iskars bewachen, wo Schätze verbotenen Wissens
und verborgener Schönheit auf den Finder harren; wo die verzauber-
ten Ruinen Tschilminars den Wanderer fragen: Werden wir jemals
neu erstehn? Düstere Sykomoren rauschen, gleich den schwarzen
Reichsstandarten des Kalifen. Grüne Triften dehnen sich, wie die
grüne Glaubensfahne des Propheten, entlang der blauen Stromkrüm=
mung, welche vergoldete Barken durchgleiten, wie auf Damascenerklingen
goldne Koran=Devisen sich kreuzen. Dort möcht' ich schlürfen Kischmi's

goldigen Wein und Sorbet aus dem Saft des Tamarindenmarkes. Und wie an Arabiens Vorgebirg Babelmandeb die Schiffer Kokusnüsse und Negacesara-Blüthen in die Brandung schleudern, um sie zu versöhnen, so sollten sanfte Lieder mein stürmisches Herz besänftigen. Wie die Morgenländerin auf die Fluthen des Ganges ihre Lampe setzt, um zu erforschen ob ihr Liebster lebe, — so würde auf wirbelnder Lebensflut meine Hoffnung leuchten, daß ich lebe im Leben meines Gesanges.

Ja, so würde — — und wie ist es! O großer Ahnherr, durch dessen Seele die Riesenleiber des Nibelungenlieds geschritten, tausendfach glücklicher warest doch Du, denn ich.

Nicht in der Wüste des gelobten Landes, in der Wüste dieser erbärmlichen Zeit, eingepfercht mit den Litteratenplebejern dieser Öffentlichen Meinung, verschmachte ich hier ohne Oase und Quelle. Ich, jeder Zoll ein Sänger — ein geistiger Kosmos, eingeschnürt in schwachen Leib und kleinliche Verhältnisse, wie ein Löwe in eine Hundehütte — — zu versinken in ekeln Morast, in die Schlangengrube hinabgeworfen zu niederm Gewürm, — ich, der Ritter und Fürst, geblendet und in Banden, erschlagen von niedrig geborenen Knechten — — o bitter, bitter, bitter!

— — —

Nicht mal hier waltet Gerechtigkeit. Die Gelehrtenschnüffeler construiren sich ein sogenanntes Volksepos zurecht und ahnen in ihrer blöden Blindheit nicht die einheitliche Kunstverständigkeit des größten Dichters! Das großartigste und vollendetste Kunstwerk aller Zeiten, der ewige Stolz deutscher Nation, wird von einem frechen Schulmeister in Ottave Rime übertragen, sintemal die herrliche Nibelungenstrophe ungenießbar sei! Ein Mann, Namens Jordan, rhapsodet umher, soweit die deutsche Zunge klingt (sogar in Siebenbürgen trieb er sein Unwesen), mit einem Stabreim-Monstrum, worin er durch modern krankhafte Makarterei und Schopenhauersche Philosophie an der unfügen Urmär dreiste Nothzucht verübte! Ein Anstreicher, dessen Maurerpinsel mit grellen Farben die keuschen Marmorstatuen erhabener Einfachheit besudelt! Es sei ja stofflich recht großartig, aber kindlich ausgeführt, — schmunzelt dieser wohlgenährte Salonbarbe in weißer Halsbinde und die unwissende Menge betet das gläubig nach! In gelahrten Litteraturgeschichten wird die Gudrun, ein jütischer Dünen-Knick, mit dem Nibelungen-Montblanc verglichen! O geschmacklose Thorheit, dein Name ist Mensch!

Grabbe grinst in seinem Satirspiel „Scherz, Satire, Ironie und tiefere Bedeutung":

„Die Wörter ‚genial, sinnig, gemüthlich, trefflich‘ werden so ungeheuer gemißbraucht, daß ich schon die Zeit sehe, wo man, um einen entsprungenen Zuchthauscandidaten zu infamiren, an den Galgen schlägt: N. N. ist gemüthlich, sinnig, trefflich und genial! — O stände doch endlich ein gewaltiger Genius auf, der, mit göttlicher Stärke von Haupt zu Fuß gepanzert, sich des deutschen Parnasses annähme und das Gesindel in die Sümpfe zurücktriebe, aus welchen es hervorgekrochen ist!"

Hat dieser Ausfall nicht noch heute Geltung? O viel mehr sogar! Wenn man die Reklamen der Buchhändler und der Blätter liest, wird einem übel. „Endlich einmal ein Meisterwerk!" annonciren sie das Produkt irgend eines Sudelmännleins. Und der Verleger-Größenwahn, welcher am liebsten eine ganze Rotte von Genies in seinem Verlag aus dem Boden stampfen möchte, läßt die Macher über sich selber Prospekte schreiben, worin sie ihre leidlich gelungenen Werkchen zu den „höchsten Darstellungen der Weltlitteratur" rechnen und zwar „unstreitig". Da giebt es „Charaktere von wahrhaft Shakespearischer Tiefe", „Effekte wie kaum in Schillers Dramen" — kurz und gut Kunststücke, neben denen „die besten andern Schilderungen prosaisch, ja alltäglich erscheinen"!! Ueberall, wo man hinhorcht, dasselbe Lied. „Bewunderungswürdige Kunst der Darstellung" „der geniale Verfasser" — derlei regnet nur so bei Besprechung der mäßigsten Sudeleien. Da werden Goethe, Horaz, Pindar, Burns, Petöfi, Heine,

Lenau, Flaubert in Unkosten gestürzt, um als Lob=Vergleiche mit jedem Nachahmer herzuhalten.

Aber was sehe ich! Seien wir nicht ungerecht! Stützt man den betrunkenen Bauern auf der einen Seite (wie der selige Luther sagt), fällt er auf der andern Seite wieder herunter. Denn um ein gerechtes Gleichgewicht zu erzeugen, legt man dafür an die Werke des wirklichen Genies unmögliche Maßstäbe an, nach welchen es ja ein Leichtes wäre, Shakespeare und Goethe unsterblich lächerlich zu machen. Da werden die frechsten Lügen nicht gescheut, um das ehrliche Verdienst zu schmälern, — falls man es nicht am liebsten ganz todtschweigt. Bravo, das ist ausgleichende Gerechtigkeit. Diese Leute haben gleich= sam ein instinktives Gefühl dafür, wo bedrohliches Uebergewicht vor= handen. Wo man ein hübsches Zwergtalent erkennt, da mag dasselbe noch so größenwahnsinnig in lächerlichen Radau=Vorreden sich auf= blähen, — man kommt ihm freundlich entgegen.

Aber wehe der wahren G r ö ß e, die ihrer selbst bewußt! Kreuziget, kreuziget! „Bist Du der Juden König?" „Du sagest es." Er hat bekannt, was brauchen wir weiter Zeugniß! „Ich finde keine Schuld an diesem Menschen", sprach Pontius Pilatus, das Forum der Vernunft. Aber da erhoben die Juden ein grußes Geschrei und Pilatus ist schwach. „Ich überantworte ihn euch." Da führeten sie ihn an eine Stätte, die heißet Golgatha. Daselbst schlugen sie ihm ihre Nägel durchs Fleisch.

———

Die armen Verleger! Wie ich sie bedaure! Wieviel Opfermuth und unausrottbare Zuversicht gegenüber der versteckten Gleichgültigkeit des Publikums!

„Und da kreuzigten sie neben ihm einen Räuber, der hieß Bar= rabas." Der Verleger Murray prahlte seinen Freunden von einer Bibel vor, die ihm sein „großer Autor" Byron geschenkt. Aber diese Freunde, die mit im Complott, zeigten ihm jenen Bibelvers — da hatte der boshafte Dichter das Wort „Räuber" durchgestrichen und „Verleger" darübergeschrieben. — Nun, wenn man den Verleger Bar=

rabas neben seinem Messias kreuzigt, so trifft ja ihn wohl das erlösende
Wort: „Morgen wirst Du mit mir im Paradiese sein.“

Die Welt ist rund, mein Kind,
Und wir drehn uns mit.
Lauf nicht zu geschwind,
Sondern halte Schritt!

Der muß vor sich selber beben,
Wer sich selber Rechnung giebt.
Aber mir ist viel vergeben,
Denn ich habe viel geliebt.

Heut fand ich unter meinen Papieren ein vergilbtes Blatt,
Verse in der Handschrift meines verstorbenen Freundes Gottlieb
Ritter, jenes Esels, der sich wegen einer Chansonneuse erschoß:

Ha, Deiner Wange Rosenlicht,
Des Auges süß Vergißmeinnicht,
Verzaubert mich, doch manchesmal
Blickt's seitwärts auf mich kalt wie Stahl.
Die Lippen scheinen fein und rein,
Doch sehe ich die Schlängelein
Umzirkeln sie, die lieben alten
Bekannten, jene bösen Falten,
In denen Heine gleich erkannte
Kußgierig liebe Wahlverwandte.
Als Faust am Blocksberg, wo im Eck
Sein Gretchen stand, mit Lilith scherzte,
Sah er, indessen er sie herzte,
Zu seinem nicht geringen Schreck

Ein Mäuslein aus dem Munde hüpfen.
So sehe ich ein Schlänglein schlüpfen
Aus Deinem Munde — eine Zote!
Doch ob mir auch mein Gretchen drohte,
Die Tugend und das Ideal —
Anbete ich Dich doch nicht minder,
Gleich wie die abergläubigen Inder
Die Abgottschlange ihrer Wahl.

Du lieber Gott! Ein gut Stück Verlogenheit spielte doch auch dabei mit. Allerdings, Gottliebchen war ein wirkliches Genie, keiner von den komischen Stürmern und Drängern Jüngstdeutschlands, welche mit Straßendirnen die sociale Frage lösen und Jeden von ihrem Genie = Bund ausschließen, der sich zufällig in anständigen bürgerlichen Verhältnissen bewegt und „zahm" genug bleibt, socialistisches Geschwefele für unreifes Zeug zu halten. Aber auch Gottlieb Ritter „erlöste" das „Volk", ohne von diesem gepriesenen Pöbel das Geringste zu wissen. Armer Teufel! Was mögen die albernen Dirnen, mit denen er sich herumschlug, über seine Sentimentalität gelacht haben! Ein richtiger deutscher Lyriker.

Ach und erst der verrückte Componist Ernst v. Bullrich, der angeblich wegen eines Biermensch im Duell gefallen sein soll! (Fritz Erdmann, der naturalistische Epiker, auf den Karl Schmoller immer so viel aus Concurenzneid schimpfte und der sich jetzo in Amerika herumtreibt, wollte nie recht mit der Sprache heraus.) Auch von ihm finde ich noch ein Verschen aus der Zeit, wo ich ab und zu die berühmte Kneipe besuchte, in der jene Sturm = und Dranggenies sich gegenseitig ihre Opera omnia vorlasen. Zu drollig!

„Ich will umschließen Dein starres Herz,
Und wärest Du ganz vergletschert,
Vulkan, aufgährt Dein Flammenschmerz,
Wo meine Thräne plätschert."

Na, plätschere man zu! — Welch ein Wahnsinn diese Liebe, die sich mit Gewalt in ein andres Wesen auflösen möchte! Gott sei Dank, an solcher Schwäche leide ich nicht mehr. Auf Erden ein Ideales suchen ist schon Jugendeselei. Pah, besieht man sich die Helden und großen Geister bei Lichte, sind's ja auch nur Esel.

———— · ·

„O welch ein Künstler stirbt in mir!" ruf ich mit dem Größen=wahn des sterbenden Cäsaren. Wenn ich da unten modere, dann werden sie schaufeln und schaufeln an dem verschütteten Götterbild, bis es aufrecht steht wie ein Denkmal, von dem die Hülle fiel. Und kein Antlitz, das man kennt aus den Gebilden der Vergangenheit. Denn nie aus gleichem Marmor wird der Genius geschnitten. Wie sie grinsen würden, die Erbärmlichen, wenn sie diese Prophezeiung ahnten! Und doch wird sie sich erfüllen, kaum daß ich die Augen schloß.

Aber ich bin ja ein Schwächling, daß ich dem elenden Geschwätz dieser Akademiker überhaupt Rechnung trage. Mußte nicht schon der größte aller Dichter den Kampf gegen die Pseudo-Klassicität und ihren morschen Schulkram bestehn — ein Kampf, der ihn wohl so frühzeitig aufgerieben hat? Mußte er nicht dem Nörgeln des „Alterthumsfreundes" Ben Jonson seine Tragikomödie „Troilus und Cressida" entgegensetzen? Jener gelahrte Didaktiker hatte ihm gehörig zu Gemüthe geführt, daß er, der Komödiant ohne alle patentirte Bildung, sich erdreiste höchste Probleme zu lösen, während er sich doch nicht einmal dem Problem gewachsen zeigte, die Alten im Urtext zu lesen und in einer Vorlesung Bacon's über Logik und Psychologie gewiß achselzuckend eingeschlafen wäre. Da griff sich denn Meister William einmal die homerischen Helden auf und streifte ihnen Purpurchlamys und Kothurn so gründlich ab, daß sie nun wie nackte Gliederpuppen umherliefen. Die göttlichste Schindung des Marsyas, die je ein Apoll verübt. Schade nur, daß die nie aussterbende Rotte dieser Flötenbläser nicht immer einen Shakespeare findet, der ihr das Fell so elegant über die Eselsohren zieht!

Ueber die Renaissance-Naturalisten urtheilte man damals wie über die heutigen. Während man den Barbaren vom Avon wie einen drolligen Kannibalen einbalsamirte, herolbeten ästhetische Quacksalber die schnödesten Parfümeure.

Alles wie heut. Müssiger Pomp doctrinärer Verstocktheit, „unanfechtbare Kunstgesetze" des wüstesten Formalismus. Erst nach erbittertem Kampfe erkannte man das einzige ewige Kunstbedürfniß in den befreienden Naturlauten des Elementaren.

„Erwache, du Licht in Ossians Seele!" Sieh, da kamen sie alle, die Naturburschen der Litteratur — Ackersmann Burns, Weltbummler Byron, vom College relegirter Student Shelley, Laufbursche Dickens und Postillon Bret Harte! Die Götter Griechenlands kannten sie nur oberflächlich, wohl aber die Götter der eigenen Brust.

Da faselt dies unwissende Professorengesindel, Shakespeares klobige Naturalismen seien aus dem Geschmack seiner Zeit zu erklären. In ihrer gräßlichen Unwissenheit ahnen sie natürlich gar nicht, daß alle die großen Zeitgenossen des Größten wohl in Blut- und Wollustscenen sich berauschten und gewiß einen heroischen Realismus bekundeten, daß aber nur Shakespeare den Naturalismus vertritt. Warum scheute grade er vor keiner schlüpfrigen Zote, vor keiner rohen Unanständigkeit, vor keiner Banalität zurück? Warum roch er an Yoriks Schädel, während die frostigen Späße der branntweinfuseligen Todtengräber die jungfräuliche Lieblichkeit in feuchte Erde betten? Warum hörte er die Kärrner über ihr Ungeziefer fluchen und durchstöberte die schmutzigen Winkel der Bordells?

Warum, ja warum? Ich weiß es — ihr nicht, ihr gichtbrüchigen, lendenlahmen, wohlriechenden Würdepriester. Ihr könnt es auch nicht wissen.

———

Heut sandte ich ein neues Buch von mir an die „Privilegirte Fortschrittszeitung" und den hochconservativen „Botschafter". Beide Mistblätter haben geschworen, meinen Dichternamen nie mehr zu erwähnen, weil ich mit den Herrn Redakteuren am Biertisch

32*

mehrfach Conflikte gehabt hätte!! Der Chef der „Privilegirten Fortschrittszeitung" will jedoch in weiser Schonung nie aus
eigener Initiative etwas Bosartiges über mich bringen. Beileibe
nicht aus Furcht, o nein! Sollte aber ein anderes Blatt über mich
herfallen, so wolle er es eiligst abdrucken. (Aha!) So meldete er einem
„guten Freunde" neulich beim Skatspiel. Biedermann! 13 (schreibe:
Dreizehn) Bücher von mir hat es nun todtgeschwiegen, dies Blatt
von ehernem Schlage! Früher posaunte es mich allerdings mal
als Zukunftsgenie aus. Nun, „andre Zeiten, andre Ansichten"
— wie der Chef der „Berliner Tagesstimme" so schön zu sprüch-
wörteln pflegt. Bravo! Giftiger Unrath bezeichnet ja die Spur des
Faulthiers, o gieriger Vielfraß, den man Presse nennt!

Löbliche Hunde! Wollt ihr gütigst üben
Um diesen Knochen des Skandals Gekläff?
„Nicht doch! Todtschweigend beißt ihn in die Waden!"
Knurrt der erfahrene Scheeren-Chef.
Dies Büchlein ich gehorsamst dedicire
Den hochgeschätzten Scheerenschleiferein.
Da! Zum Todtschweigen reich' ich euch den Bissen
Und einen Fußtritt obendrein.

Das Leben eitel ist und undankbar.
Den Adler überkrächzt der Krähen Schaar.
Gegängelt von bestochener Wichte Rath,
Bestaunt der Pöbel, was die Ohnmacht that.
Der Stümper bunte Jahrmarktsschilderein
Sind blindem Unverstand ein Heiligenschrein.
Der Tod jedoch gräbt aller Lüge Grab
Und alle Schminke reißt er jählings ab.
Der Mensch und jede Fälscherkunst vergeht,
Das Werk alleine und die Kunst besteht.

Die Schlachtendonner habt Ihr wohl gehört
Von Königgrätz, von Sedan und von Wörth.
Den Donner aber hören werd' ich nicht,
Der Euren Größenwahn in Stücke bricht.

——— ———

Diese Menschen machen alle aus mir, was sie wollen. Die Schufte sehen in mir einen Schuft wie sie selber, die Ideologen in mir einen Ideologen. — Sei nie deiner Brüder Thrann, aber auch nie ihr Narr! Ich aber bin zugleich ihr Thrann und ihr Sklave, und oft ihr Hansnarr. Seltsames Räthsel!

——————— — -

Kein Wörtchen wird heut so üppig mißbraucht wie das Epitheton „vornehm". Man redet ja am liebsten von dem, was man nicht ist und hat.

„Ein vornehmer Charakter!" „Wie vornehm diese Kritik gehalten ist!" Derlei übersetzt man aus dem Litterarischen ins ehrliche Deutsch: „Ein geriebener Virtuose der Lebensklugheit!" „Ein schlaues Pröbchen händewaschender Interessenpolitik, die ihre Motive sorgfältig verschleiert!"

———————

Wie ich von Herzen bedaure, daß ich in meinem berechtigten Grimm dem einzigen Wahlverwandten, den ich jemals fand, Karl Schmoller, so harte Dinge sagen mußte! Und waren sie denn wirklich ganz gerecht? Soll man sich wundern, daß ein so bedeutender Mensch in ewiger Wuth gegen alles Bestehende sich verzehrt? Drückt ihn nicht wirklich die Noth, die grause Noth des Lebens? Freilich merkt man ja nichts davon, denn er selber befindet sich äußerlich kreuzfidel. Doch wer kann ins Innere eines Menschen und hinter die Coulissen schauen! Und im Grunde —leidet er nicht einfach an derselben Krankheit, die auch mich vergiftet? Wenn mich meine höhere Bildung in Sphären erhebt, wo die Gemeinheit des Lebens mich nicht mehr erreichen kann, so wäre es unbillig, von ihm das

Gleiche zu fordern. Er sieht sich nur als Urkraft in einen Knäuel niedriger und widriger Verhältnisse verstrickt, sieht um sich her die Büberei triumphiren und wird zerrieben im Kampf mit den schmutzigen Sorgen des Alltagslebens. Es ist wahr, über die Menschen hat er sich wahrlich nicht zu beklagen. Jeder suchte sich ihm dienstbereit zu zeigen, Jeder bewies ihm äußerste Geduld und nur seine empörende Brutalität verschuldete es, wenn man ihn fallen ließ. Seine Natur zwingt ihn förmlich, Jeden vor den Kopf zu stoßen und überall Unfrieden zu stiften. Er ist ein Sprengstoff, dessen Nähe man flieht. Doch wie erklärt sich alles das aus den Verhältnissen! Muß es diesen Menschen nicht rasend machen, wenn dummdreiste Un= fähigkeit über ihn wegtrampelt, wenn man nur an den Schlacken seiner formellen Unbehülflichkeit haften bleibt, statt in den inneren Kern seiner wilden Genialität zu bringen? Unglücklicher Mann, dessen düstern Groll ich mitempfinde, ob er auch wie ein rußiger Titane allein abseit steht und nie dem olympischen Donnerer sich beugt! Er verkörpert gleichsam das Elementare des Irdisch=Thieri= schen, wie ich das Elementare des Transcendental=Dämonischen. Die Andern alle sind Schein=Puppen. Und die Hauptsache bleibt eben doch immer, daß man überhaupt elementar sei, das Element eines wirklichen Seins in sich trage.

Und darum, ob ich ihn auch hassen sollte, wurzelt in mir eine unzerstörbare Sympathie für diesen einzigen Wahlverwandten, diesen Bastard=Halbbruder meiner Wesenheit. Wer weiß, ob nicht trotzalle= dem in ihm unbewußt ein gleiches Gefühl schlummert!

Wohl erkenne ich, daß solche Naturen vulkanischem Granit ver= gleichbar sind: Das Feuer sprengt sie, aber schmelzt sie nicht. Mit all seinen Mängeln und Schwächen und Sünden kämpft er ja dennoch für sein gutes Recht. Das Recht des Werdens aus dem Recht des Seins. Man will, dieweil man muß, muß, weil man will. Ja, Recht, das Recht — du wunderbares Wort, so uner= gründlich wie die Ewigkeit! Dies das Gesetz, nach dem die Sterne in vorbestimmter Ordnung schweben, — das gleich mächtig in jedem Einzelwesen wirkt, — das, wo das Chaos in die Schöpfung mündet, zuerst den Keimtrieb in die Welt gepflanzt: Sein Recht zu suchen und das klug gefundene Recht auch zu behaupten, fest und unbedingt, im Wirbeltanz der ringenden Geschöpfe. Und so denn, unter eines Schicksals rechtloser Last zusammenbrechend, fühlt man im Innern noch den wuchtigen Takt der Waage, die uns zur Selbsterfüllung aufwärts reißt. Den Auserkorenen ward immer früh bewußt das eherne Gesetz in ihrem Busen: Das Recht des Wollens ist das Recht des Sollens.

Ich kann ihn nicht verdammen, diesen Schmoller. Das Recht der finsteren Nothwendigkeit, das uns unwiderstehlich übermannt und dämonisch fortschleift auf ungemessener Wünsche Irrfahrt, bis ein letztes Riff ihm ein Ende setzt, — das wird in ihm doch triumphiren müssen. Der Stärkere hat Recht. Wohl ist er nur ein eitler Sclav der Selbsucht, falsch ist sein Recht und nackte Eigensucht sein Rechtsgefühl. So sollte er zähneknirschend von hinnen fahren und dem geborenen König die Herrschaft lassen.

Die Herrschaft — hahaha! Eine schöne Herrschaft, weiß Gott! Nein, bleiben wir beim Realen! So sollte es sein, so ist es nicht. Er ist stärker als ich, weil seine Roheit ihn knorrig erhält. Ich bin schwaches zartes Porzelan, ich zerspringe beim ersten Fall. Mit wehmüthiger Freude ahne ich, wie er das Gesindel noch zu Paaren treiben wird mit seiner Peitsche, wenn ich schon unter der Erde liege. Ich peitschte euch mit Ruthen, er aber wird euch mit Skorpionen züchtigen.

Ich fühle es, lange geht's nicht mehr so fort mit mir, es geht zu Ende.

Aber aus meinen Gebeinen wird erstehen ein Rächer.

———

V.

Seevögel umkreischten schrill ihre Nester, der Schaum
klatschte an den stiebenden Sand, eine schwarze Ente
schwang sich auf der glasigen Woge. Mit seiner Braut,
der Erde, schien der Ozean zu schäkern. Er schmückte
sie mit Muscheln. Bald ebbte er zurück, um ihren Reiz
überschauend zu mustern, bald rollte er wieder zum Kusse
heran.

Krastinik lag am Strande, das Buch war ihm ent=
glitten. Und statt seiner las er vom weißen Blatt des
Dünensandes, der unter dem glühenden Sonnenstrahl zu
knistern schien, die Gedanken=Arabesken ab, welche wie
Schatten seines Geistes darüberhin huschten.

Er schloß die Augen. Die Nacht der innern Stille
umfing sein waches Hirn, jene Nacht, aus der allein sich
Sterne empordrängen.

Lang und sorgsam dachte er über das Gelesene nach,
um sich über die Zweifel Rechenschaft zu geben, die ihn
bedrängten.

Wie ein Dom erhabener Stille, wölbten sich Meer
und Aether ineinander. Wie das stille Murmeln alters=
grauer Vergangenheit, wie das Zirpen von Heimchen in
zerfallener Ruine, plätscherten sanft die Wogen. Aus
dem Becher des Meergottes sprühte ihm ein gastlicher
Willkommengruß schaumtropfend entgegen.

Dem nach innen Schauenden war es, als ob der
Geist seines todten Idols, dessen treuer „Heroen=Anbeter"
er gewesen, lautlos über den Wassern schwebe und wan=
dele über Meer und Land. Und eine Stimme, wie das
Geräusch vom Flügelschlag eines Engels oder das Säuseln
in Karmels Klüften, wie das Murmeln der Muschel, die
sich nach der Mutterwoge zurücksehnt, — eine geheimniß=
volle Stimme sang den versöhnenden Psalm:

Wunderſame Morgenfrühe,
Dehnſt die Seele mir ſo weit.
All der Erde ſtarre Mühe
Löſt die holde Einſamkeit.
Sie umhüllt der Erde Schmerzen
Wie ein lichtes Schleiertuch.
Liebe wandelt ſtill im Herzen
Und Vergebung ſei mein Fluch.

Was vermag der Menſchen Grollen,
Allgerechter, gegen Dich!
Deinem Licht, dem liebevollen,
Sonnengott, vertraue ich.
Meine Sünden, meine Fehle
Richten kannſt Du nur allein.
Denn Du ſchauſt in meine Seele,
In das Herz der Welt hinein.

Wohl, diese Stimme sang das Hohelied einer wahren Versöhnung, einer Erhebung des Menschen aus irdischer Wirrsal, aus tiefer Ich=Not aufschreiend zur All=Liebe. Aber diese Stimme — tönte sie wirklich aus dem Geist des Verblichenen, oder tönte sie vielleicht aus des Nach= trauernden eigener Brust? Zum ersten Mal begann dieses begeisterungsfähige Gemüth kritisch an sein Idol heran= zutreten und sich objektiv darüber zu stellen. Warum schwang sich denn Leonhart zu solcher Versöhnung nie= mals auf?!

Wenn heut einem großen Dichter nun einmal keine andere Wahl gelassen scheint, nun, so besinne er sich nicht lange am Scheideweg des Herkules! Warum verzichtete er nicht gänzlich auf solche flüchtigen Werthungen der äußern Geltungseitelkeit? Warum schloß er sich nicht ab von der Welt und sank in majestätischem Schweigen, das Lächeln einer erhabenen Verachtung auf den Lippen, ins Grab des Todtschweigens und der Verlästerung? War er doch von zu grobem Metall für solche goldklare Feinheit der Gesinnung?

Schopenhauer sprach das große Wort gelassen aus: Was sei alles Genie gegen vollkommene Güte des Herzens, welche Andern gegenüber jene grenzenlose Nachsicht übt die man sonst nur gegen sich selbst anwendet. Von dieser Herzensgüte besaß Leonhart viel, aber noch lange nicht genug. Freilich, da sich die kindische Selbstsucht und Eitelkeit der Menschennatur nirgends so schamlos ent= puppt, wie in der sogenannten Litteratur, so bleibt es hier am schwersten, jene höchste Bethätigung der Herzensgüte zu üben — nämlich Gerechtigkeit, die sich auf den Standpunkt des Andern zu setzen und jene großen Gesichtspunkte zu bewahren weiß, vor welchen persönliche Freundschaft und Feindschaft verschwinden. Auch ist es mit der „grenzenlosen Nachsicht", die Schopenhauer als vollkommene Herzensgüte rühmt, immer ein eigen Ding, da durch sie ja nichts gebessert wird. In der Kunst wird eine gewisse Art von Nachsicht ganz einfach zum Verbrechen. Wer das Große und das Kleine, das Genie und Talent, das Talent und Nichttalent gleichmäßig „anerkennt", versündigt sich am Besseren durch Gleichstellung desselben mit dem Guten. Kann man es also Leonhart verdanken, wenn er manchmal heftig und zufahrig draufschlug?

Jaja, die Herzensgüte! So rührend jene Phrase im Munde eines großen Mannes wirkt, dessen eigene Herzensgüte so mäßig entwickelt schien, so darf man dies Augenblicks-Aperçu doch wohl nicht ernst nehmen.

Wiegt passive Herzensgüte im geistigen Haushalt der Menschheitsentwickelung nicht vielmehr federleicht gegen jede produktive Bethätigung wahren Talents? Auch wenn letzteres scheinbar zerstörend auftritt. Nun ja, das wohl. Aber Herzensgüte voll Nachsicht gegen fremde Gebrechen und voll Strenge gegen sich selbst — mag sie als seltenste Ausnahme nicht ab und zu vorkommen? Und wäre das nicht ein Ziel, aufs innigste zu wünschen? Steigt diese Güte wirklich bis zu einem hohen Grade, so tritt sie freilich stets produktiv auf, wie bei

Chriſtus und Buddha, da ſie die Lüge und Gemeinheit
der Welt zu reformiren trachtet.

Genie iſt Initiative. Allerdings muß das Glück
nachhelfen. Der bloße Mann der That iſt ja bloß der
Sklave der Außenwelt, aber der Denkerſchöpfer iſt darum
noch lange nicht Herr der Außenwelt. Seine Stubirſtube
mag ihm als der Archimediſche Punkt erſcheinen, von dem
aus man die Welt aus den Angeln hebt. Doch die
Außenwelt ſtört eben wie jener römiſche Legionär die
Kreiſe des Archimedes und ſchlägt ihm den Kopf ab.
Ohne Glück und Erfolg erlahmt die Initiative des Genies,
Aber lag nicht auch in Leonharts Initiative eine
ſelbſtbetrachtende Abſichtlichkeit? Wäre er naiv fürbaß
geſchritten, ſo würde die Initiative auch friſcher und ur-
ſprünglicher herausgeſprudelt ſein. Der kommt am wei-
teſten, welcher nicht weiß, wohin er geht — ſagt Oliver
Cromwell.

Gewiß lag etwas Zielbewußt-Heroiſches in Leonharts
Leben. Kraſtinik kannte es aus der umfaſſenden Darlegung ſeines Freundes genau, der freilich immer an
ſich unleugbare Thatſachen noch peſſimiſtiſch färbte. Seit
frühſter Kindheit war dieſer Menſch von dem Bewußt-
ſein ſeines Dichterberufes durchdrungen geweſen. Seit
ſeinem dreizehnten Jahre durchkoſtete · er eigentlich die
gleiche Bitterniß, wie jetzt am Ende ſeiner kurzen überreichen Laufbahn. Als Knabe umgeben von kindiſcher
Rohcit und Dummheit, einfältige Holzköpfe als „Lehrer“
über ſich, ihr werthloſes Kauderwälſch dem feurigen Adler-
geiſte aufpfropfend, deſſen ironiſches Lächeln dieſe Bildungs-

Hanswurſtiaden aus überlegener Höhe verhöhnte. Als Jüngling die geckenhafte Unreife halbwüchſiger Krafthuber um ſich her, über ſich die Weisheit wohlpatentirter Welt=autoritäten, die ſeine hohe Ueberlegenheit ebenſo durch=ſchaute. Als Mann um ſich her die Rotte der Streber und Aftertalente, über ſich immer noch die hohlen Geſetze der beſtehenden Geſellſchaft, die er verachtete. Immer, wachſend mit den Jahren, weit voraus und weit über den momentanen Dingen, alſo ſtets entfernt von dem Ver=ſtändniß der Mitwelt. Allerdings kam es ihm zu Statten, daß er ſtets und immer das Ziel feſt vor Augen hielt, ſich zum Dichter auszubilden. Mit beiſpielloſer eiſerner Zähigkeit, die in ihm den echtpreußiſchen Berliner kenn=zeichnete, ließ er nie auch nur einen Augenblick ſein Arbeitsſtreben los. Die grünen Jungen, die über ihn ſalbaderten, wären vielleicht mit ſtaunender Ehrerbietung ſcheu bei Seite gewichen, hätten ſie je klar anſchaulich dies bewunderungswürdige Syſtem vor Augen gehabt, wo Fuge in Fuge griff, wo ſich die frühſten Anfänge der Knabenjahre mit fünfzehn ſpäteren Arbeitsjahren innerlich verknüpften. Das Räthſel ſeiner „überreizten Fruchtbar=keit" löſte ſich freilich dann ſehr klar. Ausgeſtattet mit einem erſtaunlichen Gedächtniß, ohne Gleichen an Arbeits=luſt und vor allem an Ordnungsſinn, einem Haupt=attribut des Genies, thürmte er unabläſſig das ſchwindelnd hohe Gebäude ſeines umfaſſenden Geiſteslebens Stein auf Stein. Eigentlich war und blieb er ſtets gleich groß. Seine Jugendgedichte und Jugenddramen in einem Alter, wo man ſich höchſtens für „Räuber und Indianer" und

Coopers Lederstrumpf erwärmt, mußten geradezu unglaub-
lich genannt werden. Die historischen Essais in seinem
Schubfach gab er später zur Zeit seines Glanzes als
neuste Beiträge heraus, ohne daß Jemand ahnte, der
dreizehnjährige Leonhart rede zu ihm!

Alles war hier anders als bei den Durchschnitts-
talenten. Ein solches, wie etwa der überfruchtbare Paul
Heyse, spielert wohl als Primaner reizend geleckte Nipp-
sächelchen und Märchen zurecht, um sich darob als junger
Goethe bestaunen zu lassen. Aber gerade das, womit man
der albernen Welt sofort imponirt, die gefällige Form,
mangelte diesem wahren Genie, wie jedem Großbeanlagten,
anfänglich vollkommen. Wenn er sich quälte, lyrische
Liedchen nach bekanntem Muster zu pfeifen, mißlangen
sie gänzlich. Von der Großartigkeit seiner gedanklichen
Conception verstand natürlich ein zum Urteil herange-
zogener Kunsthandwerker ebensowenig, wie von der unab-
geklärten, aber genialen Gestaltungskraft seiner Charakteristik. Es wäre ein Glück für ihn gewesen, wenn er wie
so mancher Dilettant auf eigene Kosten seine Jugend-
sachen wenigstens mit sechszehn Jahren hätte publizieren
können. Denn in diesen staf wenigstens der wirkliche
ganze Leonhart, der halbflügge Genius, so daß alles
Philistergenörgele immerhin hätte zugestehen müssen, für
einen Knaben seien diese Versuche einfach unerhört. Aber
so gut wurde es ihm nicht. Niemand verstand das Bahnbrechende in diesen seltsam bizarren Sachen und so überwand er sich denn endlich, etwas „Liebliches" zu fabriziren,
um einen Verleger zu finden.

Mit der Publikation dieses minniglichen Opus (er zählte mittlerweile achtzehn Jahre) begann nun die endlose Aergerkette seiner öffentlichen Laufbahn. Die Einzelheiten, welche er als besondere Tabelle gebucht hatte, wirkten allerdings vernichtend für die gänzliche Unfähigkeit der „Kritik", das Ungewöhnliche zu begreifen, und der stumpf apathischen Welt, Perlen statt ihrer Trog-Kartoffeln zu verdauen.

Immer und immer wieder sah er in sich das Sein im Bettlergewand, um sich her den Schein im Galakleid. Wohl mochte er rufen mit dem größten aller Dichter: „Müd alles Dessen schrie ich nach ruhevollem Tode. Zu sehn, wie wahre Kraft von hinkender Schwäche entwaffnet, wie der Kunst die Zunge gefesselt von falscher Autorität, wie Narrheit als Doktor die Weisheit curirt."

Nun ja, das alles mochte wohl als wahr gelten, vom Standpunkt der äußeren Gerechtigkeit. Aber liegt nur hierin die immanente Gerechtigkeit der Dinge, von der Gambetta sprach? Bleibt nicht der Werth und das Ideale in sich selbst Sieger?

An einsam moosigem Gestein verträumte der Müde den Abend. Wie die Sonne wild verblutete! Ueberm Meer ein Flammenmeer. Ein Scharlachbaldachin auf goldnen Strahlenschnüren schien langsam droben hinzuschweben. Dann wieder schien eine Stadt aus Purpurwolken den Rand des Horizontes zu schmücken.

Leichte feuchte Wassernebel kräuselten sich, empor-

steigend. Roth überhaucht wie gefrorenes Blut schien sich
die ruhige Fluth zu dehnen, ruhig wie das Todte Meer,
das wie Eisenöfen raucht, wo ihren Saft die Palme
gerinnen fühlt. Das Todte Meer mit seinem giftigen
Qualm — ja, dem gleicht das Leben der großen Welt
und der großen Stadt. Und das Rothe Meer — ja,
durchs Rothe Meer muß man hindurch, wenn man zum
gelobten Lande will. Aber die Feuersäule des Genies,
die den Weg weist — wo lodert sie? . . . . . .
Die Lectüre dieses Tagebuches wirkte niederdrückend.
Das Herz krampfte sich zusammen vor diesem Aufwühlen
aller geheimen Schreckensmächte, die unser Dasein unter=
höhlen.

Gewiß kann solch ein Grimm als ehrwürdig, als
ein heiliger Zorn erscheinen. Von ihm werden die großen
Männer zu welterschütternden Thaten hingerissen. Man
liebt einen guten Hasser. Es ist der Haß gegen die Feig=
heit und Falschheit der Welt.

Die Hindus beten die Brillenschlange, die Hagin den
Tiger an. Die Chinesen opfern im Sturm dem Drachen
der Tiefe, statt ihr Schiff zu lenken, und lassen sich als Ge=
fangene lieber pfählen, statt tapfer zu fechten. Ewig ver=
ehrt die stumpfe Herde Fetische. Aber der vom göttlichen
Hauch Beseelte wird wieder und immer wieder seinen
Wormser Protest aus der Klause von Ermenonville, aus
dem Erker der Wartburg, von der Insel Ufenau treu bis
zum Tod den unfehlbaren Päpsten dieser Welt entgegen=
schleudern: „Ich hab's gewagt! — Ich kann nicht anders,
Amen."

War Leonhart ein solcher Geist, war es ein heiliger Zorn, der ihn beseelte? Wohl darf man fürchten, nein. Und schlägt dieser Wahrheitsdrang des „Entrüstungs= Pessimismus" nicht manchmal ins Manierirte, Krampf= hafte um? Schneidet er nicht Grimassen scheuer Lüstern= heit, wirft er nicht Togafalten des Weltschmerzes?

Ibsen ist ja so verlogen, daß er die Verlogenheit der Menschen stets noch ins Unwahre übertreibt. Etwas davon stak auch in Leonhart's griesgrämiger Skepsis. Während dieselbe die naturentstellenden Schönpfläfterchen hinwegzuschwemmen suchte, fehlte es ihr selbst nicht ganz an Schminke. Echtes Gefühl und falsche Empfindelei zu unterscheiden, fiel manchmal schwer. Gleichwohl suchte man ja hier umsonst nach der Zwiebel, welche die schönen Zähren entlockt, wie bei moschusduftigen Flennern. Ueber diese harten bizaren Züge, welche ein wahrer Schmerz verzerrt, rannen wirkliche Thränen. Aber verwischten sich nicht vor dem absichtlich kurzsichtigen Mikroskopauge des Dichters hier allmählich die Unterschiede von Vernunft und Narrheit?

Und wenn er auch elementare Naturlaute lallte, warum fand er niemals Noten auf dem Instrument seines umfassenden Geistes für morgenfrische Glücksbe= geisterung? Freilich, wo sollte die auch herkommen in einer Zeit, die nur feiles Gesindel heranzüchtete?

Ja, es blieb wahr, wie man es drehen und wenden mochte, dieser Grimm war an sich gerecht. Die Ver= zweiflung hatte ihn geboren. Der Ekel an seiner jämmer= lichen Umgebung, dem „Collegen"=Gesindel, in das ihn sein vermaledeiter Beruf verstrickte, mußte sich einmal Luft machen. Und was er an Klagen und Anklagen vorgebracht, war ja an sich gerecht.

Allein, seiner grausamen Ironie fehlte gänzlich das Wohlwollen. Und somit erhob er sich nur wenig über den allgemeinen Menschenhaß eines Schmoller. Gewiß gehörten sie Beide, Löwe Leonhart und Tiger Schmoller zu der adeligsten Rasse, der Rasse der Raubthiere. Aber wie sah es denn mit dem Charakter dieses unerbittlichen Zuchtmeisters selber aus, der so lieblos seine Geißel schwang über Gerechte und Ungerechte?

Ueberall spürte man mit Trauer, aber nicht immer mit Mitleid, wie der Schatten des Wahnsinns diesem grellen Irrlichteln näher rückt. Er wüthete endlich auch gegen sich selbst und prophezeite mit heiserem Gelächter seine Anlage zur Geistesstörung.

Eine alte Erfahrung lehrt, daß die Welt nur als ein Spiegel dient: Was herein schaut, schaut heraus. Das Ich selbst giebt allein die Auffassung des All. Ein guter Mensch entdeckt überall gutmüthige Züge, ein schlechter überall nur bewußte oder unbewußte Schlechtigkeit. War nicht Leonharts und Schmollers wüthende Misanthropie gerechtfertigt, da sie von sich selbst aus urtheilen mußten? Eine Gesellschaft, die aus lauter solchen Naturen bestände, möchte sich wohl bald genug untereinander zerreißen. Erreichen diese Gallenergießungen nicht manchmal einen Grad, der bereits anfängt, dem albernen Lallen des Irr=sinns u ähneln? Pathologisch gesprochen, rumort der Wahnsinn in dieser Menschenverachtung, die in letzter

Inſtanz unbändigem Größenwahn entſpringt. Indem ein ſolcher Halbgott die Menſchen wie aufzuſpießende In=ſekten angrinſt, wird er ſelber ein Halbthier.

Schnellt der grauenhafte Wuthſchrei einer aus Rand und Band gerathenen Weltverzweiflung nicht auf ihn ſelber zurück? Hört man in dieſem gräßlichen Gelächter nicht den Wiederhall des eigenen bosheitgetränkten Gemüthes?

Unabläſſig geheizt von dem Brand eines grenzen=loſen Haſſes und dennoch von gleichmäßiger kaltblütiger Härte, arbeitete dieſe Denkmaſchine raſtlos fort. Doch glich ja die in Leonhart kochende Bitterkeit gar wenig dem kannibaliſchen Gebelfer eines Schmoller, deſſen wuth=ſchäumender Biß vergiftete wie der eines tollen Hundes Fauchte Jener wie ein ſchwarzer Panther, dies häßlichſte unzähmbarſte aller Raubthiere, deſſen gelbe Schwefelaugen man aus der Finſterniß der Käſigecke in nimmerſatter Mordluſt funkeln ſieht, — ſo brüllte Leonhart wie ein Löwe. Aber auch ihm fehlte des Löwen Majeſtät, des Leoparden Grazie. Gepeinigt von jenem Magenkrampf galleüberfüllter Beſtien, letzte er ſeine ſtachlige Zunge im Blut der Opfer. Ergriff ihn die raſende Wuth ſeiner Weltverzweiflung, ſo zerriß er die ganze Heerde und ſoff Blut, bis er berauſcht niedertaumelte. Er wollte Blut ſehen, das Zerreißen ſelbſt war ſeine Luſt. Und ſein Tatzenhieb vergiftete zugleich die Wunden, die er ſchlug, wie des Tigers Klaue ein Gift verbergen ſoll.

Lag nicht in dem ewigen Gejammer und Weltan=ſpucken Leonharts eine unmännliche Schwäche verborgen?

33*

Das Leben ist ja kein Liebeslied, sondern ein Schlachtgesang.

Das Genie findet fortwährend das Ei des Columbus. Warum nicht hier! Hätte er doch lieber alles Unedle deterministisch aus Abstammung, Erziehung und Umständen erklären sollen!

Faßte er nicht alles gleich von der schlimmsten Seite auf und nahm stets die schlechtesten Motive an, welche vielleicht ja unbewußt mitspielten, aber noch nicht als wirkliche bewußte Infamie aufgefaßt werden brauchten?

Krastinik überlas nochmals das Urtheil des Tagebuchs über Schmoller. Er lächelte. Nie hatte er Leonharts Vorliebe für diesen Mann bis zu solchem Grade begreifen können. Der aristokratische Instinkt lebte noch zu mächtig in ihm. Er sah in Jenem nur den echten Litteraturvertreter des Socialismus. So wie der freche Maurergeselle sich alleine „Arbeiter" nennt, als ob andre Leute vom Müßiggang lebten, und den Begriff der geistigen Arbeit nicht zu fassen vermag, dabei aber von Gleichheit und Menschenrechten schnapsfaselt, — so blickte dieser Arbeiterdichter im Dünkel seiner Bornirtheit auf alles herab, was nicht mit dem Modethema des Tages, der sogenannten socialen Frage, zusammenhing. Der Größenwahn des Socialismus ins Litterarische übersetzt. So hatte der Graf stets geurtheilt, obschon er dem großen Talent Schmollers Gerechtigkeit widerfahren ließ.

Doch mochte nun Leonharts mildere Auffassung die richtige sein, — warum wandte er sie denn nur Schmoller gegenüber an? Warum sah er nicht die Gebrechen der dii minorum gentium mit gleich verzeihendem Auge? Gewiß ein zugleich ekelhaftes und komisches Schauspiel, diese Krämpfe der Ohnmacht, die sich ihres Nichts nicht bewußt werden will und alles besser könnte, wenn sie nur Zeit hätte. Oder diese idealen Pumpiers, die jeden „Collegen", der nicht grade verhungert, als reichen Filz verschreien, wenn er ihnen nicht die Mittel zum faulen Schlampampen bieten will. Und doch — von „Lumpen" zu reden ist leicht. Aber wieviel bittre Scham, wieviel Erröthen vor sich selbst, wieviel Qual gekränkten Stolzes, welche Reue um gefallene Ehre mag heimlich solch ein Lump= und Pumpleben begleiten! Und wie natürlich er= scheint der verzehrende Neid gegen den, der nicht nur größer, sondern auch in glücklicheren Verhältnissen! Recht wohl kann die Raserei herostratischer Neidwuth sich mit der tiefen und reinen Läuterung weihevollen Schmerzes in anderer Hinsicht verbinden. Denn widerspruchsvoll ist der Menschengeist. Drum will auch alles Menschliche so verstanden und entschuldigt werden. Warum empfand Leonhart nicht selbst das harte Loos nach, das Loos der Edelmann und Haubitz? Nachdem man sich von Kindes= beinen an als geheimer Agent Apollos weihepriesterlich gespreizt, nun plötzlich zu entdecken (— denn, ohne es zu ge= stehen, besitzt der Neid ja Argusaugen für das Größere —), daß ein Anderer von dem trügerischen Apollo noch viel bedeutendere Vicekönigs=Vollmachten erhielt! Das scheint gleichsam ein Betrug des Schicksals, ein Verrath der Muse, und sich dafür zu rächen, blieb als letztes Labsal dem Ex= Minister des Parnaß!

Warum entbehrte denn Leonhart dieses humoristischen Mitleids? Allerdings darf man sich nicht verhehlen, daß Jeder sich selbst der Nächste ist. Steuert man daher nicht den zügellosen Orgien neidgelben Größenwahns, so verzögert sich die Erkenntniß der Wahrheit, an der man sich somit durch lässiges Zusehen versündigt. Und hier handelte es sich freilich nicht um die Person des Dichters, sondern in ihm um die Zukunft der Poesie. Man konnte Leonhart gewiß nicht verwehren, daß er sich deren erwehrte, die seinem Dichterthum ans Leben wollten. Aber er hätte denn doch — das Recht ihm zugestanden, daß er selbst lebe — den Satz der Humanität mehr beherzigen sollen: „Die Andern wollen auch leben." Die sprüch= wörtliche Antwort darauf „Je ne vois pas la nécessité" ziemt sich für einen Weltmann, aber nicht für einen Pre= diger des Idealen.

Wohl kennt die Welt keinen andern Prüfstein des Werthes, als den Erfolg. Wer früher über einen Alvers spöttelte, gehörte jetzt gewiß zu seinen lautesten Schmeich= lern. Was manche „Unabhängige" an Leonhart benör= gelten, das beräucherten sie ja jetzt schon nach seinem Tode. Denn die Menschen sind zwar sehr beschränkt und sehr boshaft, doch nicht so sehr, daß sie nicht zu Sinnen kämen, wenn ihnen das Flammenschwert der Wahrheit direkt ins Auge fuchtelt. Gewiß, der Mannes= stolz vor Fürstenthronen wird immer verdächtig, wenn er sich an Könige=ohne=Land richtet. Trotzalledem brauchte Leonhart wahrlich nicht in eine solche Rage zu gerathen, wenn seine „Judasse", wie er das charakteristisch im Ver=

trauen Kraftinik gegenüber nannte, ihm als sauertöpfische „Aufrichtigkeit" angebliche Wahrheiten ins Gesicht warfen, die er als hohl und wesenlos erkannte.

Kurz, wohin der Graf auch blicken, wie auch immer er sich das Bild seines todten Idols vergegenwärtigen mochte, überall fand er jetzt Kleinliches und Schwächliches. Alles in der Welt hat zwei Seiten; es kommt darauf, von welcher Seite man es sieht. Erhabener Stolz — Eitelkeit unbefriedigter Ruhmsucht — wie nahe hängt das zusammen! Nein, Leonharts geistige Größe hatte zu moralischer Größe sich nie emporgeschwungen. Das höchste, das moralische Genie blieb ihm versagt. Wohl war's der Größenwahn des Genies, aber selbstüberhebender Größenwahn lallte auch hier.

Die Krankheit des Jahrhunderts hatte auch ihn verzehrt, in ihm ihre herrlichste Beute gefunden. Sein Ich über alle menschlichen Schranken hinaus dem Schöpfer entgegenspreizen — das ist nicht Größe, das ist Großmannssucht. Die wahre Größe und die wahre Weisheit ist demüthig, weil sie es sein muß, ehrfürchtig dem Unerforschlichen sich beugend. Den Kampf an Jakobs Furth, Gott wider Mensch, besteht auch der stärkste Ringer nur mit verrenkter Hüfte. Wer Gott nur als Tyrannen anerkennt, der vom Gewaltthron niederglotzt auf den Freien, den er foltert, — der wird den Verborgenen nimmer schauen, der in Allem sich offenbarte, wird nie in inniger Gottverschmelzung den Weltumlauf vollbringen, wird nie sich freudig verbluten im heiligen Feuer der Lebensgemeinschaft mit Gott.

Krastiniks Idol lag in Stücken. Das war kein Messias, das war ein schwacher sündiger Mensch wie alle, nur mit dem Zufall einer abnorm feinen Gehirnstruktur, vielleicht auch mit doppeltem Hirngewicht, wie sich bei Byron's phänomenal kleinem Schädel bei der Leichenobduction ergab. Das war alles. Höchstens seine innere Wahrhaftigkeit vor sich selbst, wie sie ja auch theilweise den verschwiegenen Blättern dieses Tagebuchs anvertraut, die unbestechliche Selbsterkenntniß erhob ihn über die Menge. Aber die rechte Selbsterkenntniß war es doch nicht. Denn die hätte ihn über sich selbst erhoben. Sich erkennen heißt Gott erkennen, aus dem menschlichen Nichts sich zum Ewigen hinüberretten in Demuth und Entsagung.

Das alles wurde dem einsamen Denker nur halbbewußt und instinktiv klar. Er empfand es wie den Gnadenstoß, wie den Todesstreich seiner Geistesentwickelung. In dem Todten hatte er einen Uebermenschen und Heros gesehen, dessen Cultus er auch nach dem Tode mit der Pietät eines Jüngers bewahren durfte. Und nun lag dies Idol vor einer höheren Erkenntniß in Stücke gebrochen. Wo war hier der Kampf für eine große Sache? Nur der Kampf für die kleine Sache des eigenen großen Ichs, das Durchsetzen seines Herrscherrechts, nur souverainer Egoismus, wenn auch erhabener Art, hatte dies dämonische Leben ausgefüllt. Und so hatte es denn an sich selbst die Strafe vollstreckt, die gerechte Strafe.

Hänge Dein Herz nicht an Menschen! Alles Vergängliche ist nur ein Gleichniß. — Krastinik barg sein Haupt in seine Hände und weinte bitterlich.

Da — — wie, ein Telegramm aus Siebenbürgen, direkt „Bad Scheveningen" adressirt? Was mochte das bedeuten? — —

Im Leben selbst überstürzen sich die Ereignisse so, daß man das Seltsam-Absichtliche des Zufalls kaum gewahrt. Aber dies war mehr als Zufall, das war Schicksalsfügung, wie so manches Frühere.

Sein Bruder auf der Jagd mit dem Pferde gestürzt. Gefährliche Verletzung. Das sofortige Erscheinen Xavers wurde dringend erbeten. — —

Was sollte er auch noch länger hier treiben! Der Geistesarbeit hatte er ja Valet gesagt. Ja, die Phrenologie hatte gelogen, wie alles Andere auch. Auch sie ist Phrase und Humbug. Nur fort, fort von diesem Meere, dem Sinnbild der Ewigkeit, das ihn medusenäugig anstarrte.

Und doch wie schwer, von ihm zu scheiden! Wie schwer sich loszureißen, wenn man das Ewige angeschaut und den letzten Fragen ins Auge sah! — —

Das Meer hielt seine Siesta. Rings schillerten zahllose Sonnenpünktchen wie Myriaden goldener Mücken über der Tiefe. Freilich, so friedlich der glatte Spiegel, drunten in der Tiefe ist's fürchterlich. Da tobt der Kampf der Lebewesen, Einer frißt den Andern. Ein Bild der menschlichen Gesellschaft, die ja auch nur ein Abbild des Thierreiches.

Die Felsblöcke, träge in der Brandung badend, glichen versteinerten Robben. Einer trug eine Wallroßstirn, ein Anderer eine Alligatorschnauze. Auf einem Steine, der von Wellen fast ganz umspült, stritten Sonne und Meer um die Herrschaft. Bald wurde der trockene Flecken in der Mitte der Steinspitze überschäumt, bald vergrößerte er sich sogar durch die jede Nässe verzehrende Leuchtkraft der Sonne. So kämpft in einer Seele, die von den Wogen des Lebens überschüttet, warme Lebenslust mit naß= kalter Erstarrung.

In der Ferne hüpften die Sprungwellen unablässig an einer Sandbank empor und über sie hin schwammen die Butterflecke der Sonne, wie Fettaugen auf einem Suppenteller. Der eigenthümliche Geruch des Seetangs (wie ein erotisches Excrement des selbstverliebten Meeres) mischte sich dem Salz=Ozon.

Ein enteilender Dampfer ließ über die spiegelglatte Fläche das nachschleppende Silberband seiner Furche hingleiten. Ueber dem Ufer=Wald stand ein Regenbogen und eine Möve flitzte wie ein weißer Pfeil darunter hin.

Die Segel der grünen Boote hoben sich goldgelb von der hellblauen Fläche ab, die wie in einer Waschschüssel teich=ruhig lag. Grüne Wasserstreifen zeichneten sich lang= gezogen in die windstille Fluth. Die Wolken bekamen einen matten Ton, goldgelb flimmerten die Dünenhügel, wie mit einer Bernsteinlasur überhaucht von der sinkenden Sonne.

Es dunkelte. Laubumkränzte Kähne kehrten heim mit Musik und Lampions von einer Ruderwettfahrt. Feuer=

werf stieg auf, Meerleuchten verklärte die dämmernde Ferne. Ein Dampfer draußen auf dem offenen Meer spritzte sein elektrisches Licht in trichterförmigem Strahl weithin, als bespritzte eine Gießkanne weite Rasenflächen.

Ernstes feierliches Meer! Wie du in Mondschein= nächten die Erde umwallst, so wallt ums weite All mit Fluth und Ebbe das große Weltgeschick.

Wie mit Schlüsseln von lauterem Gold schien der Mond das Geheimniß der Tiefe zu erschließen. Wolluft= weich wie Brüste flossen die wölbigen Wellen.

Drunten klagen Osterglocken, wo eine bunte Welt versunken ruht. Doch nur der vernimmt die Glocken, wer auf Erden heimwehkrank. Blast, Winde, blast und, Fluthen rollt! Die Meerfei drunten im krystallenen Schloß lispelt verführend: Wie so süß ist der Tod!

Wolkenrappen spannten sich an den Wagen des Sturms, der langsam heraufzog. Dies allgewaltige Meer alleine böte Raum, um die Unermeßlichkeit einer un= irdischen Sehnsucht zu betten. Grenzenlos wie eines Genius Gedanken schäumen die heiligen Wogen. Was tobst du, Sturm, was brüllt ihr hinauf zu den Sternen, o Wogen? Was seid ihr gegen den Sturm in eines Menschen Brust! Ihr kommt und geht, eine verschlingt die andere, in ewigem Auferstehen ringt ihr zu nie ge= fundenem Ziel. Warum, wozu? Warum immer neue Zeiten und neue Wesen, lärmend und brandend, bis daß sie in Schaum zergehen?

Der wechselnde Strom des Lebens braust hinab in

die ewige Leere und wir versinken mit unsrer Zeit in dem einen, dem ewigen Grab.

VI.

Der Rheindampfer (einer der letzten der Saison) fuhr rheinaufwärts. Die Wandeldekoration der Burgen und Kirchen glitt vorüber. Schon wurde Lorch passirt.

Krastinik mußte bald einsam am Stern promeniren, da er die naiven Sonntagsreisenden des Dampfers nicht vertragen konnte.

Einen Vielgereisten peinigt manchmal das Geschwätz von Neulingen, wie prahlende Unwissenheit. Fahren Berliner nach Heringsdorf oder Misdroy übers Haff, so glauben sie eine ansehnliche Seereise zu machen und vergleichen dabei die Ostseedampfer mit den Dampfern auf dem Vierwaldstätter See, um durch diesen unmöglichen Vergleich ihre Vielgereistheit darzuthun. Aehnlicher Austausch ungeheurer Erfahrungen schwirrte auch hier hin und her, so daß der finstre Weltbummler es wie eine Beleidigung empfand, die glückliche Unschuld der harmlosen Reisenden neben seinen (doch auch noch recht jungfräulichen) Reisekenntnissen dulden zu müssen. Denn es bleibt doch immer wahr: Wer am meisten erlebte, schweigt.

Die Sonne ging zur Rüste. Alle Ferngläser richteten sich nach der Seite des Niederwalds, wo die Bildsäule der Germania den Rheingau bewacht. Eine kleine Musikbande, die an Bord gekommen war, spielte die Wacht am Rhein. Patriotische Gespräche wurden laut, man erwog den nahenden europäischen Krieg und seine Chancen. Jemand zog eine Zeitung vom gestrigen Tage aus der Brusttasche, woselbst unser großer nationaler Sänger, Regierungsrath Adalbert von Alvers, seinen Gefühlen in einigen kurzen Strophen „Rheinfahrt" Luft gemacht:

> Die ehernen Waffen blitzen
> In scheidender Sonnenglut
> Und über der Berge Spitzen
> Rieselt es hin wie Blut.
> Die Burgen starren wie Drachen
> Wildzackig in die Flut,
> Als wollten sie bewachen
> Niflung's versunkenes Gut.
>
> Hei, Gold der Nibelungen,
> Dich hob der Enkel Stahl.
> Der Tiefe ward entrungen
> Der alten Krone Strahl.
> Doch Hunnenstürme brausen
> Von Ost und West zumal.
> Noch muß der Balmung sausen
> Durch Feinde ohne Zahl.

Während er schweigsam, die Hände auf dem Rücken, unter den Reisenden stand und ihre Gefühle theilte, ergriff den Grafen plötzlich die Einsicht, daß er ja gar nicht unter sie gehöre! Er hatte sich im letzten Jahre so gänzlich prussificirt, in Deutschthum eingelebt, daß ihm seine Nicht=Zugehörigkeit gar nicht mehr in Erinnerung lag. Jetzt aber mußte er ja seine Entfremdung fühlen, jetzt wo er auf der Heimreise zum fernsten Ende des „Globus von Ungarn" eilte. Also auch dies Idol wurde ihm entrissen; sein Adoptiv-Vaterland, in das er sich eingelebt, wie in sein eigenes, wandte ihm langsam den Rücken.

Glückliche große Nation! Durch nichts vom Glück begünstigt, nur durch eigene Kraft zur Größe gelangt! Und als Symbol an ihrer Spitze den auferstandenen Barbarossa, den kaiserlichen Greis, der alle Geschicke Deutschlands von 1806—70 in sich durchkämpft. Und je älter er wurde und je schwerer seine Bürde, um so milder und gütiger wurde sein väterliches Gemüth. Wohl war er davon durchdrungen, daß er seine Krone direkt von Gottes Gnaden trage, mehr, als einem Sohne der Aufklärungszeit gestattet sein mochte. Aber dies Bewußtsein, daß er ein Gotterkorener, unterschied sich wenig von dem Bewußtsein jedes Heroen, daß ihm eine würdevolle Mission beschieden sei. Denn nicht zu vererben noch gähnend abgelehnten Rechten schien ihm die Krone, sondern neu zu erwerben und zu verdienen durch treue Pflichterfüllung des Thronberufes. Demüthig fühlte er sich nur als ein Gefäß der göttlichen Gnade und jeder persönliche Größenwahn lag hinter ihm in wesenlosem Scheine. Würdig und züchtig, ein Kriegsmann des Allerhöchsten, in makelloser Vornehmheit stand er auf seines Thrones Stufen, die Hand wohlwollend ausgestreckt zum Schirm des Schwachen. Das kleine durchdringende Auge unter der hochgewölbten breitknochigen Stirn und die langgedehnte Nase erinnerten an das größte und weiseste der Thiere, welches die indischen Arier als Gottkönig des Thierreichs verehrten: den Elephanten.

Dem Grafen traten wahrhaftig Thränen in die Augen, als er zu dieser stillen Majestät echten Mannes= werthes, der sich aus den Schlacken und Beschränktheiten seiner Jugend zu immer höherer Reinheit und Größe der Gesinnung emporrang, mit kindlicher Ehrfurcht aufsah. Welch ein Beispiel für fieberhaft tobenden Größenwahn! Hier war einmal ein Mensch, selbstgewiß und selbstbe= wußt, aber nie in Selbstvergötterung verstrickt, unentwegt voll gläubiger Demuth, voll frommer dankbarer Verehr= ung der unbekannten Mächte, die ihn und die Seinen so weise geführt.

Es dunkelte. Wie fackeltragende Gnomen tanzten Lichter an beiden Ufern umher. Krastinik saß allein, neben sich als einzige Genossin eine Flasche Aßmanns= häuser. So heftig er jeden Rückfall in Dichterei ver= schworen, unwiderstehlich quoll ihm von bebenden Lippen das Lied:

Ich bin so allein, so ganz allein
Auf der weiten Welt.
Gleichgültig rauscht vorüber der Rhein,
Gleichgültig gleißt der Sternenschein
Vom Himmelszelt.

Ich bin so allein, so ganz allein
Und mein Herz ist voll.
Verkannt und unverstanden sein,
O nagende plagende Seelenpein,
O bittrer Groll!

Ich bin so allein, so ganz allein,
In die schweigende Flut
Ueber Bord verschütt' ich den letzten Wein
Und schütt' in Gedanken hinterdrein
Mein letztes Blut.

Leiden sollst Du, Menschensohn, leiden, bis die Pulse
stocken. Und doch will man nicht leiden. Wozu dies
Alles, wozu sich immer erneuen in der Erscheinungen
Flucht? Denn ahnen wir nicht, daß wir einst gewesen,
daß wir schon lange begraben sind? Unfaßbare Erinne=
rung einer Seelenwandrung.

Ein lüsterner Falter, gaukeln wir alle unsterblich
im flüchtigen Schein. Sind wir das Ewige, das immer
neu von Hülle zu Hülle flattert?

In der uferlosen Fluth des Seins untergehn und
weiterwogen — mit allen Welten ruhen im Schooße des
Alls — mit Vergangenheit und Zukunft lichtgewobene
Brücken schmieden — das allein heißt Unsterblichkeit.

Nach dem unsagbar Einen mag Dich die Sehnsucht
umsonst berücken, doch ruhe in Dir selbst! Wie lange
dauert's und Todesruhe drückt ihr bleiches Siegel auf
Deine fiebernde Stirn.

Schein ist alles Wesen und stumm verlacht uns das
Schicksal. Drum trage auch Du in starrem Schweigen

das ewige Einerlei. Schweig und stirb! Halte den
Mund und arbeite! „Fähnrich, wenn Er stirbt, so sterbe
Er ruhig!"

Wenn Du also denkst, dann werden alle Winde, alle
Wellen Dich grüßen, die Dich einst als Jüngling mit
frommem Schauer durchwogt, und brüderliche Sterne er-
hellen Dir das alte Märchenland der Sehnsucht.

Unser Leben ist selbst nur ein Sinnbild des Welträthsels, das sich langsam aus chaotischem Urschlamm der
Sinneserregungen zum hellen Bewußtsein aufringt. Drum,
Dichterherold, streue Deine Verse wie Samenkörner, die
der Wind in weite ungeahnte Fernen führt! Die Ernte
feiern wir drüben, wenn nicht hier. Drum dresche weiter!

Und siehst Du auch keinen Spiegel Deiner Strahlen,
entzünde stets aufs neu der Weisheit Lampe! So lange
ein Acker bleibt, ziehe breit und fest des Fortschritts
Furche mit brennender Pflugschar!

— — Aber wenn man nun kein Dichter ist, kein
Denker, kein Seher, und dennoch dasselbe Gefühl des
Ewigen in sich trägt, ohne ihm artikulirte Laute zu leihen,
was dann? Verfehltes Leben!

Das Schwanken des Lebensschiffes endet nie und die
Seekrankheit des Pessimismus hebt immer von neuem an.
Nur der sturmgehärtete Seemann schwingt sich furchtlos
in den gefährlichen Raaen. Nur eine eigenthümliche Hoheit
der Willenskraft, nämlich ideale Kampflust, macht furchtlos und fest, wie die feiende Feder des Simurgh den
Rustem vor jeder Fährniß schützt.

Gewann er denn nicht lange schon die Einsicht, daß

künstlerische Thätigkeit für Höherdenkende ein entehrender
Humbug und nur für technische Kunsthandwerker erfreu=
lich sei? Im Wirken solcher Art Befriedigung suchen, das
lag ja heut lange hinter ihm. Ihm däuchte, sein kurzes
Herumplätschern im litterarischen Sumpf sei wohl nur
ein wüster Traum gewesen. Was für ein Gackern und
Schnattern und Truthahn=Kollern, mein Gott!

Auch gegen Leonhart wurde er jetzt ungerecht durch
natürliche Reaction, während „dem großen Todten" immer
noch Weihrauchdämpfe aus den Spalten aller bedruckten
öffentlichen Meinung nachqualmten. Es giebt eine stür=
mische Vergötterungsmanie selbstsüchtiger Jüngerschaft, die
an Petrus' Zweifelzorn darüber erinnert, daß Christus
sich nicht der Kanaille mit Donner und Blitz enthülle!
Solche Jünger und Jüngerinnen transfiguriren sich ihren
Meister so zurecht, bis sie vor lauter selbstloser Bewunde=
rung recht selbstsüchtig raisonniren, sobald der Meister
mal nicht den Anforderungen ihrer schrankenlosen Be=
geisterung genügt. Dem Bedürfniß der Jünger gehorsam,
muß er immer auf dem Quivive stehn, um beliebige Mes=
siasthaten zu verrichten. „Und der König absolut, wenn
er uns den Willen thut." Gott schütze ihn vor seinen
Freunden, mit seinen Feinden wird er schon selber fertig.

Drum sah jetzt Krastinik, nachdem ihm die Schuppen
von den Augen gefallen und er sein umgekehrtes Damaskus
gefunden, nur einen genialen Charlatan und krankhaften
Bramarbaseur, wo er einen verzerrten großen Mann be=
dauern sollte. Mochte ihm Leonharts ewige Selbstbe=
trachtung widerlich geworden sein, er vergaß darüber

deſſen Umgebung, das ſcheußliche Ungeziefer des modernen
Kunſtproletariats. Entweder Parnaſſauer, die es für ihr
heiliges Recht halten, auf Koſten der ehrlichen Arbeit faul
zu ſchlampampen und ihre Unfähigkeit fortzumäſten —
oder Macher, die ihr kleines Dichtergeſchäft in hellen und
dunkelen Stoffen wie die Goldne Hundertzehn annonciren.
Kraſtinik wußte ja, wie nur verzweifelte Nothwehr den
Unglücklichen dazu trieb, ſeine Schöpferruhe zu opfern,
um mit der Peitſche die Zöllner und Wucherer aus dem
Tempel zu jagen. Wozu alſo jetzt ſein poſthumer Groll
über die Selbſt-Herabſchraubung ſeines Idols, das im
Tagesgetümmel ſich herumraufte, ſich mit Koth beſpritzen
ließ und ſelbſt mit Kothballen um ſich warf? „Graf"
Leonhart hätte das ja gewiß nicht nöthig gehabt und
ſeine hehre Miſſion ohne Furcht und Tadel erfüllt. Seine
Fehler waren die Früchte ſeines niedergedrückten Lebens
und ſeiner berechtigten Menſchenverachtung, ſeine Tugenden waren ſein eigen.

Doch dieſe Reaction eines neuen Standpunktes diente
als heilſame Kriſis. Das Stadium der perſönlichen
Hero-Worship war hiermit endgültig überwunden.

VII.

Seit acht Tagen ſaß Graf Xaver Kraſtinik, der neu-
gebackene Vormund des unmündigen Majoratsherrn, auf
dem Schloß ſeiner Väter. Die gänzliche Umwandlung

seiner Lebensverhältnisse überraschte ihn kaum mehr. So
märchenhaft reich an Schicksalsschlägen war sein früher
so eintönig ruhiges Leben in den letzten zwei Jahren ver=
flossen, daß die Nachricht, welche ihn in Siebenbürgen
empfing, ihn kaum befremdete. So eilig er dem Heim=
ruf gefolgt, war er zu spät gekommen. Sein Bruder
hatte bei dem Sturz mit dem Pferde so schwere innere
Verletzungen davongetragen, daß er drei Tage darauf
starb, ein kraftstrotzender Mann in der Blüthe seiner
Jahre. Da er seit Jahren Wittwer, setzte sein Testament
naturgemäß seinen Bruder zum Vormund der beiden
hinterlassenen Kinder Graf Koloman und Comtesse Julie
ein. So überkam Xaver die Verantwortung und Pflicht,
den ausgedehnten Familienbesitz noch neun Jahre als
Vormund zu verwalten.

Neun Jahre hier verbauern! Es fiel ihm unendlich
schwer, sich an diese Aussicht zu gewöhnen und sich auch
nur für's erste behaglich einzurichten.

Das Gefühl der Behaglichkeit läßt sich nicht er=
zwingen: Es ist einfach da oder nicht. Ein ganz gesunder
Mensch fühlt die Existenz selbst als Genuß.

Durch andrer Warnung wurde noch nie ein Mensch
gebessert. Man muß sich selbst erziehn, indem man aus
eigner Erfahrung für alle Dinge bezeichnende Formeln
findet.

Die Strafe der widerwärtigen Abhängigkeit von
Außendingen bleibt niemals aus. Nur das Innere bleibt

fehlerlos, während die Außenwelt unaufhörliche Fehler birgt. Geistige Arbeit scheint einzige Rettung, indem sie ganz über die Außendinge hinweghilft.

Aber wo entsprechende geistige Arbeit finden! Denn diejenige des ästhetischen Dilettantismus entwürdigt einen männlichen Geist.

Krastinik warf sich schon seit geraumer Zeit auf Naturwissenschaften, wozu die alte wurmstichige Bibliothek seines Schlosses ihm ausreichende Mittel zu gewähren schien. Allein, nur unter dem bildungsdurstigen Geschlecht Ende des vorigen, Anfang dieses Jahrhunderts, hatte man dieselbe bereichert und so fand er denn hauptsächlich fran= zösische und englische Werke dieses Genres aus der Blüthe= zeit der ersten Periode des modernen Materialismus, während die spätere Metaphysik der Deutschen durch Ab= wesenheit glänzte.

Er studirte die Encyclopädisten, das berühmte „System der Natur" Holbachs und „Ueber den Geist" von Helvetius.

Gedanken? Eine Fähigkeit, Eindrücke zu empfangen und sich derselben hinterher zu erinnern, welche wir mit jedem thierischen Lebewesen gemein haben. Das Gedächt= niß, vielleicht die wichtigste Grundlage höheren Geistes= lebens, muß als ein bloßes Organ physischer Empfindung und das Urtheil auch nur als Empfindung betrachtet werden. „Juger n'est proprement que sentir." Was sind also Pflicht, Tugend und all diese schönen Worte? Man prüfe ihr Verhältniß zu den Sinnen, inwieweit sie physische Lust erregen. Laster und Tugend sind also nur

das Ergebniß unsrer Leidenschaften und diese richten sich
nach der physischen Reizbarkeit für Schmerz und Lust.
Nur so entstand der Sinn für Gerechtigkeit, indem aus
Schmerz und Lust das Gefühl des allgemeinen Interesses
erwuchs, welches man schützen wollte. Freundschaft erklärt sich nur aus dem Interesse, unsre Lust zu vermehren
oder unsern Schmerz durch Theilnahme zu mindern. Den
Ruhm erstrebt man lediglich wegen seines Vergnügens,
respektive wegen anderer Vergnügungen, die man aus
seinem Besitz erhofft. Das Gute um des Guten willen
zu lieben ist eine Chimäre, das Böse um des Bösen willen
zu wollen ist unmöglich. Was wir sind, dazu macht uns
nur die Außenwelt.

Aehnlich die Analyse der menschlichen Fähigkeiten,
welche Condillac in seiner Abhandlung „Ueber die Empfindungen" versucht. Empfindung sei nichts als Eindruck äußerer Einwirkungen. Reflexion sei nur Sensation,
ein Kanal der Vorstellungen, welche aus den Sinnen
allein sich herleiten. Unsere Aufmerksamkeit auf irgend
einen Gegenstand ist nur die Empfindung, die uns dieser
Gegenstand erregt. Und Vergleich zweier Gegenstände ist
nur doppelte Aufmerksamkeit, nicht etwa eine Folge der
Aufmerksamkeit, also ist das Urtheilen, was bereits im
Prozeß des Vergleichens liegt, auch nur das Aufmerken
einer Empfindung. So entsteht das Gedächtniß als ein
ungeformter sinnlicher Eindruck und Einbildungskraft
leitet sich wieder vom Gedächtniß her, indem erstere das
Abwesende als gegenwärtig empfindet. Daraus folgt dann
der überraschende Schluß: Die Eindrücke der Außenwelt

auf uns verursachen nicht die Geistesthätigkeit, sondern die Eindrücke selber sind diese Geistesthätigkeit.

Dies sind die Lehren, welche einerseits zur Befreiung der Menschheit von verrotteten Mißbräuchen, andrerseits zur rohen Entfesselung der Materie trieben. Die völlige Unterordnung der sogenannten Innenwelt unter die Außen= welt drängte zur ausschließlichen Vergötterung der Natur, also zum Studium und zur alleinigen Herrschaft der Naturwissenschaften. Nicht das Wahre, Gute und Schöne suchte man zu erforschen, sondern Wärme, Licht und Electricität. Diese heilige Dreieinigkeit er= schien als der neue Gott begriff, zu dem man betete. Die Gesetze der Strahlung, der Wärmeleitnng, der doppelten Brechung, der Polarität des Lichtes, die Undulations= theorie, wurden gefunden. Diese Entdeckungen über un= sichtbare Theile der Natur blieben freilich bis heute in gewissem Sinne unvollkommen. Denn das Geheimniß scheint schwer zu lösen, ob dieselben eine materielle Existenz haben ̇oder ob sie bloß Zustände andrer Körper sind. Die Verbindung von Kraft und Materie, welche anfangs der dynamischen Theorie von Leibnitz im Weg zu stehen schien, schließt an sich die Existenz einer Materie ohne kräftegebende Eigenschaften aus. Hier zeigt sich allerdings die Unmöglichkeit, daß die Struktur des menschlichen Ge= hirnorganismus ausreicht, um solche immateriellen Be= griffe zu begreifen. Hier steht er gleichsam einer Innen= welt der Außenwelt gegenüber. Unerschrocken warf sich daher der französische Geist nunmehr auf die greifbaren Theile der Natur. Die Chemie experimentirte sich neue

Gesetze zurecht, welche die Eigenschaften der Natur beherrschen, durch das Studium der molecularen Zusammensetzung der Atome.

Auch über diesen wichtigsten Zweig moderner Wissenschaft suchte sich Krastinik zu belehren, wo er über Lavoisier, den Gründer der wahren Chemie, Aufschlüsse fand — betreffs der Oxydation der Körper und ihrer Verbrennung, sowie der Function der Nahrungsmittel —, welche ihn zu dem heutigen Stand der Chemie — betreffs der Verbindung chemischer und elektrischer Gesetze — hinüberleiteten.

Damals gewann auch die Geologie ihren ungeheuren Aufschwung, die Wissenschaft der örtlichen Gesetze, der terrestrischen Einrichtung der Massen. Buffon entnahm aus Anregungen von Leibnitz und Descartes die Vorstellung von der Centralhitze, welche schon die Pythagoräer und Zoroaster geehrt. Dann kamen eine Reihe von Geologen, welche den Begriff des allgemeinen Wechsels auf der Erdoberfläche darthaten, jenen ewigen Fluß der Dinge, von welchem schon Herakleitos der Dunkle sprach. Jetzt begann man die organischen Ueberbleibsel zu studiren. Man erkannte den Zusammenhang der Existenz der fossilen Thiere mit den Medien, in welchen sie gefunden wurden. Der große Cuvier verband die Forschung über die unorganischen Veränderungen der Erdoberfläche mit derjenigen über die organische Veränderung der Thiere, die auf dieser Oberfläche gelebt. Die Deutschen hatten die primären (Gneis), die Engländer die secundären Formationen untersucht, die Franzosen entdeckten die tertiären Strata, in

welchen man bereits Säugethiere, die dem gegenwärtigen
Zustande ähnlich, fand. Die angeblichen Patriarchen=
knochen und Hünengebeine wurden als Reste fossiler Thiere
dem Studium der Anatomie unterworfen. Und jetzt ver=
breitete sich die allgemeine Verehrung Darwins, die Lehre
von der unbeirrten regelmäßigen Entwickelung.

Hier erschloß sich dem Geiste des einsamen Gott=
suchers ein so unendlicher Horizont, daß er erschauernd
und gleichsam athemlos innehielt. Erst allmählich be=
gann er jetzt, an der leitenden Hand neuster Forscher, die
ganze Größe dieser Wahrheiten zu erfassen. Die Astro=
nomie ist längst im Stande, wichtige planetarische Er=
eignisse viele Jahre vorherzusagen. Und werden nicht
einst unsre Vorhersagungen in andern Dingen ebenso
genau eintreffen, sobald die gesammte Wissenschaft ähn=
lich fortschritt? Gleichförmige Regelmäßigkeit in allen
Naturbewegungen — welch ein unergründliches Gebiet
der Spekulation! Lange ehe Menschen waren, lange ehe
dieser Planet sich geformt, herrschte die gleiche unerfaßliche
Ordnung.

Nun drang auch die Zoologie durch vergleichende
Anatomie in das Zellengewebe des menschlichen Organis=
mus ein und gründete erst die eigentliche Physiologie,
wozu nunmehr auch die Botanik beitrug. Man erkannte
das Doppelleben des Menschen, das organische und das
animalische. Ersteres, welches er mit der Pflanze gemein
hat, bedingt Erschaffung und Zerstörung, nämlich: Ver=
dauung, Circulation, Ernährung — Ausathmung, Aus=
dünstung, Verbrennung. Von dem Thierleben aber leitet

er Bewegung, Gefühl und Urtheil her, d. h. Bewußtsein. Die Organe dieses thierischen Lebens sind absolut sym= metrisch und sämmtlich doppelt, die des pflanzlichen Lebens hingegen außerordentlich verschieden und an sich einzeln. Das Pflanzenleben schläft nie in uns. Die doppelten animalischen Organe aber gestatten uns zu ruhen und abzuwechseln, und gerade hierdurch verbessern und ent= wickeln sich allmählich die Functionen, vom ersten Natur= schrei des Kindes bis zur ausgebildeten Gedankensprache.

Selbst die Mineralogie drang jetzt zu den glänzend= sten Resultaten vor, indem sie sich mit der Geometrie ver= knüpfte und alle Abweichungen der Symmetrie der mathe= matischen Berechnung unterwarf. Die wunderlichsten Formen erschienen von jetztab als natürliche Entwicke= lungsfolgen. So giebt es also in keinem Reich der Natur die Möglichkeit einer Unordnung und alles, was geschieht, steht unter festen Gesetzen. Und dies Prinzip mußte man nun wohl oder übel auch auf das Geistige an wenden. Die Abweichungen des menschlichen Geistes, z. B. der Wahnsinn und das Genie, werden von eben so unfehl= baren Gesetzen bestimmt, als der Zustand der todten Materie. Unter gewissen Bedingungen tritt das Phänomen des Genies oder des Wahnsinns un= ausbleiblich ein.

So wird man das Materielle und Immaterielle im zwanzigsten Jahrhundert im Studium zu verknüpfen lernen, wovon wir heute noch entfernt sind. Der Zu= sammenhang dieser naturwissenschaftlichen Forschungen mit der socialen Empörung, welche man die Große Revolution

nennt, lag aber klar vor Augen in der allgemeinen Sehnsucht nach Verbesserung und Unzufriedenheit mit der
früheren Stagnation. Wie und zeigen sich nicht genau
die gleichen Symptome heut am Ende des neunzehnten
Jahrhunderts?

Wenn im siebzehnten Jahrhundert Baco, Descartes
und Newton die wechselnden Erscheinungen auf bestimmte
Prinzipen von Ordnung zurückführten und das achtzehnte
Jahrhundert diese gefundenen Prinzipien auf das materielle Universum im Ganzen anwendete, so versuchten die
großen deutschen Denker diese Prinzipien auf die Geschichte des menschlichen Geistes auszudehnen und zu voll-
ständigen Allgemeinbegriffen über den Fortschritt des
Menschengeschlechts zu gelangen. Allein, dies gelang ihnen
nur unvollkommen oder gar nicht, weil sie die Anregung
in Herder's „Philosophie der Geschichte“, historische Drehungsgesetze zu entdecken, oberflächlich vernachlässigten. Sie
wandten sich völlig der rein metaphysischen Spekulation
zu und verließen das neubegründete philosophische Ge-
schichtsstudium, welches sie zu pragmatischer Spezialge-
schichtsschreibung und nüchterner Quellenforschung herab-
drückten.

Und doch sollte es der Endzweck jeder Forschung sein,
aus Vergangenem die Zukunft vorherzusagen. Große
Ereignisse entspringen keineswegs aus kleinen Ursachen,
wenn auch vielleicht aus kleinen Bedingungen. Ereignisse
der Menschengeschichte unterwerfen sich denselben Bedingungen wie Chemie und Geologie. Jede Erscheinung muß verursacht werden durch

etwas, was in ihr vorgeht oder was außer ihr vorgeht. Ersteres muß sich durch ihre Zusammensetzung,
letzteres durch ihre Lage erklären lassen. Selbst die ge-
heimnißvollen großen Lichtkräfte, welchen in der Menschengeschichte wohl gewisse immanente Ideen entsprechen, wird
man so analysiren können.

Wenn der englische Denker Locke noch die abgesonderte
Existenz einer Reflexionskraft behauptete, durch welche die
Sinneseindrücke benutzt würden, so gingen die schottischen
Denker, welche jene denkwürdigste Epoche des Menschen-
geistes zeitigte, schon so weit, eine sittliche Anlage jedes
Menschen als ursprüngliches Prinzip anzunehmen. Schon
bald wurden diese deductiven Transcendentalisten verdrängt durch die Gründung der politischen Oekonomie.
Adam Smith stellte den Satz auf, daß die Gesetze, nach
welchen wir unser Betragen richten, nur durch Beobach-
tung des Betragens anderer erlangt werden. Wenn wir
einsam lebten, könnten wir weder Verdienst noch Recht
von seinem Gegentheil unterscheiden. Wir unterrichten
uns hierüber, indem wir uns an die Stelle der Andern
versetzen. Aus dieser allgemeinen Vorstellung entstammt
die allgemeine Sympathie. Diesem Mitgefühl entspringen
nun sämmtliche Handlungen, gute und böse. Und im
Mitgefühl, obschon es ein ideelles Vergnügen bereite, läge
dennoch kein Gran von Selbstsucht. Als Ergänzung aber
dieser „Theorie der sittlichen Gefühle" sprang Smith auf
das gerade Gegentheil über, indem er nunmehr in seinem
grandiosen Werke vom „Nationalreichthum" nur die Selbstsucht als Motor annimmt. Jeder folge nur seinem eignen

Interesse und förbere hierburch, ohne es zu wollen, das Interesse andrer. Der persönliche Wunsch, den jeder Einzelne fühlt, seine Lage zu verbessern, bringt die Gesellschaft im Ganzen vorwärts. Jetzt wurde die große Idee der Nothwendigkeit auf das sociale Leben angewandt. Man erkannte Arbeitslöhne als unvermeidliche Folge der Verhältnisse gegen welche die Wünsche aller Einzelnen oder des ganzen vierten Standes ohnmächtig, das spätere „eiserne Lohngesetz" nach Angebot und Nachfrage. Man ahnte die Theorie der Pacht, wie Malthus und Ricardo sie später ausbauten. Dann kamen Hume's Theorien von der Ideenassoziation und vom Causalnexus und von der Nützlichkeit als einzigem Grundpfeiler der Moral. Diese genialen Geister verachteten jedoch die bloß compilatorische nüchterne Thatsachenanhäufung als Grundlage, sie mißtrauten der Statistik und hielten die Ideen für so viel wichtiger als Thatsachen, daß erst Ideen vorangehen müßten, ehe man überhaupt die Thatsachen beobachte. Reid und Black wandelten fort auf ähnlichen Gleisen, wie denn später Watt die Dampfmaschine nicht aus Thatsachen-Experimenten, sondern aus der Spekulation über Black's Gesetz von der latenten Wärme, angewandt auf die Verbindung von Luft und Wasser, also aus einer Idee heraus erfand.

Graf Xaver Krastinik, dies Enfant terrible seiner umliegenden Dörfer und Standesgenossen, schloß sich völlig von der Welt ab und studirte ununterbrochen. Muthig hieb er sich lichte Bahn durch das Dickicht seiner Unwissenheit.

So drang er denn allmählich in das ganze Geheimniß der inductiven Methode ein, welche auch das Kunstprinzip des Realismus leitet. Hier lernte er jene Deklamationen einer deductiven Weltanschauung verachten, von welcher im Grunde alles äußerliche Scheintreiben der Menschheit bestimmt wird. Angenommene Voraussetzungen als höchste Prinzipien aufstellen und dialektisch verfechten — darin besteht das wahre System des hohlen gedankenlosen Weltgetriebes. Ob der Metaphysiker oder der Zeitungsjournalist, der Pfaffe oder der Soldat, — jeder wählt sich ein beliebiges traditionell überkommenes Prinzip und argumentirt daraufhin sein Lebenlang, ohne dessen Gehalt zu prüfen. Der theologische Gott, Staat, Autorität, Ehre, Freiheit, — alle solche Begriffe werden zu unnützen Kinderklappern, mit denen die thörichte Menge ihr Gehirn betäubt.

Indem er mit verzweifelter Kraftanstrengung sich der Lectüre philosophischer Naturwissenschaften ergab, durch Chemie, allgemeine Physik und Physiologie langsam zu den Ergebnissen der neusten Epoche unter Liebig, Darwin, Helmholtz, Dubois-Reymond vorrückte, begann sein spekulativer Geist, der nie dichterisch-gestaltend, sondern didaktisch seine Anschauungen vollzog, allgemeine Schlüsse aus nüchternen Thatsachen zu ziehen. Die Theorie des Kraftwechsels und die zunehmende Darlegung der Thatsache, daß überhaupt nichts unregelmäßig, gestört oder dem

Naturgesetz zuwider sei, beruhigte ihn über die scheinbare Wirrung und unlogische Ungerechtigkeit menschlicher Schicksale. Die Theorie des großen Pathologen Hunter, betreffend die innere Balance des Mitgefühls zur Thätigkeit, eröffnete dem einsamen Wahrheitsucher seltsame Schlüsse, worunter der vornehmste: daß Passivität weder der Menschennatur entspreche noch zur Tugend werden könne, da nur Thätigkeit das Mitgefühl fördert.

Damit fiel sein Wunsch, sich einsam „einzububbeln" über den Haufen. Selbst das heilige Licht, das uns Lebensbedingung, ist ja Bewegung. Wärme ist Licht in Ruhe, Licht ist Wärme in reißender Bewegung. So ist Genie vielleicht nur eine Metamorphose der stillen vorbereiteten Wärme seiner Zeitumgebung.

Ob nun die deutschen Geologen wie Buch und Humboldt sich an Werner's Wassertheorie oder die Briten sich an Hutton's Feuertheorie über Entstehung und Veränderung der Erde anschlossen, überall wurde den großen Urkräften der Natur sorgsam nachgestellt. Nur die neptunischen und plutonischen Urkräfte, die im Geistesleben der Natur, also der Menschheitsgeschichte wirken, blieben verhüllt wie zuvor. Man vermochte die vulkanischen Kräfte der französischen Revolution noch immer nicht nach ihrer Gattungsart und ihrer inneren geologischen Lage genau in ihre Bestandtheile. aufzulösen.

Und doch lehrt jene große Auffassung, welche die Unzerstörbarkeit der Kraft und die Unzerstörbarkeit der Materie zugleich erfaßt, welche die geringste Bewegung des kleinsten Körpers in weitester Ferne als Ursache ewiger

Folgen erkennt, wunderbare Schlüsse auch über die Men=
schenentwickelung. Ja, die Erhaltung oder Beharrlichkeit
der Materie=Kraft, wie sie Herbert Spencer in seinen
„First principles" bereits in die abstracte Philosophie
einführte, scheint gewiß nur ein größeres allgemeines Vor=
bild der Geistkraft=Erhaltung, so daß nichts im Haushalt
des Menschendaseins umsonst geschieht und kein Körnchen
von der großen Gesammtheit getrennt werden kann, ohne
den ganzen Bau zu stören. Hierdurch wird das
Gejammer über jegliches persönliches Leid zur
Narrheit, da es ja zur Gesammtordnung mitge=
hört, zugleich aber auch die Ueberhebung jeder
Größe ein eitler Wahn, da alles Existirende
in gleichem Maße dem großen Endzweck dient.

Der Baum der Erkenntniß ist nicht der des Lebens,
wohl wahr, wenn man das thörichte Sinnenleben im
Kampf ums Dasein meint. Wohl aber pflückt man von
diesem Baume eine süße Frucht, welche gottähnlich macht
und doch gerade durch diese gottähnliche Milde jeden
Größenwahn für immer zerstört.

Denn das eigentliche innere Wesen des Größenwahns
ist die Selbstsucht, eine tollgewordene Selbstsucht, die mit
einer Art Farbenblindheit nichts sieht als sich selbst und
mit neidischem Haß alles verfolgt, was außer ihr selber
existirt. Diese Neidwuth zähmt sie nur dann, falls irgend
ein augenblicklicher Vortheil von dem andern Object zu
erwarten scheint. Ein Größenwahn, der für Verdienste
außer ihm überhaupt noch ein Auge hat, verliert schon

seinen eigentlichen Charakter. Selbstbewußtsein und Größenwahn sind gar verschiedene Dinge.

In den Augen der modernsten Wissenschaft bleibt vom Menschenthum nur übrig — ein boshafter Affe. Das ist falsch. Es giebt viele schlechte Kerle, deren Lebensgenuß im Bösen besteht, wäre es auch nur im bösen Maul, das jedes Edle und Große zu ihrem eigenen Niveau herabzerrt. Allein, es mangelt auch nicht an gutartigen Naturen, deren Egoismus, diese natürliche Spiralfeder aller Dinge, sich liebevoll sänftigt und allem Lebenden freundlich gegenüber tritt. Traurig genug, daß die klare Erkenntniß, nur Selbstlosigkeit bedinge das wahre Glück, den dämonischen Trieb zur Selbstsucht auch beim Weisesten und Besten nicht zu brechen vermag.

Häufig kann die gemüthloseste Streberei und wüthendste Eitelkeit entschuldigt werden durch die unglücklichen Verhältnisse eines von der Natur stiefmütterlich Behandelten oder von den Menschen Mißhandelten, dessen Energie sich an Natur und Menschen zu rächen sucht. Dies gelingt freilich um so leichter, als die Menschen, soweit es ihre eigene Selbstsucht erlaubt, selten der Bonhomie entbehren und gern einem fleißig Ringenden Raum gönnen, — ohne die Misanthropie eines solchen nervösen Irren durch dies Entgegenkommen zu ändern.

Allein, wenn die Menschen auch keineswegs der guten Instinkte entbehren, so mangelt ihnen dafür gänzlich der ideale Instinkt. Man kann ein guter Mensch sein und doch unheilbar in alles Materielle verstrickt bleiben, wodurch denn zuguterletzt auch nur selbstsüchtige Motive ent-

35

stehen. Man kann ein böser despotischer Mensch sein und doch sich zum Idealen erheben, wodurch denn trotzalledem eine allgemeine Immaterialität, also Selbstlosigkeit, sich erzeugt. Aus diesem Grunde verwirft der bärbeißige Carlyle alle sogenannte Philantropie. Der finstre Dante, als er einsam die Divina Comedia für die Menschheit schrieb, habe eine viel wichtigere Philantropie geübt. Aber gerade diesen Standpunkt wird die Alltagsherde nie verstehen und nie begreifen, daß ein dem Idealen geweihtes Wesen, dazu bestimmt, dem unirdischen Reich des Ewigen zahllose neue Jünger zu gewinnen, gänzlich außerhalb der gewöhnlichen Alltagsgesetze steht. Denn das wahre Sittengesetz wird es ja ohnehin nie verletzen. Weil etwa Leute sich einer sogenannten Wohlthätigkeit befleißigen, was denn auch auf ihr sonstiges Interessen-Kerbholz von der gläubigen Welt angekreidet wird, bewiesen sie noch keineswegs ihr Freisein von der Knechtschaft des starren Ich. Aber ein Mensch, dessen Geist sich unmateriellen Sphären völlig ergab und sein ganzes Sein auf idealen Zielen aufbaute, muß innerlich frei sein von allen Schranken der Sinnenwelt, bleibt daher jeder wahren Ichsucht fern, selbst wenn er seine Mitmenschen als bloße Zahlen behandelt oder gleichgültig ihre verächtlichen Leiden und Freuden flieht.

Mit überwachtem überarbeitetem Gehirn wanderte der Graf eines Morgens bei Tagesanbruch hinaus, weit hinaus über Feld, dem nächsten Bergwalde zu.

Die Sonne tauchte hinter den smaragdgrünen Baumwipfeln hervor. Eine schmeichelnde Wärme rieselte wollüstig durch alle Poren der Lebewesen. Von leisem Windhauch geläutet, schwangen sich die Blüthenglöckchen der Zweige hin und her und überschütteten die Vorübergehenden mit feinem silbernem Sprühregen.

Wie ein Lämmlein mit Rosaband und Glöckchen, sprang hier der rosenbestandene Bach dahin, kletterte über Felsenkniee, wälzte sich in der Blumenau und ließ seine glockenhelle Melodie ertönen. Aber die Rosen waren jetzt verwelkt und welke Blätter raschelten umher, Vorboten der weißen Schneebienen des Winters. Wie ein Adler, der noch auf höchster Firne rastet, ehe er ins Reich der Wolken strebt, — schien die Sonne noch mit dem ersten Glühen ihrer Schwingen auf den Giebeln der Felsburgen zu rasten.

Die Landleute begannen eben ihre Arbeit.

Heiliger nährender Opferdienst der Erde! Der alten vergessenen Natur rettendes Sinnbild bist du, o Pflug, der willige Aecker durchfurcht! Zufrieden, wenn man die Frucht eurer Mühen euch mit kargem Lohne zahlt, verachtet ihr den hohlen Prunk der Städte, ihr Pflüger mit schwieliger Faust und sonnerbrannter Stirn!

Droben in der lichten Bläue und über den Feldern tirilirte es. Wie eine klanggewobene Jakobsleiter stieg vielstimmiger Vogelsang himmelan und himmelherab. Unbewußt sang seine Seele mit in rhythmischen Lauten:

Lerche, aus Wolken schwang sich an mein Ohr dein Sang! Liebe beseelt ihn und hat ihn gelehrt! Gießt

35*

wie ein Sonnenstrahl Licht über Berg und Thal! Dein
Lied lebt im Himmel, dein Lieb auf der Erd'! Hoch über
Wald und Moor, Wiese und Dorf empor, über der
Morgensonne Erglühn, über der Wolke Rand, des Regen=
bogens Band, Herold des Tages, hinflatterst du kühn!

———   ———   ———   ———   ———   ———   ———   ———

Er warf sich ins Gras und lauschte dem schrillen
Zirpen der Grasmücken und dem Vogelzwitschern in den
Fichtenzweigen. Ein Paroxismus knabenhafter Sehnsucht,
eine mystische Brunst, befiel seine Künstlernatur. Er
zerriß die keuschen Gräser mit den Zähnen, und
schlürfte den Thau vom jungen Kleeblatt, wie trunken von
corybantischer Attis=Begier. Er hätte, ein neuer Pygma=
lion, den Fels umarmen mögen, aber der blieb kalt, todt,
steinern. Unwillkürlich umschlang er den Baum, unter
dem er lag, aber dessen Rinde blieb trocken und starr und
die Tropfen des Fichtenherzes, die aus den dürren Spalten
quollen, waren kein warmes Blut, keine Thränen der
Gegenliebe. Die Weltkraft, die alles durchdringt und be=
siegt, hätte er leibhaftig ans Herz reißen und mit ihr
ringen mögen, Herr werdend durch der Liebe Riesenwollust.

Tief unten im Grunde dufteten die Blüthen. Geister
des Friedens entstiegen den Kelchen. Aus Felsenspalt
entströmte leise, wehmüthig lispelnd, des Wildbachs Helle.
Ach, brach nicht, wälzend die Welle der Thränen, aus
seinem Herzen der Bach Erinnerung?

So weit sein Auge gen Himmel starrte, unendliche
Wälder, felsenbeschattet. Erschauernd sank er ins Ried=

gras nieder, über ihn rollten die weichen Wogen. Rings
abgeschlossen! Kein Pfad der Hülfe! Da — fern vom
Gipfel winkte ein — Kreuz.

Ein Kreuz — wiederum durchzuckte es den einsamen
Mann. Memento mori! Sollte er nicht Ernst machen
mit der Entsagung des Lebens?

Wieder tönten Leonharts Worte in ihm wieder, daß
nur im Kloster das Glück wohne.

Aber für wen? Doch für den Gläubigen? War er
denn gläubig? O nein, wie lange entwich ihm der kind=
liche Glaube der Väter! Nicht ihm blieb jene Erlösungs=
sehnsucht, die aus den Wunden Christi mit mystischer
Brunst die Gewißheit ewigen Lebens schlürft.

Er erinnerte sich jenes Gespräches über Semiten=
und Christenthum, das sie einst geführt. Einen semitischen
Cultus hatte Leonhart den Katholicismus genannt, ohne
aber eine Begründung zu geben, indem er zu der These
absprang, daß in seiner ersten Gestalt das Christenthum
rein arisch gewesen sei. Jetzt glaubte Kraftinik jene An=
deutung zu verstehn. Die indisch=baktrischen und griechi=
schen Elemente der christlichen Kirche hatten sich im Orient
erhalten, als byzantinische Kirche ausartend, als Arianis=
mus sich reiner ausbildend, indem die Menschlichkeit
Christi festgehalten wurde. Gerade auf den römischen
Bischof aber hatten sich die jüdischen Zusatzmischungen
übertragen und fortgemodelt: Ein selbstsüchtig ausschließen=
der Jehova=Cultus, eine Intoleranz pharisäischer Selbst=
gerechtigkeit. So entfernte sich die christliche Kirche unter
der Hohepriester=Hierarchie Roms immer weiter von ihrer

demokratischen Form communistischer Gemeinden und
bildete sich zu einer großartigen Staatskirche aus, welche
alles geistige Leben mit unentrinnbarem Netz umstrickte
und in ihren Dienst zwang. So mußte roher Gesetzes=
glaube und selbstgerechte Werkheiligkeit das echt jüdische
Wesen dieser neuen katholischen Religion bestimmen. Nur
eins blieb demokratisch in diesem blinden Staatscultus
starrer Autorität: Die Gegenüberstellung der Geisteskraft
wider das rohe Ritterthum und die physische Allmacht
des Feudalsystems, hier wo jeder Bauer es bis zum Papste,
zum Oberhirten der Christenheit, bringen konnte, gleich
dem Zertrümmerer der irdischen Staatsgewalt, dem
großen Gregor.

Aber diese Zeiten sind lange dahin. Dies unsterb=
liche historische Verdienst der römischen Kirche, neben
welcher der Protestantismus als ein zwerghafter Parvenü
erscheint, liegt seit Jahrhunderten in andern Händen —
denen eines neuen Kirchenordens, dessen Werkzeug die
Feder, dessen Wunderbeglaubigung das Wissen.

Kirche, Religion! Was für leere Worte heut, Ge=
spenster längst entschwundener Wesenheiten!

Wir glauben all an einen Gott — an das Gold
und das Ich.

„Ich" heißt der Dämon, welcher heut die Welt zu
einer großen Irrenanstalt verengt. Dieser Geist der All=
Verneinung und Ich=Vergötzung ist der Geist des Wider=
spruchs und der Lästerung, dessen jammervollem Wahn=
sinn man schweigend wie dem Größenwahn eines Irren
nachgeben muß. Und dieser Götzendienst empfängt seinen

stärksten Giftstoff aus der Kirche, dieser Brutstätte der Selbstheiligkeit.

Unfehlbarkeitsdogma! Dies sündhafte Vermessen einer sclavischen Selbstanbetung, der Größenwahn eines Ich=Sclaven (und welch ein sündiges Ich gerade dieses!), um den Größenwahn der sclavischen Thorenmenge wider die „Ketzerei" höherer Gesittung noch mehr zu stacheln! Ja, das Unfehlbarkeitsdogma fehlte gerade noch, um den unheilbaren Größenwahn dieser Fortschritt=Epoche zu brandmarken. — —

Nein, das „Kreuz" konnte einen Mann wie diesen nicht mehr erretten, nicht das Kreuz der Kirche. Doch vielleicht ein anderes? Das Kreuz, welches wir alle tragen? —

Er sann und sann — — —

Ist der Tod nur ein Durchgang, ein Isthmus zweier Ewigkeiten, so wäre der Tod, vor dem wir schaudern, minder schreckhaft als dies Dasein, das wie ein Wolken=schatten dahingleitet im unermeßlichen Raum. Aefft uns der Tod wie das Leben, dies Marionettenspiel? Und das All um uns her — ist das fest? Schwanken nicht seine Grundpfeiler, verschwimmt nicht alles ineinander, ist es am Ende auch nur eine Vision der getäuschten Sinne, eine Wüstenmirage geblendeter Augen, eine Wahnvor=stellung?

Wenn aber das Dasein und die Natur unwirklich, — was bin denn ich als Ich und was ist Gott? In ihm leben, weben und sind wir. Auch nur eine Vorstellung? Ist er doch überall. Mein Ich und Gott — verschwimmt das auch ineinander?

Oder sind Natur und Gott ein Gegensatz? Entstand die Welt, indem Gott sich selbst verlor? Und wenn so Göttliches von Gott abfiel, soll es zu ihm zurückkehren? Oder stieg aus dunkeln Urtiefen der Gotteskeim selber empor, so daß Gott nichts ist, als die Spitze und Frucht der Natur?

Und wie stehen wir selbst zu diesen großen Gewalten? Hängen wir mit Gott zusammen, so dienen wir nur als niederes Gefäß seiner Gnade. Das heißt dann Christen= thum. Wie, ich Mensch, der ich nichts der göttlichen Gnade verdanke? dessen Gedanke nichts ist, als der Sohn meiner eigenen Arbeit?

Und der Pantheismus löscht mich vollends aus. Da bin ich nur ein ärmlich Mittel des Naturzwecks. Wie, ich, in meiner stolzen Naturbeherrschung?

Wohl lehrt mich Darwin, daß ich nur ein Natur= produkt meiner Ahnen. Gleichviel. Ich bilde fremde Samenkeime mit meinem freien Willen zur neuen selbst= ständigen Pflanze aus. Und wäre selbst die Seelen= wanderung des Welträthsels Lösung, so bliebe es doch nur immer dasselbe untheilbare Ingenium, das sich rastlos im Kreis der Dinge eine Heimstätte sucht.

So sind wir denn selbst die Ewigkeit? Selbst die göttliche Idee? Der Gott der Welt ist der mensch= liche Wille.

Und wenn es nun ein böser Wille? Das Geheimniß der Prinzipien von Gut und Bös besteht in ihrer Zu=

sammengehörigkeit. Alles ist Instinkt, Selbstaufopferung
so gut wie krassester Egoismus. Böse ist nur die Nicht=
erfüllung des eigenen Willens. Der menschliche Genius,
der im Kampf mit zahllosen Schwierigkeiten seine fort=
zeugenden Werke leistet, scheint an sich viel größer, als die
einmalige Naturschöpfung der allmächtigen Centralkraft.

Ja, so mag des Menschen berechtigter Größenwahn
wohl urtheilen. Nichts erbärmlicher und nichts bewunde=
rungswürdiger, als der Mensch. So dachte gewiß auch
Kain, der erste Haderer wider Jehova. Als er nun
aber den Tod in die Welt gebracht, da sagte ihm dröh=
nend die innere Stimme: Das ist ein Riß durch die
Natur, das ist Schuld.

Er wußte bisher nur, daß er war, jetzt erfuhr er,
daß er etwas solle — denn er fühlte, was er nicht
solle. Woher? Von wannen kam ihm diese Wissenschaft?
Aus dem Innern? Wer schrieb's dort ein? Er sich selber?
Seit wann denn? Erst seit heute, wo er schuldig ge=
worden? Nein, es mußte ihm schon eingeboren gewesen
sein. Es giebt also eine höhere moralische Ordnung
außer uns und über uns.

Hör' auf, dein starres Ich zu behaupten, Niemandem
unterthan, in dich selber einwärts deinen Pfad zu bohren!

Tödte den Willen ab! Selbst ein idealer Wille ver=
strickt dich in Schuld. „Soll ich denn meines Bruders
Hüter sein?" Heuchlerische Frage! Du fühlst ja, daß du
es sollst.

In der Friedlosigkeit des Schuldbewußtseins fühle
du den Frieden der Erlösungssehnsucht! In dem Schmerze

der Schuld wird die Last der Verantwortlichkeit von dir genommen, die den souverainen Willen bedrückt. Nicht länger fühlst du dich verpflichtet, als höchste Erscheinungs= form der göttlichen Idee zu gelten. Die Demuth deiner Schuld beugt dich freudig unter die Erkenntniß einer über den Dingen stehenden Centralkraft, der sich auch der Größte willenlos zu unterwerfen hat.

Jeder ist schuldig, auch du trage dein Kainsmal, denn auch du hast deinen Bruder gehaßt und dich selbst geliebt. Aber trage es ruhig und stolz, ohne Trotz, ohne unnütze Reue! Gehe hin und sündige nicht mehr!

————

Wie so anders erscheint das Räthsel des Lebens dem Manne, der liebte und lernte und litt! Eine grause Gabe ist das Teleskop der Wahrheit, das alle Erscheinungen verwischt und nur Schein sieht, wo die frische Hoffnung einst im Sein geschwelgt. Die Gedanken und Gefühle des Menschen bilden für sich ein Epos vom heiligen Gral. Wie frohgemuth sitzen sie erst beieinander, gleich König Artus' Tafelrunde. Die Welt ist ihnen ein Bilder= buch voll Farben und Ideen und aus den Hieroglyphen der Weltgeschichte liest sie den klarsten Sinn. Lancelot vom See, die kühne Abenteuerlust, erfaßt die Natur mit ungebrochener Jugendlust. Tristan und Isolde finden sich in sinnlicher Leidenschaft, begehrungssüchtig und sub= jectiv, Parzival's Venuswunden heilen von selbst in sen= timentaler Schwärmerei. Wohl tritt dann die wirkliche

Leidenschaft verderblich in den Kreis, wie Ginevra, die
königlich stolze, aber auch sie zerrinnt in resignirte Weh=
muth. Da naht Merlin, die philosophische Auffassung
der Welt, und wühlende Reflexion vernichtet die Schaffens=
freude. Fey Maglore von der schwarzen Klippe, die
Feindin Ginevras, lockt in ihren Bann und abgegohrene
Liebessymptome verlieren sich allmählich in blasirte cy=
nische Selbstverspottung. Kay der Seneschall regelt mit
kalt kritischer Ironie die Dinge. Nach den Enttäuschungen
der scheinbaren äußerlichen Erfahrung entsagt der Geist
dem Behagen am fabulirenden Bilderreichthum der Wirk=
lichkeit in erlogener Ruhe. Aus realistischem Arbeitstrieb
keimt der Hochmuth eines gleichgültigen Materialismus.
Doch der ungestillte Trieb nach idealer Erlösung und
festerem Lebenshalt ringt nach Befreiung, der wunde
Titurel harrt auf das erlösende Wort des Grals.

Wer aber Avillion finden will, das Eiland der
Seligen, der muß wählen Frieden durch den Kampf,
Ruhe im Sturm. Da klärt sich des räthselvollen Men=
schenlebens letzter Schluß, daß nur liebevolle Versenkung
ins Allgemeine aus liebloser Einsamkeit erlöst. Nur Liebe
für die Idee, nur Streben nach einem Ideal, nur dies
macht theilhaftig des heiligen Gral, begräbt den Titurel
des ringenden Ichs und krönt Parzival's Irren und
Leiden.

Die Seele, welche gelernt auf sich selbst allein zu
bauen, in sich selbst ihre Stärke zu suchen — die Sporen
des Hasses, der Verzweiflung, der Menschenverachtung
hetzen und zerfleischen sie nicht mehr. Menschenverachtung

sollte immer bei sich selbst anfangen. Menschenverachtung, die ja doch die Menschen braucht — allerdings nur als Sclaven und Beifallskatscher, aber doch immer braucht. Nicht länger beneidet die genesene Seele den Flitter= kram äußerlicher Lüste. Durch den feurigen Ofen hin= durchgegangen, abschmelzend die Schlacken gemeinerer Selbst= sucht, wurde sie kalter biegsamer Stahl. Jetzt ist sie zum Ritter geschlagen d. h. zum freien Manne. Wer die Menschen nicht bedarf, trägt auch nicht ihre Ketten. Nur wer sie nicht braucht, liebt die Menschen aus selbstbe= glückender Sympathie, aus erhabenem Mitleid Aller für Alle. Nur das ist der wahre „Weg zur Freiheit."

Aber nur die alte Erzeugerin und Erhalterin der Weltgesetze, Eros und Anteros die großen Gewalten, nur die Liebe erlöst. Und Liebe ist langmüthig, sie hadert nicht, sie beugt ihren Willen unter den der andern, unter den höheren Willen des Ideals, wie es eingeschrieben in des Menschen Gewissen. Der Geist ist willig, aber das Fleisch ist schwach; Liebe allein macht stark, indem sie das schwache Ich demüthig dem starken Allsein vermählt.

Vom Ganges her rauscht aus Palmen und Lotos= kelchen des Büßers Braminenlied: Wer störungsfrei, be= gehrungsfrei zum andern Ufer hingelangt, wer nichts zu eigen haben will, der nenne Buddha's Jünger sich.

Aber ist Freisein von Leidenschaften nicht ein wider= natürliches Unding? Nur für das entnervende Klima Indiens könnte das passen. Nicht die Verneinung, sondern die Verstärkung des Willens hat den rastlosen Vorwärts= drang unsrer Civilisation ermöglicht. Den Willen brechen heißt eine Tugend empfehlen, die keine Tugend ist. Es gilt vielmehr, die Leidenschaft auf geistige Ziele mit der gleichen dämonischen Stärke hinzulenken, mit welcher der gewöhnliche Mensch sinnliche Ziele erstrebt. Haß gegen das Schlechte ist eine glückbringende Leidenschaft.

Aber durch Erkenntniß unsrer eignen Unvollkommenheit sollte Mitleid mit fremder Unvollkommenheit in uns erwachen. Dies Mitleid hat jenem Todten gefehlt. Wohl berechtigte ihn sein Geistesstolz zu einem Gefühl überlegener Selbstabsonderung. Aber nie schmolz seine Härte in der weisen Demuth, welche die Untheilbarkeit alles Seins erkennt. Verrichtete nicht darum der Heiland an seinen Jüngern niedere Dienste? „So nun Ich, euer Herr und Meister, euch die Füße wusch, so sollt ihr auch euch untereinander die Füße waschen.“ Und sprach Er nicht die abgrundtiefen Worte — — hier, hier stehts: Ev. Joh. 14, 12 —: „Wer an mich glaubt, der wird ebenso große Werke thun wie ich, ja wird größere thun als ich.“ Besagt doch diese Ablehnung persönlicher Alleingeltung klar genug, daß nicht die Person des Gottmenschen, sondern sein Prinzip das ewig Zeugende vorstellt, dessen Wirkung sich in stetiger Evolution vererbt. Nach ihm werden noch Zahllose gekreuzigt und zahllose Wunder geschehn. Der e i n e Opfertod e i n e s sündenlosen Menschen ist die Quelle alles Lebens in Ewigkeit. Denn er stellt das einzig Feste, Unvergängliche dar, an das sich der Glaube zu klammern vermag. Und nur der Glaube an das Ideale hat erlösende Kraft.

Noch höher aber als den Glauben stellt das Christen-

thum die Güte des Unbewußten, die freie ursprüngliche
selbstgeringachtende Liebe, ohne welche dem Apostel alles
„klingendes Erz und tönende Schelle" erscheint. Ja, unter
den Pharisäern befanden sich gewiß viele hochmoralische
Werktagsheilige. Aber e i n Gedanke wahrhafter Reue wiegt
vor dem Richterstuhl der ewigen Liebe alle Sünden auf,
während die eitle lieblose Gewohnheitstugend sich niemals
selbst erlöst und ewig schmachtet in den Fesseln des klein=
lichen Ich.

Dies Mitleid, diese Demuth, dieser Glaube und diese
Liebe bleiben nie passiv, nie Stagnation des Willens,
sondern schöpfen ihre Kraft aus werkthätiger Begeisterung,
wie da geschrieben steht: „Nun ist des Menschen Sohn
verklärt und Gott ist verklärt in ihm." Der Begriff von
der Einheit alles Seins, des Irdischen und Ueberirdischen,
welcher dämmernd im menschlichen Gemüthe schlummert,
ist hier Wahrheit und Klarheit geworden — „mit der
Klarheit, die ich bei Gott hatte, ehe denn die Welt war."
(Ev. Joh. 17, 5.)

So besiegt das Christenthum den Pessimismus durch
den Pessimismus. So wird sich ewig der Mensch selbst
erlösen müssen im Kampfe mit der Welt. Wer sich an
den Abgründen des Lebens scheu vorüberdrückt, wird nie
die wahre Bestimmung des Menschen erkennen. Der
wirkliche Idealist wird jeden Pessimismus abweisen, ein=
gedenk der Worte: „So euch die Welt hasset, so wisset,
daß sie Mich vor euch gehasset hat." Dem erlösten Geiste
kommt „die Gemeinschaft der Heiligen", die Verbindung
mit allen großen und guten Geistern der Vergangenheit

und der Mitgenuß all ihres geistigen Schaffens. Das ist eine Erhebung der Seele, welche jeden irdischen Schmerz unter die Füße tritt. Das ist der Tröster, von dem der Erlöser kündet: „Ich will euch einen andern Tröster geben, daß er bei euch bleibe ewiglich: Den Geist der Wahrheit, den die Welt nicht kann empfangen, denn sie sieht ihn nicht und kennt ihn nicht. Ihr aber kennt ihn, denn er bleibt bei euch und wird in euch sein."

Wohl fühlte der große Todte in sich jene Geistes= stimme, von der es heißt in den Römerbriefen Pauli: „Denn ihr habt nicht einen knechtischen Geist empfangen, daß ihr euch fürchten müßtet. Derselbe Geist giebt Zeugniß unserm Geist, daß wir Gottes Kinder sind."

Doch weil Leonharts Herz, ursprünglich reich an Güte und Wohlwollen, sich aus Verbitterung in starre Selbst= sucht krampfhaft zusammenzog, hörte er nicht die Erlöser= stimme: „Wer immer mich liebt, den werde ich lieben und mich ihm offenbaren." Ihm aber, der zum erstenmal seit Kindertagen wieder die Bibel las, dem weltfremden Gottsucher offenbarte sich Gott.

Alles was in der Welt eintrifft, hat sein Zeichen, das ihm vorhergeht. Die zahllosen verschiedenen Ideen, die verworren durcheinander murren, sind Vorzeichen einer ungeheuren Bewegung.

Er dachte an Lamennais' „Worte des Glaubens" (Leonhart hatte ihm einst dies Buch geschenkt): „Junger Soldat, wohin gehst Du? Gehe streiten, daß alle einen Gott auf Erden und im Himmel haben."

Alle einen Gott, alle, die so verschiedenen Stam=
mes? Ja, nur die Masse, das Allgemeine vermag
zu siegen. Wer würde das Stimmchen der vielen
armen unmerkbaren Geschöpfe hören, wenn im Frühling
ein Summen den Wiesen entsteigt? Unzählbare Laute
sind es, die sich hier vereinen — einzeln würde keins von
ihnen gehört werden — doch, alle vereint, machen sie sich
vernehmlich weithin über die Erde, als unartikulirte All=
stimme der Lebenskraft.

Was vermag der Einzelne heut? Weniger denn je!
Wer darf aber gar über Leiden klagen, ohne daß seine
Tugenden ihm ein Recht dazu geben? Schon in der
Uebergangsepoche der Childe Harold=Wertherzeit mahnt
Chataubriand seinen René: „Wer Kräfte empfing, soll sie
dem Dienst der Menschheit weihen."

Der sogenannte Weltschmerz kann nur enden mit
Selbstüberwindung in vornehmkalter Abgeschlossenheit und
prometheischem Selbstgenügen. Aber edler als die wol=
lüstige Todessehnsucht des Pantheismus ist die freudige
Lebensertragung, welche das quälende Ich abschüttelt und
durch allumfassende Liebe ins Unendliche erweitert. Die
rauschendste Melodie auf der Aeolsharfe der Empfindung
wird stets das vaterländische, das Stammgefühl entlocken.
Aus dem zerfahrenen Kosmopolitismus der ästhetischen
und pessimistischen Weltanschauung erhebt sich der Geist,
von der Naturbetrachtung sich der Geschichtsbetrachtung
zuwendend, zu der Erkenntniß des Nationalbewußtseins.
Da gewinnt die rauhe Wirklichkeit einen gesunderen Reiz,
als Schönheitskultus ihn bieten kann; da wandelt sich der

Schauder vor der ehernen Nothwendigkeit in ein stolzes Wohlgefühl: Getragen zu werden von dem ewigen Wirbel des Weltenrades, das Jeden als Atom des Allgemeinen zu seiner Bestimmung fortreißt.

Das trotzige unselige Ich, das auf sich allein gestellt die Welt umfassen möchte und von der Last dieser selbst= aufgelegten Mission erdrückt ward, erkennt sich jetzt freudig als unterthan höheren Gesetzen. Die Ideen „Volk" und „Vaterland" bieten den wahren Schlüssel zum Verständ= niß des Einzellebens. Die Eitelkeit des Persönlichen zerrinnt so in den Stolz des Patriotismus, die Selbst= sucht des Einzelnen überwindet sich leicht zu Nutzen und Ruhm der Rassenselbstsucht. Diese Weltanschauung schreitet zu wahrer Selbsterfüllung vor, sie bildet den verengten innersten Kreis nach all den weitausgreifenden Wirbeln des jugendlichen Idealismus.

VIII.

Und Kraftinik schaute umher von dem Schloß seiner Väter über das Bergland zu seinen Füßen.

„In dem Burzenland ist's immer schön," singt ein Volkslied über das Waldland, das sich um Kronstadt erstreckt. Das wußte ja schon der deutsche Orden, der bei seiner Übersiedelung nach Europa zuerst im Sieben= bürgener Burzenlande seine Zelte aufschlug. Die von ihm gegründeten sieben Burgen sollen dem Lande Trans= sylvanien seinen neuen Namen gegeben haben. Noch jetzt ragen sieben solcher Burgen des Deutschthums im Lande: Hermannstadt, Kronstadt, Schäßburg, Mediasch,

Biſtritz, Reps und Broos. Von den alten Burgen des
Ordens aber ſtehen noch gar viele im Burzenlande. Die
Heldenburg, die Zeidener, die Tartlauer, die Roſenauer,
die Törzburg, die Marienburg. Wer denkt hier
nicht an die Reſidenz des Ordensſtaates in Preußen,
wohin die kühnen Kämpen von hier aus zogen? So
ſchlingt ſich denn ein geheimnißvolles Band um die
Errichtung zugleich Preußens und Siebenbürgens, der
nordöſtlichen und ſüböſtlichen Mark des deutſchen Im=
periums.

„Ins Oſtland wollen wir reiten,“ klingt das alte
ſächſiſche Auswandererlied aus dem 12. Jahrhundert
herüber. Dieſer Zug gen Oſten gewann dem Deutſch=
thum nacheinander die Elbgrenze, die Donau, die Oder,
die Weichſel. Dieſem Zug gen Oſten verdankte das
alte Deutſche Reich ſeine Weltherrſchaft und ihn muß es
wieder aufnehmen, will es die alte Obmacht wieder
erneuen. Nicht ohne tiefſte Bedeutung beſingt das deutſche
Nationalepos den Ritt ins Hunnenland. Die Hunnen ·
dehnen ſich weithin von Donau und Theiß zu Don und
Wolga und die einſt geladenen Nibelungengäſte, die
deutſchen Kolonieen, drohte, wie abgeriſſene ſchwache
Reiſer der großen Walſereiche, die wüſte hunniſche
Sintfluth zu verſchlingen.

Wer kennt nicht jenen hehren Geſang, wo in der
Seele des deutſchen Mannesideals Rüdiger von Bechlaren
der Conflikt widerſtreitender Pflichten tobt? Die Deut=
ſchen ſind ſeine Freunde und Blutsverwandten, an den
Hunnenkönig bindet ihn der Treueid ſeiner Loyalität

Wird Rüdiger noch immer der Deutschenfeindin Krimhild, der Zarin aus deutschem Blut, zu Willen bleiben? Heut ist wohl der Markgraf ein klügerer Mann.

Überwältigend stieg die geistige Weltherrschaft der deutschen Race vor der Betrachtung des ungarischen Grafen empor. Wo wäre nicht deutsche Erde? Wie der Römer allüberall auf deutschem Boden stand, so tritt der Deutsche, wo es auch sei, nur einen Boden, den er mit seinem Blut getauft und mit seiner Cultur gedüngt hat.

Die Kraftinik's stammten ursprünglich aus Mähren, wie ihr slavischer Name verrieth. Erst im 18. Jahrhundert waren sie durch eine Erbheirath siebenbürgische Magnaten geworden und so allmählich ganz ins Ungarische übergegangen. Dagegen kreuzte sich dies slavisch-magyarische Blut fortwährend mit deutschen, da die Hälfte der Stammmütter dem deutsch-österreichischen Adel angehörte. Auch Xaver's Mutter war eine Deutsche gewesen. Jetzt erst verstand er, daß in seiner ganzen schwerflüssigen Art das deutsche Element überwog. Daher auch sein rasches Einleben in deutsches Wesen. Darum auch vor allem jetzt der mächtige Trieb einer Stammeszugehörigkeit, der in ihm durch Bewunderung deutscher Kraft erwachte. Dies Deutsche Reich — schien es nicht der einzige feste Punkt in der Erscheinungen Flucht? Alles wankte und splitterte. Im Westen in Frankreich und England, Anarchie. Im Osten Panslavismus und Nihilismus. In Deutschland allein das Positive allem Negativen trotzend.

Ja, die große Sündfluth an allen Enden. Der

Panslavismus will sein Ziel erreichen um jeden Preis, entweder mit dem Zaren oder ohne ihn. Und siegt er, so springt der Zarismus doch. Denn alles arbeitet im Westen wie im Osten nur einem Ziel entgegen: der Auflösung aller bestehenden Gesellschaftsformen. Alle Anzeichen sind dieselben wie vor der Großen Revolution. Barbarei lauert aller Enden, den morschen Culturbestand zu vernichten.

Um Deutschland muß sich zusammenschließen, was noch auf eine glückliche organische Entwicklung hofft. Nur Deutschland besitzt die unverbrauchte Kraft, sich aus eigener Initiative innerlich aus den Schäden der gegenwärtigen Gesellschaftsbildungen emporzuläutern und aus der häßlichen Puppe dieses Uebergangsstabiums den beschwingten Schmetterling eines neuen Freiheitsbegriffs loszulösen.

— — —

Jetzt hatte er ein unpersönliches Ideal ge= funden, das eine wesenhafte Realität vorstellte. In der freudigen Erleuchtung dieser seelischen Entdeckung aber erkannte er zugleich, wie die Uebertreibung seiner be= rechtigten Auflehnung gegen sein früheres persön= liches Ideal ihn wiederum in Ungerechtigkeit ver= strickte. Die krankhafte Reizbarkeit, schwächliche Ver= bitterung und selbstische Ich=Begeisterung Leonharts wurde vollauf erklärt durch die chemische Zusammen= setzung seiner Natur und durch die geologische Lage seiner äußeren Lebensverhältnisse, beide unter die Ein=

wirkung der Elektricität einer geistigen galvanischen
Strömung gebracht.

Wie gewöhnlich bot sich auch jetzt ein unerquick=
lichstes Schauspiel, das jeden ernsten Diener der Wahr=
heit, der bedächtig ein gerechtes Urtheil zu schöpfen sich
müht, am tiefsten verletzt. Nur von persönlich gehäs=
sigem oder Parteistandpunkt‖aus wurde nunmehr, nachdem
endlich über die „Affaire Leonhart" genug Lügengras
gewachsen und der in den Tod Gejagte nach beliebter
Taktik gegen seine überlebenden Rivalen als „Klassiker"
ausgespielt war, das gegnerische Urtheil laut. Da hatte
bald Der bald Jener irgend eine Mordsgeschichte auf=
zutischen. Theodosius Drollinguère (er hatte seinen
Namen nun glücklich gallificirt, auf daß seine fran=
zösischen Freunde ihn besser aussprechen lernten) brachte
einen Artikel in seinem Wochenblättchen „Die Wahrheit
über F. Leonhart", worin er Denselben der ostentativen
bewußten Verrücktheit zieh. Doch war er zu feige, sein
„D." darunterzusetzen und verschanzte sich hinter ein
„B.", das Zeichen seines Substituts. Dieser Mann
hieß Bullerich. Ein schöner Name.

Mit polypenhafter Geschmeidigkeit umkrallte hier
der bedächtige Drollinguère sein Opfer. Da derselbe
sich nicht mehr wehren konnte und keine Angehörigen
hinterließ, welche etwa Strafantrag stellen durften, so
gestattete sich Theodosius sogar den Luxus persönlicher
Verdächtigung. Leonhart sei ein gesinnungsloser Mensch
gewesen, mal liberal, mal conservativ, je nachdem seine
Geschäfte es verlangten.

Krastinik kannte die Verhältnisse genau und wußte, daß der Dichter nie in irgend einer politischen Beziehung zu irgend einer Partei und irgend einem Blatte ge= standen. Mit unwiderstehlicher Komik verlangen jedoch die jüdisch=liberalen Blätter, daß man, falls sie Hono= rar für Feuilletons oder Novellen zahlen, anch als libe= raler Philosemit fungire; und bei den Conservativen steht die Sache gradeso. Leonhart hatte nie nur um Haaresbreite seine tiefen politischen Ueberzeugungen ge= ändert und sich stets zum demokratischen Cäsarismus bekannt. Auch seine pangermanistischen Ziele hielt er unbeirrt im Auge, seine Verachtung der deutschen Klein= lichkeit und Philisterei verleugnete er nie. Demokra= tisch in seinen Anschauungen, verehrte er das Hohen= zollernhaus aus historischer Erkenntniß und dankbarer patriotischer Pietät als glänzendsten Zeugen der Dar= winischen Evolutionstheorie, als berufenstes, Talent und Charakter von Generation zu Generation vererbendes Herrschergeschlecht.

Die trostlose Unreife und Dummheit der Eintags= parteien vermag natürlich den inneren festen Zusammen= hang solcher Anschauung nicht zu erfassen. Ein in der Wolle gefärbter Demokrat hat auf die Juden und das Plapperment und die liberale Presse zu schwören. Und was ein richtiger Conservativer ist, stimmt fröhlich durch Dick und Dünn mit Gott für König und Vaterland — ür Vermehrung der stehenden Heere, Schutzpatent des Militairdünkels und des Kastengeistes, Muckerchristen= thum, Feudalrechte und allerunterthänigsten Servilismus.

Darum warnte ein chriftlich focialer Bonze vor diefem „verkappten rothen Revolutionär" und Dr. Bergmann von der „Tagesftimme" vor diefem „opportuniftifchen Streber", der naiv genug gewefen, „Majeftätsbeleibigungen gegen Schiller und Die dulde Ich) nicht" zu äußern und den antifemitifchen Dichter Dr. Adler zu loben, wäh= rend er Feuilleton=Honorare von der freiheitsburftigen „Tagesftimme" bezog!!

„The consequence is: being of no party, I shall offend all parties", citirte Leonhart achfelzuckend aus Byron, wenn auf folch angebliche Widerfprüche die Rede kam.

Aehnlich verhielt es fich mit den Vorwürfen gegen feinen grellen Hohn und fein „boshaftes Schimpfen". Kraftinik hatte ihn über jeden einzelnen Fall interpellirt und wußte aus vorgelegten Dokumenten am beften, daß Leonhart ftets der zuerft Angegriffene gewefen war. Schon fein wohlwollendes Gemüth verbot ihm, Andere zu fchädigen. Reizte man ihn freilich, dann ver= größerte fich die momentane Entrüftung durch das ver= bitternde Bewußtfein feiner allgemeinen fchiefen Lage und den allgemeinen Ekel gegen das rechtlofe Welt= getriebe. Dann fchlug er allerdings feine Krallen fo furchtbar ein, daß man an der Klaue den Löwen er= kannte. Wofür war er fonft ein Leu? Der Leon bleibt ein Leon, man kann ihn tödten, aber nicht ändern. Immer und immer wieder löfte fich das Räthfel feiner plötzlichen Anfeindung der Menfchen dadurch, daß die Anmaßung der Andern nie zu begreifen vermochte, daß

er nicht wie ein andrer Gemeiner in Reih und Glied
zu marschiren habe. Viel zu gutmüthig, um jemals An=
dere zu „drücken“, verletzte er doch jede windige Eitel=
keit ohne es zu ahnen, gleich wie der sagenhafte Speer
Ithuriels überall die Lüge und Schlechtigkeit aufdeckt.
Man haßte ihn instinktiv. Er war so groß und dabei so
cordial liebenswürdig, daß man ihn doppelt haßte.
Später erst wurde er herb und schroff. Er, dem die
Thränen in die Augen traten bei der Betrachtung jeder
edeln Handlung, verhärtete sich zusehends und zwang
sich gleichsam zu eisigem Egoismus.

Und fühlte Krastinik nicht, wie auch ihn mehr und
mehr eine dumpfe Wuth gegen Lüge und Gemeinheit zu
verzehren begann?

Mit voller Billigung dachte er jetzt an die höh=
nischen Glossen Leonharts über den heutigen Adel, welche
er früher bestritten hatte. Mit verächtlichem Lächeln
hielt er Umschau unter den edeln Standesgenossen des
Nachbaradels, wo bereits über den „verrückten Sonder=
ling“ nicht wenig medisirt wurde.

Eher geht ein Kameel durch ein Nadelöhr, ehe daß
ein Junker oder ein Jude sich bescheiden lernt. Die
Katze läßt das Mausen nicht und die Abkömmlinge von
Strauchdieben oder fürstlichen Maitressen nicht den Wahn
des blauen Blutes.

Mag dieser elende „Adel“ noch so sehr auf die
Juden schimpfen, obschon bei manchem näselnden Garde=
lieutnant die mütterliche Abkunft schon gar nicht mehr
verkannt werden kann, — unter dem Tisch waschen sich

Juden und Junker allezeit die Hände. Daher sagt Disraeli sehr richtig im „Coningsby": Die Juden seien wesentlich Torys. Denn der Semit dürstet nach „Vornehmheit" d. h. nach der äußeren Geltung derselben. Er beruhigt sich nur in seiner unersättlichen Eitelkeit, wenn er die übrige Welt zu seinen Füßen sieht. Daher zeigt er sich im Verkehr entweder selbstüberhebend dreist oder kriechend gegen den Mächtigeren, den er durch List besiegen möchte.

Diese dem Judenthume eingeborenen Fehler müssen nun mal aus seiner früheren Abhängigkeit entschuldigt werden. Haftet doch im Grunde den meisten Menschen das Snobthum an. Auch besitzen die Juden eine Menge vortrefflicher Eigenschaften, welche für ihre weltkluge Streberei entschädigen, und dies zersetzende Element übt sogar einen wohlthätigen Einfluß aus auf die deutsche Michelei. Daß die unduldsame Eitelkeit dieses auserwählten Volkes natürlich jedes freie Wort in dieser Sache verpönen möchte, scheint halt auch nur eine verzeihliche Empfindlichkeit historischer Rückerinnerung. Gegen die Juden an sich hat man nur e i n e n berechtigten Vorwurf: daß sie geschickter im Kampf ums Dasein zu strebern wissen und wie alle Orientalen kaltblütiger (trotz scheinbarer aufgeregter Zappelei) ihr Ziel im Auge halten, als der sanguinisch nervöse Germane.

Aber wenn man an den Juden ihr protziges Snobthum tadeln möchte, so kann man dem sogenannten Adel oft nur uneingeschränkteste Verachtung widmen. Die Bauern auf dem Lande wissen ein Lied davon zu singen.

Diese Junker unterstützen förmlich den Wucherer, auf daß er den productiven Stand beraube. Sie verbinden sich mit Geschäftsleuten, ob Christen oder Juden, zu den schmutzigsten Gründungen und theilen den Raub mit ihnen; sie decken ihnen den Rücken, falls sie in Verlegenheit kommen.

Der selige Stroußberg, ein genialer Schwindler, nahm sich entschieden am anständigsten aus unter seinen hochvornehmen Compagnons, die er manchmal im Vorzimmer stundenlang bei Champagner warten ließ, weil er selbst ja diese schmutzigen Mit-Geldschinder der armen Leute als Müßiggänger verachtete. — Auf dem Lande haben die vielgeschmähten Juden immer versteckte Hintermänner, wenn es gilt, den Bauernstand zu untergraben. Dringt die Feudalaristokratie erst massenhaft in den Reichstag ein, so wird sie in geheimer Verbindung mit dem Jobberthum das Volk vollends zu Grunde richten. So werden die Produktivstände immer mehr ausgesogen und gedrückt, daher auch immer verbitterter. Während in den Städten die Socialdemokratie langsam und sicher vordringt, brütet auf dem Lande ein dumpfer Haß gegen diese conservativen Wappenschänder, die in den Plappermenten „verdammt schneidig, äh" ihre elenden Phrasen für Gott, König und Vaterland ableiern und daheim im Stillen ihre Procentchen berechnen. Die bodenlos gemeine Interessenpolitik der Parteien ruinirt systematisch, durch Concentrirung des Großkapitals in „Ringe", das Bürger= und Bauernthum. Und dann wundern sich diese Blinden, wenn eines Tages ihnen das Haus

überm Kopfe zusammenbirst, nachdem sie selbst seine
unteren Grundpfeiler durchsägt. Der Krug geht so lange
zu Wasser, bis er bricht. —

Der Abel nützt die Parvenü-Sehnsucht der Juden
nach abligem Umgang natürlich nach Kräften auch in
„idealen" Gebieten aus. Auch der edle vornehme Graf
Fridolin v. Scheckwitz bewirthete auf seiner Villa am
Tegernsee den zufällig dort zur Sommerfrische weilenden
Chefredacteur der „Berliner Tagesstimme" nebst vier Adjutanten desselben, und fraternisirte mit denselben auf Du
und Du, um einigen Reklamerecensionen in der „Berliner
Tagesstimme" einzuheimsen. Eine davon schrieb sogar
Scheckwitzens eigener Sekretär. Es geschah dies mit
unzweifelhaft idealer Absicht, damit doch ja die Intentionen des Dichters richtig gewürdigt würden, und wer
könnte dieselben wohl besser verstehen, als des Dichters
eigener Famulus! — Wenn nun aber Scheckwitz, der
jedem Abligen nachläuft und nur nach Umgang mit
„Standesgenossen" giert und in gemeinstem Servilismus vor jeder Fürstlichkeit katzbuckelt, obschon er
ultra-radikale Modeansichten in seinen Werken vertritt, und sogar unter durchsichtiger Maske seinen
hochseligen Herrn satirisirte, um sich bei dessen
Nachfolger einzuschmeicheln, — wenn nun aber Scheckwitz wegen seines intimen Villeggiatura-Verkehrs
mit Doktor Bergmann von seinen „Standesgenossen"
entsetzt interpellirt wurde: „Herr Gott, ich biett'
Sie, Graf! Ein Mensch, der wegen Beleidigung des
Fürsten Bismarck gesessen hat und sogar früher

ausgewiesen wurde!" — dann warf er naiv hin:
„Aber, liebste Comtesse, ich brauche diese Juden!
Die Leute müssen halt über mich schreiben!" So
spielte er sich den „Standesgenossen" gegenüber als
„Dichter" und den Litteraten gegenüber als „Kammerherr
Graf Scheckwitz" auf. — Die am wenigst vornehmen
Naturen findet man in der sogenannten Aristokratie.
Krastinik spie verächtlich aus in der Erinnerung· an so
manchen pöbelhaften Kriecher oder Stallknecht mit ellen=
langem Stammbaum. Solche Burschen verkaufen ihren
„Namen" an die Tochter eines Geldfürsten, hauen die
erheirathete Jüdin aus germanischer Ritterlichkeit, bringen
ihr ganzes Vermögen durch und lassen die etwaigen
Söhne ihre Mutter „das Portemonnaie" nennen. So
handelt man wahrhaft standesgemäß, wie es sich für
einen solchen Stand frecher Nichtsthuer im Größenwahn
ihres Nichts am besten schickt.

Die Juden, dies älteste Junkerthum Europas als
geschlossene Kaste, sind eigentlich ideologisch=revolutionär
angelegt. Darum nennt Renan die hebräischen Pro=
pheten mit Recht als Stammväter des Socialismus und
Nihilismus. Die Juden stehen den Griechen ebenbürtig
zur Seite. Bald siegt der Rationalismus des Hellenen=
thums, bald der düstre Pessimismus des Judenthums, das
sich theilweise in Christi Lehre fortsetzt. In den Juden,
einem kräftigen, unterdrückten Volke, lebt ein heißer Sinn
für soziale Gerechtigkeit. Sie schufen sich einen eifrigen
strengen Gott. Fiat justitia, pereat mundus! Besser,
die Welt geht zu Grunde, als das sie ohne Gerechtig=

keit fortbesteht. Heut freilich hat der alles zersetzende Zeitgeist auch die Juden so depravirt, daß sie sogar den eigenthümlichen Größenwahn ihrer Race, immerhin ein Zeichen von Kraft, einbüßten. Sie schämen sich ihrer Väter und verachten den jüdischen Namen. Ihr finstrer Trotz ist gebrochen durch erschlaffenden Mammondienst, und gleichgültig platter Lebensgenuß blieb ihnen übrig als einziges Ziel.

Aber grade, indem dieser wahre Aristokrat mit vor= nehmem Abscheu all solchen Schmutz erwog, gewann er dem Problem Leonhart, dem Untergang des letzten Idea= listen und des letzten genialen Dämons in der nivelli= renden Uniformzeit, eine neue Seite ab. Auf immer höhere überschauende Gesichtspunkte erhob ihn die neue Weltanschauung, welche seine naturwissenschaftlichen Studien in ihm reifen ließen.

Sind die Menschen an sich wirklich so schlecht, wie Leonhart's Verbitterung sie auffaßte? War der große Egoist Napoleon etwa gerecht, als er gestand: „Ich habe die Menschen stets verachtet und sie stets behandelt wie sie es verdienen"? Mit Nichten. Die Menschen sind im Ganzen weit besser als ihr Ruf, sind von Natur hülfsbereit und gutartig. Nur soll man nicht ihre Eitelkeit und Selbstsucht verletzen. Thut man dies aber, so sei man wenigstens consequent und wappne sich mit starrem brutalem Egoismus. Auch das muß man Leon= hart als Schuld gegen sich selber anrechnen, daß er mit schwächlicher Gutmüthigkeit den Leuten die Wunden verband, die er gerechterweise schlug.

Welch ein unreifes Unterfangen, die Welt und die Menschen anzuklagen! Man beſſere oder belehre ſie, ſei es indem man ſie überzeugt, ſei es indem man mit Gewaltmitteln ſie bekehrt. Aber verlangen, daß Andere ihre berechtigte Selbſtſucht auch nur einen Augenblick hintanſetzen, um eine fremde Größe aus objectivem Wohlwollen zu fördern, iſt lächerlich. Das ganze Naturleben erwächſt aus dem Kampf Aller gegen Alle und jedes Weſen · in ſeiner Art dient mit zu dem Geſammtgebäude.

Daß eine Geiſtespotenz wie Leonhart untergehen mußte, bedeutet freilich einen unerſetzlichen Verluſt für die Geſammtheit. Aber die Welt dafür verantwortlich zu machen wäre widerſinnig.

Warum ſchlüpfte dieſer Heros, urſprünglich zur That und nicht zum Gedanken veranlagt, in eine ſo gebrechliche phyſiſche Hülle? Warum verſetzte ihn der Zufall in ſonſtige Umſtände und Zeitverhältniſſe, die ihm jede Möglichkeit verſperrten, ſeine Individualität frei zu entfalten? Warum ſah er nicht klar vor Augen, daß all ſein Ringen nach Entwickelung ſeiner wahren Beſtimmung ja doch von vornherein ausſichtslos und die Schlacht ſchon vor Beginn verloren war, und verzichtete darum nicht in ſtiller ſelbſtüberwindender Ruhe? Warum haſchte und jagte er nach Befriedigung ſeines Ehrgeizes, ſtatt ſich mannhaft zu reſignieren?

Die Welt trug in keinem Falle die Schuld. Denn von ihr erwarten, daß ſie in einem unſcheinbaren Feder-

fuchſer den Helden und Herrſcher erkenne oder mit ihrem
halbblinden Maulwurfsblick das Genie begreife — das
heißt alle innere Organiſation des Weltgebäudes ſtören
und verrücken. Und warum widmete er überhaupt ſeinen
Geiſt dem Undankbarſten und Unzeitgemäßeſten, dem
Berufe, den in einer Zeit wilder realer Kämpfe kein
Menſch begehrt und nöthig erachtet, dem Berufe des
Dichters? Hätte er ſich auf die Wiſſenſchaft geworfen,
ſo konnte er hier vielleicht eine Waffe finden, um auf die
Zeit zu wirken.

Es war ein Schickſal, es mußte nun ſo ſein. Aber
das perſönlich individuelle Unglück, zu ſpät oder zu
früh geboren zu werden, berechtigt noch zu keinem Vorwurf gegen den Weltlauf. Ein Unglück und eine Schuld,
für die man ihm nicht zürnen darf, — das war Leonhart's Lebensentwickelung. Aber eine Verſchuldung bleibt
es immer, wenn ein Genie nicht auf ſeine Mitwelt zu
wirken vermag und utopiſch an die Nachwelt appellirt.
Eine Schwäche und ein Mangel liegt ſtets darin, wenn
ein Menſch ſich ſelbſt die Lebensader unterbindet. So
ging er denn logiſch unter kraft der Verſchuldung ſeiner
Charakterſchwäche.

Warum gerieth er über jede Gemeinheit und Lüge
in Harniſch? warum faßte er, trotz ſeiner boshaften
Menſchenkenntniß, nicht eben alles perſönlich auf? Mundus vult decipi. Mit Waſſer wird Alles gekocht und
heut ſtellen die Leute ihren Kochtopf voll ſchmutzigem
Waſſer mit cyniſchem Applomb ganz öffentlich auf
den Tiſch.

Auch in der Weltgeschichte herrscht einzig die Lüge und die „immanente Gerechtigkeit der Dinge", von welcher Gambetta schwärmte, wirkt nur in den unterirdischen Wellenbewegungen selbst mit, nicht auf der Oberfläche. Denn alle schlechten Leidenschaften müssen mit den guten zusammenwirken, um Großes und Heilsames zu voll= bringen. Allein gelingt dies weder dem guten noch dem schlechten Prinzip.

Die Eroberung Indiens durch die Engländer be= gleiteten nothwendig unerhörte Greuel. Aber die That= sache selbst förderte den Fortschritt der Menschheit und ihre Ausführung gereicht jenen energischen Schurken zum Lobe.

Warren Hastings, der Henker Indiens, durfte nicht verurtheilt werden, weil er sich einer so löblichen con= servativen Gesinnung befliß. Scheert nur ja nicht den Kamm diesem reinen Opferlamm! Und so saß er denn bald ruhig und wohlgemuth auf seinem Landschloß, das ihm der schuldige Tribut seiner Hindostaner Sclaven zum Dank für seine unvergeßlichen Wohlthaten erbaut. Wenigstens blieb er beständig: auch jetzt noch folterte er eigenhändig, wie früher mit dem Bambus, nunmehr mit der Feder die Seinen. Denn er dichtete als be= häbiger Dilettant eine Ode nach der andern: „An die Empfindsamkeit", „An das Mitleid", vor allem „An die Tugend". Seine Hymnen an diese Gottheit waren ge= fürchtet bei all seinen Gästen, denen er dergleichen salbungs= voll versetzte. Ein herrliches Symbol. Seine Gräuel als Tugend=Dichterling beenden, ziemt dem wahren

Lebenskenner, der sich auf der Höhe der Situation er=
hält. Alle Männer der That und alle Weltmächte, sei
es nun das alte Rom oder später das päpstliche Rom,
lügen und heucheln aus Prinzip.

Als Bonaparte den heiligen Wallfahrtsort Loretto
in seinen Schutz nahm, nachdem er grade an den Papst
ein demüthiges Schreiben gerichtet, reinigte er sofort das
Marienbild von Perlen und Edelsteinen, unwürdig irbi=
schem Tand. Wer beschreibt aber seinen erhabenen Un=
willen, als diese schnöden und überflüssigen Zierrathe
sich als Glas und böhmische Steine entpuppten! So
waren die Priester in ihrem eiteln weltlichen Sinne ihm
lange zuvorgekommen. Sein Schmerz war tief und
aufrichtig. O diese Pfaffen, diese Banditen! — Nichts
köstlicher, als wenn zwei Diebe einander selbst bestehlen,
der Eine im Namen der Freiheit, der Andere im Namen
der Gottheit. Und das Volk, das dumme Heiligenbild,
läßt alles wehrlos über sich ergehn.

Selbst die Symbole wechseln wie die Ideenbegriffe.
Das schöne Wort „Freiheit“ kann als „Liberalismus“
den krassen Materialismus vertreten und das König=
thum umgekehrt als letzter Hort des Idealismus erschei=
nen. Nur ein Begriff wechselt nie, nur ein Symbol
bleibt ewig veränderlich: das Vaterland.

Ein Mastbaum hob sich siegreich als Schlachtpanier
über dem Streitwagen der Lombarden als Symbol des
Vaterlandes. Und ein Mastbaum diente als Sinnbild
der geschlachteten Freiheit, als auf Nelson's Admiral=
schiff die besten Männer Neapels wie gemeine Verbrecher

am Galgen seiner Raae hingen. Aber dieserselbe rohe
Henker, Sclave zweier Trybaden, dies rumbegossene
Beaffsteak, verwandelte sich bei der ersten Breitseiten=
Lage von Trafalgar in einen würdevollen Heros.
„England erwartet, daß männiglich seine Schuldigkeit
thue." Und er fiel im Sieg: „Ich habe meine Schul=
digkeit gethan." Vaterlandsgefühl hebt Tröpfe über
sich selbst empor und steigert unter der Wucht der im=
manenten Idee die Kraft des Einzelmenschen.

Die natürlichen Bedingungen, die aus der
inneren Organisation erwachsen, sind im Men=
schenleben so unveränderlich wie im Natur=
reich. Die Weltgeschichte folgt bestimmten Drehungs=
gesetzen, die man bisher nicht zu ergründen den
Scharfblick besaß. Wenn Buckle den Verfall Spa=
niens lediglich aus seinem fanatischen Religions=
kultus herleitet und diesen wieder aus der Boden=
beschaffenheit, welche Spanien also für immer zur un=
culturellen Stagnation verdamme, so ist das eine ober=
flächliche Einseitigkeit, nämlich eine bloß geologische Be=
trachtung. Sobald aber die psychische Chemie angewandt
wird, ergeben sich ganz andre Resultate im Lande der
Calderon und Cortez. Dann erklären sich die Erbfehler
als Erbtugenden und umgekehrt. Der starre Jehova=
cultus dieses auserwählten Volkes, worin schon arabische
Mischung erkennbar wird, befähigte es zur Welteroberung.
Weil aber die geologische Lage Spaniens widersprach,
so verwirrte sich die chemische Zusammensetzung und Spa=
nien konnte seine unnatürliche Weltmacht nicht behaupten.

Man wähnt die französische Politik irgendwie durch äußere Einflüsse und Zeitverhältnisse umwandeln zu können. Und doch lehrt die Geschichte, daß die Grund=lagen der französischen Politik stets die gleichen blieben. Wie Chlodwig die französische Monarchie auf den Stützpfeiler des katholischen Klerus gegründet, so später der „allerchristlichste" Louis Quatorze. Wie die Könige des Mittelalters die Centralisation der Staatsgewalt angestrebt, so kämpften Richelieu=Mazarin den Geist der Fronde nieder. Wie jene lüstern nach Lothringens und Flanderns Besitz geangelt, so „reunirte" man später wirklich diese Länder und grade die Revolution vollen=dete dies Werk gallischer Völkerbeglückung. Der „Frei=heitsbaum", den diese Republikaner aufpflanzten, wurde ein Upasbaum der Tyrannei, die Prokonsuln und Volks=tribune glichen auf ein Haar den späteren Marschällen und Intendanten, Pichegru plünderte Holland, so daß dem Napoleonischen Satrapen Oudinot später kaum etwas übrig blieb. Gaston de Foix, Guébriant, Tu=renne, Mélac, Louvois lebten weiter unter der Revo=lution und dem Kaiserreich und wirthschafteten später in Spanien, wo sie sich austoben durften, im Stil des dreißigjährigen Krieges. Das Rheinbundsystem fand schon sein Vorbild in den sogenannten Schwesterrepu=bliken, welche die erobernde Revolution gründete. Ja, der demokratische Cäsarismus Napoleons I. wie Napo=leons III. griff ebenfalls auf Chlodwig zurück und ver=bündete sich mit Rom. Und die neufranzösische Repu=blik sollte anders handeln? Ihr blieb in ihrer Partei=

37*

Zerklüftung das alte Ziel: Centralisation, Anschluß an Rom und Lothringen vom Rhein bis zur Schelde.

— — Sobald man aber die Abhängigkeit aller Volksgenossenschaften von unverrückbaren Gesetzen der politischen Chemie und Geologie (zwei noch unent= deckten Wissenschaften) erkannt, widerlegen sich auch die Vorwürfe, mit welchen die Nationen sich gegenseitig die Wahrung berechtigter Interessen bestreiten. Im Leben der Völker spielt der Neid dieselbe wichtige Rolle, wie im Leben der Einzelnen, und begünstigt das Vorwärts= drängen. Das chauvinistische Anfeinden alles Fremden beruht im Grunde auf einem tiefen gesunden Gesetz. Denn der Neid, dieser blasse scheue Schleicher, tritt manchmal auch als stattlicher mannhafter Widersacher in die Fehde ein.

Der Neid ist eine Leidenschaft, die man nicht ein= mal sich selbst einzugestehen wagt. Der richtige Hero= strat in seinem wüthenden Ingrimm gegen überlegenes Verdienst spiegelt sich selber vor, daß seine Wahrheits= entstellungen die Wahrheit enthielten. Nun giebt es aber auch Gefühle, die man zwanglos auf den Begriff des Neides zurückführen kann und die dennoch den Cha= rakter des Neides verlieren. So z. B. wenn ein „Heros" in Carlyles Sinne an leitender Stelle, die ihm gebührte werthlose oder doch untergeordnete Leute sieht. Oder wenn ein großer Künstler es mit ansehn muß, wie Un= werth durch selbstsüchtige Interessenpolitik oder Unver= stand zu einem Scheinwerth aufgeblasen wird, während Werke mit einem Ewigkeitsgepräge von seichter Ober=

flächlichkeit lächerlich gemacht und mißdeutet werden. Der erfolglose Werth fühlt zweifellos Neid gegen den erfolgreichen Unwerth, aber ist dieser Neid eine unedle Leidenschaft? Entspringt er nicht vielmehr dem Gerechtigkeitsgefühl und zugleich dem unpersönlichen idealen Zorn über die Schädigung des allgemeinen idealen Interesses durch die falsche Werthung des Verdienstes?

So wird man, abstrakt betrachtet, den Chauvinismus aus einem Neid und Hochmuth ableiten können, den man trotzdem ehrenhaft nennen muß.

Wozu in allen Tugenden verkappte Laster suchen, wie der edle Sieur de Larochefoucauld, und selbstsüchtige Berechnung in jeder guten Handlung ausklügeln! Es giebt einen logischen Syllogismus stahlscharfer Argumentation, mit welchem der gesunde Menschenverstand alle Finten und Paraden jener dialektischen Floretfechter durchhaut. Wenn nämlich z. B. Dankbarkeit auch nur eine selbstsüchtige Absicht verbirgt und man beim Erweisen von Wohlthaten auch nur den Dank berechnet, — warum ist dann Undank der Welt Lohn und warum giebt es dann so wenige Wohlthätige und Hülfsbereite? Der Undank mag ja vielleicht eine Dummheit sein, aber er entspricht doch offenbar dem Instinkt der Selbstsucht. Und wenn unser Wesen derartig von Selbstsucht durchtränkt wird, welche Selbstüberwindung müßte dazu gehören, gewissermaßen Wechsel auf Undank zu unterschreiben! Wer Wohlthaten erweist, klügelt aber gar nicht darüber noch lügt er sich zur Deckung fremder Schlechtigkeit die schwindelnd hohe Moral an, daß man

auf Dank überhaupt verzichten müsse. Sondern er folgt
einfach seiner wohlwollenden Naturanlage. Freilich
folgt auch die Schlange ihrer Naturanlage, wenn sie
hinterrücks sticht. Den Teufel auch! Man schlägt sie
nieder — da folgt man denn auch seiner Naturanlage.
Selbstsüchtig ist Beides, ja das versteht sich.

Allein, wenn alles das, was wir als Tugend und
Selbstlosigkeit bewundern, auch nur von der gleichen
Selbstsucht dictirt wird, so müßte ja die Neigung zur
Tugend als zu einem Selbstgenuß bei uns Selbstlingen
allgemein verbreitet sein! All die schönen Sprüchlein
einer nörgelnden Skepsis zerstieben vor der derben trockenen Thatsache, daß man doch noch egoistischer ist als
jene angeblich egoistischen Motive und daher lieber o h n e
diese heuchlerischen Tugendmotive wie ein brutaler Selbstling handelt. Mag die sogenannte Tugend nur ver-
feinerte Selbstsucht sein, mindestens ist sie doch ein höherer Grad und das unvollkommene sprachliche Begriffs-
vermögen unterscheidet sie von der gang und gäben gemeinen Wald- und Wiesenselbstsucht eben durch den
nichtssagenden Titel — „Tugend"!

Wo Mitgefühl und passive Selbstsucht collidiren,
siegt allemal das Mitgefühl, sobald die sonstige Geistes-
struktur eine normal gesunde. Hingegen siegt die Selbstsucht meist dann, wenn sie nicht passiv, sondern activ
bei der Collision mit dem Mitgefühl betheiligt ist, wenn
das geforderte Mitgefühl sie direkt schädigt. Daher ist
es allemal leichter, Jemanden zu sich heraufzuziehen und
n e b e n sich anzuerkennen, als ihn ü b e r sich zu stellen.

Daß aber dennoch im Allgemeinen das Mitgefühl stärker ist als die Selbstsucht, geht aus der Begeisterung hervor, mit welcher normale Menschen für eine große Idee oder für einen Heros ihr eignes Ich in die Schanze schlagen. Man möchte nun natürlich den Gran selbstsüchtiger Eitelkeit herausdestilliren, welcher in der Begeisterung liegt. Dies wird jedoch durch die Thatsache der Vater= landsliebe widerlegt, welche in besonderen Fällen eine ganze Nation zu selbstloser Hingebung anfeuert. Denn da dieselbe als bloße allgemeine Pflicht aufgefaßt wird, so vermag sie die Eitelkeit in keiner Weise zu befriedigen und weder Lohn noch besonderer Ruhm sind davon zu erwarten. Natürlich scheint ja der Stolz aufs Vaterland zuguterletzt auch egoistisch, aber mit solcher Haarspalterei kommt man nur der Neigung unsrer krittelnden gräm= lichen Epoche entgegen, alle Unterschiede von Streberei und strebendem Heldenthum, Größenwahn und Größe zu verwischen.

Immer klarer drängte sich bei dieser Analyse der Einzelgefühle dem einsamen Grübler die Gewißheit auf, daß man sich in der wankenden Verwirrung unsrer Um= sturzepoche den Stolz auf ein großes Staatswesen wie ein Panzerhemd zurechtschmieden müsse. Jetzt erst ver= stand er auch „die lächerlichen pangermanistischen Schrullen" seines großen Freundes, die man so oft verspottet hatte — er begriff die Sehergabe dichterischer Intuition.

Amerika mußte entdeckt werden, denn man glaubte an eine Existenz. Ein fester Glaube aber ist allemal ein

ahnendes Wissen. „Cogito, ergo sum." So läßt sich
die Theorie vom Gedanken nach Descartes weiterführen.
Im Anfang war das Wort, der Logos, die Ver=
nunft. Aber der blinde Autoritätsglaube, die träge Ge=
dankenlosigkeit, das Unvernünftig = Chaotische setzt seine
schwerfällig unfruchtbare Masse stets der lichten Schöpfer=
kraft entgegen. Das Chaos betrachtet sich als die wahre
göttliche Ordnung, die neue Welt als eine frevelhafte
Revolution. Columbus hieß ein Tollhäusler, Luther ein
Zerstörer. Ja freilich muß man stören und zerstören —
stören die stumpfe Indifferenz der ideallosen Gesellschaft,
zerstören die Drachen, welche der conservative Urschlamm
des Bestehenden ausbrütet. Darum dachten sich auch
alle Völker den Gott des Lichtes als den Python, den
Drachentödter.

Die Prophetengabe ist die natürliche Intuition der
Logik, welche die Gegenwart aus der Vergangenheit ab=
leitet und die Zukunft als Konsequenz der Gegenwart
voraussieht. Darum sind die großen Dichter alle pro=
phetische Staatsmänner in der Theorie; darum erschaute
z. B. Schiller divinatorisch in Wallenstein, dem best=
verleumdeten, den Embryo = Bismarck, wie ihn heutige
Forschungen endgültig feststellen.

Er gedachte an Leonhart's tiefsinnige Combinationen
über die deutsche Weltherrschaft des Mittelalters.

Die Hohenstaufen gleichen den Napoleoniden. Sie
führten dieselbe großartige Welttäuschung durch, in der
Entfesselung der eigenen Selbstsucht eine Weltbefreiung
vorzuschützen. Der eigentliche Napoleon des Waiblinger=

geschlechts hinterließ einen neugeschaffenen Marschallsstand,
den er ganz in des Corsen Manier nach Eroberungen
und Waffenthaten betitelt hatte. (Diephold Fürst Rocca
d'Arce — von der berühmten Verteidigung jener Felsen=
burg so genannt.)

So wurden auch gleichmäßige Entwickelungsgesetze
der einzelnen Völkergeschichten offenbar.

Die schicksalbestimmenden Genien der Weltgeschichte
sind nichts als instinktive Herolde ihrer Zeitströmung.

So folgte auch die Reformation einem unwider=
stehlichen mechanischen Gesetz, das sich vollziehen mußte.
Aber ihre verschiedenen Formationen, gemäß den chemisch=
geologischen Lebensbedingungen in den verschiedenen Län=
dern, predigen nur wiederum die große physiologische Lehre
von der Unzerstörbarkeit und Erhaltung der Kraft. Aus
der verfrühten und daher paralysierten Reformation in
Italien ging die sinnliche Religion der Renaissance, die
Kunst, hervor. Ebenso mußte grade dem Inquisitions=
spanien die Entdeckung Amerikas zufallen, ebenso wie
später Nordamerika grade von den harten Puritanern
colonisirt werden mußte. Denn nur dieser bornirte Fana=
tismus konnte die uralten Kulturen Amerikas mit so bar=
barischer Respektlosigkeit vernichten, und dies war eben
unbedingt nöthig, um Amerika zu einem jungen Lande
zu machen. Nichts gedeihlicher ferner für den Fortschritt
Europas, als der hartnäckige Kampf Philipp's II. gegen
die Reformation. Denn durch die Reaction gegen dies
absolutistische Spinnensystem, das die Welt nur erobern
wollte, um sie katholisch zu machen, verschärfte sich die

persönliche Initiative, welche in den Oraniern und Crom=
well ihre glänzendste Verkörperung fand.

Die ungesunde Großmannsjucht Schwedens setzt die
Wikingzüge der alten Normannen, aus denen wiederum
die Kreuzzüge der französischen Normannen hervor=
gingen, fort.

„Eine Reformation an Haupt und Gliedern", nicht
eine theoretische Professoren= und Pfaffenästhetik — das
war's, was man in Deutschland bezweckte. Aber statt
den Wahlspruch Huttens „Durch Freiheit zur Wahrheit,
durch Wahrheit zur Wahrheit" zu verwirklichen, richtete
die Reformation Deutschland zu Grunde. Jedes Volk
straft seine eigenen Erbfehler durch die seiner Helden.
Luther war ein Autoritätler. — Als abgezehrtes Gerippe
ging das Reich aus dem westphälischen Frieden hervor.
Nur die Reformation der Fürsten hatte ihren Zweck er=
reicht — sie zersplitterten Deutschland in eine Reihe sou=
verainer Duodeztyrannenthümer.

Und doch trotz alledem und alledem erkennt man
auch hier die tiefe Weisheit des Weltgesetzes. Denn das
Beispiel Frankreichs beweist, daß es auf die Dauer wohl=
thätiger wirkt, der Idee auf Kosten der weltlichen Macht
zum Siege zu verhelfen, als die Staatsgewalt auf Kosten
der inneren geistigen Entwickelung zu stärken. Hätten die
republikanischen Hugenotten gesiegt, so konnte die zentra=
listische Einheitsmonarchie nicht durch den Bund mit der
Kirche ihre „Gloire" gründen; wohl wahr. Aber diese
Niederlage der Idee wurde die Grundursache aller Kor=
ruptionen und Revolutionen, an denen Frankreich krankte.

Heut wuchs Deutschland, das siegreiche Land der Ideen, zur politischen Reife empor. Doch schon die Bauern-Constitution Wendelin Hipplers proklamirte gegen die kapitalistische Bourgeoisie den demokratischen Cäsaris= mus, die auf demokratische Grundlagen gestützte absolute Monarchie. Das protestantische Kaiserreich, von dem Hutten und Sikkingen geträumt, ging in Erfüllung, wie alle vernünftigen Ideen. Sonst würden sie gar nicht in der inneren Offenbarung der Denker auftauchen.

Schon einmal ballte sich das Germanenthum zur Weltmonarchie zusammen, unter Karl dem Großen. Dort spielten die sogenannten Romanen, mit Germanen ge= mischt, dieselbe Rolle, wie früher die Griechen im römi= schen Reich. Schon damals gab es in Wahrheit nur zwei Racenmächte: Pangermanismus und Panhunnismus. Der arabische Islam, die Angriffe des assyrisch=ägyptisch= carthagischen Semitismus auf das indogermanische Staaten= system wiederholend, verschwindet wie seine Vorläufer, die Parther, um den mongolischen Osmanen Bahn zu brechen. Die Sarmaten, Wenden und Magyaren Attilas stürzen sich gen Westen, wie später die Mongolen Dschingiskhans, welchen der russische mongolisch=slavische Koloß nachdrängte. So bildet heut der Panslavismus den rechten Flügel und das Centrum, das Magyaren= und Türkenthum den linken Flügel jenes **Panhunnismus**, der von der Schlacht auf den Catalaunischen Feldern bis auf die Schlacht auf dem Lechfeld, von Lepanto bis Zorndorf, von Borodino bis Navarino unablässig mit der westlichen Kultur um die Hegemonie rang.

Der österreichische Dualismus, die scheinbare Ver=
mittelung dieser Gegensätze, bildet eine Brücke zwischen
der inneren Unversöhnlichkeit der Racen.

Dem Oströmischen Reich, obwohl in allen Fugen
gelockert, wurde ein langes Bestehen gefristet und Byzanz
hielt sich durch Leute wie Belisar und Narses, wie die
Habsburger Monarchie durch die Metternich, Prinz Eugen
und Radetzky. Diese äußeren Eindrücke wären jedoch ohne
Erfolg geblieben, wenn nicht diese Ostreiche ein Bedürfniß
der politischen Oekonomie befriedigt hätten. Sie dienten
dazu, das Eingreifen des Panhunnismus in die euro=
päischen Wirren abzuhalten. Wie früher das Reich Bur=
gund die Scheidewand zwischen Deutschland und Frankreich
bildete, um später als neutraler Mittelstaat Holland=Belgien
wieder aufzuleben, und in der österreichisch=spanischen Welt=
macht das Bindeglied bildete, so dient heut als Bindeglied
Deutschlands und Österreichs und als Scheidewand zwischen
Pangermanismus und Panhunnismus — das Ungar=
reich.

Kann dieses sich halten in der umbrandenden sla=
wischen Sintflut? Kann es seinen Traum eines großen
Ungarreiches bis zum Schwarzen Meer ausführen, das
einst schon durch die päpstliche Bulle, welche den Johan=
nitern die Wallachei und dem Deutschen Orden Sieben=
bürgen vergabte, einen Vorläufer erhalten sollte?

Krastinik legte sich mit Ernst diese Frage vor, die
ihn als magyarischen Magnaten wie keine andere beschäf=
tigen mußte. Dem nationalen Staate gehört überall
die Zukunft. Drum muß man für die Berechtigung der

Magyarisierung eintreten, da dies den slavischen Völker=
schaften gegenüber einen culturellen Fortschritt und selbst
nur eine Etappe der Germanisirung bedeutet. Dem
Deutschen aber gebührt ein leitender Antheil an der
Führung Ungarns, das er früher allein civilisirte. Ob
das Deutsche Reich je an die Leitha rückt oder nicht, ein
befreundeter Deutsch=magyarischer Staat wird an ihm
seinen sichersten Halt finden.

Deutschland muß ans abriatische Meer vordringen,
muß durch Holland und die Ostseeprovinzen sich die Be=
herrschung der Nord= und Ostsee endgültig sichern, auf
daß dies angestammte Herrschgebiet der Hansa eine neue
Seeherrschaft fördere. Die Kämpfe, welche die Beschlag=
nahme dieser Länder begleiten, sind Ergebnisse der geo=
logischen Weltlage und der chemischen Mischung der Rasse=
Grenzen, und demnach unvermeidlich. Nach völliger Ar=
rondirung der Nationalitäten drängt die neuere Geschichte
hin. Nicht eher kann Deutschland ruhen, als bis die
Centralisation der germanischen Rasse in ihm vollendet,
bis der deutsche Rhein deutsch vom Quell bis zur Mün=
dung, bis alles von der Donau und Weichsel bespülte
Gebiet sich zur Klientel des Reiches rechnet. Keinen Zoll=
breit fremder Erde soll das Reich sich einverleiben,
sondern nur einheimsen, was sein. Aber die Farce des
europäischen Gleichgewichts hat ausgespielt. Nicht
mehr durch das Mikroskop intriguirender Cabinette schauen
wir die großen Weltinteressen. Aus gemischten Rassen
zusammengemengselte Staatsgebilde — ungesunde Ueber=
reste der verflossenen Cabinetspolitik — hören ihre Stunde

schlagen. Die Existenzberechtigung der kleinen Staaten hat aufgehört.

Die civilisatorische Mission der deutschen Völker=wanderung, welche die lateinische Welt regenirte und den ihr folgenden slavischen Nachschub wieder in seine Steppen zurückwarf, wird ein Nachspiel finden. Der Zug der alten Nibelungen ins Ostland zu den Hunnen kann auch heut symbolisch werden. „Kolonien“ heißt das Feld=geschrei. Hofft man auf die Fiebertropen, die schon jetzt für England und Holland mehr verschlingen als ein=bringen? Wir brauchen keine Strafkolonien. Die Bedeutung Amerikas für die deutsche Uebervölkerung hat hoffentlich bald ihr Ende erreicht. Nicht in Paraguay haben die Antisemiten ihr lächerliches Neu=Germanien zu suchen, sondern im Hunnenland.

Frankreich aber wird stets ein bestimmender Faktor Europas bleiben, und erlitte es noch zermalmendere Niederlagen. Denn die Logik der Naturverhältnisse läßt sich nicht umstoßen. Die beiden Theile des alten Franken=reiches, das deutsche Mutterland und Francien, die Mittel=länder Europas werden immer beide die Weltlage be=stimmen. Das „Reich“, gesättigt in Kraftbewußtsein, sollte ein starkes Frankreich mit Wohlwollen betrachten. Gebe man Frankreich, was Frankreichs ist! Deutschland ist Hellas und Rom in eins. Es hat die reichste Bildung und strafste Verwaltung. Und es wird herrschen wie Hellas und nicht wie Rom.

Die heimkehrenden Bauern blickten scheu ihrem selt=
samen neuen Gutsherrn nach, der so spät nach Sonnen=
untergang in die Berglandschaft hinausritt. Der schäumende
Burzen wirbelte, vom Piatra Mare fegte ein leichter
Windstoß herüber. — Xaver trabte weiter und weiter.
Rothgelockte Hyazinten schwankten noch wildblühend am
Wege hin. An einer Waldspitze sproßte aus Hecken ein
Haideröslein. Aber immer öder starb die Pflanzen=
welt ab.

Sabbathglocken und das Schellen=Läuten der Heerden
weckten noch, sich mischend, ein schwermuthsüßes Echo.
Dann verhallte auch dies. Gelassen schlenderte der Hengst
durchs feuchte Farrenkraut, Im Klee raschelte es einmal
auf, als ein Eichhörnchen, das dort Eichelnüsse auflas,
beim Nahen des Reiters wieder den Baum hinanturnte.
Wie ein Kobold lugte das rothe Häuschen durch die
Zweige dem Reiter nach. Gleich einer Welle, bog sich die
Straße auf und nieder. Und auf und nieder ging seines
Herzens Wellenschlag. In der dämmerblauen Ferne hob
sich Berg an Berg, wie immer höher sich Gedanken
herausgipfeln aus dem Dunstflor der Zukunft.

Hellgrün, gelbbesprenkelt wallten die Felder hin.
Vom Tannicht schlichen spukhaft bleiche Schatten thalab.
Alles totenstarr und lautlos in dunkler Einsamkeit, nur
die Schneekette der rumänischen Grenze flimmerte traum=
haft herüber. Grenzenlose Stille lastete über der Gebirgs=
halde. Ja, das waren die alten Berge, die er als Knabe
durchschweift. Und ein Gruß von Geisterhänden schien
leise seine Wangen zu streifen. Traulich raunte diese

schweigende Natur geheimen Zauber und es rauschte der Strom: Willkommen! Kennst Du die alten Spuren wieder?

Diese Bilder bunte Fülle floh einst an Dir vorüber, da Dein Sinn noch jugendfrisch wie die schlanke Edeltanne wuchs. Doch Blitze verkohlten Dir das saftiggrüne Holz, und der Gottgedanke, welcher die Welt verknüpft und nach welchem Dein Pilgerstab gesucht, Du hast ihn erst heute gefunden in der einstigen Heimath.

Ja, er hatte sie endgültig überwunden, diese chronische Krankheit des Jahrhunderts, den selbstbefangenen kindlichen Größenwahn, wo Keiner gehorchen und Jeder commandiren möchte. Auf der erklommenen Zinne einer höheren naturwissenschaftlichen Anschauung konnte er auch den Schicksalsglauben eines Welt-Messias wie Napoleon an seinen Stern nur als lächerliche Selbsttäuschung bedauern. Wohl lag eine dumpfe Ahnung höherer Gesetze in dem Fatalismus eines solchen Menschen:

„Ich fühle mich zu einem Ziele hingetrieben, das ich nicht kenne; habe ich's erreicht und nütze ich nicht mehr dazu, genügt ein Atom mich zu vernichten." Aber wenn der Welterschütterer fortfuhr: „Bis dahin vermögen alle menschlichen Kräfte nichts wider mich", so mußte ihn diese Ueberzeugung nothwendig zu jenem Delirium des Größenwahns führen, das sich in Worten austobt wie: „Es beweist die Schwäche des menschlichen Geistes, daß man zu glauben wagt, man könne gegen Mich ankämpfen."

Nein, sondern es beweist grade „die Schwäche des menschlichen Geistes, wenn man glaubt, ankämpfen zu können" gegen das ewige Weltgesetz. Zwei mal Zwei

macht Vier und nicht Fünf. Wer das vergißt und den
Sinn für die Realität verlor, den stürzt allerdings „ein
Atom", aber dies Atom suche er in sich selber! Wohl
ruhen im menschlichen Geist dicht nebeneinander Größe
und Größenwahn. Schwer ist's, jene innere Ruhe zu be=
wahren, welche die wahre Größe verbürgt, und das
eigene Können stets nach richtigem Maß zu schätzen.
Vornehmlich schwer, wenn die thörichte Blindheit der
Welt mit ihren falschen Maßen mißt und daher verkannte
Größe naturgemäß zu übertriebenem Selbstgefühle treibt.
Wohl würde die selbstbeschauliche Vorwegnahme seiner
künftigen Größe in den prahlenden Aeußerungen des
obscuren Kapitäns Bonaparte lächerlich wirken, wenn er
auch nur um die Hälfte weniger groß gewesen und später
durch unberechenbares Erfolgsübermaß sein Größenwahn
nicht gleichsam gerechtfertigt worden wäre. Aber eine
solche Gemüthsanlage mußte endlich doch zum Verderben
umschlagen. Größenwahn im gewöhnlichen Sinne konnte
ihn zwar nicht bezwingen, weil er ja wirklich so groß,
aber dafür reifte denn in ihm der Cäsarenwahnsinn.
So wird selbst die Größe denselben Gesetzen unter=
than, wie die eitle Selbstsucht der Durchschnitts=
menge, und auch sie richtet sich zu Grunde durch Ueber=
maß des Wollens.

Und da sollen die Menschen dann Schuld sein!
„Wenn der Empereur die Menschen verachtete, so wird
man jetzt wohl zugestehn, daß er seine Gründe dazu hatte!"
So endet der krasse Egoismus überspannter Größe mit
einer Anklage gegen den Egoismus der Kleineren!

Das Alles ist Thorheit. Die Menschen klagt nur
Derjenige an, der sie nöthig hat. Der inneren Größe
aber können die Cothurne der Pöbelwelt nicht einen Zoll
hinzufügen noch hinwegnehmen. Wozu das Jammern
und Schimpfen über eine Welt, die sich nach unabänder=
lichen Gesetzen dreht! Sie wird schon ihre Vorwärts=
dränger selber finden. Du bist solch ein Held? Glaube
es nicht! Denn wenn du es bist, so wird sich die Stunde
schon finden, wo das Welt=Naturgesetz dich zu seinen
Zwecken verbraucht. Jeder, der „eine Kraft" (une force)
ist, wie der naturwissenschaftliche Zola dies nennt, wird
auf den Punkt magnetisch hingezogen, wo er seine elekt=
rischen Schläge austheilen kann. Und wem eine solche
fruchtbare geologische Lage für seine chemische Kraft=
mischung sich nicht von selber unterschiebt, Der ist auch
keine Kraft.

Scheitert jeder Versuch, den Strom der latenten
Kraft frei zu machen, so bescheide man sich in stiller Ge=
lassenheit, statt in nutzlosem Größenwahn den Rest seiner
Kraft zu vergeuden. Für die Welt ist ja der Schade
gering. Für jedllen ntergehenden tauchen zehn Neue
auf. Aber wohl bleibt es von unberechenbarsten Folgen
und -verzögert die Entwickelung der Menschheit, daß die
geologischen Lagen absichtlich verschoben und die chemischen
Zusammensetzungen hierdurch verwirrt werden, indem sie
so ihre wahren logischen Lebensbedingungen verlieren.
Diesen Einklang der geologischen Materie, der naturge=
mäßen Außenverhältnisse, zu der lebendigen wirkenden
Kraft herzustellen, erscheint als die Triebfeder aller

Revolutionen. Eine gewaltige „Kraft" wie Leonhart
konnte zwar durch keine niederwuchtende Dumpfheit der
Materie gehindert werden, sich ununterbrochen in elek=
trischen Schlägen zu entladen und sich rastlos durch Thaten
kundzuthun. Daß aber den Sinn und die Bedeutung
dieser Geistesemanationen nur so Wenige begriffen, lag
theils in der zu schwächlichen Struktur seiner Materie=
Hülle, welche die innere chemische Mischung oft dem
rauhen Einfluß der Außenwelt preis gab, theils aber auch
in der unnatürlichen Lage seiner geologischen Lebensbe=
bingungen. Nicht in ihm steckte Unnatur, sondern grade
er war ein logischer einfacher Naturbegriff, eine schlichte
geschlossene Naturkraft. Unnatur beherrschte nur die
Weltmaterie, in einen unorganischen Brei durcheinander=
gequirlt. Größenwahn eines mönchisch Cäsarenwahn=
sinnigen in seinem Alpenschloß; Größenwahn eines Zit=
terers an der Newa; Größenwahn des Gottesgnaden=
dünkels allerorts, der taub und blind wähnt, das mo=
narchische Prinzip auf den alten vermorschten Grundlagen
retten zu können; unglaubliches Phosphoresziren ver=
faulten Adelsgerümpels überall — und dagegen der
scheußliche Größenwahn der Anarchie, des Nihilismus,
der Socialdemokratie, welche in ihren Dynamitbomben
und Knüppeln die alleinseligmachende Panazee für den
kranken Staatshaushalt gefunden glauben. Tobt euch
nur aus, ihr Ich=Sucher, und macht aus Nichts ein Etwas!
Das Ende trägt die Last. Ob sich der Geist des Bösen
auf Erden nun als Fürst oder als Pfaffe vermummt,
oder ob er als schnödes Pöbelregiment im Namen der

Freiheit Verbrechen begeht, stets muß er gebändigt werden.
Was Republik, was Monarchie! Das Schlechte muß zu
Grunde gehen. Nie währt das Reich der Dummheit und
nur das Vernünftige bleibt bestehen. Wenn der Einzelne
seiner Kraft und Ueberzeugung gemäß gegen Dummheit
und Unrecht eintritt, so erfüllt er eben löblich sein Menschen=
thum. Aber sobald er ungeberdig jammert, weil dieser
Kampf erfolglos, schädigt er nur sich selber. Das Welt=
gesetz, der Logos, hilft sich schon selber durch und schleudert
alle Metternichtigkeiten mit einem Fußtritt bei Seite.
Dazu bedarf es keiner Menschen. Am weisesten also,
wer sich gelassen von der Woge treiben läßt. —

Kraftinik mußte unwillkührlich lächeln, als grade zu
diesen Gedanken sich eine seltsame Illustration bot. Sein
Rößlein nämlich, ein schmucker Walachischer Bergklepper
fand bei einem Engpaß, den man soeben passiren mußte,
den von Regengüssen aufgeweichten Boden in der Paß=
Mitte zu undelikat für seine vornehmen Beine und kletterte
daher plötzlich ohne weiteres seitwärts über die Felsen
weg. Sein überraschter Reiter ließ ihm den Willen, auf
die Gefahr hin den Hals zu brechen. Doch überwand
der rüstige Klepper alle Hindernisse; nur nahm er keine
Rücksicht darauf, daß ein Dornstrauch seinen Reiter quer
durchs Gesicht schrammte. Als sie unten angelangt, ließ
der störrige Missethäter ein triumphirendes Wiehern ver=
nehmen.

Kraftinik lachte laut auf. Jaja, so muß Jeder seinen
Willen haben, jeder rücksichtslos halsbrechende Felspar=
thieen hinanstürmen, um nur seinen Eigendünkel zu be=

friedigen. Zugleich aber erkannte er jetzt, daß auch der Größenwahn nur ein naturnothwendiges Requisit unsrer ganzen Zeitrichtung, indem er das allgemeine Streben verräth, sich hervorzuthun. Vor einigen Tagen war ihm aus Berlin ein Brief nachgesandt, dessen Schreiber ihn noch dort im Zenith litterarischen Ansehens vermuthete und daher seine Vermittelung in Anspruch nahm. Ein Dreiviertelsnarr, den man frei herumlaufen ließ, ein entfernter Cousin Krastiniks in Russisch-Polen versetzte ihm Folgendes:

„Ich, Fürst Lubartschinsky, wohne jetzt in Kowno, Festung gegen Preußen gebaute. Cher Cousin! Anbei mein Photographie mit all meine Orden. Mitglied bin ich von alle gelehrte Körperschaften der Welt, Correspondent mit alle gelehrte Gesellschaften." (Dies war richtig: er correspondirte, aber einseitig. Die Photographie bot einen ungeheuerlichen Anblick: Förscht Lubartschinsky mit sämmtlichen Sternen, Kreuzen, Mitgliedszeichen, Schützenfestbändchen, Cotillonorden seines Erdenwallens und mit dem dazu gehörigen Ruhm bedeckt! Man staunte baß, wo er all diesen Flitterkram auftreiben konnte. Half nichts andres mehr, so hatte der Ruhmesdurstige die Litzen und Borten seines Dolmans vom Schneider so zuschneiden lassen, daß sie Sternen und Kreuzen ähnlich sahen. So stand er nun da wie ein Götze unter der Last seiner Ehren und grinste vertrauensselig). „Cher Cousin! Vous voyez auf mein Photogramm, daß ich bin wie Wenige gestempelt." („Stempeln" nannte Lubartschinsky alles Menschenmögliche. Wo ihm

irgend Begriffe fehlten, da stellte dies Wort zur rechten
Zeit sich ein.) „Eh bien, enfin, mon ami, das Akademie
der Wissenschaften in Berlin hat noch nicht gestempelt mein
distinguirtes Person. Mag ich detestiren auch Preußen-
volk, von Gott verfluchtes, muß es doch stempeln mich.
Nun habe gehört, daß Sie, bien-aimé, sind geworden
ein großer Mann in Berlin. Pour l'amour du Jesus-
Christ, lassen Sie mich flehen auf Knieen, zu bemühen
sich für Ihr armes Vetter Lubartschinsky, wohnhaft in
Kowno, Festung gegen Preußen gebaute. Sind Sie geworden gestempelt, so kann man auch stempeln le prince
de Lubartschinsky. Adieu, mon ami, je vous adore.
Schicke nächstens 100 Rubel für Auslagen. Stempeln,
stempeln, stempeln Sie!
      P. S. Dieser Brief sein genügend gestempelt, n'est-ce
pas?"
      .. Krastinik lachte laut auf bei der Erinnerung an
diesen Ukas des unschädlich Verrückten. So wollen sie heut
alle „gestempelt" sein — verrückt, aber nicht unschädlich. Wenn ihnen kein anderer Orden blüht, so wollen
sie mindestens mit einem Tugendpreis „gestempelt" werden.
      .. Welche Stille ringsum auf der Haide! Es war,
als läge die ganze Welt erstorben hinter ihm. Die Briefe
„guter Freunde", die jetzt auf den neugebackenen Majoratsherrn herabzuschauern begannen, tönten wie ein fernes
mattes Echo bewegter Vergangenheit. Kann der Mensch
sie wirklich ertragen, eine so tiefe Einsamkeit? Ruhe und
Bewegung müssen wechseln, soll der Geist sein Gleichgewicht bewahren. Fern vom Contakt mit der Menge, sieht

man die Dinge zu schwarz oder zu rosig, sieht Teufel
und Engel, wo doch nur armselige schwache Menschen=
kinder ihren kindlichen Unfug treiben.

Jaja, Abwechselung muß sein. Hier allein von seiner
Erhabenheit zehren und verbauern ging nicht an. Das
fühlte er jetzt deutlich genug. Erst an Menschenauffassung
kann sich eine feste Weltanschauung erproben. Sich ab=
sondern von der Menge, verräth wenig Muth. Man
soll die Welt nicht bessern wollen, man soll sie verstehen.
Und immer klarer und ruhiger durchschaute er das Problem
des Heerden=Mechanismus der Gesellschaft.

Alle Regeln sind falsch, weil sie lauter Ausnahmen
zulassen. Dieses bekannte Paradoxon enthält eine Tiefe
der Lebenserfahrung, welche nur Wenige ahnen. Alles
gilt nur von Fall zu Fall. Das Wesen der Genialität
besteht daher in der Sicherheit, für jeden einzelnen Fall
die entsprechende Regel zu finden.

Lebensregeln, Moralregeln, Kunstregeln? Es giebt
keine. Jede Kraft ist sich selbst Gesetz, nur die conventio=
nellen Schein=Puppen schwatzen von unumstößlichen Ge=
setzen. Darum sollte auch andererseits das Genie seine
apodiktischen Lehren unterlassen, da es das psychologische
Moment nie berücksichtigt und stets von sich selbst aus
schließt. So stellt z. B. Napoleon Grundsätze der Kriegs=
kunst auf, als wären dies unerschütterliche Normen, ob=
schon dieselben jede mittlere Feldherrnbegabung sicher
ruiniren würden. Gewiß siegt meist der Angreifer, ob=
schon der gesunde Menschenverstand das Gegentheil an=
nimmt, weil die eigene Initiative den Gegner fesselt.

Allein, wer falſch angreift, wird grade ſo gut geſchlagen. Auch das Umgehen des Feindes mit der ganzen Maſſe, ſtatt mit einzelnen Corps, losmarſchirend auf des Feindes Rückzugslinie und die eigene preisgebend, mag als eine ſtrategiſche Idee gelten, die in ihrer Einfachheit die ſeltenſte Großartigkeit entfaltet, aber einen minder ent= ſchloſſenen Feldherrn in unabwendbares Verderben verſtricken würde. — In Maſſe vorbrechen, ſtatt ſich zu zerſplittern, iſt ein herrlicher Grundſatz. Aber wenn die geologiſche Lage dies nicht zuläßt, ſo ſoll man es auch nicht verſuchen.

Leonhart fröhnte dieſem Prinzip des Maſſe=Bildens: weil aber die geologiſchen und atmoſphäriſchen Verhält= niſſe des deutſchen Geiſteslebens in Geſtalt der gedruckten Litteratur dem zuwider lagen, ſo kam er ſo nur ins Ge= dränge und deployirte nicht ſachgemäß. Daher ſeine äußeren Niederlagen, trotz der genialen Anlage ſeiner Pläne. — Er wechſelte oft ſeine Operationsbaſis, an ſich ein geniales Verfahren, verlor ſie aber mehrmals dadurch. Und während er den Feind abſchnitt, wurde er ſelbſt ab= geſchnitten von der ungeheuren Uebermacht.

So handeln die Männer der Zukunft, deren Schlachten auch nach ihrem Tode gewonnen werden. Anders aber erſcheinen die Männer der Gegenwart, die den Erfolg der Realität erzielen. Dies ſind die wahren Realiſten, wes= wegen ſie auch ſtets den Idealismus unnützlich im Munde führen. Denn Solches entzückt ja die geſchmeichelte Lüge, „Welt" genannt. Genie macht anrüchig, „vornehmes" Weiheprieſtern macht ehrwürdig, ein Wohlgefallen vor Gott und den Menſchen.

Der rechte Weltmann- und Sinnenmensch zeigt sich zwar äußerst schwach bei sclavischer Befriedigung seiner kleinen Leidenschaften, aber äußerst stark, wenn es ein imponirendes Auftreten gilt. Und dazu gesellt sich das sittliche Pathos, diese logische Folge gänzlicher Verlogenheit. Was man so Sonntagskinder nennt, das sind gewöhnliche Burschen mit lebhafter geistiger Beweglichkeit. Dann pflege man vor allem den stattlichen Corpus, auf daß man den lieben Frauen gefalle. Wer einen eleganten Bückling zu produciren versteht, besitzt den Schlüssel der wahren Lebenskunst.

Nun ja, das alles ist wahr. Aber wozu die Dinge so schwer nehmen! Was einmal nicht zu ändern, das liegt also in der Natur bedingt und also ist es vernunftgemäß. Man soll nur verlangen, was die Natur gewährt. Maulesel, Ziehochsen, springende Ziegenböcke kommen spät oder früh zu ihrem Weideplatz und schleppen ihre Fracht. Lahme Klepper und zierliche Damenzelter thun halt, was sie können. Und wenn der trainirte Vollblutrenner sie um zwanzig Pferdelängen schlägt, so soll man nicht murren, weil er kein Flügelroß ist. Pegasusflügel wachsen nicht oft, auf welchem Gebiet auch immer, und der Phönix steigt in jeder Generation nur einmal aus Flammen empor. Wenn die kneiferblinde Menge das Flügelroß nicht erkennen kann, was schadet das! Jedes nach seiner Art. Die Erfahrung lehrt, daß ein Schwarm Spatzen einen Adler mürbe zupft. Aber darum soll man doch nicht mit Kanonenkugeln gegen Spatzen schießen, denn damit trifft man sie am schlechtesten. Gegen die Spatzen-Verschwörungen der Welt hilft keinerlei Waffe. Sie zerſauſen ſich ſchon untereinander ums liebe Futter; ſo löſen ſie ſich ſelbſt in Wohlgefallen auf.

Bei dieſer Spaßen=Theorie flogen ihm unwillkührlich all die Spaßenſchwärme vorüber, die im Leben herum= piepen. Da ſind die magern Spaßen mit gebrähtem ariſtokratiſchem Kropf, die dem ſogenannten „Staate“ ihre Dienſte weihen. Jeder dieſer Wichte hält ſich für ein hochwichtiges Rad des Regierungswagens und alles, was außerhalb dieſer Sphäre liegt, für untergeordnetes Unter= thanengeſindel. Jeder muß kriechen vor Jedem über ihm — der Hauptmann vorm Oberſten, der General vorm Com= mandirenden, der Regierungsrath vorm Geheimrath, der Geheimrath vorm Miniſter, und alle miteinander kriechen bäuchlings vor jedem gräflichen Hoſſchranzen und Titular= lakeien, um endlich vor „höchſten und allerhöchſten Herr= ſchaften“ einen Veitstanz des Byzantinismus aufzuführen. Der Adelspöbel vollendet dies größenwahntolle Streber= gepiepe als Maſſenchorus. Jeder dieſer Leute hält ſich für hochanſtändig und bieder, weil er keine ſilbernen Löffel ſtiehlt, die bürgerliche Moral intus hat, und dem Nebenmanne nur indirekt das Futter vor der Naſe weg= ſtiehlt. Von Intereſſe für höhere Dinge keine Spur; die Begriffe der höheren Moral nie auch nur geahnt. Alles eingezäunt in den engſten Kreis hochtrabender Berufs= pflichten. die höchſtens ein fleißiges Biberthum oder eine Fuchsſchläue ausbilden können. Zu dieſer „Geſellſchaft“ par excellence geſellt ſich nun noch das fette Protzen= thum, ſei es als Finanzparvenü und Waarenfeilſcher jeber Sorte, sei es als Juristen-Rechtsverfälschung, sei es als Gelehrtenbünkel Maulwurfshügel für Alpen ansehn, darin beruht der eigentliche Scharfsinn der lieben Welt. Unter den sogenannten „Wissenschaften" stellt lediglich die Chirurgie und die exakte Naturwissenschaft noch etwas Reales vor, schlägt aber ins Urkomische um, wenn sie aus ihrer Seichtigkeit eine Weltanschauung zurechtzimmern will und in kindlichem Unfehlbarkeitsdusel über höhere Gebiete aburtheilt, wie Dubois-Reymond einmal über Goethes „Faust". Und neben diesen werthlosen Wust und Krims-krams setzt endlich auch noch das Allererbärmlichste, die „Aesthetik", ihr Häufchen windiger Spreu. Da wimmelt es von Shakespeare-Jahrbüchern und Goethe-Jahrbüchern daß Einem Hören und Sehen vergeht. Von einem Ver-ständniß der Meister natürlich keine Ahnung, statt dessen geistlose Compilationen über jeden Hosenknopf, den man irgendwo in einem Kehricht entdeckte — steht weit abseit, ihr Profanen! Da entdeckt Einer einen Dritten Theil des „Faust" und beweist, daß der erste Theil ursprünglich in Prosa geschrieben. Darauf aber wird die Urschrift entdeckt, natürlich in Versen — welterschütternde Groß-that! So wird Einer dieser Goethepfaffen stets vom Andern abgethan. „Was ist das für ein Gewäsch über den Faust! Gebt mir 3000 Thaler jährlich und ich schreibe euch einen Faust, daß ihr die Schwerenoth kriegt!" rief der titanische Grabbe. In reklame-berühmten Litte-raturgeschichten wird daher auch „der thörichte Grabbe" mit einem Fußtritt bei Seite geschleudert. Andre „christ-liche" Litteraturgeschichten erfrechen sich, den „frivolen

Juden Heine" als eine dreiste Null abzuthun. So etwas
nennt sich in Deutschland ästhetische Wissenschaft.
O Tollheit, o unergründliche Dummheit der Menschen! Dieses Corps der Rache rümpft die Nase über
„moderne Litteraten" und schwindelt einen seichten Reklame-
götzen in die Akademie der Wissenschaften hinein: Denn
man finde in unsrer traurigen Zeit der Decadence keinen
„Litteraten", sondern nur einen germanistischen Litterarhistoriker würdig, in so illustrer Genossenschaft zu thronen!
Ja, so wird man „groß" in dieser Welt des Hum-
bugs. Man schmiert eine von gröbstem Cretinismus
strotzende Litteraturgeschichte, in der man mit oberfauler
„Gelehrsamkeit" die scheußliche Lachmannsche Theorie über
das Nibelungenlied wiederkäut und über Goethe in heuchlerische Verzückungen geräth, um die „Epigonen" herzlos
mit blödem Unverständniß abschlachten zu dürfen. Dann
verschafft man sich vor allem einen Nachschub von liebe-
dienerischen Scholaren und schmuggelt dieselben auf alle
leer werdenden Lehrstühle ein. Stirbt man dann, so hat
man sich solch einen Famulus als Nachfolger herangezüchtet,
der eiligst den vakanten Papststuhl des verehrten Vorbilds
einnimmt und in seinem Stile weiteracert. So hat man
sogar noch seinen Nachruhm sorglich vorweg „versichert."
In den bildenden Künsten derselbe Lügenmechanismus.
Gottsträfliche Intriguanten, die als Künstler nichts als
geschickte Macher, erobern sich das höchste Ansehn, indem
sie die Feigheit der Schwächeren terrorisiren. Denn nicht
das künstlerische Können entscheidet. Wer versteht heut
etwas davon, heut, wo der Eine bloß die Sujets beäugelt

und die schlechtesten Historienbilder für Heldenthaten an=
sieht, der Andre bloß die Handwerksmätzchen bestaunt und
ein raffinirtes Virtuosenportrait für den Gipfel der Kunst
hält! Und als Untergrund dieser ganzen gleißenden Firniß=
Gesellschaft die großen Massen, die als Atlas auf ihren
nimmer müden Armen diesen Olympos tragen. Bei ihnen
regiert wenigstens nur der Kampf ums Dasein in der
rohen äußerlichen Form, und man schachert bei ihnen nicht
mit den heiligsten Gütern der Menschheit, mit Wahrheit
und Kunst. Sie fürchten Gott und das Kriminalgericht,
nähren sich schlecht und recht, und schwören im Uebrigen
auf ihre Zeitung. Denn was man Schwarz auf Weiß
besitzt, kann man getrost nach Hause tragen.

Allerdings steht ja dem so beschaffenen Kasernen=
Organismus einer bureaukratisch=kaufmännischen Gesell=
schaft der Originalmensch und gar das Genie wehrlos
gegenüber, und muß nothwendig untergehn. Wie darf es
sich unterstehn, die Preise zu drücken, den Markt durch
seine Ueberproduction zu stören! Allein, das ist weise
das ist naturgemäß. Was sollte aus einer Welt werden
wohin würde die Entwickelung gerathen, wenn man statt
des hohlen Scheins das Sein anbeten, wenn man die
wahren Könige der Menschheit nicht verborgen im Dunkel
stehen und die Nichtse auf dem Markte sich spreizen ließe!
Denn die ungeheure Majorität der Menschen kann nur
durch schlechte Leidenschaften zur Arbeit gestachelt werden,
durch gute nie. Daher ist nur eine solche Welt geeignet,
als bequeme Behausung der Menschenmassen zu dienen, und
auf die Massen kommt es ja an. Ein Genie zählt auch nur

als einzelner Mensch und darf beileibe keinen breiteren Platz beanspruchen, als jeder beliebige Tropf mit platter Stirn und strammer Lende. Dies ist die wahre Demokratie, die Demokratie der Mittelmäßigkeit, der prudente médiocrité, von welcher Welttyrann Napoleon schwärmte. Darum weihe sich Jeder in stillbeseligter Erbauung dem wahren Ideal: einem normalen Verdauungsprozeß und den schönen blanken Zwanzig-Mark. Vor Geistes-thaten präsentirt ja kein Garbist das Gewehr. Ein gut-gebratenes Wiener Schnitzel schmeckt besser, als der über-flüssige Schönheitsquark, und wer nur als Schnecke am eignen Schleim emporkriecht, erklimmt das erhabenste Ziel eines guten Bürgers: einen hübschen Titelrang.

So rollt die wohleingeölte Maschine der sittlichen Weltordnung munter fort. Die Damen plaudern auf dem goldnen Deck der Staatsgaleere, frißt auch drunten ge-heimes Leck. Aber die Parze des kommenden Jahrhunderts schreitet langsam durch die Nächte dahin in dunkeln Träu-men. Die Fackel für den Weltenbrand beleuchtet ihre hungerbleichen Züge, ihr unumwölktes Hirn zerschneidet den Phrasendunst der Zeit. Wer vergebens sich klammert an veraltete Banner, fühlt sich hülflos fortgerissen auf den Bahnen eiserner Nothwendigkeit. Die Wellen kommen, Wellen gehen, und die Planken lockern sich nach und nach. Der Sclave im Rumpf des Schiffes entfesselt sich jauch-zend, wenn er droben mit Stiel und Stumpf das Deck zerbersten hört. Und immer näher branden die donnern-den Fluthen. Aber ihr hört sie nicht. — — — —

Schon geraume Zeit vorher hatte Kraftinik das letzte Walachen-Dorf der Grenze durchritten. Jetzt bei ein- brechender Nacht sah er sich angesichts der rumänischen Grenze in einem schmalen Bergthal. Wo übernachten? Einige Hütten lagen umher: ein Hirt im Bärenpelz, ohne Hemd darunter, die nackte Brust offen dem Winde bietend, trieb gerade eine Pferdekoppel von der Weide ein. Der Graf trat ins nächste Gehöft und grüßte. Kaum hätte er sich verständlich machen können, aber ein Zufall be- günstigte ihn. Am Tisch neben den walachischen Bauern saß ein stattlicher Mann in braungelbem Jägerrock mit grünen Aufschlägen, Hirschfänger an der Seite. Er er- hob sich uud grüßte freundlich. Der Graf erkannte den Forstmeister des Comitats, einen Sachsen. Sobald man dem erst finsterblickenden Bauern auseinandergesetzt, daß dies der große Graf des nächsten Bezirks sei, schwenkte er ihm mit der natürlichen vornehmen Grandezza des Romanen sein Glas Landwein entgegen: „Sanitate bona!" Er habe gehört, wie der Forstmeister verdolmetschte, daß der Domnule (Herr) gut gegen seine Leute sei. Dann schenkte er ihm ein und bot den ungeheuren Schafkäse an, der auf dem rohgehobelten Tische stand. Seine Frau, (in der eigenthümlichen Tracht der Berg-Walachinnen, statt eines Rocks nur zwei rothgestreifte Schürzen vorn und hinten umgebunden) bereitete dem erlauchten Gast mit gastfreundlichem Grinsen ein Lager in der Wohnstube.

Noch lange saßen der Forstmann, eine germanische Barbarossagestalt mit langwallenden Barte, und der Graf zusammen. Ersterer war hierher verschlagen worden, um

den Grenzstreit zweier walachischer Horden über ein Thal=
flüßchen zu schlichten. Eigentlich, vertraute er flüsternd
an, befände man sich hier unter lauter Räubern und
Schmugglern. Aber der Gastfreund sei natürlich sicher
wie in Abrahams Schoß.

Als man in tieferes Gespräch gekommen und Krastinik
seine deutschfreundlichen Sympathien erschlossen hatte,
thaute der Andre auf. Es zeigte sich, daß seine Ver=
gangenheit eine bewegte gewesen war. Als Forst=Eleve
in Tharand bei Dresden ausgebildet, hatte er sich wie
die meisten Siebenbürger Sachsen ganz als Deutscher ge=
fühlt und die Einheitsbestrebungen der deutschen Turn=
vereine in sich aufgenommen. Als daher der Freiheits=
kampf der Schleswig=Holsteiner losbrach, hielt es ihn nicht
in der äußersten Südmark deutscher Gesittung (der säch=
sischen Coloniae Imperii Germanici, deren Kirchenge=
mälde neben dem ungarischen Wappen den deutschen Reichs=
adler führten) und er eilte hinauf zur äußersten Nord=
mark. Dort an der Eider focht und blutete er für die
deutschen Brüder unter dem Befehl des Generals v. d.
Tann. Dieser war ihm zeitlebens sein Heldenideal ge=
blieben, obschon er nach der Schlacht von Fridericia für
immer in die ungarische Heimath zurückgekehrt. Der
heldenhafte und doch vornehm milde Sinn des bayrischen
Freiherrn leuchtete ihm noch heute vor als Sinnbild deut=
scher Männlichkeit und sein Herz schlug höher, als er
später von den Thaten des Corps v. d. Tann in Frank=
reich vernahm.

Beide sprachen hierüber. Welch ein Leben, welch ein

typisches Sinnbild für die Entwickelung der neuen deut=
schen Größe! 1848 als Freischärler mit deutschen Mi=
lizen der Kriegsmacht des Inselreichs trotzend. 1866 als
südbeutscher Heerführer mit unerschütterlichem Muth dem
Höllenfeuer der Preußen Stand haltend, um die Waffen=
ehre zu retten, aber innerlich jauchzend über jeden Sieg
der norddeutschen Großmacht, die auserwählt, um den
Traum aller großdeutschen Patrioten zu verwirklichen.
Und nun 1870, glücklich und stolz als deutscher Häupt=
ling dem Aufgebot des gemeinsamen Herzogs zu folgen,
greift er mit einem Hochmuth kriegerischer Ueberlegenheit
die französischen Heere an, als sei er ein altfranzösischer
Maréchal de l'Empire.

1848—1888, nur vierzig Jahre, für Deutschland
vier Jahrhunderte. Welch erschütternder Beweis für die
Allmacht der geheimen Drehungsgesetze, das binnen vier
Jahren (64—70) die Entscheidung fiel über des un=
unterbrochene Ringen und Streben dieser großen zerris=
senen Nation, seit 1648, dem Westfälischen Frieden! Ein
Volk aber, das solche Leiden verwand und in rastloser
Arbeit seinem letzten Ziele entgegentrieb durch alle Ränke
des neidischen Europa hindurch — ein Volk, das sich ur=
plötzlich in seiner ganzen Löwenkraft erhob und seine
waffenstarrende Mähne schüttelt, — ein solches Volk ist
berufen, das letzte Wort zu sprechen und das Größte zu
vollbringen, das Reich freier Gesittung zu erobern nach
Niederwerfung aller inneren und äußeren Unkultur. In
der Hohenzollernschen Weltmonarchie liegt der
Schlüssel der Zukunft. Schneeweiß angethan in Maje=

stät, wacht zu Häupten ihres Herrscherstuhls der Väter alter Ruhm, das wohlerworbene Herrscherrecht der Besten. Herrschen, ja was heißt Herrschen? Es ist ein weiter Weg von dem geflochtenen Bart eines chaldäischen Priester=königs bis zur Allongeperücke des Roi=Soleil und von da zum Krückstock Friedrichs des Großen.

Stets wiederholen sich dieselben Arten.

Die Tugendtyrannen (Brutus mit dem Dolch), Lykurg und die schwarzen Suppen) tyrannisiren sich selbst ins Grab und kein Mensch dankt es ihnen. Die „liebens=würdigen" Landesväter bewirthen ihre Unterthanen groß=artig mit deren eignem Ruin, pumpen den Staat ohne Schuldschein an, nehmen den Zehnten, aber küssen dafür leutselig die Töchter des Landes. Wenn ein paar nase=weise Harmodiusse ihnen das Handwerk legen, so setzt man diesen Ideologen zwar Bildsäulen, aber erst schlägt man sie sorgfältig todt. Der Perserkönig vollends, der jährlich ein paar Tausend Menschen „verbraucht" und dem Weltmeer hundert Hiebe auf die Sohlen geben läßt, wenn er Bauchgrimmen hat, ist ein Vater des Vaterlands — und zwar in mehr als einer Beziehung.

Bis an die Grenzscheide der großen Revolution kannte man nur diese Gattungsarten des Herrschermetiers. Aber auch der „aufgeklärte Despotismus" hat seine Stunde gehabt und der demokratische Cäsarismus als Säbel=regiment wird aussterben mit den Napoleoniden.

Aufleben aber soll und wird jenes altgermanische Prinzip des „Herzogs", erbaut auf gegenseitiger Mannen=treue des Herrschers und seiner Mannen, wo jede Indivi=

dualität frei bewahrt bleibt und nur freiwillige loyale Unterordnung unter den Vertreter der Staatsgewalt regiert. Dies germanische Prinzip vererbte Karl der Große, dieser „erste Diener seines Staates“, den sächsischen Kaisern, und weil die Salier und Hohenstaufen unter wälschem Einfluß sich demselben entfremdeten, mußte das Kaiserthum zu Grunde gehn. Aber in den Hohenzollern lebte es um so herrlicher wieder auf.

Diese Mon=archie wird sich stabiliren auf einem rocher de bronce. Nicht auf dem „constitutionellen“ Unfug der Plappermente, wo Geldsäcke und rabulistische Advokaten (ja sogar eine besonders auf den Parlaments= sport trainirte Sorte von bezahlten oratorischen Blase= bälgen, die über jeden beliebigen Gegenstand den Wind einer spitzfindigen Debatte auspusten) die Nation vertreten Sondern auf der Aristo=kratia der Weisesten und Besten der Begabtesten und der Charakterstärksten, wird dereinst diese Weltmonarchie sich gründen, wie die Kirche auf dem Felsen Petri — dereinst, wenn das geschichtliche Natur= gesetz eine umwälzende Drehung vollführt, überraschend den Myriaden Blinden, vorherberechnet und prophezeit von wenigen Sehern.

IX.

Sich zurückziehn vom Gewühl des Marktes, weil die aristokratischen Fingerlein sich dort beschmutzen? Hier in vornehmer Exclusivität behäbig auf seinem Schlosse horsten und das Leben der Pöbelwelt von oben herab belächeln? Einst in London hatte er, kurze Zeit in einem

Boarding-House lebend, jene Klasse von Rentiers beobachten können, die man fast nur in England und Frankreich, nicht im arbeitsamen Deutschland kennt. Zurückgezogen von den Geschäften, von ihren Zinsen lebend, dreht
sich das Leben solcher Leute um den Morgenspaziergang
über Constitution Hill, das Verdauen der „Times" zum
Frühstück und das feierliche Vorschneiden des Beaf am
Mittag. Zieht sich dann Einer noch nach dem Thee und
Whist mit seiner Whiskyflasche ins Schlafzimmer zurück
und säuft sich fromm in gesunden Schlaf hinüber, so hat
er sein Tagewerk würdevoll verbracht. — —

Also der Krieg, der so lange drohende, der Krieg,
der all die mächtigen Fragen zur Lösung bringen sollte,
stand binnen kürzester Frist bevor? Alle Zeitungen tönten
es wieder. Und bei dieser Weltentscheidung sollte er hier
hocken bleiben, vielleicht die Landesvertheidigung seines
Distrikts als Landsturmcommandeur leiten, höchstens das
Deutschthum schirmen gegen etwaige Revolten im Innern?
Nein. Die Erziehung seiner Mündel konnte warten, hier
galt es wahrlich seine eigene Erziehung. Mit fester Hand
chrieb Graf Xaver Krastinik umgehend an den Comman-
deur seines alten Regiments sowie an eine höhere Be-
hörde in Budapest: daß er bitte, seine selbsterbetene Entlassung aus dem Dienste zu annulliren, daß er sofort
wieder eintreten wolle. Er wußte, daß man mit Freuden
sein Gesuch bewilligen würde. Zurück konnte er nicht
mehr. Der Würfel war gefallen.

Ja, eingereiht aufs neu in die Liste der gewöhnlichen
Kämpfer. Keine falsche Erhabenheit mehr, kein eigen-

williges Abschließen in eigenem passivem Werthe. Wie jeder Andere unterworfen der strammen Zucht eines ge= ordneten Berufes, wo jedes eigene Vordrängen unmöglich und jeder nur als Glied des Ganzen gilt.

... Ja, Jeder nur ein Glied des Ganzen. Wer das erkannt, bedarf keines Arztes mehr, um ihm Chinin zu verschreiben für das Fieber der Existenz. Das ge= schichtliche Gravitationsgesetz dreht das Leben jedes großen Mannes nach dem Wendepunkte hin, wo er aufhört, sich als Werkzeug zu fühlen und sich selbst zum Gotte träumt. Mag der eitle Kiesel die Größe des Montblanc nicht sehen, vergesse doch auch die Alpe nicht, daß auch sie nur das Produkt zahlloser Steingenerationen.

Das sollte vor allem der Adel bedenken. Wenn die Genußsucht bei Sekt und Austern schlampampt, so sehnt man sich nach der fröhlichen, seligen Feudalromantik. Da genoß man das ablige Vergnügen, die „Pfeffersäcke" auf offener Straße zu „werfen". Auch das Jus primae noctis entbehrte nicht des Reizes. So ärgert sich denn unser heutiger Junkertypus im Geheimen schmählich, daß er sich nicht erzgepanzert als Letzter der Barone durchs irdische Jammerthal raubrittern darf.

Aber während dieser verkappte Größenwahn zugleich an unheilbarem Verfolgungswahn leidet, da der Adel stets seine angeblichen Rechte gefährdet glaubt, macht sich be= reits eine neue Raubritterkaste breit, welche die Preß=Feder im Wappen und mit den Societären der Unsterblichkeits= Assekuranzen die magern Kühe Pharaos auf die fette Weide führt. Die gravitätische Grandezza der litterarischen

Börsenjobber sieht bereits alle menschlichen Dinge nur
vom Standpunkt des bedruckten Zeitungspapiers der
„Oeffentlichen Meinung" (soll heißen: des Privatinteresses
elender Skribenten) und entscheidet über Krieg und Frieden,
als ob die Regierungen gar kein Wörtchen mehr mitzu=
reden hätten.

Als des Grafen logische Betrachtungen wieder bis
zu diesem Punkte gediehen, erinnerte er sich plötzlich eines
Briefes, den er einst von Leonhart empfing. In seinem
Briefpult stöberte er denn auch wirklich die vergilbten
Blätter auf.

„... Es giebt in der Gesellschaft vier große Motoren. Zwei
stabile: Schwert und Geld, zwei revolutionäre: Geist und Knüppel.
Unter diesen Kräften ist die äußerlich schwächste, der Geist, die innerlich
stärkste. Dann folgt das Schwert, die Staatsgewalt. Dann der
Knüppel, die Masse. Am schwächsten ist der scheinbar stärkste Motor,
das Geld. Weder mit Geist noch mit Schwert könnte man eigentlich
Krieg führen ohne Geld. Und doch führen bankerotte Staaten lustig
Krieg und bankerotte Geistesstreiter ebenso. Denn das Geld bildet nur
eine todte festliegende Masse und fällt blindlings den andern Kräften
zur Beute, wenn sie sich darauf stürzen.

Verbinden sich nun Geist und Schwert, wie beim demokratischen
Cäsarismus, so führt dies zur Weltunterwerfung. Verbinden sich
Geist und Knüppel, so führt dies zur Revolution. Jedes für sich allein
unterliegt, zwei vereinte Kräfte aber siegen über die andern. 1 und 2
(Geist und Schwert) bilden absolutes Uebergewicht, aber auch 1 und 3
(Geist und Knüppel) sind naturgemäß stärker als 2 und 4.

Die Geschichte vollzieht sich seit Anbeginn nach gleichen Gesetzen.
Allein die neueste Zeit glich einem plötzlichen Sturzfall, wo der Strom
all seine Kräfte zusammenstaut. Daher enthüllt sich das Weltgeheimniß
klarer denn je in den Jahren 1792—1815.

Es tritt immer eine Epoche ein, wo die Staatsgewalt und das

Feudalſyſtem (Schwert) übermächtig drückt und ſo ſein eignes Baſis-
fundament zerquetſcht. Dann wenden ſich alle drei andern Motoren
dagegen. Unter dieſem gemeinſamen Druck wird zuerſt die Bourgeoiſie
(Geld) hoch gehoben. Aera des conſtitutionellen Liberalismus. Das
Volk der phyſiſchen Arbeit aber (Knüppel), nachdem das Schwert zer-
brochen, drängt nun heimlich gegen den Geldſack an. Dieſen Augenblick benutzt das intellectuelle Proletariat (Geiſt), ſich an die Spitze
der Maſſe zu ſtellen und mit Hülfe des Knüppels jetzt Schwert und
Geld bei Seite zu ſchleudern. Wie durch geöffnete Schleuſen, bricht
aber bald die vom Geiſt entfeſſelte Maſſe vor. Durch den früheren
Kampf für das Volk gegen Staat und Bourgeoiſie erſchöpft, wird plötzlich auch der Geiſt überwältigt. Anarchie überſchwemmt alle Ufer der
Cultur, nachdem die Revolution den Unrath weggeſpült. Aber der
Geiſt iſt nur zu betäuben, nie zu überwinden. Plötzlich rafft er ſich
auf und erblickt das zerbrochene weggeworfene Schwert. Er ergreift es,
er ſchmiedet es neu. Zugleich richtet er den umgeſtürzten Geldſack
wieder auf, mit Schwert und Geldſack ſchlägt er den Uebermuth des
Knüppels nieder, bis auch dieſer wieder ſeinem Gebot gehorcht.

Der Geiſt kann nur durch ſich ſelbſt überwunden werden.
Seine Schöpferphantaſie verliert den Maßſtab für das materielle Bleigewicht der drei andern Kräfte, die er mit ſich ſchleppt. Die Spitze des
Schwertes, nie ruhend in ſeiner Hand, ſtumpft ſich endlich ab, biegt
ſich — man entwindet es ihm wieder und die alten Träger des Schwertes
herrſchen aufs neue. So kehrt äußerlich Alles zum Alten zurück,
weil dies als dauernder Zuſtand naturgemäß, aber die innere
Umformung der Weltbedingungen durch die kurze Herrſchaft des Geiſtes
wirkt auf Jahrhunderte fort. Und wiederum wiederholt ſich dann ſpäter
daſſelbe Spiel.

Die Feder mißvergnügter Litteraten aber iſt es, die in alle Eiter-
beulen hineinſticht und heilendes Arſenik ſpritzt in die allgemeine Fäulniß des Beſtehenden. Auf die Heldenfeder der Luther, Milton, Voltaire,
Rouſſeau folgt die Agitatorfeder der Hutten, Swift und Mirabeau und
auf dieſe die Blutſauger- und Revolverpreſſe der Marat, Desmoulins,
Chaumette. Mit der verhundertfachten Macht der Preſſe ſteigt natürlich
ihre zerſetzende Aggreſſivkraft. Wie aber könnte die Publiziſtik

diese hohe Aufgabe erfüllen, wenn Gerechtigkeit und Humanität sie schwächten? Erst in der hohen Schule der rohen Interessenpolitik, der Charakterlosigkeit, der Bosheit und vor allem des Neides (dieser Spiralfeder der gesellschaftlichen Entwickelung) wird sie dem Zweck gerecht: Unter dem Druck der Luftpumpe einer stabilen mechanischen Gesellschaftsordnung für die menschlichen Leidenschaften ein Sicherheitsventil zu öffnen.

Denn zwischen der Welt als Ganzes und dem Menschen im Einzelnen besteht ein wunderbarer, ob auch weise berechneter, Gegensatz. Die Menschen sind nicht schlecht, wie Misanthropen lügen, sondern bei der Mehrheit überwiegt das Gute. Die menschliche „Gesellschaft" hingegen ist schlecht durch und durch, weil sie auf den menschlichen Leidenschaften erbaut. Die gewöhnlichen Durchschnittsgefühle der Menschen sind gut, jeder Ueberschwang des Gefühls aber als Leidenschaft wirkt böse und entpuppt nur die selbstsüchtige Seite der Menschennatur. Die Durchschnittsgefühle aber sind sämtlich passiv, die Leidenschaften activ und nur die letzteren setzen sich daher herrisch durch. Auf eine edle Leidenschaft kommen hundert schlechte. Dies der Grund, warum in dieser besten aller Welten die Dummheit und die Ungerechtigkeit regiert, obschon die Menschen selbst meist gutartig. Dies der Grund, warum jeder Ungewöhnliche nur durch wüsten-erbitterten Kampf die Anerkennung seines Herrscherrechts erzwingt, warum der Geist stets über den Buchstaben purzelt, warum alle Schaffenskraft auf Erden systematisch eingeengt.

Dies aber soll sein, da nur so der ringende Geist sich stählt. Ränge er nicht mit der Welt, so würde ihm der unabläßige Ringkampf an Jakobs Furth die Hüfte verrenken. Früher gab es die Geistestyrannei des Clerus, des Feudalsystems, des Sultanismus. Dies alles schwand und schwindet mehr und mehr. Wo also soll der Geist jene stabile Masse finden, an deren erdrückendem Bleigewicht er seine Freiheit erproben soll? Es giebt nur eine: Die Presse.

Sie aber, Liebster, beflecken Sie nicht Ihre reine Hand mit diesem Marterwerkzeug! Schmeißen Sie Ihre Feder in den nächsten Kamin! Das räth Ihnen Ihr wahrer Freund

Leonhart."

Auch dieser Brief selbst wanderte in den Kamin, wohin ihm ja die Feder Krastiniks vorangeeilt. Der Graf sammelte alle Briefe des Todten, die er bewahrt, und verbrannte sie sorgfältig. Ein symbolisches Verbrennen aller Schiffe hinter sich, einer traumhaften Vergangenheit. Hart und wesenhaft stand die Zukunft vor ihm da. Und statt der Feder schreibe jetzt das Schwert.

Er trat auf den Altan und blickte hinaus in die untergehende Sonne. Welche Schlachtfelder wird sie beleuchten, bald, wie bald! Ob auch ein Pultawa?

Der alte Dichterinstinkt regte sich; nur versuchte er nicht mehr, mit Worten das innen Geschaute herauszukünsteln, sondern begnügte sich mit dem Schauen selber. Ihm war, als sähe er ein anderes Feld vor sich bei untergehender Sonne, und darüber wandelnd einen einsamen Mann: Als sähe er auf der Ebene von Lützen, ehe jener zu neuem Kriege nach Rußland eilte, den schwedischen Pyrrhus, Karl XII. Und ihm war, als höre er die stummen Gedanken des Helden: — —

„Wie sie dort niedertaucht, die müde Sonne! Sie, die im Diadem des eignen Glanzes gethront auf angeglühter Wolken Sitz, sie, deren Leuchtkraft die Gestirne nährte — und nun so matt, so todesmatt versinkend! Ihr letzter Blick haucht Weihe ringsumher, verklärt im Scheiden noch die bleiche Erde.

„So wirst du enden, stolzer Erderschüttrer, in deiner Siege Purpur! Sei es drum! Mag ich erlöschen und mein Purpur bleichen, wenn ich geleuchtet einen Sommertag.

„Wie friedlich diese Ebenen entschlafen! Und dennoch mahnen sie, ein Grabmahl, mich, an meinen Ahnen, dessen Blut sie tranken.

„Wie ruhig diese Erde! Also schlief sie, schlief, da sie seinen Todesschrei gehört. Wer weiß, ob nicht der Landmann seinen Pflug unwissend über jene Stelle führt, wo Gustav Adolf sank. So geht die Welt weg mit der Pflug= schar der Vergessenheit zermalmend über unser morsch Gebein.

„Doch kein Zurück auf dessen Wege giebt's, den tief im Innersten unwiderstehlich ein Vorwärts treibt, an Ueberthatkraft krankend. Ob auch prophetisch mahnt des Ahnen Loos, die Kugel rollt, und rollt sie abgrundwärts, so lief sie doch des Rechtes schroffe Bahn.

„Nicht dulden kann ich, der Germanenfürst, daß uns ins Lied der Staaten frech hinein der Russe grunzt, der un= geschlachte Eber. Und ob ein Lützen droht, ich bin bereit."

———————

Immer noch stand der Graf Xaver auf dem Altan seines Schlosses und starrte wie ins Unendliche hinaus in die Dunkelheit.

Die Sterne glitzerten hoch am Firmament, zum Schlafe ladend mit geheimem Zauber. Er aber wachte. Der trüben Menschlichkeit Erfordernisse — ihm war, als seien sie abgefallen von seinem Ich, seit er einsam mit der Wahrheit zu Nacht gespeist.

Die Vorahnung gewaltiger Dinge stählte jeden Nerv seines Mannesthums, das er zum Ritter geschlagen fühlte durch siegreichen Kampf. An unendlichem Horizont zogen ihm Erkenntnißbilder der Geschichte vorüber.

Als die Todesfeuer des Hannibalvolkes verglommen,
da stieg eine Rauchwolke drohend empor, als wäre es
Dido's Rechte, die nordwärts zum Kapitole gewendet.
Und Scipio zerwühlte erschauernd seinen blutigen Purpur.
— Anderthalb Jahrhunderte seit dem Falle der Meer=
stadt verflossen, Asche lag und bannendes Salz auf der
Stätte. Da saß ein grauer Mann am grauen Meere,
in dessen Stirn der Kriegsgott seine Narben schrieb.
Marius auf dem Felde des Todes. Und auch er blickte
nordwärts. Und er rächte Carthago in Roma's Flammen.

. Jugurtha, (wie Philipp von Macedonien mit einem
goldbepackten Esel jede Festung zu erstürmen schwor)
bepackte römische Consulare mit lybischem Gold; auch er
fiel und mußte fallen. Aber er vermachte seine Rache
seinem Besieger: Falsch und kalt wie sein alter Freund
der Wüstenkönig, zapfte Sulla der Riesenspinne Roms,
geschwollen vom Blute ausgesogener Völker, aufs neue
Blut in Strömen ab. Wohl schmiedete Rom das All
an seinen Siegeswagen. Die Brut der Wölfin schlang
die Welt lebendig ein in ihren blutigen Schlund. Aber
die Welt lag unverdaut im Magen und Rom würgte sie
wieder aus, erstickend an seiner Gier. So wirkt fernhin=
treffend der Fluch vernichteter Feinde.

Wohl fluthet der Wüstensand um fallende Obelisken
und endlos tönt die Klage der Memnonssäule. Aegypten,
Carthago, Numidien, Zion, Babylon, alle Reiche Sem's
riß der Sturmschritt der arischen Race zu Boden. Aber
wie bald zertrat die Gräber der Scipionen der neue
Emporkömmling, der Germane! In ewigem Kreislauf

auf und ab rollen die Völkergeschicke und jeder Ungebühr
ersteht ein Rächer.

Heut also stehn wir aufs neu an einem Wendepunkt
der ewig rollenden Kugel. Das Slaventhum, mit dem
überwundenen Römerthum verbündet, will die germanische
Völkerwanderung wiederholen und wider das Reich deut=
scher Nation den Alarich und Odoaker spielen. Gleich
getheilt liegen die Chancen der äußeren materiellen Kräfte,
falls Oesterreich zu Deutschland steht: Menschliche Berech=
nung vermag nicht dem Spiel der Kräfte vorzugreifen
noch zu ergründen, auf wessen Seite die Waage sich neigt.
Entscheiden kann hier nur das innere Naturgesetz
der geschichtlichen Drehung, das hoch über mensch=
lichen Wollens und Könnens prahlendem Größenwahn
seine Bahnen zieht, sicher und unbeirrt. Wer aber nach=
gespürt den inneren Ursachen der großen Außenwirkung,
der ahnt freudig, wem der Sieg endlich beschieden sei.

Eichenfestes Volk im Herzen Europas, seit deinen
frühsten Wurzeln hast du ringen müssen mit den ver=
derbendrohenden Stürmen, ringen um deine Existenz,
ringen um deine schlichte Größe mit dem Größenwahn
hadernder Neider! —

Ihm war, als sähe er Hermann den Cherusker, den
symbolischen Altvater deutscher Einheit und Siegeskraft,
— als höre er den Genius Deutschlands beten zu seinen
Göttern, wie beim Morgengrauen jener ersten Entscheidungs=
schlacht der germanischen Race:

„Schon sprengt Wuotan mit dem Rabenpaar, auf seinem Sleipnir, dem achthufig bunten, den Siegesspeer des Morgensterns hochschwingend, hin über seines Regenbogens Brücke. Es stieben seines Rosses goldige Hufen und goldige Funken sprühen an den Himmel. Schon streut auch Freya auf des Gatten Grab die Rosen hin und zarte Götterthränen benetzen ihrer Trauer holde Zeichen. Denn sieh, dort glüht es schon am Wolkenrande wie einer Jungfrau wechselndes Erröthen, und Morgenthau glänzt Erd und Himmel an.

„Du großer Geist, der auf des Sturmes Mantel durch greise Eichen fährt! Du, der da lispelt im reifen Korn, das deine Tritte segnen, fahr jetzt hernieder im Gewittergrollen! Mit deiner Blitze rothem Flammenschwert schmettre der Feinde stolzen Helmbusch nieder! Stoß in dein Horn, dein Donnerhorn, o Herr, daß der Legionen frechen Tubaruf die Furcht erstickt! Dann spende milden Regen, daß die zertretnen Früchte freien Wirkens aufs neu entsprießen deinem Segensthau!

„Schon stampft auch meines Rosses Huf, o Herr, auf des Geschickes schwanker Himmelsbrücke. Beseel' mich deines Sleipnir Festigkeit, daß ich hinüberfliege unversehrt und hinter mir der Erzfeind niedertaumelt, der listig nachsetzt Deutschlands freiem Roß.

„Hier steh ich, Wodan. Schon zu meinen Füßen schlummert der Drache, dem mein Zauberlied die wachen Sinne schlafbedürftig machte. Nun, Drache Rom, weckt dich das Gjallarhorn, Verderben dröhnend von Walhalla nieder.

„An jenem Tempel, den ich bauen will auf aller deutschen Stämme Säulen hier, durch Opferblut gekittet Stein an Stein, mag ich als Grundstein selber fallend dienen. Mag ich, vergessen bald und unbeweint, des Meisters Hammer einem Andern reichen und der dem Nächsten — was bekümmert's mich? Nie schnallt die Gattin mir den Panzer ab, mein Bett soll sein von mir befreite Erde, und Undank meines Lebens Pfühl. Doch nimmer wird Hermann sterben, ewig lebt er fort in deutschem Blut für alle Folgezeit, und schwebt siegkündend um die deutschen Banner.

„O Weser, du des Varus Styx heut Nacht! Durchs grüne Rohr wie eine Sense blitzend, wenn sie geschwungen niederfährt! O Erde, nie fürder sollen fremder Rosse Hufen dein Grünen niederstampfen!

„Und o Himmel, gerüstet stehe ich vor deinem Auge! und hebe meine Rechte auf zu dir: Ich will befreien Donar, schlage uns der Lanzen Eisenspitze scharf dein Hammer!

„Ha, was vernimmt mein Ohr? Schon nahen sie! Schon lenkt Freya den goldborstigen Eber, golden strahlt die Sonne, ihr Brustgeschmeide. Schon schirrt Donar an die flammenden Böcke, um die Lenden den Stärke= gürtel schnürt er, Krafthandschuhe wappnen seine Fäuste. Lodernd rollt sein Auge, die Zähne knirschen, laut laut bläset sein gewaltiger Odem, daß Blitzfunken stieben vom brennenden Barte. Der Mondweg dröhnt, aufheulen die Klüfte der Hela, der Hammer fliegt, die wälschen Adler fallen! Ha r! Sie fallen!"

Er blickte gen Himmel, erhobenen Hauptes und mit leuchtenden Augen.

Noch lag eine Zukunft vor ihm: **die That.** Mannesthat in welterschütterndem Kampfe.

Unser Wissen ist Stückwerk und unser Weissagen ist Stückwerk.

Haltet euch bereit, denn die Zeiten nahen. In Bereitschaft sein ist Alles.